चेख़ोव
के
सात नाटक

चेख़ोव के सात नाटक

अन्तोन चेख़ोव

अनुवाद

साबिरा हबीब

वाणी प्रकाशन

वाणी प्रकाशन
4695, 21-ए, दरियागंज, नयी दिल्ली 110 002
फ़ोन : +91 11 23273167 फ़ैक्स : +91 11 23275710

शाखाएँ
अशोक राजपथ, पटना 800 004, बिहार
कॉफ़ी हाउस कैम्पस, महात्मा गांधी मार्ग, इलाहाबाद 211 001, उत्तर प्रदेश
महात्मा गांधी अन्तरराष्ट्रीय हिन्दी विश्वविद्यालय, वर्धा 442 001, महाराष्ट्र

www.vaniprakashan.in
marketing@vaniprakashan.in
sales@vaniprakashan.in

CHEKHOV KE SAAT NATAK
by Anton Chekhov
Translated by Sabira Habib

ISBN : 978-93-5000-143-1
Play

प्रथम संस्करण 2009
आवृत्ति 2019

मूल्य : ₹695

सिटी प्रेस, दिल्ली-110 095 में मुद्रित

वाणी प्रकाशन का लोगो मक़बूल फ़िदा हुसेन की कूची से

कुछ शब्द अनुवाद के विषय में

विदेशी भाषाएँ सीखने तथा विदेशी साहित्य पढ़ने का शौक बहुत पुराना है परन्तु ऐसे लोगों की संख्या कम ही मिलेगी जो विदेशी साहित्य को उसी भाषा में पढ़ सकते हों, जिसमें वह लिखा गया है। अधिकांश को तो अनुवाद ही का सहारा लेना पड़ता है। किसी रचना का पसन्द आना या न आना, अच्छा या बुरा लगना, यदि पूरी तरह नहीं तो काफ़ी हद तक अनुवाद पर निर्भर करता है। अनुवादक को विदेशी भाषा का कितना ज्ञान है? साहित्य में उसकी रुचि है या नहीं? उक्त लेखक अथवा कवि की शैली के वह अनुवादक जितना नज़दीक आता है उसका अनुवाद उतना ही मौलिक रचना के निकट होता है।

प्रायः लोगों को यह कहते सुना गया है, "भई, मज़ा आ गया, पता नहीं चलता कि अनुवाद पढ़ रहे हैं" या "मज़ा नहीं आया, साफ़ पता चलता है कि अनुवाद है"—मेरे विचार में तो यह दोनों कथन गलत हैं। हमको यह नहीं भूलना चाहिए कि हमारे द्वारा पढ़ी जाने वाली रचना उस भाषा में नहीं लिखी गयी है जिसमें हम पढ़ रहे हैं, वरन् दूसरी भाषा में, जिसकी अपनी प्रणाली है, भाषा के नियम हैं, विचार प्रकट करने का तरीका है, उतार-चढ़ाव हैं, मुहावरे तथा कहावतें हैं—जिनके समानार्थ अनुवाद की जाने वाली भाषा में हो सकते हैं और नहीं भी।

अनुवादक का काम तो इतना होता है कि वह मौलिक रचना को पढ़े, समझे और महसूस करे, फिर उसे वह दूसरी भाषा में उतार दे। उसे यह अधिकार नहीं पहुँचता कि वह विचारों में कोई परिवर्तन लाये या उन्हें तोड़े-मरोड़े। हर लेखक का सोचने का अपना ढंग होता है। किसी चीज़, घटना या व्यक्ति को वह अपने तरीक़े से देखता और समझता है और शब्दों में ढाल देता है। इसीलिए वह लेखक कहलाता है और वह विचार उसके अपने होते हैं। अनुवादक लेखक नहीं होता, क्योंकि वह विचार उसके अपने नहीं होते। साहित्यिक अनुवाद की सबसे बड़ी विशेषता है—अनुवाद की जाने वाली रचना को समझना फिर दूसरों को समझाना—कहते हैं, खुद समझना आसान है, दूसरों को समझाना कहीं मुश्किल होता है। मौलिक रचना तथा अनुवाद की गयी रचना के बीच स्वाभाविक रूप से एक पर्दा हमेशा बना रहेगा। अब यह

अनुवादक की क्षमता तथा कुशलता पर निर्भर रहता है कि वह इस पर्दे को कितना पारदर्शी या मोटा रखे। यही बात अनुवाद की सुन्दरता तथा सफलता या असफलता का कारण बन जाती है।

अन्तोन पावूलविच चेख़व (1860-1904) के जिन नाटकों का अनुवाद इस पुस्तक में किया गया है, चेष्टा यही की गयी है कि उनको अधिक से अधिक मौलिक रचना के समीप रखा जाए। चेख़व स्वयं सादी ज़बान में लिखते थे। शब्दों को तोड़ने-मरोड़ने या पाठक को शब्दों के जाल में उलझाना उन्हें पसन्द नहीं था। नाटकों की भाषा, पात्रों के वर्ग, ओहदे तथा स्तर के अनुसार तो है ही मगर चूँकि नाटक स्टेज भी किये जाते हैं, इसलिए दर्शकों को भी आसानी से समझ में आ जानी चाहिए। यही वजह है कि भाषा बोलचाल की है और यही विशेषता अनुवाद में भी बनाये रखने की चेष्टा की गयी है। हिन्दी, उर्दू का जो भी शब्द उस स्थिति या पात्र पर ठीक लगा है बिना खटके उसका प्रयोग किया गया है। यहाँ तक कि अंग्रेजी के कुछ शब्द भी जैसे डियर, डार्लिंग, चियर्स वगैरा प्रयोग में लाये गये हैं।

चेख़व ने जब यह नाटक लिखे तो 19वीं शताब्दी का अन्त हो रहा था। समाज तथा देश का स्वरूप बदलने में कुछ समय बाकी था इसलिए नयी के साथ-साथ पुरानी प्रथाएँ चली आ रही थीं—आलीजनाब, जनाब, जनाबेआली, श्रीमन, महाशय, हुज़ूर का रिवाज़ था जो हमें 'शादी, जुबली, भालू, इवानोफ़' इत्यादि नाटकों में मिलता है। बात-बात पर उफ़ ख़ुदा! हे भगवान! जहन्नुम में जाओ! शैतान तुम्हें समझे! कहा जाता था और यह शब्द तथा शब्द रचनाएँ हमें चेखव के नाटकों के पात्र भी कहते सुनाई देते हैं। यहाँ पर किसी धर्म की तरफ़ इशारा नहीं। यह पात्र की एक आदत है, ख़ुशी, ग़म या ग़ुस्से के समय अनजाने में यह शब्द उसके मुँह से निकल जाते हैं। इसलिए कहीं पर 'उफ़ ख़ुदा' कहीं 'बाई गाड' के रूप में उनका अनुवाद किया गया है। जहाँ तक मुहावरों तथा कहावतों का प्रश्न है तो हम जानते हैं कि यह नाटक रूसी भाषा में लिखे गये हैं जो संसार की सम्पन्न भाषाओं में से एक है। इसलिए उसकी अपनी प्रणाली, शब्द रचनाएँ, नियम हैं। अधिकतर कहावतें और मुहावरे पुरानी सभ्यता, रीति-रिवाज, विश्वास तथा अन्धविश्वासों का प्रतीक होते हैं। जहाँ उनके समानार्थ वाले मुहावरे या कहावतें हिन्दी या उर्दू में नहीं मिले उनका अनुवाद किया गया है नाटक 'पैगाम' में। चुबुकोफ़, लोमफ़ की बेटी नताल्या स्तिपानवना से शादी करना चाहता है, बहुत घबराया हुआ है, पहले वह लोमफ़ से पूछता है कि क्या वह मान जाएगी तो लोमफ़ जवाब देता है..."न मानने का सवाल ही नहीं उठता—अरे वह खुद तुम्हें चाहती होगी **एक बिल्ली की तरह।**"

लखनऊ में जब यह नाटक स्टेज किया जा रहा था तो एक साहब धीरे से बोले, "यह भी कोई बात हुई? यह क्या अनुवाद है? एक बिल्ली की तरह।" अब उनसे पूछा जाए कि और क्या लिखा जाता—हीर की तरह? या लैला की तरह? एक तो

हीर तथा लैला यह दोनों नाम रूस में अनजाने हैं दूसरे इसमें चेखव का मीठा व्यंग भी छुपा है। जिस तरह बिल्ली मांस या दूध देखकर झपटती है उसी तरह नताल्या स्तिपानवना चुबुकोफ़ के शादी के पैग़ाम पर झपटती है। बेचारी हीर या लैला तो बलिदान तथा प्रेम की देवियाँ थीं इस जगह पर इनको कैसे लाया जा सकता था?

नाटकों में, लाड़-प्यार के शब्दों का भी बड़ा प्रयोग है—जो चेखव के समय बड़ा प्रचलित था, 'मेरी फ़ाख़्ता', 'मेरे कबूतर', 'मेरे अनमोल', 'मेरे फरिश्ते', 'मेरी जान', इत्यादि न केवल प्रेमी तथा प्रेमिकाएँ प्रयोग में लाते थे वरन् एक दोस्त दूसरे दोस्त के लिए, माँ-बाप औलाद के लिए, बड़े-छोटों के लिए भी प्रयोग करते थे जो अनुवाद में पढ़कर थोड़े अस्वाभाविक लग सकते हैं। उनके समानार्थ जहाँ सम्भव हो सका है देने की चेष्टा की गयी है।

रूसी कहानियाँ, नाटक अथवा उपन्यास पढ़ते समय रूसी नामों की प्रणाली को जानना भी बड़ा जरूरी है। रूसी नामों के (रूसी कौम के) हमेशा तीन भाग होते हैं : (1) अपना नाम (2) पितृावाचक नाम (3) कुलनाम।

जिससे औपचारिक या आदर सत्कार वाले सम्बन्ध हों उनको पहले तथा तीसरे या पहले तथा दूसरे नाम से सम्बोधित किया जाता है—'इवानोफ़' नाटक में इवानोफ़ कुलनाम है, निकोलाई, उसका अपना नाम है और पिता का नाम अलिक्सेइ होने से अलिक्सेइविच (अर्थात अलिक्सेइ का बेटा) बना है। औपचारिक रूप से उसको निकोलाई अलिक्सेइविच या निकोलाई इवानोफ़ कहकर पुकारा जाता है। रूसी में लघु नाम भी होते हैं जो पहले नाम से बनाये जाते हैं। उनका एक नियम होता है। मनमाने ढंग से उनको नहीं बनाया जा सकता। यह नाम निकट सम्बन्धी, दोस्त इत्यादि लेते हैं। निकोलाई से लघु कोल्या बनता है, लाड़-प्यार से कोलिच्का बन गया।

—डॉ. साबिरा हबीब

अनुक्रम

जुबली

एकांकी हास्य नाटक

पात्र

शिपूचिन (अन्द्रेई अन्द्रेइविच)	पारस्परिक उधार सोसाइटी का चेयरमेन, अधेड़ उम्र। एक शीशे वाला चश्मा पहनता है।
तत्याना अलेक्सेइवना	उसकी पत्नी, उम्र 25 वर्ष।
ख़ीरिन (कुज्मा निकोलाइविच)	बैंक का एक बूढ़ा अकाउण्टेण्ट।
मिरचूत्किना (नस्तास्या फ़योदरव्ना)	फटा कोट पहने एक बुढ़िया।
बैंक के मेम्बर	
बैंक में काम करने वाले	

(घटना-स्थल पारस्परिक उधार सोसाइटी का एक बैंक है। सोसाइटी के चेयरमैन का दफ्तर-बायीं तरफ दरवाजा है, जो बैंक के आफिस में खुलता है। दो लिखने की मेजें। कमरा बहुत अच्छे ढंग से सजा है। मखमल चढ़ा फर्नीचर, फूल, स्टेचू, कालीन, टेलीफोन)

समय–दोपहर

(ख़ीरिन अकेला है और बूट पहने है)

ख़ीरिन : *(दरवाज़े में चिल्लाकर)* अरे! किसी को भेजकर 15 कपेक के कोरामीन ड्राप्स मँगवा लो और हाँ, डायरेक्टर के आफिस में ताजा पानी रखवा दो... सैकड़ों बार कहना पड़ता है। *(मेज तक जाता है)* बहुत तंग आ गया हूँ। आज चौथा दिन है कि बिना पलक झपकाये लिखे जा रहा हूँ। सुबह से शाम तक यहाँ लिखता हूँ और शाम से सुबह तक घर पर। *(खाँसता है)* उस पर से पूरे जिस्म में दर्द है, ठंड लग रही है, बुखार है, खाँसी है, पैर दर्द से टूट रहे हैं, आँखों के सामने चीजें घूम रही हैं *(बैठता है)* और टेढ़े मुँह वाला यह बदमाश–सोसाइटी का चेयरमैन–आज जनरल मीटिंग में रिपोर्ट पढ़ेगा और कहेगा, "हमारा बैंक आज और कल।" खुद को बड़ा सुकरात समझता है? क्या कहने हैं! *(लिखता है)* दो–एक–एक–छहः– जीरो–सात–फिर–छह–जीरो–एक–छह! वह तो सबकी आँखों में धूल झोंकना चाहता है और मैं यहाँ बैठा हुआ एक क़ैदी की तरह उसके लिए काम कर रहा हूँ। उसने तो इस रिपोर्ट में बस इधर-उधर की छोड़ी है और कुछ नहीं! और मैं यहाँ सुबह से शाम तक बैठा हिसाब-किताब में सिर खपा रहा हूँ। और यह शैतान की औलाद! *(गिनती की मशीन पर खट-खट करता है)* शक्ल ने नफरत है मुझे! *(लिखता है)* हाँ तो...एक–तीन–

सात–दो–एक–जीरो। वादा किया है कि मेहनत का इनाम देगा–अगर आज सब कुछ ठीक रहा और सबकी आँखों में धूल झोंक सका तो वादा किया है कि एक सोने तमगा और तीन सौ रूबल इनाम में देगा–देखते हैं *(लिखता है)* अगर मेरी मेहनत का इनाम नहीं मिला मुझे, तो ख़बरदार, बचकर रहना मैं एक गुस्सेवर आदमी हूँ... मुझे, भाई मेरे...अगर गुस्सा आ गया तो बड़े से बड़ा जुर्म करने से भी नहीं चूकूँगा...जी हाँ!

(पर्दे के पीछे से शोर और तालियों की आवाज़ सुनायी देती है। शिपूचिन की आवाज़ "शुक्रिया, शुक्रिया, आपकी मेहरबानी" शिपूचिन अन्दर आता है। वह टेल कोट में है और सफेद टाई लगाये है। हाथों में एक एलबम है जो उसे अभी-अभी दी गयी है)

शिपूचिन : *(दरवाज़े में खड़े होकर, आफ़िस की तरफ़ देखकर)* आपका यह तोहफा! मेरे प्यारे साथियो! अपनी आख़िरी साँसों तक सँभाल कर रखूँगा, क्योंकि यह मुझे अपनी ज़िन्दगी के सबसे ख़ुशकिस्मत दिनों की याद दिलाएगा। जी हाँ, मेरे दोस्तो, एक बार फिर से शुक्रिया *(हवा में बोसा उड़ाता है और ख़ीरिन की तरफ़ जाता है)* मेरे प्यारे, मेरे सबसे अजीज़ दोस्त कुज्मा निकोलाइविच!

(जब तक वह स्टेज पर है बार-बार लोग उसके पास काग़ज़ात लेकर आते हैं और दस्तखत करते चले जाते हैं)

ख़ीरिन : *(उठते हुए)* आन्द्रेई आन्द्रेइविच बैंक की 15वीं वर्षगाँठ पर मेरी तरफ़ से दिली मुबारकबाद कुबूल कीजिए और मेरी कामना है कि–

शिपूचिन : *(गरमजोशी से हाथ दबाते हुए)* शुक्रिया, मेरे दोस्त शुक्रिया। आज के इतने बड़े दिन पर, जुबली के अवसर पर तो एक-दूसरे को गले लगाकर प्यार किया जा सकता है। *(प्यार करते हैं)* मैं बहुत ख़ुश हूँ। तुम्हारी मदद का शुक्रिया। शुक्रिया, शुक्रिया। अगर इस बैंक की चेयरमैनशिप के दौरान मैंने कोई भी अच्छा काम किया है तो इसमें सबसे बड़ा हाथ मेरे साथियों का है। *(ठंडी साँस लेकर)* जनाब, 15 साल, जी हाँ 15 साल हो गये। अगर झूठ कह रहा हूँ तो मेरा नाम बदल देना *(जोश से)* अरे हाँ, मेरी रिपोर्ट का क्या हाल है? कुछ आगे बढ़ी?

ख़ीरिन : जी हाँ, अब सिर्फ़ पाँच पन्ने रह गये हैं।

शिपूचिन : बहुत खूब! इसका मतलब है कि तीन बजे तक तैयार हो जाएगी।

ख़ीरिन : अगर किसी ने डिस्टर्ब न किया तो खत्म कर लूँगा। बस थोड़ा-सा काम रह गया है।

शिपूचिन : बहुत अच्छे! बहुत खूब! मेरा नाम बदल देना। चार बजे जनरल मीटिंग होगी। हाँ डियर, ज़रा देना तो रिपोर्ट का पहला हिस्सा! ज़रा उसको याद कर लूँ। जल्दी दो। *(रिपोर्ट लेता है)* इस रिपोर्ट से मेरी बड़ी उम्मीदें बँधी हुई हैं। यह मेरे दृष्टिकोणों की रिपोर्ट भी है या कहना चाहिए मेरे दिमाग़ की फुलझड़ी है, हाँ फुलझड़ी! वरना मेरा नाम बदल देना *(बैठता है और दिल में रिपोर्ट पढ़ता है)* बहुत थक गया हूँ मैं...रात भर गठिया से परेशान पूरी सुबह इधर-उधर दौड़ने-भागने में निकल गयी उस पर यह घबराहट...रहा। तालियाँ...और...जोश...थक गया हूँ।

ख़ीरिन : (लिखता है) दो—जीरो—जीरो—तीन—नौ—दो—जीरो—इन नम्बरों से तो आँखें पथरा गई हैं—तीन—एक—छह—चार—एक—पाँच— *(मशीन पर गिनता है)*

शिपूचिन : बड़े अफ़सोस की बात है—आज सुबह तुम्हारी घर वाली मेरे यहाँ आयी थी फिर शिकायत कर रही थी कि कल शाम तुम उसे और साली को छुरी से धमका रहे थे। कुज्मा निकोलाइविच, यह सब क्या है? छी! छी!

ख़ीरिन : *(रूखेपन से)* आन्द्रेई आन्द्रेइविच! जुबली के मौके पर मैं आपसे यह कहने की हिम्मत कर रहा हूँ कि कम से कम मेरे इस क़ैदियों वाले काम का ख़याल करके मेरे घरेलू मामलात में आप दख़ल न दीजिए—आपकी बड़ी मेहरबानी होगी।

शिपूचिन : *(ठंडी साँस लेकर)* बड़े अजीब हो तुम, कुज्मा निकोलाइविच! वैसे तो तुम लाजवाब आदमी हो, शरीफ हो मगर औरतों के साथ ऐसा बर्ताव करते हो मानो कि जैक हो—औरतों का कातिल। सच में, मेरी समझ में नहीं आता—कि तुम्हें औरतों से इतनी चिढ़ क्यों है?

ख़ीरिन : और मेरी समझ में यह नहीं आता कि आप उनसे इतनी मोहब्बत क्यों फ़रमाते हैं?

(खामोशी)

शिपूचिन : बैंक में काम करने वालों ने मुझे अभी एक एलबम दिया और बैंक के मेम्बर, जैसा कि मैंने सुना है, मुझे एक मानपत्र और एक चाँदी की सुराही देना चाहते हैं। *(अपने चश्मे से खेलते हुए)* सच में मेरा नाम बदल देना मगर यह सब बिलावजह नहीं

है। बैंक की अच्छी साख के लिए कुछ शोरगुल भी ज़रूरी है, जहन्नुम में जाएँ। तुम तो अपने आदमी हो, तुमसे तो कुछ छिपा नहीं—वह मानपत्र तो मैंने खुद ही लिखा है और वह चाँदी की सुराही भी मैंने ही ख़रीदी है। मानपत्र की जिल्द के लिए मुझे 45 रूबल ख़र्च करना पड़े मगर इसकी बड़ी ज़रूरत थी। खुद उनका दिमाग़ तो इतनी दूर तक कभी नहीं जाता *(इधर-उधर देखता है)* वाह! क्या सजावट है यहाँ की। यह कहलाता है टेस्ट! लोग कहते हैं कि मैं छोटी-छोटी बातों पर ज़्यादा ध्यान देता हूँ। मैं चाहता हूँ कि दरवाज़ों के सिर्फ़ ताले साफ़ हों। यहाँ काम करने वाले फर्स्ट क्लास टाई बाँधें और गेट पर एक हट्टा-कट्टा दरबान खड़ा हो। जी नहीं जनाब, दरवाज़ों पर ताले और मोटा दरबान...यह छोटी बात नहीं...घर पर तो मैं एक टुटपुँजिये बाबू की तरह रह सकता हूँ...जंगलियों की तरह खा सकता हूँ...सो सकता हूँ...अन्धा-धुन्ध पी सकता हूँ...मगर...

ख़ीरिन : ताने न मारिये प्लीज़।

शिपूचिन : अरे, मैं किसी की तरफ़ इशारा नहीं कर रहा...तुम भी बड़े अजीब आदमी हो...हाँ तो मैं कह रहा था कि घर में मैं एक बाबू की तरह रह सकता हूँ...गँवार बन सकता हूँ...और अपनी बुराइयों को छूट दे सकता हूँ मगर यहाँ सब कुछ ऊँचे दरजे का होना चाहिए। यह एक बैंक है। यहाँ छोटी से छोटी चीज़ का भी, इसको क्या कहते हैं, अच्छा असर पड़ना चाहिए। *(फर्श से काग़ज़ का टुकड़ा उठाता है और आतशदान में फेंक देता है)* मेरा कारनामा यही है कि मैंने बैंक की रेपुटेशन को ऊँचा कर दिया है। यह बड़ा कारनामा है, बहुत बड़ा...मेरा नाम बदल देना *(ख़ीरिन को देखकर)* अरे भाई, किसी भी वक्त मेम्बरों का डेलीगेशन इधर आ सकता है और तुम अभी तक बूट पहने हो, मफलर बाँधे हो और अजीब रंग का कोट पहने हो। टेल कोट ही पहन लिया होता या कम से कम काला कोट...

ख़ीरिन : मुझे आपके मेम्बरों से ज़्यादा अपनी सेहत प्यारी है। पूरा जिस्म बुखार से टूट रहा है।

शिपूचिन : *(घबराकर)* अरे, यह तो बड़ी ग़लत बात है—तुम रंग में भंग डाल रहे हो।

ख़ीरिन : अगर वह लोग इधर आयें तो मैं छुप सकता हूँ। कौन सी आफ़त आ जाएगी? *(लिखता है)* सात—एक—सात—दो—एक—

पाँच—जीरो—मुझे खुद ही गड़बड़ पसन्द नहीं...सात—दो—नौ— *(मशीन पर टिक-टिक करता है)* गड़बड़ी ज़रा भी नहीं सही जाती मुझसे! बड़ा ही अच्छा होगा अगर जुबली के डिनर पर औरतों को न बुलाया जाए।

शिपूचिन : क्या बकवास करते हो?

ख़ीरिन : मैं जानता हूँ कि शान दिखाने के लिए आप पूरा हाल उनसे भर लेंगे...मगर देखिएगा कि वे आपका सारा काम बिगाड़ देंगी। इन औरतों से तो हर नुकसान और गड़बड़ी की उम्मीद की जा सकती है।

शिपूचिन : बिल्कुल ग़लत! औरतों की मौजूदगी से तो चार चाँद लग जाते हैं।

ख़ीरिन : अच्छा? मेरे ख़याल में आपकी घर वाली तो पढ़ी-लिखी है मगर पिछले सोमवार को ऐसा पटाखा छोड़ बैठी कि मैं दो दिन तक हक्का-बक्का रहा। मेम साहब ग़ैरों के सामने अचानक पूछती है, "क्या यह सच है कि हमारे बैंक में मेरे पति ने बहुत ज़्यादा शेयर ख़रीद रखे हैं और अब बाज़ार में उनका भाव गिर गया है। हाय! वह इतने परेशान रहते हैं"—यह कहा, वह भी ग़ैर लोगों के सामने। मेरी समझ में नहीं आता कि आप सब बातें औरतों को क्यों बता देते हैं? क्या आप चाहते हैं कि वह आपको किसी मुसीबत में फँसा दे?

शिपूचिन : बस भी करो अब! जुबली के मौके पर इतनी बोर बातें कर रहे हो! बस करो। वैसे तुमने अच्छा याद दिलाया *(घड़ी देखता है)* मेरी घर वाली के आने का वक्त हो रहा है। वैसे तो मुझे उस बेचारी को लेने स्टेशन जाना चाहिए था, मगर वक्त नहीं है और...और फिर थक भी गया हूँ। सच तो यह है कि उसके आने की मुझे कुछ खुशी नहीं है। खुशी तो है मगर मुझे ज़्यादा खुशी होती अगर वह एक दो दिन और अपनी माँ के पास रह लेती। आते ही हुक्म देगी कि आज की पूरी शाम उसके साथ गुजारूँ, और यहाँ आज डिनर के बाद एक छोटी-सी पिकनिक का भी प्रोग्राम है। *(ठंडी साँस लेकर)* मुझे तो अभी से बड़ी घबराहट हो रही है। इतना नर्वस हो रहा हूँ कि लगता है कि छोटी-सी बात पर ही फूट-फूट कर रो पड़ूँगा। नहीं! मुझे मजबूत बनना चाहिए! मेरा नाम बदल देना।

(तत्याना अलेक्सेइवना आती है, बरसाती पहने है और सफ़री बैग कन्धे से लटकाये है)

यह लो अभी बात ही कर रहा था।

तत्याना : माई डियर! *(शौहर की तरफ़ दौड़ती है, एक लम्बा चुम्बन)*

शिपूचिन : हम अभी तुम्हारी ही बात कर रहे थे *(घड़ी देखता है)*

तत्याना : *(हाँफते हुए)* मेरी याद आयी थी? अच्छे तो हो? मैं अभी घर नहीं गयी, स्टेशन से सीधी यहाँ आयी हूँ। तुम्हें बहुत कुछ बताना है। सब्र नहीं होता। मैं बरसाती नहीं उतारूँगी बस एक मिनट *(ख़ीरिन से)* हेलो। कुज्मा निकोलाइच *(पति से)* घर पर तो सब ठीक है ना?

शिपूचिन : सब ठीक है। तुम एक हफ़्ते में थोड़ी मोटी हो गयी हो, अच्छी भी लग रही हो। सफ़र कैसा रहा?

तत्याना : बहुत ही अच्छा। माँ और कात्या ने याद किया है। वसीली आन्द्रेईविच ने तुम्हें प्यार करने को कहा है। *(चूमती है)* चाची ने तुम्हें मुरब्बे का डिब्बा भेजा है। सबको शिकायत है कि तुम ख़त नहीं लिखते। ज़ीना ने प्यार करने को कहा है *(चूमती है)* हाय! काश! तुम जानते कि क्या हुआ? क्या हुआ? मुझे तो बताते अजीब सा लग रहा है...हाय! क्या हुआ? तुम्हारी आँखें कह रही हैं कि मेरे आने से तुमको ख़ुशी नहीं हुई।

शिपूचिन : बिलकुल ग़लत...माई डियर! *(प्यार करता है)*

(ख़ीरिन ज़ोर से खाँसता है)

तत्याना : *(ठण्डी साँस लेकर)* हाय बेचारी कात्या! बदनसीब कात्या! मुझे उस पर बड़ा तरस आ रहा है...बड़ा तरस आ रहा है।

शिपूचिन : आज हमारे यहाँ, माई डियर, जुबली मनाई जा रही है किसी भी मिनट बैंक के सदस्यों का डेलीगेशन आ सकता है और तुमने कपड़े नहीं बदले हैं।

तत्याना : सच? जुबली सबको मुबारक हो। मेरी कामना है कि...इसका मतलब है आज मीटिंग होगी...डिनर होगा...यह सब तो मुझे पसन्द है...अच्छा वह मानपत्र जो तुमने इतनी मेहनत से लिखा था, बैंक के मेम्बरों के लिए। क्या आज वह तुम्हें पेश किया जाएगा?

(ख़ीरिन ज़ोर से खाँसता है)

शिपूचिन : *(झेंपते हुए)* माई डियर, उसके बारे में न बोलो...अच्छा होगा कि तुम घर चली जाओ।

तत्याना : अभी जाती हूँ, अभी...एक मिनट में सब बता दूँगी फिर चली जाऊँगी। मैं तुम्हें सब शुरू से बताना चाहती हूँ...हाँ तो तुम जब मुझे पहुँचाने गये थे तो याद है कि मैं एक मोटी औरत के पास बैठ गयी थी और पढ़ने लगी थी...सफर में बातें करना मुझे पसन्द नहीं। तीन स्टेशन गुज़र गये और मैं पढ़ती रही। किसी से बात नहीं की। मगर जब शाम हुई...तो मन में न जाने कैसे-कैसे ख़याल आने लगे। मेरे सामने एक जवान आदमी बैठा था, देखने में बुरा नहीं था, काले बाल थे। हम दोनों बातें करने लगे...फिर एक मल्लाह आ गया और कोई छात्र भी *(हँसती है)* मैंने उनसे कहा कि मेरी शादी नहीं हुई है...तब तो मेरी खूब खातिर होने लगी...हम आधी रात तक बातें करते रहे। काले बालों वाला बड़े मज़ेदार चुटकुले सुनाता रहा और मल्लाह पूरे वक़्त गाता रहा...मेरे तो हँसते-हँसते सीने में दर्द होने लगा...और जब मल्लाह को हाय यह मल्लाह? किसी तरह पता चल गया कि मेरा नाम तत्याना है तो जानते हो वह क्या गाने लगा? *(धीमी आवाज़ में गाती है)* "अनेगिन में छिपाऊँगा नहीं, मैं तत्याना से बेपनाह प्यार करता हूँ" *(कहकहा लगाती है)*

(ख़ीरिन गुस्से में खाँसता है)

शिपूचिन : तान्या डियर! हम कुज्मा निकोलाइच को डिस्टर्ब कर रहे हैं...अब तुम घर जाओ, डियर...फिर...

तत्याना : कोई बात नहीं, कोई बात नहीं। उसे भी सुनने दो, बड़े मजे की बात है। मैं बस खत्म करती हूँ...स्टेशन पर मुझे सिरयोज़ा लेने आया था...एक जवान आदमी और था उसके साथ–आबकारी महकमे का इंस्पेक्टर था शायद। काफ़ी अच्छा था देखने में.. .खासतौर से आँखें...सिरयोज़ा ने उसका परिचय कराया और हम तीनों चल दिये...

(पर्दे के पीछे से आवाज़ें अन्दर जाना मना है, अन्दर जाना मना है...क्या चाहते हो–मिरचूत्किना अन्दर आती है)

मिरचूत्किना : *(दरवाज़े में से हाथ छुड़ाते हुए)* पकड़ क्यों रहे हो? तमीज़ से बात करो! मुझे अन्दर जाना है *(अन्दर आती है शिपूचिन से)* आलीज़नाब, मैं एक सरकारी क्लर्क की बीवी नस्तास्या फ़योदरव्ना मिरचूत्किना हूँ।

शिपूचिन : क्या चाहती हो?

मिरचूत्किना : ज़नाबेआली अगर इज़ाजत हो तो मैं यह बताना चाहती हूँ कि मेरे शौहर मिरचूत्किन—सरकारी क्लर्क—पाँच महीने बीमार रहे और जब वह घर पर थे और इलाज हो रहा था तो बिना कोई वजह बताये आलीज़नाब, उन्हें रिटायर कर दिया गया और जब मैं उनकी तनख्वाह लेने गयी तो उन्होंने जनाब, बेवजह उसकी तनख्वाह में से 24 रूबल 36 कपेक काट लिए। मैं पूछती हूँ किसलिए? तो जवाब मिलता है कि "उसने कामन फण्ड से उधार लिया था और दूसरों ने उसकी ज़मानत ली थी।" यह बिल्कुल ग़लत है? मेरी इज़ाजत के बग़ैर तो वह एक कौड़ी नहीं ले सकता। आलीज़नाब, यह सरासर ज्यादती है। मैं एक ग़रीब औरत हूँ...मकान के किराये से गुज़र-बसर करती हूँ...मैं कमज़ोर हूँ...बेसहारा हूँ...हर कोई मुझे सताता है। प्यार का एक भी शब्द सुनने को नहीं मिलता।

शिपूचिन : ज़रा दिखाना तो...*(उससे अर्जी लेता है और खड़े-खड़े पढ़ता है)*

तत्याना : *(ख़ीरिन से)* उफ़! फिर से शुरू करना पड़ेगा...पिछले हफ़्ते मुझे अचानक माँ की चिट्ठी मिली जिसमें लिखा था कि किसी ग्रिन्दीलेव्स्की ने मेरी बहन कात्या को पैग़ाम दिया है। लड़का तो बहुत ही अच्छा और सीधा है मगर आमदनी का कोई ज़रिया नहीं और न ही सोसाइटी में कोई इज़्ज़त है। उस पर ग़जब यह कि वह कात्या को अच्छा लगता है। ऐसी हालत में क्या किया जाए? माँ ने लिखा कि मैं फौरन पहुँचू और कात्या पर दबाव डालूँ...

ख़ीरिन : *(रूखेपन से)* आप मुझे डिस्टर्ब कर रही हैं, आप मामा और कात्या कह रही हैं...यहाँ दिमाग़ में सब कुछ गड्डमड्ड हो रहा है...और कुछ समझ में नहीं आ रहा।

तत्याना : तो क्या हुआ? जब कोई लेडी आपसे बात कर रही हो तो सुना कीजिए। आज आप इतने गुस्से में क्यों हैं? क्या किसी को दिल दे बैठे हैं?

(हँसती है)

शिपूचिन : *(मिरचूत्किना से)* ज़रा समझाइये तो? मैं तो कुछ नहीं समझा!

तत्याना : आ-हा, सचमुच दिल दे बैठे हैं! चेहरा लाल हो रहा है!

शिपूचिन : *(बीवी से)* तान्या डियर, एक मिनट के लिए ज़रा आफ़िस में तो चलो मैं अभी आता हूँ।

तत्याना : अच्छा *(जाती है)*

शिपूचिन : मेरी तो कुछ समझ में नहीं आ रहा। मोहतरमा, लगता है कि आप ग़लत जगह पर आ गयी हैं। आपकी इस अर्ज़ी का हमारे डिपार्टमेण्ट से कोई ताल्लुक नहीं। इसे आप वहाँ लेकर जाइए जहाँ आपका शौहर काम करता था।

मिरचूतकिना : माई-बाप, मैं पहले ही पाँच जगह जा चुकी हूँ। किसी ने अर्जी को हाथ तक नहीं लगाया। मेरा तो दिमाग़ ख़राब हो गया है। वह तो बरिस मात्वेइच का शुक्रिया कि उन्होंने आपके पास आने की सही राय दी। बोले, "अम्मा, तुम मिस्टर शिपूचिन के पास जाओ, वह बहुत पहुँच वाले आदमी हैं, चाहें तो सब कुछ कर सकते हैं"—आलीज़नाब, मेरी मदद कीजिए।

शिपूचिन : श्रीमती मिरचूतकिना, हम आपके लिए कुछ भी नहीं कर सकते। समझिये तो ज़रा...आपके शौहर—जैसा कि मुझे अंदाज़ा हो रहा है—एक फ़ौजी मेडिकल डिपार्टमेण्ट में थे और हमारा मोहकमा ग़ैर-सरकारी है, कमर्शल है...यह एक बैंक है। समझ रही हैं ना आप?

मिरचूतकिना : आलीजनाब, मेरे शौहर बीमार थे, इसका मेरे पास डाक्टरी सर्टिफिकेट है...यह लीजिए, पढ़ लीजिए।

शिपूचिन : *(झुँझलाहट से)* भई, मुझे आपकी बात का यकीन है, लेकिन फिर दोहरा रहा हूँ कि इससे हमारा कोई ताल्लुक नहीं।

(पर्दे के पीछे से तत्याना अलेक्सेइवना के हँसने की आवाज़, फिर मर्द के हँसने की आवाज़)

(शिपूचिन दरवाज़े की तरफ़ देखते हुए) अब वहाँ सब को डिस्टर्ब कर रही है *(मिरचूतकिना से)* बड़ी अजीब, यहाँ तक कि बेढंगी बात है। क्या आपके शौहर को यह तक नहीं मालूम कि आपको किसके पास जाना चाहिए?

मिरचूतकिना : सच आलीजनाब, वह बड़ा बुद्धू है, बस यही रट लगाये है, "तुमसे क्या मतलब दफा हो जाओ" फिर...यहाँ तो...

शिपूचिन : मोहतरमा फिर दोहरा रहा हूँ, आपके शौहर फ़ौजी मेडिकल डिपार्टमेंट में काम करते थे और यह बैंक है—प्राइवेट और कमर्शल।

मिरचूतकिना : हाँ-हाँ, समझती हूँ माई-बाप! अच्छा तो आलीजनाब, फिलहाल 15 रूबल ही दिलवा दीजिए। मैं इस पर भी राज़ी हूँ कि सब एक साथ न दीजिए।

शिपूचिन : *(ठंडी साँस लेकर)* उफ़!

ख़ीरिन : आन्द्रेई आन्द्रेइच, ऐसे तो मैं ज़िन्दगी भर रिपोर्ट पूरी नहीं कर सकूँगा।

शिपूचिन : एक मिनट *(मिरचूत्किना से)*

आपको समझाना बड़ा मुश्किल है! अरे समझने की कोशिश कीजिए—यह अर्जी लेकर आपका हमारे पास आना उतना ही अजीब है जितना तलाक़ के लिए अर्जी किसी दवाखाने या सुनार के यहाँ देना—मोहतरमा आज हमें बहुत काम है—हम जुबली मना रहे हैं। किसी वक्त कोई इधर आ सकता है। इसलिए माफ़ कीजिए।

(दरवाज़े पर 'ठक...ठक'। तत्याना अलेक्सेइवना की आवाज़ आन्द्रेई क्या मैं अन्दर आ सकती हूँ?)

चिल्लाकर ज़रा ठहरो, डियर *(मिरचूत्किना से)* आपके शौहर की तनख्वाह काट ली इसमें हम क्या कर सकते हैं? और फिर,...

मिरचूत्किना : आलीजनाब, मुझ अनाथ पर तरस खाइये। मैं एक कमज़ोर बेसहारा औरत हूँ...मरने की हद तक तंग आ गयी हूँ...तो किरायेदारों से मुकदमेबाजी...तो शौहर की खिदमत...तो घर के हज़ारों काम—उस पर दामाद भी आजकल बेकार बैठा है।

शिपूचिन : मोहतरमा मिरचूत्किना, मैं...नहीं...मैं अब और सर नहीं खपा सकता। मुझे चक्कर आ रहा है। आप हमें भी काम नहीं करने दे रही हैं और अपना वक्त भी बरबाद कर रही हैं। *(ठंडी साँस लेकर एक तरफ़)* बिलकुल काठ की उल्लू है, मेरा नाम बदल देना *(ख़ीरिन से)* कुज्मा निकोलाइच, प्लीज, तुम हाँ मोहतरमा मिरचूत्किना को समझाओ...

(हाथ हिलाता है और आफ़िस में चला जाता है)

ख़ीरिन : *(रुखाई से) (ख़ीरिन, मिरचूत्किना के पास आता है)* क्या चाहती हैं आप?

मिरचूत्किना : मैं एक कमज़ोर-बेसहारा औरत हूँ। देखने में हो सकता है ऐसी न लगूँ लेकिन अगर अन्दर झाँकिए तो एक भी नस सलामत नहीं मिलेगी, बड़ी मुश्किल से पैरों पर खड़ी हूँ—भूख बिलकुल नहीं लगती। आज काफ़ी पी तो उसमें भी कोई मज़ा नहीं आया।

ख़ीरिन : मैं आपसे पूछ रहा हूँ कि आप क्या चाहती हैं?

मिरचूत्किना : जनाब, उन लोगों से कहिए कि मुझे 15 रूबल ही दे दें। बाकी चाहे एक महीने बाद दें।

ख़ीरिन : मगर आपको शायद साफ़ जबान में बताया जा चुका है कि यह एक बैंक है।

मिरचूत्किना : जानती हूँ...जानती हूँ...अगर चाहें तो मैं आपको डाक्टरी सर्टिफिकेट दिखा सकती हूँ।

ख़ीरिन : तुम्हारे कंधों पर खोपड़ी है या...

मिरचूत्किना : बेटे, मैं तो अपना माँग रही हूँ, मुझे पराया बिलकुल भी नहीं चाहिए।

ख़ीरिन : मैडम, मैं आपसे पूछ रहा हूँ कि आपके कंधों पर सिर है या...जहन्नुम में जाओ, मुझे तुमसे सर खपाने की फुरसत नहीं, मुझे काम है, *(दरवाज़े की तरफ़ इशारा करते हुए)* तशरीफ ले जाइए।

मिरचूत्किना : *(ताज्जुब से)* और मेरे रूबल?

ख़ीरिन : समझा! तुम्हारे कंधों पर खोपड़ी नहीं, यह है...*(पहले उँगलियों से मेज़ पर खटखटाता है फिर अपने माथे पर उँगली रखता है)*

मिरचूत्किना : *(नाराज़गी से)* क्या कहा? समझीं! ख़बरदार! यह सब अपनी घर वाली को दिखाओ...मैं एक सरकारी क्लर्क की बीवी हूँ। मुझसे ऐसा बर्ताव मत करो।

ख़ीरिन : *(भड़कते हुए धीमी आवाज़ में)*, गेट-आउट।

मिरचूत्किना : ना...ना...बिल्कुल नहीं...

ख़ीरिन : *(धीमी आवाज़ में)* अगर तुम इसी वक्त यहाँ से दफ़ा नहीं हो गईं तो मैं चौकीदार को बुलाऊँगा! गेट-आऊट *(पैर पटकता है)*

मिरचूत्किना : जाओ-जाओ, मैं ज़रा नहीं डरती! तुम्हारे जैसे बहुत देखे हैं। अंधा-कुआँ!

ख़ीरिन : अपनी सारी ज़िन्दगी में ऐसी बदज़ात औरत नहीं देखी। उफ़! सिर में दर्द हो गया *(गहरी साँस लेता है)* मैं फिर कहता हूँ...सुनती हो...अगर तुम बुड्ढी चुड़ैल—यहाँ से फ़ौरन नहीं चली जाओगी तो मैं तुम्हारा कचूमर निकाल दूँगा। मैं ऐसा आदमी हूँ कि ज़िन्दगी भर के लिए तुम्हारा थोबड़ा बिगाड़ सकता हूँ, ख़ून कर सकता हूँ।

मिरचूत्किना : कुत्ते भौंकते रहते हैं, कारवाँ चलता रहता है। मैं ज़रा नहीं डरती—बहुत देखे हैं तुम्हारे जैसे!

ख़ीरिन : *(मायूसी से)* शक्ल देखी नहीं जाती उसकी! मेरी तबीयत बिगड़

रही है। अब और नहीं सहा जाता *(मेज़ की तरफ़ जाता है और बैठता है।)* ज़नाब ने बैंक में औरतें भर ली हैं, अब रिपोर्ट कैसे लिखूँ उनकी? नहीं लिख सकता।

मिरचूतुकिना : मैं किसी और का नहीं अपना हक़ माँग रही हूँ...कितने बेशर्म हो? दफ़्तर में बूट पहने बैठे हो, गँवार कहीं के!

(शिपूचिन और तत्याना अलेक्सेइवना अन्दर आते हैं)

तत्याना : *(शौहर के पीछे चलते हुए)* हम ब्रीजिन्तिसकी के यहाँ पार्टी में गये—कात्या हल्की नीली फूलों वाली ड्रेस पहने थी, ऊपर लेस लगी थी और खुला गला था...बालों का ऊँचा स्टाइल उस पर बहुत ही अच्छा लगता है। मैंने खुद उसके बाल बनाये थे। ऐसे कपड़े...उस पर बालों का यह स्टाइल...बहुत प्यारी लग रही थी।

शिपूचिन : *(सिर पकड़ते हुए)* अच्छा-अच्छा...प्यारी लग रही थी...अब वह लोग आने ही वाले हैं।

मिरचूतुकिना : आलीजनाब!

शिपूचिन : *(मरे दिल से)* अब क्या है? क्या चाहती हो?

मिरचूतुकिना : आलीजनाब, *(ख़ीरिन की तरफ़ इशारा करते हुए)* इसने... इसी ने मेरी तरफ़ देखते हुए कनपटी बजायी, फिर मेज को खटखटाया। आपने तो इससे कहा था कि मेरी मदद करे पर वह तो मज़ाक उड़ा रहा है मेरा। तरह-तरह की बातें भी सुना रहा है। मैं एक कमज़ोर बेसहारा औरत हूँ...

शिपूचिन : ठीक है मैडम, मैं देखूँगा...और ज़रूरी क़दम उठाऊँगा...अब जाइए...बाद में...*(एक तरफ़)* मेरा गठिया का दर्द शुरू हो रहा है।

ख़ीरिन : *(शिपूचिन के पास आकर धीमे से)* आन्द्रेई आन्द्रेइच, चौकीदार को बुलाइए वह गर्दन पकड़कर निकाल बाहर करे। आफत मचा रखी है इसने।

शिपूचिन : *(घबराकर)* नहीं, नहीं! वह हंगामा खड़ा कर देगी, इस बिल्डिंग में बहुत फ्लैट हैं।

मिरचूतुकिना : आलीजनाब!

ख़ीरिन : *(रुआँसी आवाज़ में)* मगर मुझे तो रिपोर्ट लिखनी है! नहीं खत्म कर पाऊँगा...*(अपनी मेज पर वापस आता है)* नहीं सहा जाता!

मिरचूतुकिना : आलीजनाब, कब तक मिलेंगे रूबल? मुझे आज ही ज़रूरत है।

शिपूचिन : *(एक तरफ़ गुस्से से)* जवाब नहीं इस क...मी...नी का *(उससे नरमी से)* मोहतरमा, मैं आपसे कह चुका हूँ कि यह बैंक है—प्राइवेट और कमर्शल...

मिरचूत्किना : रहम कीजिए, आलीजनाब! मेरे माई-बाप ही हैं। अगर मेडिकल सर्टिफिकेट काफ़ी नहीं है तो मैं अपने इलाके का सर्टिफिकेट ला सकती हूँ, बस रूबल दिलवा दीजिए किसी तरह!

शिपूचिन : *(गहरी साँस लेकर)* उफ!

तत्याना : अम्मा! आपसे कहा जा रहा है कि आप डिस्टर्ब कर रही हैं। बड़ी अजीब हैं आप भी!

मिरचूत्किना : चन्दा, मेरे लिए दौड़-भाग करने वाला कोई नहीं। सिर्फ़ एक नाम है जो पीती हूँ और खाती हूँ। आज काफ़ी पी तो मजा ही नहीं आया।

शिपूचिन : *(बेबसी से मिरचूत्किना से)* कितने रूबल थे आपके?

मिरचूत्किना : 24 रूबल 36 कपेक।

शिपूचिन : ठीक है *(पर्स से 25 रूबल निकालता है और उसे देता है)* यह हैं 25 रूबल...लीजिए...और तशरीफ ले जाइए...

(ख़ीरिन गुस्से से खँखारता है)

मिरचूत्किना : बहुत-बहुत शुक्रिया आलीजनाब...*(नोट जेब में रखती है)*

तत्याना : *(शिपूचिन के पास बैठते हुए)* अब मुझे घर चलना चाहिए... *(घड़ी देखते हुए)* मगर बात तो खत्म हुई नहीं बस...एक मिनट में ख़त्म करती हूँ, फिर चलूँगी...उफ़! क्या गज़ब हुआ...तो हाँ, हम ब्रिज़नीत्स्की के यहाँ पार्टी में गये! अच्छी थी, मज़ा आया...मगर कोई खास बात नहीं थी...कात्या का चाहने वाला ग्रीन्दीलेव्सकी भी था। मैंने कात्या को समझाया, दबाव डाला, वह थोड़ा रोई भी। नतीजा यह हुआ कि उसने वहीं ग्रीन्दीलेव्सकी से साफ़-साफ़ बात की और इनकार कर दिया। सोचा था कि सब ठीक हो गया। अब और क्या चाहिए? माँ को सँभाल लिया, कात्या को बचा लिया, मैं भी सुकून से रह सकती हूँ...मगर तुम सोच भी नहीं सकते कि क्या हो गया? खाने से ज़रा पहले हम और कात्या बाग़ में टहल रहे थे कि अचानक...*(घबराहट से)* कि अचानक गोली चलने की आवाज़ आयी...उफ़! किस दिल से आगे बताऊँ! *(रुमाल से हवा करती)* नहीं, नहीं बताया जाता।

शिपूचिन : *(ठंडी साँस लेकर)* उफ़!

तत्याना : *(रोते हुए)* हम झाड़ियों की तरफ़ दौड़े तो वहाँ बेचारा ग्रीन्दीलेव्सकी पड़ा है, हाथ में पिस्तौल है...

शिपूचिन : नहीं, अब नहीं सहा जाता! पागल हो जाऊँगा! *(मिरचूत्किना से)* अब क्या तकलीफ़ है आपको?

मिरचूत्किना : आलीजनाब, क्या ऐसा नहीं हो सकता कि मेरे शौहर को फिर से उसकी जगह पर लगा लिया जाए?

तत्याना : *(रुआँसी आवाज़ में)* ठीक दिल पर गोली चला ली...यहाँ पर...कात्या तो पछाड़ खाकर गिर पड़ी, बेचारी...वह खुद भी बहुत घबरा गया, पड़ा था और...चीख रहा था...डॉक्टर को बुलाओ। फौरन डॉक्टर आया और...और बेचारे की जान बचाई...

मिरचूत्किना : आलीजनाब, क्या मेरे शौहर को फिर से नौकरी पर नहीं बुला सकते?

शिपूचिन : पागल हो जाऊँगा! *(रोते हुए)* नहीं सहा जाता! *(ख़ीरिन की तरफ़ दोनों हाथ फैलाकर गिड़गिड़ाते हुए)* भगाओ इसे! हाथ जोड़ता हूँ, मेरा पीछा छुड़ा दो।

ख़ीरिन : *(तत्याना अलेक्सेइवना के पास आकर)* गेट-आउट!

शिपूचिन : उसे नहीं, इसे...इस चुड़ैल को...*(मिरचूत्किना की तरफ़ इशारा करते हुए)* इसको!

ख़ीरिन : *(न समझते हुए फिर तत्याना अलेक्सेइवना से) भागो यहाँ से! (पैर पटकते हुए)* भाग यहाँ से!

तत्याना : अरे! अरे! क्या पागल हो गये हो?

शिपूचिन : क्या मुसीबत है! मैं बड़ा बद्‌किस्मत आदमी हूँ! भगाओ! भगाओ इसे!

ख़ीरिन : *(तत्याना अलेक्सेइवना से)* भागो! थोवड़ा बिगाड़ दूँगा! कचूमर निकाल दूँगा! मार डालूँगा!

तत्याना : *(भागती है, ख़ीरिन उसके पीछे)* कैसे हिम्मत हुई तुम्हारी! बहुत बद्‌तमीज हो। *(चिल्लाकर)* आन्द्रेई! बचाओ! आन्द्रई!

(डर से चीखते हुए)

शिपूचिन : *(उनके पीछे दौड़ते हुए)* ठहरो! हाथ जोड़ता हूँ बस करो! मुझ पर रहम खाओ!

ख़ीरिन : *(मिरचूत्किना के पीछे दौड़ते हुए)* भाग यहाँ से! पकड़ो! मारो! काट डालो इसे!

शिपूचिन : *(चिल्लाकर)* ठहरो! सुनो तो! रहम करो!

मिरचूतकिना : बाप रे... बाप रे... **(डर से चीखते हुए)** बाप रे...!

तत्याना : *(चीखते हुए)* बचाओ! बचाओ...! हाय, हाय...चक्कर आ रहा है। *(कुर्सी से टकराती है फिर बेहोश होकर सोफे पर गिर जाती है, बेहोशी में कराहती है)*

ख़ीरिन : *(मिरचूतकिना के पीछे भागते हुए)* मारो! इसे क़त्ल कर दो! काट डालो!

मिरचूतकिना : हाय, हाय...बचाओ! आँखों के नीचे अँधेरा छा रहा है! उफ़ *(शिपूचिन के हाथों पर बेहोश होकर गिर पड़ती है) (दरवाज़े पर खट-खट, पर्दे के पीछे आवाज़–'डेपूटेशन')*

शिपूचिन : डेपूटेशन...रेपूटेशन...अकूपेशन...

ख़ीरिन : *(पैर पटकते हुए)* गेट-आउट, ख़ून सवार हो रहा है मुझ पर! *(आस्तीनें चढ़ाते हुए)* मेरे हवाले कर दो इसे! मार डालूँगा इसे! **(पाँच मेम्बरों का ग्रुप दाखिल होता है, सब टेल कोट पहने हैं। एक के हाथ में मखमल की जिल्द चढ़ा एड्रेस है–दूसरे के हाथ में चाँदी की सुराही है। दरवाज़े में दूसरे काम करने वाले खड़े हैं। तत्याना अलेक्सेइवना सोफे पर और मिरचूतकिना, शिपूचिन के हाथों पर बेहोश पड़ी है। दोनों धीरे-धीरे कराह रही हैं)**

एक मेम्बर : *(ज़ोर से पढ़ता है)* आदरणीय और प्यारे आन्द्रेई आन्द्रेइविच! बैंक की तब और अब की माली हालत पर नज़र डालते हुए और लगातार तरक्की का जायजा लेते हुए हमें बड़ी ख़ुशी हुई है। यह सच है कि शुरू में हमारे पास काफ़ी रकम नहीं थी, काम करने वाले भी इतने चुस्त नहीं थे और फिर बैंक के सही उसूलों पर नहीं चलते थे। इन सब वजहों से हमारे सामने हर वक्त शेक्सपियर के हैमलेट की तरह सवाल उठता था–'हो या न हो'? उस वक्त कुछ लोगों ने यहाँ तक कहा कि बैंक को बन्द कर देना ही बेहतर होगा। मगर फिर आपने इसकी बागडोर सँभाली, आपकी व्यवहार कुशलता, मेहनत, तेज़ी और समझदारी के नतीज़े में इस बैंक को खूब तरक़्क़ी मिली और इसका नाम ऊँचा हुआ। बैंक की रेपूटेशन... *(खँखारता है)* बैंक की रेपूटेशन...

मिरचूतकिना : *(कराहते हुए)* आह! आह!

तत्याना : *(कराहते हुए)* पानी! पानी!

मेम्बर : *(आगे पढ़ता है)* रेपूटेशन... *(खँखारकर)* बैंक की रेपूटेशन आपकी

वजह से इतनी ऊँची हो गयी है कि आज हमारा बैंक बाहर के अच्छे से अच्छे बैंक से भी मुक़ाबला कर सकता है।

शिपूचिन : डेपूटेशन...रेपूटेशन...अकूपेशन...दो साथी शाम के वक्त जा रहे थे और आपस में काम की बात कर रहे थे...यह न कहो कि जवानी बरबाद हो गई...कि मेरी जलन परेशान करती है तुम्हें...।

मेम्बर : *(हैरान होकर आगे पढ़ता है)* फिर बैंक की आज की हालत पर नज़र डालते हुए, हम, आदरणीय और प्यारे, आन्द्रेई आन्द्रेइविच...*(आवाज़ नीची करते हुए)* बेहतर होगा...कि हम बाद में...हाँ बेहतर होगा कि बाद में...

(सब हैरान से वापस जाते हैं)

पर्दा गिरता है।

पैग़ाम

एकांकी हास्य नाटक

पात्र

स्तिपान स्तिपानविच चुबुकोफ़	एक जमींदार
नताल्या स्तिपानवना	उसकी बेटी, उम्र 25 वर्ष
इवान वसीलिविच लोमफ़	उनका पड़ोसी—एक स्वस्थ, गठे जिस्म वाला मगर झक्की ज़मींदार

(घटना चुबुकोफ़ की रियासत में होती है।)

(चुबुकोफ़ का ड्राइंगरूम)

(1)

(चुबुकोफ़ और लोमफ़ दाखिल होते हैं। लोमफ़ टेलकोट में है। हाथों में सफेद दस्ताने हैं।)

चुबुकोफ़ : *(उसकी तरफ बढ़ते हुए)* आ-हा! यह कौन आया है! आप, इवान वसीलिविच! बड़ी खुशी हुई! *(हाथ मिलाता है)* यह कहलाती है अचानक मिली खुशी...वाह! वाह! कैसे हैं आप?

लोमफ़ : शुक्रिया! और आप कैसे हैं जनाब?

चुबुकोफ़ : मेरे मेहरबान, ज़िन्दा हूँ आपकी दुआओं से, वगैरा वगैरा। मेहरबानी करके तशरीफ़ रखिए...पड़ोसियों को भुला देना बड़ी गलत बात है।...बेटे, आज इतने सजे बने क्यों हो? यह टेलकोट, यह दस्ताने, वगैरा-वगैरा। कहाँ के इरादे हैं, मेरे अनमोल?

लोमफ़ : कहीं के नहीं। मैं तो सिर्फ़ आपके यहाँ आया हूँ, जनाब स्तिपान स्तिपानविच!

चुबुकोफ़ : फिर टेलकोट में क्यों? वाह! क्या कहने हैं! मानो कि नये साल की बधाई देने आये हो!

लोमफ़ : बात दरअसल यह है...*(उसके हाथों में हाथ डालते हुए)* जनाब, स्तिपान स्तिपानविच! मैं आपके पास आया हूँ, एक गुज़ारिश लेकर...पहले भी आपसे बराबर मदद माँगता रहा हूँ और आपने हमेशा...इसको क्या कहते हैं...मगर मैं, माफ कीजिएगा, जरा नर्वस हो रहा हूँ...पानी पी लूँ। जनाब, स्तिपान स्तिपानविच! **(पानी पीता है)**

चुबुकोफ़ : *(एक तरफ होकर)* उधार माँगने आया है शायद? नहीं दूँगा! *(लोमफ़)* बात क्या है लाडले?

लोमफ़ : बात यह है, श्रीमान स्तिपानविच...माफ कीजिएगा, स्तिपान श्रीमान-विच...मेरा मतलब है मैं बड़ा नर्वस हो रहा हूँ, जैसा कि आप देख रहे हैं...मतलब यह है कि सिर्फ आप मेरी मदद कर सकते हैं, हालाँकि हकीक़त में तो मैं इस क़ाबिल नहीं हूँ...और मुझे कोई हक नहीं पहुँचता आपसे मदद माँगने का...

चुबुकोफ़ : अब इतना मत लपेटो। कह भी दो! कहो?

लोमफ़ : अभी कहता हूँ...इसी मिनट। कि मैं आपकी बेटी नताल्या स्तिपानवना का हाथ माँगने आया हूँ।

चुबुकोफ़ : *(खुश होकर)* क्या कहा? इवान वसीलिविच! एक बार फिर से कहिये—कहीं मैंने गलत तो नहीं सुना!

लोमफ़ : मैं आपकी बेटी का हाथ...

चुबुकोफ़ : *(काटते हुए)* मेरे चाँद...मैं इतना खुश हूँ वगैरा-वगैरा...तो मैंने ठीक सुना! *(गले लगाता है और प्यार करता है)* बहुत दिनों से चाह रहा था...हमेशा से मेरी यही तमन्ना रही है *(आँखों में आँसू भरकर)* मैंने हमेशा तुम्हें अपने सगे बेटे की तरह चाहा है, मेरे फरिश्ते! खुदा करे, तुम दोनों फूलो-फलो वगैरा-वगैरा। मेरी यह तमन्ना थी...अरे क्या बेबकूफों की तरह खड़ा बक-बक किये जा रहा हूँ! शायद खुशी से पागल हो गया हूँ मैं! बिलकुल पागल! मैं तुम्हें दिल से...जाऊँ जाकर नताशा को तो बुलाऊँ, वगैरा-वगैरा।

लोमफ़ : *(जज़्बाती अन्दाज़ में)* जनाब, स्तिपान स्तिपानविच! आपका क्या ख़याल है? क्या वह मान जाएँगी?

चुबुकोफ़ : क्या मतलब? ऐसा खूबसूरत जवान...क्यों नहीं मानेगी वह? अरे! वह तो खुद तुम पर मरती होगी, एक बिल्ली की तरह, वगैरा, वगैरा...मैं अभी आया!
(जाता है)

(2)

(लोमफ़ अकेला है)

लोमफ़ : ठण्ड है—मैं पूरा काँप रहा हूँ जैसे इम्तहान से पहले! जरूरी बात है कि इरादा पक्का हो। अगर देर तक सोचोगे, जगमगाओगे, ज्यादा बातें करोगे या अपने-अपने सपनों की रानी या सच्चे

प्रेम का इन्तज़ार करोगे तो शायद ज़िन्दगी भर कुँवारे ही रह जाओगे...ब्रा...बड़ी ठण्ड है! नताल्या इवानवना घरदारी में बहुत अच्छी है, शक्ल की भी बुरी नहीं, पढ़ी-लिखी है...और दया चाहिए मुझे। फिर भी घबराहट से कानों में सीटियाँ बज रही हैं *(पानी पीता है)* शादी न करूँ यह भी तो मुमकिन नहीं...नम्बर एक मैं 35 साल का हो चुका हूँ—बड़ी ही, कहना चाहिए, खतरनाक उमर है, नम्बर दो मुझे एक नार्मल, सही ज़िन्दगी की जरूरत है...मैं दिल का मरीज़ हूँ, दिल बराबर धड़कता रहता है। गुस्सेवर भी बहुत हूँ और बराबर नर्वस होता रहता हूँ...इस वक्त भी मेरे होंठ काँप रहे हैं और दायीं कनपटी की रग फड़क रही है...मगर मेरी सबसे बड़ी बीमारी—नींद है। जैसे ही बिस्तर पर लेटता हूँ और नींद आने ही वाली होती है, अचानक बायीं पसली में पता नहीं क्या होने लगता है? कन्धे तक चढ़ीख उठती है फिर सिर तक जाती है...पागलों की तरह तड़प उठता हूँ। थोड़ा टहलता हूँ और मगर जब लेटता हूँ और जैसे ही नींद आने लगती है फिर वही चढ़ीख पसली में—और ऐसा बीसों बार होता है...

(3)

(नताल्या स्तिपानवना और लोमफ़)

स्तिपानवना : *(अन्दर आकर)* अरे वाह, यह आप हैं! पापा तो कह रहे थे कि जाओ देखो कोई व्यापारी सामान लेने आया है। हैलो इवान वसीलिविच!

लोमफ़ : हैलो, जनाबा नताल्या स्तिपानवना!

स्तिपानवना : माफ़ कीजिएगा, मैं गाऊन में हूँ और इस हालत में! सुखाने के लिए मटर छिलवा रही थी। आप इतने दिन से हमारे यहाँ आये क्यों नहीं? बैठिये...

(बैठता है)

नाश्ता करेंगे?

लोमफ़ : नहीं शुक्रिया! मैंने कर लिया है।

स्तिपानवना : सिगरेट पीजिए...माचिस इधर है...आज मौसम बहुत ही अच्छा है—कल तो ऐसी बारिश हुई कि मज़दूरों ने दिन भर कोई काम ही नहीं किया। आपने कितनी घास कटवा ली? मैंने तो लालच में पड़कर पूरी हरी-भरी चरागाह कटवा डाली, अब खुद ही अफ़सोस हो रहा है। डरती हूँ कहीं मेरी सूखी घास सड़ न

जाए! अच्छा होता अगर थोड़ा और इन्तज़ार कर लेती। अरे, यह क्या आप तो टेल कोट में हैं! यह हुई ना बात! क्या कहीं डांस पर जा रहे हैं? एक बात कहूँ—अब आप अच्छे लगने लगे हैं...पर सच बताइए, आज आप इतने सजे-बने क्यों हैं?

लोमफ़ : *(घबराहट से)* बात यह है, जनाबा नताल्या स्तिपानवना...बात दरअसल यह है...कि आज हिम्मत करके मैं आपसे कुछ बातें कहना चाहता हूँ...आपको ताज्जुब तो ज़रूर होगा, हो सकता है, गुस्सा भी आये, मगर मैं...*(एक तरफ़ होकर)* बड़ी ठण्ड है...

स्तिपानवना : बात क्या है आखिर?

(ख़ामोशी)

कहिये?

लोमफ़ : कोशिश करूँगा, कि अपना मतलब कम से कम...जनाबा, नताल्या स्तिपानवना, आप तो जानती हैं कि बहुत दिनों से... अपने बचपन से मैं आपके पूरे खानदान को जानता आया हूँ...मेरी मरहूमा चाची और उनके शौहर जिनकी जागीर, जैसा कि आप जानती हैं, मुझे विरासत में मिली है, आपके अब्बा मरहूमा माँ की बहुत इ़ज़्ज़त करते थे। हमारे और आपके रिश्तेदारों जैसे संबंध रहे हैं। लोमफ़ और चुबुकोफ़ खानदानों के बीच बहुत ही दोस्ताना बल्कि रिश्तेदारों जैसे संबंध रहे हैं। फिर आप तो जानती हैं कि हमारी ज़मीनें एक-दूसरे से मिली हुई हैं। आपको तो मालूम हैं कि मेरे बलोवी वाले खेत आपके बर्च वाले जंगल से मिले हुए हैं।

स्तिपानवना : माफ कीजिएगा, आपकी बात काट रही हूँ। आपने कहा कि 'मेरे बलोवी वाले खेत'...क्या वह आपके हैं?

लोमफ़ : जनाबा मेरे हैं...

स्तिपानवना : लो और सुनो! अरे यह खेत हमारे हैं आपके नहीं!

लोमफ़ : नहीं, जनाबा नताल्या स्तिपानवना, मेरे हैं।

स्तिपानवना : यह तो नयी बात सुन रही हूँ! वे आपके कहाँ से हो गये?

लोमफ़ : कहाँ से कैसे? मैं उन खेतों की बात कर रहा हूँ जो बर्च जंगल और जली दलदल के बीच में हैं।

स्तिपानवना : हाँ, हाँ...वे हमारे हैं...

लोमफ़ : नहीं, जनाबा नताल्या स्तिपानवना! आप गलती पर हैं। वे मेरे हैं।

स्तिपानवना : होश में आइए, इवान वसीलिविच! आपके वे कब से हो गये?

लोमफ़ : कब से क्या हो गये? मुझे तो जब से याद पड़ता है वे हमेशा से हमारे हैं।

स्तिपानवना : माफ कीजिएगा, मैं आपसे सहमत नहीं!

लोमफ़ : जनाबा स्तिपानवना, आप कागज़ात देख सकती हैं। हाँ कभी तो बलोवी खेतों पर झगड़ा हुआ था—यह सच है मगर अब तो सब ही जानते हैं कि वे मेरे हैं। इसमें बहस का सवाल ही नहीं उठता! देखिए मेरी चाची की नानी ने यह खेत मुफ्त और बेमियाद मुद्दत के लिए आपके अब्बा के दादा के किसानों को इस्तेमाल के लिए इस शर्त पर दिए थे कि वह उनके लिए ईंटों का भट्ठा जलायें। आपके अब्बा के दादा के किसान इन खेतों को तकरीबन 40 साल तक मुफ्त इस्तेमाल करते रहे और फिर उनको अपना ही समझने लगे...मगर जब बाद में कानून निकला...

स्तिपानवना : आप बिलकुल गलत बात कह रहे हैं मेरे दादा और परदादा कहा करते थे कि उनकी ज़मीनें जली हुई दलदल तक हैं। इसका मतलब है कि बलोवी वाले खेत हमारे हैं—इसमें बहस का सवाल ही नहीं उठता। मेरी समझ में तो आता नहीं! अफ़सोस की बात है!

लोमफ़ : नताल्या स्तिपानवना, मैं आपको कागज़ात दिखा सकता हूँ।

स्तिपानवना : नहीं, आप मज़ाक़ कर रहे हैं, या फिर मुझे चिढ़ा रहे हैं...बिलकुल नयी ख़बर है! तकरीबन 300 साल से हम इन ज़मीनों के मालिक चले आ रहे हैं और आज अचानक हमें यह बताया जा रहा है कि यह ज़मीनें हमारी नहीं! इवान वसीलिविच माफ कीजिएगा, मुझे तो अपने कानों पर यकीन ही नहीं आ रहा...मेरे लिए इन खेतों की कोई कीमत नहीं—कुल मिलाकर पाँच बीघा होगी जिसकी कीमत 300 रूबल से ज्यादा नहीं। मगर मुझे झूठ पर गुस्सा आ रहा है जो दिल चाहे कहिये लेकिन, झूठ से मुझे बढ़ी नफ़रत है।

लोमफ़ : हाथ जोड़ता हूँ, पूरी बात तो सुनिए! आपके अब्बा के दादा के किसान, जैसा कि मैं पहले ही कह चुका हूँ, मेरी चाची की नानी के लिए ईंटें ढाला करते थे और उसके बदले में चाची की नानी ने मेहरबान होकर...

स्तिपानवना : दादा, नानी, चाची...मेरी तो कुछ समझ में नहीं आ रहा! खेत हमारे हैं। और बस।

लोमफ़ : जनाबा मेरे हैं।

स्तिपानवना : हमारे हैं। आप चाहे दो दिन तक साबित करते रहें, चाहे दस टेल कोट पहन लें फिर भी खेत हमारे हैं, हमारे हैं, हमारे हैं...! मैं न तो आपका कुछ लेना चाहती हूँ, न ही अपना कुछ खोना. ..आप जो चाहें करें!

लोमफ़ : नताल्या स्तिपानवना, मुझे भी यह खेत नहीं चाहिए लेकिन बात है उसूल की! अगर आप चाहती हैं तो मैं खुशी से उन्हें आपको तोहफ़े में दे सकता हूँ।

स्तिपानवना : मैं खुद उन्हें आपको तोहफ़े में दे सकती हूँ!... वे मेरे हैं—बड़ी अजीब बात है इवान वसीलिविच! अभी तक हम आपको एक अच्छा पड़ोसी समझते रहे हैं। पिछले साल हमने आपको अपनी गहने की मशीन दी थी जिसकी वज़ह से हमने अपने गेहूँ देर से नवम्बर में गाहे। और आप हमारे साथ बनजारों जैसा बर्ताव कर रहे हैं? मेरी ही ज़मीन मुझे तोहफ़े में दे रहे हैं! माफ़ कीजिएगा, अच्छे पड़ोसी ऐसा नहीं करते! मेरे ख़याल में तो यह एक तरह की ढिठाई है।...

लोमफ़ : आपके कहने का मतलब है कि मैं आपके खेत हड़प रहा हूँ। जनाबा, मैंने ज़िन्दगी में कभी भी परायी ज़मीन नहीं हड़पी और किसी को भी इस बात की इज़ाजत नहीं दूँगा कि वह मुझ पर यह इल्जाम लगाये।
(तेजी से जग की तरफ़ जाता है और पानी पीता है) बलोवी वाले खेत मेरे हैं!

स्तिपानवना : झूठ! वे हमारे हैं!

लोमफ़ : मेरे हैं!

स्तिपानवना : झूठ, मैं साबित कर सकती हूँ! आज ही अपने घसियारों को उन खेतों पर भेजूँगी।

लोमफ़ : क्या फरमाया?

स्तिपानवना : आज ही घसियारे वहाँ मौजूद होंगे!

लोमफ़ : मैं उनकी गरदन मरोड़ दूँगा।

स्तिपानवना : हिम्मत है आपमें!

लोमफ़ : *(दिल पकड़ते हुए)* बलोवी वाले खेत मेरे हैं! सुन रही हैं! मेरे हैं!

स्तिपानवना : मेहरबानी करके चिल्लाइये मत! चिल्लाना और गुस्से में गला फाड़ना अपने घर कीजिएगा। यहाँ आप मेहरबानी करके अपनी हदों में रहिए!

लोमफ़ : मोहतरमा! अगर यह भयानक तकलीफदेह दिल का धड़कना न होता, अगर यह कनपटी की रगें न फड़कती होतीं तो मैं आपसे दूसरी तरह से बात करता! *(चिल्लाकर)* बलोवी वाले खेत मेरे हैं!

स्तिपानवना : हमारे हैं!

लोमफ़ : मेरे हैं।

स्तिपानवना : हमारे हैं।

लोमफ़ : मेरे हैं!

(4)

(वे दोनों और चुबुकोफ़)

चुबुकोफ़ : *(अन्दर आते हुए)* यह क्या हो रहा है? क्यों चिल्ला रहे हो?

स्तिपानवना : पापा, मेहरबानी करके इन साहब को बता दो कि बलोवी वाले खेत किसके हैं—हमारे या इनके?

चुबुकोफ़ : *(लोमफ़ से)* प्यारे! वे खेत हमारे हैं!

लोमफ़ : स्तिपान स्तिपानविच, समझ से काम लीजिए! वे आपके कहाँ से हो गये? कम से कम आप तो इंसाफ की बात कीजिए! मेरी चाची की नानी ने यह खेत मुफ्त और वक्ती इस्तेमाल के लिए आपके दादा के किसानों को दिए थे। किसान यह ज़मीन चालीस साल तक इस्तेमाल करते रहे और उसको अपना समझने लगे और जब फरमान जारी किया गया कि...

चुबुकोफ़ : मेरे अज़ीज सुनो तो...आप भूल रहे हैं कि किसान आपकी परनानी को लगान वगैरा इसलिए नहीं देते थे क्योंकि तब इन खेतों पर झगड़ा चल रहा था वगैरा-वगैरा...मगर अब इस सड़क का कुत्ता भी जानता है, जी हाँ कुत्ता, कि ये खेत हमारे हैं। लगता है आपने नक्शा नहीं देखा?

लोमफ़ : मैं साबित कर सकता हूँ कि वे मेरे हैं?

चुबुकोफ़ : मेरे प्यारे! साबित नहीं कर सकोगे!

लोमफ़ : नहीं साबित कर दूँगा?

चुबुकोफ़ : अरे भाई इतना चिल्ला क्यों रहे हो? चीखने से तो और भी

कुछ साबित नहीं कर सकोगे। न मैं आपका कुछ चाहता हूँ न ही अपना छोड़ने का कोई इरादा है। क्यों छोड़ूँ? जब बात चल ही निकली है, मेरे अज़ीज, अगर इन खेतों को लेकर झगड़ा खड़ा करने का इरादा है तो मैं उन्हें किसानों को दे डालूँगा मगर आपको नहीं! समझे!

लोमफ़ : कुछ नहीं समझ में आता! दूसरे की चीज दे डालने का आपको कहाँ से हक़ पहुँचता है?

चुबुकोफ़ : ज़रा मुझे तो समझाइए, आपके ख़याल में मुझे यह जानने का हक़ पहुँचता है या नहीं? सुनिए जनाब, मैं बिलकुल भी आदी नहीं कि मुझसे इस लहजे में बात की जाए वगैरा-वगैरा। मैं आपसे उमर में दुगना हूँ और आपसे गुजारिश करता हूँ कि मुझसे ठंडे तरीके से बात करें। ठंडे वगैरा-वगैरा।

लोमफ़ : आप शायद मुझे निरा मूर्ख समझते हैं और मेरा मज़ाक़ उड़ा रहे हैं! मेरी ज़मीन को अपना कहते हैं, उस पर यह चाहते हैं कि मैं .ख़ामोश रहूँ और आप से शरीफाना बर्ताव करूँ! अच्छे पड़ोसी ऐसा नहीं करते, स्तिपान स्तिपानविच! आप पड़ोसी नहीं हड़पिये हैं हड़पिये!

चुबुकोफ़ : क्या! क्या कहा आपने?

स्तिपानवना : पापा, खेतों पर फौरन घसियारों को भेज दो!

चुबुकोफ़ : *(लोमफ़ से)* जनाब आपने क्या फरमाया?

स्तिपानवना : बलोवी वाले खेत हमारे हैं और मैं उन्हें किसी को नहीं दूँगी, नहीं दूँगी, नहीं दूँगी!

लोमफ़ : देखते हैं! मैं अदालत से साबित कर दूँगा कि खेत हमारे हैं।

चुबुकोफ़ : अदालत से! जाइए जनाब, खुशी से दायर कीजिए मुकदमा वगैरा-वगैरा। जाइए! मैं आपको खूब जानता हूँ, आप बहुत दिनों से ऐसे मौके की तलाश में थे कि मुकदमा वगैरा चलायें...तुम तो हो ही एक झगड़ालू आदमी! तुम्हारा पूरा खानदान मुकदमेबाजी में तेज़ रहा है! पूरा खानदान!

लोमफ़ : मेहरबानी करके मेरे खानदान की बेइज्जती न कीजिए! लोमफ़ खानदान का हर आदमी ईमानदार रहा है और किसी पर भी ग़बन का मुकदमा नहीं चला जैसा कि आपके चाचा पर!

चुबुकोफ़ : आपके खानदान का तो हर आदमी पागल था!

स्तिपानवना : हर आदमी! सब के सब! सब!

चुबुकोफ़ : आपके अब्बा एक पियक्कड़ थे! और छोटी चाची यानो नस्तास्या मिखाईलवना एक आर्किटेक्ट के साथ भाग गयी थीं वगैरा-वगैरा।

लोमफ़ : और आपकी माँ कुबड़ी थीं...*(दिल पकड़ते हुए)* पसली में दर्द, सिर चकरा रहा है...हाय! पानी!

चुबुकोफ़ : तुम्हारे बाप जुआरी और खबोड़े थे!

स्तिपानवना : आपकी चाची पीठ पीछे बुराई करने में इतनी तेज़ थीं कि उन जैसी दूसरी मिलना मुश्किल है!

लोमफ़ : बायाँ पैरा सुन्न हो गया है...आप चालबाज हैं...हाय मेरा दिल...और किसी से भी नहीं छुपा कि एलेक्शन सं पहले आपने...हाय आँखों के आगे बिजलियाँ चमक रही हैं...मेरा हैट कहाँ है?

स्तिपानवना : यह नीचता है! बेईमानी है! दुष्टता है!

चुबुकोफ़ : आप खुद एक जहरीले, बहरुपिये और धोखेबाज इनसान हैं। जी हाँ...

लोमफ़ : यह रहा मेरा हैट...हाय दिल...किधर जाऊँ? दरवाजा किधर है? ओह...! लगता है आखिरी वक्त आ गया है...पैर मुश्किल से उठ रहे हैं...

(दरवाज़े की तरफ़ जाता है)

चुबुकोफ़ : *(पीछे से)* खबरदार, जो फिर कभी इस घर में कदम रखा!

स्तिपानवना : मुकदमा दायर कीजिए! देख लेंगे!

(लोमफ़ लड़खड़ाते हुए बाहर जाता है)

(5)

(चुबुकोफ़ और नताल्या स्तिपानवना)

चुबुकोफ़ : खुदा गारत करे!

(घबराहट में इधर से उधर टहलता है)

स्तिपानवना : कितना कमीना है। इसके बाद कौन किसी पड़ोसी को अच्छा सभझेगा।

चुबुकोफ़ : बदमाश! आटे का पुतला!

स्तिपानवना : कोढ़ी कहीं का! दूसरे की ज़मीन को अपना समझने लगा उस पर धमकियाँ भी देता है।

चुबुकोफ़ : और इसी शैतान की, हाँ इसी आँख के अंधे की इतनी हिम्मत हुई कि मेरे पास पैग़ाम लेकर आया वग़ैरा-वग़ैरा। जी हाँ पैग़ाम!

स्तिपानवना : कैसा पैग़ाम?

चुबुकोफ़ : तुम्हें नहीं मालूम! इसीलिए तो आया कि तुम्हारा हाथ माँगे।

स्तिपानवना : मेरा हाथ माँगने? मेरा? तुमने यह बात पहले क्यों नहीं बताई?

चुबुकोफ़ : टेल कोट में इसलिए आया था! सासेज कहीं का! काठ का उल्लू!

स्तिपानवना : मुझे! पैग़ाम? हाय! *(कुर्सी पर कराहते हुए गिरती है)* वापस बुलाओ उसे! वापस बुलाओ! हाय! वापस बुलाओ!

चुबुकोफ़ : किसे वापस बुलाऊँ?

स्तिपानवना : फौरन, फौरन! हाय, चक्कर आ रहा है! वापस बुलाओ! *(हिस्टेरिक होकर)*

चुबुकोफ़ : क्या हुआ? क्या बात है? *(अपना सिर पकड़ता है)* मैं बड़ा बदनसीब इनसान हूँ! गोली मार लूँगा! फाँसी लगा लूँगा! बहुत तंग आ गया हूँ

स्तिपानवना : मैं मर रही हूँ! वापस बुलाओ।

चुबुकोफ़ : थू! अभी...जान हल्कान मत करो!
(दौड़ता जाता है)

स्तिपानवना : *(अकेली कहते हुए)* यह हमने क्या कर डाला? वापस बुलाओ! वापस बुलाओ!

चुबुकोफ़ : *(दौड़ता अन्दर आता है)* अभी आता है वगैरा-वगैरा। जहन्नुम में जाए! उफ़! तुम खुद बात करो उससे, मेरा तो दिल नहीं होता...

स्तिपानवना : *(कराहते हुए)* वापस बुलाओ...

चुबुकोफ़ : *(चिल्लाकर)* कह तो दिया, आ रहा है। उफ़! एक जवान बेटी का बाप होना भी कितनी जिम्मेदारी है! काट डालूँगा खुद को! मानूँगा नहीं! काट डालूँगा! पहले तो उसे इतनी गालियाँ दीं, जलील किया, घर से भगा दिया और यह सब तुम्हारा किया धरा है...तुम्हारा...

स्तिपानवना : नहीं, तुम्हारा!

चुबुकोफ़ : हाँ, अब सारी गलती तो मेरी होगी!
(दरवाज़े में लोमफ़ नज़र आता है)
लो तुम खुद ही बात कर लो!
(जाता है)

(6)

(नताल्या स्तिपानवना और लोमफ़)

लोमफ़ : *(अन्दर आता है, हाँफते हुए)* हाय! यह जानलेवा धड़कन... पैर सुन्न हो गया है...पसली में चिलक उठ रही है...

स्तिपानवना : इवान वसीलिविच, माफ कीजिए, हम गुस्से में क्या-क्या बक गये...अब मुझे कुछ-कुछ याद आ रहा है : बलोवी वाले खेत वाकई आपके हैं।

लोमफ़ : दिल अजीब तरह से धड़क रहा है...खेत मेरे हैं...दोनों आँखा की नसें फड़क रही हैं...

स्तिपानवना : आपके हैं, वह खेत आप ही के हैं। तशरीफ़ रखिए...
(बैठते हैं)
हम गलती पर थे।

लोमफ़ : मैं तो सिर्फ़ उसूल की खातिर...मुझे ज़मीन प्यारी नहीं मगर उसूल प्यारा है...

स्तिपानवना : उसूल ही तो...छोड़िए, कुंछ और बाते करें!

लोमफ़ : फिर मेरे पास तो सबूत भी है—मेरी चाची की नानी ने आपके अब्बा के दादा के किसानों को...

स्तिपानवना : छोड़िए भी, अब इस बात को छोड़िए...*(एक तरफ होकर)* समझ में नहीं आता कैसे शुरू करूँ...*(उससे)* शिकार पर कब जा रहे हैं?

लोमफ़ : जनाबा, नताल्या स्तिपानवना, सोचता हूँ कि फसल कट जाने के बाद तीतर के शिकार पर जाऊँ। आह! आपने तो सुना होगा? देखिए, कितनी बड़ी मुसीबत आ पड़ी है मुझ पर! मेरा कुत्ता, मेरा फाँसू, जिसे आप भी जानती हैं, लँगड़ा हो गया है।

स्तिपानवना : बड़े अफ़सोस की बात है! मगर कैसे?

लोमफ़ : मालूम नहीं...हो सकता है मोच आ गयी हो या दूसरे कुत्तों ने जख्मी कर दिया हो...*(ठण्डी साँस लेकर)* सबसे अच्छा कुत्ता, कीमत की तो मैं बात ही नहीं कर रहा, उसके लिए मीरोनफ़ को मैंने 125 रूबल दिए थे।

स्तिपानवना : बहुत ज्यादा दे दिए, इवान वसीलिविच!

लोमफ़ : मैं तो समझता हूँ सस्ता पड़ा। बड़ा शानदार कुत्ता है!

स्तिपानवना : पापा ने अपने पकड़ू को 85 रूबल में खरीदा था और पकड़ू आपके फाँसू से कहीं बेहतर है!

लोमफ़ : पकड़ू फाँसू से बेहतर है? क्या बात करती हैं? *(हँसता है)* पकड़ू फाँसू से बेहतर है वाह-वाह!

स्तिपानवना : बिलकुल बेहतर है! हाँ यह सच है कि पकड़ू अभी बच्चा है, पूरा सयाना नहीं हुआ है। मगर बनावट और डील-डौल में उससे बेहतर तो वल्यानित्स्की के पास भी कोई कुत्ता नहीं है।

लोमफ़ : माफ़ कीजिएगा नताल्या स्तिपानवना, एक बात आप भूल रही हैं कि पकड़ू पतले जबड़े वाला कुत्ता है और ऐसे कुत्ते की पकड़ हमेशा ढीली होती है।

स्तिपानवना : पतले जबड़े वाला है! पहली बार सुन रही हूँ!

लोमफ़ : यकीन कीजिए। उसका नीचे का जबड़ा ऊपर के जबड़े से छोटा है।

स्तिपानवना : क्या आपने नापा है?

लोमफ़ : हाँ नापा है। शिकार का पीछा करने में तो वह काम आ सकता है...लेकिन पकड़ने में तो किसी काम का नहीं...

स्तिपानवना : पहली बात तो यह कि हमारा पकड़ू अच्छी नस्ल का घने बालों वाला कुत्ता है। वह राजकुमार और शहजादी कुत्तों का बेटा है। पर आपके खिचड़ी रंग वाले कुत्ते की नस्ल का ही पता नहीं चलाया जा सकता...फिर वह कितना बूढ़ा और बदसूरत है, बिलकुल मरियल घोड़े की तरह...

लोमफ़ : बूढ़ा है, अरे जाइए! उसके बदले में तो आपके पकड़ू जैसे पाँच कुत्ते न लूँ...और क्यों लूँ? फाँसू नस्ली कुत्ता है और यह पकड़ू...हा-हा, नाम लेते शर्म आती है...आपके पकड़ू जैसे कुत्ते तो हर ऐरे-गैरे शिकारी के पास हो सकते हैं—भरमार है उनकी, उसके लिए तो 25 रूबल भी ज्यादा होंगे।

स्तिपानवना : इवान वसीलिविच! आज तो आपके अन्दर कोई शैतान घुस गया है। तो कहते हैं कि खेत आपके हैं, तो कहते हैं कि फाँसू पकड़ू से अच्छा है! मुझे यह बात बिलकुल पसन्द नहीं कि आदमी बोले कुछ और सोचे कुछ! अरे आप अच्छी तरह जानते हैं कि पकड़ू आपके इस गधे फाँसू से...हजार गुना अच्छा है—फिर उसका उल्टा क्यों बोल रहे हैं?

लोमफ़ : नताल्या स्तिपानवना! मुझे ऐसा लगता कि आप मुझे या तो अन्धा समझती हैं या फिर बिलकुल बेवकूफ! जरा समझने की कोशिश कीजिए—पकड़ू छोटे जबड़े वाला कुत्ता है!

स्तिपानवना : झूठ!

लोमफ़ : है छोटे जबड़े वाला!

स्तिपानवना : *(चिल्लाकर)* झूठ!

लोमफ़ : जनाबा, आप इतना चिल्ला क्यों रही हैं?

स्तिपानवना : आप बकवास क्यों कर रहे हैं? यह तो गुस्सा दिलाने वाली बात है! आपके फाँसू के तो अब गोली मार देनी चाहिए और आप उसका मुकाबला पकड़ू से कर रहे हैं!

लोमफ़ : माफ़ कीजिएगा, मैं अब और झगड़ना नहीं चाहता—मेरा दिल धड़क रहा है।

स्तिपानवना : मैंने देखा है कि वही शिकारी सबसे ज्यादा बहस करते हैं जो सबसे कम जानते हैं।

लोमफ़ : मोहतरमा, हाथ जोड़ता हूँ, खामोश हो जाइए...मेरा दिल फटा जा रहा है...*(चिल्लाकर)* चुप हो जाइए!

स्तिपानवना : नहीं चुपूँगी! तब तक नहीं चुपूँगी, जब तक आप यह नहीं मान लेते कि पकड़ू आपके फाँसू से सौ गुना अच्छा है।

लोमफ़ : सौ गुना खराब है! मर जाए आपका पकड़ू! हाय कनपटियाँ... आँखें...कन्धा...

स्तिपानवना : आपके गधे फाँसू को तो मरने की जरूरत ही नहीं क्योंकि वह उसके बगैर ही मरघिल्ला हो रहा है!

लोमफ़ : *(रोते हुए)* चुप हो जाइए! मुझे दिल का दौरा पड़ रहा है।

स्तिपानवना : नहीं चुपूँगी!

(7)

(वे दोनों और चुबुकोफ़)

चुबुकोफ़ : **(अन्दर आकर)** अब क्या हुआ?

स्तिपानवना : पापा, सच बताओ—बगैर किसी तरफ़दारी के : किसका कुत्ता बेहतर है—हमारा पकड़ू या इनका फाँसू?

लोमफ़ : स्तिपान स्तिपानविच, हाथ जोड़ता हूँ। बस इतना बता दीजिए आपका पकड़ू छोटे जबड़े का है कि नहीं? है या नहीं?

चुबुकोफ़ : अगर है भी तो? क्या यह बहुत जरूरी है? फिर भी पूरे ज़िले में उससे अच्छा कुत्ता नहीं मिलेगा, वगैरा-वग़ैरा।

लोमफ़ : मगर मेरा फाँसू तो उससे बेहतर है! दिल पर हाथ रखकर कहिएगा!

चुबुकोफ़ : मेरी जान, परेशान क्यों होते हो...मैं जानता हूँ कि तुम्हारे फाँसू

में कई खूबियाँ हैं...उसके बाल नस्ली हैं...पैर मज़बूत हैं...चौड़ी छाती है, वगैरा-वगैरा। मगर उस कुत्ते में, बुरा न मानो तो कहूँ, दो बहुत बड़ी कमियाँ हैं—वह बूढ़ा है और छोटे मुँह वाला है।

लोमफ़ : माफ कीजिएगा, मेरा दिल धड़क रहा है...चलिए साबित करते हैं...जरा याद कीजिए...पिछले शिकार में मेरा फाँसू ग्राफ़ के 'चुलबुले' के साथ पीठ से पीठ मिलाकर दौड़ रहा था...और आपका पकड़ उससे पूरे एक मील पीछे था।

चुबुकोफ़ : वह पीछे इसलिए था, कि ग्राफ़ के कोचवान ने उसे कोड़ा मार दिया था।

लोमफ़ : मारने की वजह थी। सब कुत्ते तो लोमड़ी का पीछा कर रहे थे पर आपका पकड़ू भेड़ पर झपट पड़ा था।

चुबुकोफ़ : यह झूठ है...मेरे कबूतर, मैं बहुत जल्दी भड़क उठता हूँ, इसलिए तुमसे गुज़ारिश है—यह बहस यहीं खत्म कर दो! कोड़ा इसलिए मारा था कि ऐसा कुत्ता देखकर सबको जलन हो रही थी...जी हाँ जनाब! जलकुकड़े हैं सब! और आप भी; जनाब उन्हीं जैसे हैं। जी हाँ, अगर आपको ज़रा भी यह शक होता है कि किसी का कुत्ता आपके फाँसू से अच्छा है तो उसी वक्त आप इल्ज़ाम लगाने लगते हैं—ऐसा है, वैसा है...वगैरा-वगैरा...मुझे तो अच्छी तरह याद है!

लोमफ़ : मुझे भी याद है!

चुबुकोफ़ : *(नकल उतारते हुए)* "मुझे भी याद है"! क्या याद है आपको?

लोमफ़ : दिल धड़क रहा है...पैर सुन्न हो गये...अब नहीं सहा जाता।

स्तिपानवना : *(नकल उतारते हुए)* दिल धड़क रहा है...कहाँ के शिकारी हैं आप? आपको तो रसोईघर में अँगीठी के पास सोना चाहिए और काकरोच मारना चाहिए। लोमड़ी का शिकार आपके बस की बात नहीं...दिल की धड़कन...

चुबुकोफ़ : सच में, आप कहाँ के शिकारी हैं? आपको तो अपनी इस दिल की धड़कनों को लेकर घर बैठना चाहिए, न कि घोड़े की पीठ पर। अगर शिकार करते तो भी ठीक था, मगर आप तो शिकार पर सिर्फ इसलिए जाते हैं कि झगड़ा करें, दूसरों के कुत्तों पर एतराज़ करें, वगैरा-वगैरा। मैं जल्दी भड़क उठता हूँ, इसलिए इस किस्से को खत्म कर दें तो अच्छा होगा। वैसे सच तो यह है कि आप शिकारी नहीं लगते!

लोमफ़ : जैसे कि आप शिकारी हैं? आप तो शिकार पर इसलिए जाते हैं कि ग्राफ की चमचागिरी करें, और साजिशें करें...हाय! मेरा दिल...आप साज़िशी हैं!

चुबुकोफ़ : क्या कहा? मैं साज़िशी हूँ? *(चिल्लाकर)* .खामोश!

लोमफ़ : साज़िशी!

चुबुकोफ़ : तुम लौंडे हो! पिल्ले हो!

लोमफ़ : तुम बूढ़े चूहे हो! जात के जैसूट हो!

चुबुकोफ़ : बकवास बन्द करो! वरना मैं तुम्हें बन्दूक से भून कर रख दूँगा। शेखचिल्ली कहीं का!

लोमफ़ : सबको मालूम है कि—हाय! मेरा दिल...कि आपकी बीवी आपको मारा करती थी...मेरा पैर...कनपटियाँ...चिनगारियाँ...मैं गिर रहा हूँ, मैं गिर रहा हूँ...!

चुबुकोफ़ : और तुम घर की नौकरानी के तलवे चाटते हो!

लोमफ़ : हाय, हाय, हाय...दिल फट गया! कन्धा टूट कर अलग हो गया...मेरा कन्धा कहाँ है?....मैं मर रहा हूँ! *(आराम कुर्सी पर गिरता है)* डाक्टर को बुलाओ!

(बेहोशी)

चुबुकोफ़ : लौंडा है! दूध पीता बच्चा! शेखचिल्ली! मेरी तबीयत बिगड़ रही है! *(पानी पीता है)* तबीयत बिगड़ रही है!

स्तिपानवना : कहाँ के आप शिकारी हैं? आपको तो घोड़े पर बैठना तक नहीं आता! *(बाप से)* पापा! उसे क्या हुआ? पापा देखो तो *(चिल्लाकर)* इवान वसीलिविच! यह तो खत्म हो गया!

चुबुकोफ़ : मुझे चक्कर आ रहा है!...दम घुट रहा है!...हवा करो!

स्तिपानवना : हाय, वह मर गया! *(लोमफ़ की आस्तीन हिलाती है)* इवान वसीलिविच! इवान वसीलिविच! हाय, यह हमने क्या कर डाला! वह मर गया *(कुर्सी पर गिरती है)* डाक्टर, डाक्टर को बुलाओ।

(हिस्टीरिया)

चुबुकोफ़ : उफ़!...क्या हुआ? क्या हुआ तुम्हें?

स्तिपानवना : *(कराहती है)* वह मर गया!...मर गया!

चुबुकोफ़ : कौन मर गया? *(लोमफ़ को देखता है)* सचमुच खत्म हो गया! बाप रे बाप! पानी! डाक्टर *(लोमफ़ के मुँह के पास गिलास लाता है)* पानी पियो!...नहीं, नहीं पी रहा...इसका मतलब है कि मर गया वगैरा वगैरा...हाय, मैं बड़ा बदनसीब हूँ? मैं अपने

गोली क्यों नहीं मार लेता? अब तक क्यों नहीं मैंने अपना गला काट लिया? अब और क्या देखना बाकी है? मुझे छुरा दो! मुझे पिस्तौल दो! *(लोमफ़ हिलता है)* लगता है होश में आ रहा है...लो पानी पी लो!...हाँ, शाबाश...

लोमफ़ : चिनगारियाँ...अँधेरा...मैं कहाँ हूँ?

चुबुकोफ़ : जल्दी से शादी कर डालो...नहीं...जहन्नुम में जाओ तुम! वह राजी है! *(लोमफ़ का हाथ बेटी के हाथ में देता है)* राजी है वगैरा-वगैरा। मैं आर्शीवाद देता हूँ वगैरा-वगैरा। बस तुम लोग मेरा पीछा छोड़ दो!

लोमफ़ : आँ? क्या कहा? *(उठते हुए)* किसे?

चुबुकोफ़ : वह राजी है! उठो! प्यार करो एक दूसरे को और...जाओ जहन्नुम में!

स्तिपानवना : *(कराहते हुए)* तो वह जिन्दा है...। हाँ, हाँ, मैं राजी हूँ...

चुबुकोफ़ : प्यार करो एक-दूसरे को!

लोमफ़ : आँ? किसे? *(दोनों एक-दूसरे का बोसा लेते हैं)* क्या कहने...मगर ज़रा बताइए तो कि मामला क्या है? अरे हाँ, समझ गया...दिल...चिनगारियाँ...मैं खुशनसीब हूँ नताल्या स्तिपानवना ...*(हाथ चूमता है)* अरे, मेरा पैर सुन्न हो गया...

स्तिपानवना : मैं...मैं भी खुशनसीब हूँ...

चुबुकोफ़ : लगता है पहाड़ जैसा बोझ कन्धे से उतर गया...उफ़!

स्तिपानवना : लेकिन...अब तो मान लीजिए कि आपका फाँसू मेरे पकड़ू से कहीं कम है।

लोमफ़ : बेहतर है!

स्तिपानवना : कम है!

चुबुकोफ़ : लो होने लगी मियाँ-बीवी की तू-तू, मैं-मैं। शैम्पेन लाओ।

लोमफ़ : बेहतर है!

स्तिपानवना : नहीं! नहीं! नहीं!

चुबुकोफ़ : *(उनसे ज्यादा तेज़ आवाज़ से)* शैम्पेन लाओ! शैम्पेन!

पर्दा गिरता है।

मुरग़ाबी

चार अंकोंवाला हास्य नाटक

पात्र

इरीना निकोलाइवना अरकादिना (शौहर की तरफ से त्रिप्लेवा)	एक अदाकारा
कन्स्तनतीन गवरीलविच त्रिप्लेफ़	उसका जवान बेटा
पीटर निकोलाइविच सरीन	इरीना का भाई
नीना मीख़ाइलवना ज़ारेचनया	एक अमीर ज़मींदार की जवान बेटी
इल्या अफ़ानासियेविच शम्राएफ	सरीन का मैनेजर एक रिटायर्ड लेफ्टिनेण्ट
पलीना अन्द्रेइवना	उसकी बीवी
माशा	उनकी बेटी
बरिस अलेक्सेइविच त्रीगोरिन	लेखक
यिव्गोनी सिर्गेइविच डोर्न	डाक्टर
सिम्योन सिम्योनविच मिद्वेदिन्का	स्कूल टीचर
याकव	नौकर
बावरची	नौकर
	नौकरानी

(घटना-स्थल : सरीन की रियासत। तीसरे और चौथे एक्ट के बीच दो साल का वक़्फ़।)

अंक एक

(सरीन की रियासत में पार्क का एक हिस्सा। दर्शकों के बैठने की जगह के सामने से एक चौड़ी पगडंडी पार्क के बीच से होती हुई झील की तरफ जाती है। पगडंडी के बराबर ही एक चबूतरा है, जिसे घर के लोग ड्रामा वगैरह के लिए इस्तेमाल करते हैं। झील बिलकुल दिखाई नहीं देती। चबूतरे के दायें-बायें झाड़ियाँ। स्टेज के सामने कुछ मेज़-कुर्सियाँ, सूरज अभी-अभी डूबा है। चबूतरे पर याकव तथा दूसरे काम करने वाले। पर्दा गिरा हुआ है, खाँसी और खटखट की आवाजें। माशा और मिद्वेदिन्का बाहर से टहलकर बायीं तरफ़ से अन्दर आते हैं।

मिद्वेदिन्का : यह आप हमेशा इस काले लिबास में क्यों रहती हैं?

माशा : ज़िन्दगी का सोग मनाने के लिए। मैं बहुत बदकिस्मत हूँ।

मिद्वेदिन्का : वह क्यों? *(खोये हुए अन्दाज में)* मेरी समझ में नहीं आता। आपकी सेहत अच्छी है। आपके डैडी अगर ज्यादा अमीर नहीं, फिर भी हैसियत वाले हैं। मेरी हालत आपसे कहीं ज्यादा खराब है। महीने में मुझे कुल मिलाकर 23 रूबल मिलते हैं उसमें से भी पेंशन काट ली जाती है। फिर भी मैं तो सोग के कपड़ों में नहीं घूमता।

(दोनों बैठते हैं)

माशा : बात दौलत की नहीं है। एक गरीब आदमी भी खुश रह सकता है।

मिद्वेदिन्का : यह सब कहने की बात है। असल में तो कुछ और ही होता

है। यही देखिए—मैं हूँ, मेरी माँ है, दो बहनें और एक छोटा भाई है और आमदनी—सिर्फ 23 रूबल। खाना भी इसी में से और पीना भी। चाय भी चाहिए और शकर भी। तम्बाकू भी चाहिए। बस इन्हीं फ़िकरों में दिमाग़ ख़राब रहता है।

माशा : *(चबूतरे की तरफ देखते हुए)* अब प्रोग्राम शुरू ही होने वाला है।

मिद्वेदिन्का : हाँ, आज ज़ारेचनया एक्टिंग करेगी। ड्रामा कन्स्तनतीन गवरीलाविच ने लिखा है। दोनों एक-दूसरे से प्यार करते हैं और आज दोनों के दिल मिलकर आर्ट का एक अनोखा नमूना पेश करेंगे। अफसोस! हमारे और आपके दिल में ऐसे मिलाप वाली बात नहीं। मैं आपसे प्यार करता हूँ, मेरी तड़प मुझे घर पर बैठने नहीं देती। रोज़ पैदल 6 मील चलकर आता हूँ और जाता हूँ, मगर इनाम में आपकी तरफ से सिर्फ बेरुखी मिलती है। वजह तो समझ में आती है—मेरी आमदनी कम है खानदान बड़ा है...क्या फायदा होगा आपको ऐसे आदमी से शादी करके, जिसे खुद अपना पेट भरना मुश्किल हो?

माशा : फुजूल बातें। *(निसवार सूँघती है)* आपका प्यार मेरे दिल को छूता है मगर मैं आपकी मोहब्बत का जवाब मोहब्बत से नहीं दे सकती। बस यही बात है! *(निसवार की डिबिया आगे करती है)* सूँघिएगा?

मिद्वेदिन्का : नहीं, शुक्रिया!

(ख़ामोशी)

माशा : बड़ी उमस है। रात में ज़रूर बारिश होगी। आप हमेशा या तो फिलासफी बघारते हैं। या फिर दौलत की बात करते हैं। आपके ख़याल में ग़रीबी से बड़ी कोई बदनसीबी नहीं। मगर मेरे ख़याल में में तो फटे कपड़ों में रहना और भीख माँगना हज़ार दरजा अच्छा है उससे कि...खैर छोड़िये यह बात आपकी समझ में नहीं आएगी...

(दायीं तरफ से सरीन और त्रिप्लेफ़ दाखिल होते हैं)

सरीन : *(छड़ी के सहारे खड़े होकर)* मेरे भाई, गाँव की ज़िन्दगी मुझे अच्छी नहीं लगती। और सच बात तो यह है कि मैं कभी भी उसका आदी न हो सकूँगा। कल मैं 10 बजे सोने लेटा और आज नौ बजे जब सोकर उठा तो ऐसा लग रहा था कि सोते-सोते मेरा भेजा खोपड़ी में चिपक गया है—वगैरह-वगैरह *(हँसता है)* खाने

के बाद अचानक फिर सो गया और अब सारे जिस्म में दर्द हो रहा है। अजीब-सा महसूस कर रहा हूँ। आखिरकार...

त्रिप्लेफ़ : सच में तुम्हें शहर में ही रहना चाहिए *(माशा और मिद्वेदिन्का को देखकर)* जनाब जब प्रोग्राम शुरू होगा तो आपको बुला लिया जाएगा। अभी यहाँ बैठना मना है। मेहरबानी करके तशरीफ ले जाइए।

सरीन : *(माशा से)* मरिया इलूनिचूना, एक मेहरबानी कीजिए। अपने पापा से कहिये कि रात के वक्त कुत्ते को खोल दिया करें। बहुत चिल्लाता है वह। मेरी बहन फिर रात भर नहीं सो पायी।

माशा : पापा से आप खुद बात कीजिए। मैं नहीं कहूँगी, माफ कीजिए, *(मिद्वेदिन्का से)* चलिए!

मिद्वेदिन्का : **(त्रिप्लेफ़ से)** शुरू होने से पहले हमें बुलवा लीजिएगा। **(दोनों जाते हैं)**

सरीन : इसका मतलब है आज भी सारी रात कुत्ता रोएगा। क्या मुसीबत है! आज तक मैं इस गाँव में उस तरह न रह सका जिस तरह रहना चाहता था। अक्सर ऐसा होता था कि यहाँ 24 दिन की छुट्टी लेकर आया करता था और सोचता था कि आराम करूँगा मगर इस तरह के हालात पैदा कर दिये जाते थे कि पहले ही दिन से यहाँ से भागने को दिल होने लगता था।

(हँसता है)

मुझे यहाँ से जाते वक्त हमेशा खुशी होती थी। मगर अब...अब मैं रिटायर हो चुका हूँ और कहीं भी मुँह छिपाने की जगह नहीं। चाहूँ या न चाहूँ अब रहना तो यहीं पड़ेगा...

याकव : *(त्रिप्लेफ़ से)* कन्स्तनतीन गवरीलाविच, हम नहाने जा रहे हैं।

त्रिप्लेफ़ : अच्छा! मगर दस मिनट बाद तुम अपनी जगह सँभाल लेना, *(घड़ी देखता है)* अब बस शुरू ही होने वाला है!

याकव : जी अच्छा! *(जाता है)*

त्रिप्लेफ़ : *(स्टेज पर नज़र डालते हुए)* क्या थियेटर है—पर्दा, पहला हिस्सा फिर दूसरा हिस्सा और उसके बाद खाली हिस्सा। कोई सजावट नहीं। सामने झील है और खुला आसमान—ठीक 8-30 बजे जब चाँद निकलेगा पर्दा उठाया जाएगा।

सरीन : वाह! वाह!

त्रिप्लेफ़ : हाँ, अगर कहीं ज़ारेचनया वक्त पर नहीं आयी तो फिर सारा

मज़ा किरकिरा हो जाएगा। अब उसको आ ही जाना चाहिए। उसका बाप और सौतेली माँ उसकी इतनी सख्त निगरानी करते हैं कि उसे घर से निकलना उतना ही मुश्किल है जितना जेल से... *(सरीन की टाई ठीक करता है)* तुम्हारे सिर और दाढ़ी के बाल बहुत बढ़ गये हैं। उन्हें बनवाते क्यों नहीं?

सरीन : *(दाढ़ी में कंघी करते हुए)* यही तो ट्रेज़डी है मेरी ज़िन्दगी की! जवानी में भी मेरा ऐसा ही हुलिया रहता था जैसे कि मैं नशे में धुत्त हूँ...वगैरा-वगैरा। औरतों ने कभी भी मेरा नोटिस नहीं लिया। *(बैठते हुए)* तुम्हारी माँ का मूड क्यों खराब है?

त्रिप्लेफ़ : क्यों खराब है? बोर हो रही है। *(पास बैठते हुए)* फिर जलन भी है। वह मेरे ख़िलाफ़ है। मेरे ड्रामे के खिलाफ़ है और इस शो के भी। क्योंकि एक्टिंग खुद वह नहीं, ज़ारेचनया कर रही है। अभी उसने मेरा नाटक देखा भी नहीं, और उसे नापसंद कर दिया है।

सरीन : *(हँसता है)* समझ का फेर है—बस...

त्रिप्लेफ़ : उसे इस बात की कुढ़न है कि इस छोटे से स्टेज पर ज़ारेचनया का नाम होगा और उसका नहीं। *(घडी देखता है)* मेरी माँ एक दिमागी मरीज़ है। इसमें कोई शक नहीं कि वह एक प्रतिभाशील अक्लमन्द इनसान है। इतनी भावुक है कि किताब पढ़कर रो पड़ती है। निक्रासव की सारी कवितायें मुँह ज़बानी याद हैं। बीमारों की देखभाल तो फरिश्तों की तरह करती है। अगर कहीं आपने उसके सामने डूजे की तारीफ कर दी तो बाप रे बाप! गज़ब हो जाएगा! चाहती है कि बस उसी की तारीफ की जाय, उसी के बारे में लिखा जाय। चिल्ला-चिल्ला कर बताया जाय—"ज़िन्दगी का कोहरा" या "लाडेम आक्स कमिलियास" ड्रामों में उसने कितनी शानदार एक्टिंग की है। मगर चूँकि यहाँ गाँव में उसको यह सब नहीं मिलता है तो बोर होती है, गुस्सा करती है और उसे लगता है कि हम सब उसके दुश्मन हैं, उसके मुजरिम हैं। सोने पर सुहागा—वह अन्धविश्वासी भी है। तीन मोमबत्तियाँ हों या तेरह नम्बर—उसे डर लगता है। कंजूस भी है। मुझे ठीक से पता है कि अदेसा के बैंक में उसके 70 हज़ार रूबल जमा हैं, मगर उससे कर्ज माँगो तो रोना शुरू कर देगी।

सरीन : बात बस इतनी है कि तुम्हारे दिल में यह ख़याल बैठ गया है

कि माँ को तुम्हारा यह नाटक पसन्द नहीं है और तुम नर्वस हो रहे हो। नर्वस मत हो। तुम्हारी माँ तुम्हें बहुत चाहती है।

त्रिप्लेफ़ : *(फूल की पंखड़ियाँ एक-एक करके नोचते हुए)* चाहती है...नहीं चाहती है...नहीं चाहती है...चाहती है...नहीं चाहती है।

(हँसता है)

देखा, मेरी माँ मुझे नहीं चाहती—फिर चाहे भी तो क्यों? वह ज़िन्दा रहना चाहती है—प्यार करना चाहती है, चटकीले कपड़े पहनना पसंद हैं उसे...और अगर साथ में 25 साल का बेटा हो तो उसे बराबर यह ख़याल आता रहेगा कि अब वह जवान नहीं रही। जब मैं उसके सामने नहीं होता हूँ तो वह अपनी उमर सिर्फ 32 साल बताती है और जब साथ होता हूँ तो 43 साल का होना पड़ता है उसे! और इसी वजह से वह मुझसे नफरत करती है। वह यह बात भी जानती है कि आज के थियेटर को मैं कुछ नहीं समझता और वह थियेटर की दीवानी है। उसे लगता है कि वह इनसानियत की, उच्च कला की बड़ी खिदमत कर रही है। मगर मेरे ख़याल में आज का थियेटर दकियानूसी है, अन्ध-विश्वासी है। जब पर्दा उठता है और शाम की रोशनी में तीन दीवारों वाले कमरे में यह काबिल लोग... कला के महान पुजारी...स्टेज पर यह दिखाते हैं, कि लोग किस तरह खाते-पीते हैं, प्यार करते हैं, चलते हैं, अपने कोट पहनत हैं। वे खोखली तस्वीरों और शब्दों से लोगों के अन्दर की नैतिकता को उभारने की कोशिश करते हैं। ऐसी नीचे दर्जे की नैतिकता जो सबकी समझ में आ जाए और घर-गृहस्थी में भी काम आये। जब हज़ारों तरीकों से, बार-बार वही घिसी-पिटी बातें बताई जाती हैं तो मैं उससे भागने लगता हूँ, वैसे ही जिस तरह मोपासां पैरिस में एफिल टावर से भागता था। उसे लगता था कि वह टावर अपने खोखलेपन से उसके दिमाग़ को कुचल देगी।

सरीन : मगर थियेटर के बगैर रहा भी तो नहीं जा सकता!

त्रिप्लेफ़ : नये तरीकों की ज़रूरत है। अगर नये तरीके नहीं सोचे जा सकते तो फिर कुछ भी नहीं किया जाना चाहिए। *(घड़ी देखता है)* मैं माँ से प्यार करता हूँ, बहुत ज्यादा प्यार करता हूँ लेकिन वह अपनी ज़िन्दगी बड़े बेढंगे तरीके से गुज़ार रही है। हर वक्त उस लेखक के साथ घूमती है, उसके बारे में अखबारों में बराबर कोई न कोई अफवाह छपती ही रहती है। मुझे इससे बड़ी तकलीफ

होती है। मैं भी मिट्टी से बना एक इनसान हूँ और कभी न कभी उसी नाते मुझे शर्म आती है कि मैं एक मशहूर एक्ट्रैस का बेटा हूँ। कहीं अच्छा होता अगर मेरी माँ एक मामूली औरत होती। तुम ज़रा सोचो, अंकल, इससे ज्यादा तकलीफदेह और बेवकूफी की बात और क्या हो सकती है कि उसके पास शहर के जाने-माने लोग बैठे हों—एक्टर, लेखक और उनके बीच मैं अकेला एक मामूली सा इनसान सिर्फ़ इसलिए वहाँ होता हूँ कि उसका बेटा हूँ। मैं कौन हूँ? क्या हूँ? यूनिवर्सिटी खत्म किये बगैर ही छोड़ दी—कुछ तकनीकी वजहों से—जैसा अक्सर कहते हैं। कोई हुनर नहीं, दौलत के नाम पर फूटी कौड़ी नहीं। सरकारी रजिस्टर के मुताबिक तो मैं कीफ शहर का एक क्लर्क हूँ। मेरे डैडी असलियत में तो एक टुटपुँजिये बाबू थे। हालाँकि बाद में वह भी मशहूर अदाकार हो गये थे। इसलिए अक्सर ऐसा होता है कि जब ड्राइंगरूम में यह सब अदाकार और लेखक अपनी मोहब्बत दिखाते हैं तो मुझे लगता है कि नज़रों ही नज़रों में वह मेरी हैसियत नाप रहे हैं। मुझे उनके ख़यालात का अन्दाज़ा हो जाता है और इससे मुझे बेहद तकलीफ़ होती है...

सरीन : अच्छा यह तो बताओ, यह लेखक है किस टाइप का आदमी? उसको समझना मुश्किल है। हर वक्त चुप रहता है।

त्रिप्लेफ़ : है तो वह एक अक्लमन्द और सीधा-सादा आदमी! बस—उसको क्या कहते हैं—थोड़ा ग़मगीन रहता है। बहुत शरीफ है। 40 का होने में अभी कई साल बाकी हैं मगर बहुत मशहूर हो गया है और ज़िन्दगी का हर मज़ा लूट चुका है जहाँ तक उसके लिखने का सवाल है...तो उसको क्या कहते हैं...अच्छा लिखता है...सुन्दर भी मगर टाल्सटाय या ज़ोला के बाद त्रीगोरिन को पढ़ने को दिल नहीं होता।

सरीन : और मैं, भाई मेरे, लेखकों को बहुत पसन्द करता हूँ। कभी तो मेरे दो अरमान थे—शादी का और लेखक बनने का—मगर न शादी हुई और न लेखक ही बन सका। और क्या? छोटा लेखक भी होना तो बड़ी बात है।

त्रिप्लेफ़ : *(ध्यान से सुनते हुए)* मुझे कदमों की आवाज़ सुनाई दे रही है। उसके क़दमों की *(सरीन के गले लगता है)* मैं उसके बगैर जिन्दा नहीं रह सकता! यहाँ तक कि उसके कदमों की चाप भी अच्छी लगती है। मैं बेहद खुशकिस्मत हूँ। *(जल्दी से आगे बढ़ता है।*

नीना पित्रोवना अन्दर आती है) जादूगर, मेरी तमन्ना!

नीना : *(घबराहट से)* मुझे देर तो नहीं हुई? सच बताओ मुझे देर तो नहीं हुई?

त्रिप्लेफ़ : *(उसके हाथों को चूमते हुए)* नहीं, नहीं, नहीं।

नीना : सारा दिन मैं घबराती रही, परेशान होती रही। मुझे डर था कि डैडी आने नहीं देंगे...मगर वह सौतेली माँ के साथ अभी कहीं चले गये। आसमान लाल था, चाँद भी निकल रहा था। मैंने घोड़ा इतना तेज़ दौड़ाया, इतना तेज़ दौड़ाया कि...*(हँसती है)* मगर मैं खुश हूँ *(सरीन का हाथ कस कर दबाती है)*

सरीन : *(हँसता है)* आँखों से तो लगता है कि रोई हो...छिः! बड़ी ग़लत बात है!

नीना : हाँ रोई हूँ...देख रहे हो मुझे साँस तक लेने में तकलीफ हो रही है। अब जल्दी करो मुझे आधे घण्टे में वापस जाना है। खुदा के लिए मुझे रोकना नहीं, मैं रुक नहीं सकूँगी। डैडी को मालूम नहीं कि मैं यहाँ हूँ...

त्रिप्लेफ़ : तब तो जल्दी शुरू करना चाहिए। अभी सबको बुलाता हूँ।

सरीन : बस मैं जाता हूँ इसी मिनट।

(दायीं तरफ जाता है और गाता है)

"फ्रांस को गये दो फ़ौजी..."

(इधर-उधर देखता है) एक बार ऐसे ही मैं जब गाने लगा तो मेरा एक दोस्त था—पब्लिक प्रोसीक्यूटर—वह बोला, "आलीजनाब आपकी आवाज़ बड़ी जोरदार है।" फिर कुछ सोचकर आगे बोला-मगर...बड़ी बेसुरी है।

(हँसता है और जाता है)

नीना : मेरे पापा और सौतेली माँ मुझे यहाँ नहीं आने देते, कहते हैं कि यह घर नहीं कजड़खाना है...उन्हें डर है कि कहीं अदाकारी मैं अपना पेशा न बना लूँ...मगर मुझे यह झील यह मुरग़ाबियाँ अपनी तरफ खींचती है...मेरा दिल तुम्हारे ख़यालात से भरा रहता है। *(इधर-उधर देखती है)*

त्रिप्लेफ़ : हम अकेले हैं।

नीना : नहीं, वहाँ शायद कोई है...

त्रिप्लेफ़ : कोई नहीं है। *(चुम्बन)*

नीना : यह कौन सा पेड़ है?

त्रिप्लेफ़ : एल्म—एक जंगली पेड़।

नीना : वह इतना काला क्यों लग रहा है?

त्रिप्लेफ़ : शाम जो हो चुकी है। हर चीज़ अँधेरे में डूबी है। हाथ जोड़ता हूँ आज जल्दी वापस न जाना।

नीना : मैं मज़बूर हूँ।

त्रिप्लेफ़ : नीना, अगर मैं तुम्हारे यहाँ आऊँ तो? मैं सारी रात बाग में खड़ा रहूँगा और तुम्हारी खिड़की की तरफ देखता रहूँगा।

नीना : यह भी नहीं हो सकता। चौकीदार तुम्हें पकड़ लेगा, मेरा कुत्ता भी तुम्हें अभी नहीं पहचानता, फौरन भौंकने लगेगा।

त्रिप्लेफ़ : मैं तुमसे मोहब्बत करता हूँ नीना!

नीना : शी...

त्रिप्लेफ़ : *(कदमों की आवाज़)* वहाँ कौन है? क्या तुम हो याकव?

याकव : *(स्टेज़ के पीछे से)* जी हाँ जनाब।

त्रिप्लेफ़ : सब अपनी-अपनी जगह पर खड़े हो जाओ। वक्त हो गया है। क्या चाँद निकल आया?

याकव : जी हाँ जनाब।

त्रिप्लेफ़ : स्प्रिट और गन्धक लाये हो न? जब लाल आँखें दिखाई जाएँ तो चारों तरफ गन्धक की खुशबू होनी चाहिए। *(नीना से)* जाओ वहाँ सब कुछ तैयार है। घबरा रही हो क्या?

नीना : हाँ बहुत ज्यादा। तुम्हारी माँ की तो कोई बात नहीं। मुझे उनसे डर नहीं लगता। मगर तुम्हारा यह त्रीगोरिन...उनके सामने एक्टिंग करते मुझे घबराहट भी होती है...और शर्म भी आती है। इतना मशहूर लेखक...वह जवान हैं या बूढ़े?

त्रिप्लेफ़ : जवान हैं।

नीना : कितनी अच्छी कहानियाँ लिखते हैं!

त्रिप्लेफ़ : *(रूखेपन से)* मालूम नहीं, कभी पढ़ी नहीं।

नीना : तुम्हारे नाटकों में अदाकारी करना बड़ा मुश्किल है। उसमें ज़िन्दा लोग तो होते ही नहीं।

त्रिप्लेफ़ : ज़िन्दा लोग! ज़िन्दगी को स्टेज पर उस तरह नहीं पेश करना चाहिए जैसी वह असलियत में है और न ही जैसी वह होनी चाहिए। बल्कि उस तरह जैसी आदमी कल्पना करता है।

नीना : तुम्हारे नाटक में एक्शन कम होता है। सिर्फ तकरीरें होती हैं। मेरे ख़याल में नाटक में मोहब्बत के सीन ज़रूर होने चाहिए...

(दोनों स्टेज के पीछे जाते हैं)

(पलीना अन्द्रेइवना और डोर्न अन्दर आते हैं)

अन्द्रेइवना : ठण्डक पड़ रही है। जाइये, जाकर किरमिच शू पहन लीजिए।

डोर्न : मुझे तो गर्मी लग रही है।

अन्द्रेइवना : आप अपना ख़याल ज़रा भी नहीं रखते, यह एक तरह की हठधर्मी ही तो है। आप खुद एक डाक्टर हैं और अच्छी तरह जानते हैं कि यह ठण्डक आपके लिए नुकसानदेह है, मगर आप इस तरह मुझे तकलीफ़ पहुँचाना चाहते हैं। कल आप जानबूझकर पूरी शाम बाहर लान में बैठे रहे...

डोर्न : **(गाता है)**

"मुझसे तुम कहो नहीं
कि जवानी चली गयी"

अन्द्रेइवना : कल आप इरीना निकोलाइवना से बातों में इस कदर खोये कि...आपको ठण्डक तक का एहसास नहीं हुआ। मान लीजिए कि आप उसे पसन्द करते हैं...

डोर्न : मैं 55 साल का हो चुका हूँ।

अन्द्रेइवना : बेकार की बातें। मर्द के लिए यह ज्यादा उमर नहीं। फिर आप अपनी उमर से कहीं कम लगते हैं। औरतें अब भी आप पर मरती हैं।

डोर्न : आप कहना क्या चाहती हैं?

अन्द्रेइवना : यही कि उस अदाकारा के आगे-पीछे क्यों घूमते हैं आप?

डोर्न : *(गाता है)* "बन्दा हाज़िर है जनाब।" अगर सोसाइटी में कलाकारों को पसन्द किया जाता है और मिसाल के तौर पर उन्हें सौदागरों से ज्यादा इज़्ज़त दी जाती है तो इसमें ताज्जुब की क्या बात है। यह तो एक तरह का आदर्शवाद है और बस!

अन्द्रेइवना : औरतें हमेशा आप पर मरती रही हैं और गले पड़ती रही हैं। क्या इसको भी आप आदर्शवाद कहेंगे?

डोर्न : *(कन्धे हिलाते हुए)* क्यों नहीं? जहाँ तक औरतों का सवाल है उन्होंने मुझमें हमेशा कुछ न कुछ अच्छाई देखी है। ज्यादातर ने तो मुझे नहीं मेरे अन्दर के काबिल डाक्टर को चाहा है। आपको तो याद ही होगा कि आज से 10-15 साल पहले पूरे जिले में अकेला मैं ही एक ढंग का गाइनोकोलाजिस्ट था। फिर मैं हमेशा से एक ईमानदार आदमी रहा हूँ।

अन्द्रेइवना : *(तेज़ी से हाथ पकड़ती है)* माई स्वीट डार्लिंग!

डोर्न : शी...इधर कोई आ रहा है।

(त्रीगोरिन, शम्राएफ, मिद्वेदिन्का और माशा दाखिल होते हैं। अरकादिना सरीन का हाथ थामे है)

शम्राएफ : 1873 में पल्ताव में लगे मेले में उसने क्या फर्स्ट क्लास एक्टिंग की थी। लाजवाब! बहुत ही अच्छी अदाकारा है। और हाँ, आजकल वह जोकर चदिन पावेल सिम्योनिच कहाँ है? क्या आप जानती हैं? रसपलूएव के रोल में तो उसका जबाब ही नहीं था! ज़नाबा, मैं कसम से कहता हूँ सदोस्वकी से भी अच्छा वह यह रोल करता था। है कहाँ वह आजकल?

अरकादिना : पता नहीं कौन से गड़े मुर्दे आप उखाड़ रहे हैं! मुझे क्या पता कहाँ हैं वे लोग! *(बैठती है)*

शम्राएफ : *(ठंडी साँस लेकर)* हाय! पाश्काचदिन! अब उस जैसे एक्टर तो हैं ही नहीं! स्टेज खत्म हो गया, इरीना निकोलाइवना! पहले क्या बड़े-बड़े टेलेन्टेड लोग होते थे! अब तो बस उनकी धूल रह गयी है।

डोर्न : यह ठीक है कि असली टेलेन्टेड अदाकार तो अब बहुत कम हैं, लेकिन मामूली एक्टर काफी ऊँचा उठ गया है।

शम्राएफ : मैं आपसे सहमत नहीं हो सकता, हालाँकि वही बात कि "नज़र अपनी-अपनी, पसन्द अपनी-अपनी।"

(त्रिप्लेफ़ स्टेज के पीछे से निकलकर आता है)

अरकादिना : *(बेटे से)* मेरे प्यारे बेटे! कब शुरू होगा तुम्हारा ड्रामा?

त्रिप्लेफ़ : बस शुरू हुआ ही जाता है! थोड़ा इन्तजार कीजिए।

अरकादिना : **(हैमलेट का कुछ हिस्सा दोहराती है)**

"Oh, Hamlet, speak no more!
Thou trun'st mine eyes into my very soul.
And there I see such black of grained spots.
As will not leave their tinct."

त्रिप्लेफ़ : *(हैमलेट से ही)*

"And let me bring to thy heart, for so
If it be made of penetrable stuff"

(स्टेज के पीछे से बिगुल की आवाज़)

त्रिप्लेफ़ : जनाब, नाटक शुरू हो रहा है, ध्यान दीजिए!

(ख़ामोशी)

शुरू करता हूँ *(लकड़ी से स्टेज पर मारता है और ज़ोर से बोलता है)* ऐं, तुम अज़ीम और कदीम परछाइयो! तुम जो

रात के इस वक्त झील पर पड़ रही हो! हमें सुला दो और ख्वाब में हमें वह दिखाओ जो आज से दो सौ हज़ार साल बाद होने वाला है।

सरीन : मगर दो सौ हज़ार साल के बाद तो कुछ भी नहीं होगा।

त्रिप्लेफ़ : यह कुछ नहीं तो देखना चाहते हैं हम!

अरकादिना : दिखाने दो, हम तो सोते हैं।

(परदा उठता है, झील साफ नजर आ रही है। आसमान में चाँद चमक रहा है जिसकी परछाईं पानी में नज़र आ रही है। नीना ज़ारेचनया सफेद लिबास पहने एक बड़े पत्थर पर बैठी है)

नीना : इनसान, शेर, चीते और तीतर, बारहसिंगे, बत्तखें, मकड़ियाँ, पानी में रहने वाली खामोश मछलियाँ, समुद्री तारा मछलियाँ, और वह जिनको इनसानी आँख नहीं देख सकती—यानि सब ज़िन्दा चीजें, सब ज़िन्दगियाँ अपना-अपना बोझल सफर पूरा करके खत्म हो चुकी हैं पर बेचारा चाँद बेकार में अपनी रोशनी फैलाये हुए है अब सारस चरागाहों में एक तेज़ आवाज़ के साथ नहीं जागते हैं और...और मई महीने में नीम के पेड़ों के झुंडों में झींगुरों की झाँय-झाँय नहीं सुनाई देती। ठंडक है...ठंडक है... खाली है...खाली है...खाली है। डर लग रहा है...डर लग रहा है...डर लग रहा है।

(ख़ामोशी)

सभी ज़िन्दा चीजों के शरीर राख में बदल चुके हैं। वक्त के चक्कर ने उन्हें पत्थर, पानी, बादल का रूप दे दिया है और उनकी रूहें मिलकर एक हो गयी हैं—पूरी दुनिया की रूह एक है और वह मैं हूँ—मैं हूँ! मुझ ही में अलिक्जेन्डर महान की रूह है, मुझ ही में सीज़र है, शेक्सपियर है और नैपोलियन है और आखिरी जोंक़ की रूह भी मुझमें है। लोगों के दिमाग़, जानवरों की हिस—सब मेरे अन्दर समा गये हैं और मुझे सब कुछ याद है। सब कुछ...सब कुछ और अपने अन्दर-बाहर ज़िन्दगी को फिर से ज़िन्दा होता हुआ महसूस कर रही हूँ।

(धुँधली परछाइयाँ दिखाई देती हैं)

अरकादिना : *(धीमे से)* यह तो 'अर्थोडाक्सो के स्कूल' का क्लास लग रहा है।

त्रिप्लेफ़ : *(डाँटती आवाज़ में गिड़गिड़ाते हुए)* मम्मी!

नीना : मैं अकेली हूँ! सौ साल में एक बार मैं अपना मुँह कुछ बोलने

के लिए खोलती हूँ। मगर मेरी आवाज़ इस खोखले माहौल में गूँजती है और उसे कोई नहीं सुनता। और ए धुँधली रूहो! तुम भी मुझे नहीं सुनतीं। सुबह होने से पहले यह सड़ी दलदल तुमको जन्म देती है और तुम सूरज निकलने तक इधर-उधर मारी-मारी फिरती रहती हो। बेख़याली से बिना, अपनी मरज़ी के और ज़िन्दगी को किसी चमक के बगैर, इस डर से कि कहीं तुम में ज़िन्दगी फिर से पैदा न हो जाए। अनन्त पदार्थ का विधाता–शैतान हर पल समुद्र और पहाड़ों की तरह तुम्हारे अन्दर भी कणों का अदल-बदल करता रहता है और तुम लगातार बदलती रहती हो। विश्व में सिर्फ रूह ही अमिट रहती है और बदलती नहीं।

(ख़ामोशी)

एक कैदी की तरह जिसे एक गहरे अन्धे कुएँ में फेंक दिया गया हो, मुझे भी नहीं मालूम कि मैं कहाँ हूँ और मेरा क्या होने वाला है? हाँ बस मुझे यह बात अच्छी तरह से मालूम है कि पदार्थ के विधाता शैतान के साथ इस खतरनाक और लम्बी लड़ाई में जीत मेरी ही होगी और उसके बाद पदार्थ और रूह एक सुन्दर बन्धन में बँध जाएँगे और सांसारिक आजादी का दौर फिर से शुरू हो जाएगा। मगर यह सिर्फ तब ही होगा जब थोड़ा-थोड़ा करके हज़ारों साल के लम्बे, बहुत लम्बे अरसे के बाद यह चाँद, यह चमकता नक्षत्र, यह ज़मीन सब खाक में बदल जाएँगी और तब तक...तब तक बरबादी ही बरबादी है...

(ख़ामोशी, झील के ऊपर दो लाल धब्बे नज़र आते हैं)

यह लो मेरा, ताकतवर दुश्मन-शैतान मेरे नज़दीक आ रहा है! मुझे उसकी खौफनाक, खून से जलती आँखें नज़र आ रही हैं...

अरकादिना : यह खुशबू गन्धक की ही है न? इसकी क्या जरूरत थी?

त्रिप्लेफ़ : थी!

अरकादिना : *(हँसती है)* क्या समा बाँधा गया है!

त्रिप्लेफ़ : मम्मी!

नीना : इनसानों के बगैर उसका दिल घबराता है...

अन्द्रेइवना : *(डोर्न से)* आपने टोपी क्यों उतार ली? पहनिये, नहीं तो ठंड लग जायगी।

अरकादिना : टोपी तो डाक्टर ने अनन्त पदार्थ के विधाता–शैतान के सामने उतारी है।

त्रिप्लेफ़ : *(भड़क कर ज़ोर से)* नाटक खत्म हो गया, बन्द करो! पर्दा गिराओ!

अरकादिना : तुम नाराज़ क्यों हो रहे हो?

त्रिप्लेफ़ : बस खत्म करो! पर्दा गिराओ! जल्दी पर्दा गिराओ *(पैर पटकते हुए)* गिराओ पर्दा!

(पर्दा गिरता है)

ग़लती हुई। मैं यह भूल गया कि नाटक लिखना और स्टेज पर पेश करना कुछ गिन-चुने लोगों की ही मिल्कियत है। मैंने इस इजारेदारी को तोड़ने की कोशिश की। मुझे...मैं **(कुछ और कहना चाहता है मगर फिर हाथ हिलाता है और बायीं तरफ चला जाता है)**

अरकादिना : अरे इसे क्या हो गया?

सरीन : इरीना तुम एक माँ हो, तुमको एक जवान बेटे से इस तरह का बर्ताव नहीं करना चाहिए।

अरकादिना : मगर मैंने क्या किया?

सरीन : तुमने उसे नाराज़ कर दिया।

अरकादिना : उसने तो खुद पहले से कह रखा था कि यह एक मज़ाक़ है और मैंने भी उसके नाटक को एक मज़ाक़ समझा।

सरीन : फिर भी...

अरकादिना : मगर अब समझ में आया कि उसने एक बड़ी ऊँची चीज़ लिखी है। कुछ-कुछ मेरी समझ में आ रहा है—इसका मतलब है कि ड्रामे का पेश करना और चारों तरफ गन्धक की खुशबू एक मज़ाक़ नहीं—बल्कि वह हमें यह दिखाना चाहता था कि नाटक किस तरह लिखे जाने चाहिए, और स्टेज करने चाहिए? मैं तंग आ चुकी हूँ इन बातों से! यह हर वक्त के मुझ पर हमले, यह चुटकियाँ, तुम ही सोचो मैं ही क्या, कोई भी तंग आ सकता है। वह एक जिद्दी और सरफिरा लड़का है।

सरीन : कुछ भी हो, वह तुम्हें खुशी पहुँचाना चाहता था।

अरकादिना : अच्छा? मगर उसके लिए उसने कोई मामूली नाटक नहीं चुना बल्कि हमें 'पतन के स्कूल' की यह बकवास सुनने पर मजबूर किया। मज़ाक़ के तौर पर तो मैं यह बकवास भी सुनने को तैयार हूँ मगर यहाँ तो दावा किया जा रहा है कि कला के नये दौर की शुरुआत हो रही है, ड्रामे में नये तरीके अपनाये जा रहे हैं। मेरे ख़याल में तो कुछ भी नया नहीं है। बस बेकार की बकवास है!

त्रीगोरिन : हर एक वही लिखता है जो उसका दिल चाहता है और जैसा लिख सकता है।

अरकादिना : वह जो चाहे और जैसा चाहे लिखे, बस मुझे परेशान न करे।

डोर्न : रोम के देवता जूपिटर तुम नाराज़ हो इसलिए...

अरकादिना : मैं जूपिटर नहीं हूँ एक औरत हूँ, *(सिगरेट पीती है)* मैं नाराज़ नहीं हो रही मुझे इस बात पर गुस्सा है कि एक जवान आदमी अपना वक्त इस तरह गुज़ारता है। मैं उसको बिलकुल भी नाराज़ नहीं करना चाहती थी।

मिद्वेदिन्का : आत्मा को पदार्थ से अलग करने का तो सवाल ही नहीं उठता क्योंकि, हो सकता है, खुद आत्मा ही इन सब पदार्थ कणों का एक ढेर हो *(जोश में त्रीगोरिन से)* ऐसा क्यों न किया जाए—अपने भाई टीचरों की ज़िन्दगी पर एक ड्रामा लिखा जाए और फिर उसे स्टेज किया जाए? बड़ी कठिन है उनकी ज़िन्दगी! बड़ी कठिन...

अरकादिना : बुरा ख़याल नहीं मगर अब न ड्रामे की बात करेंगे और न कणों की। कितनी सुहानी शाम है! आप सुन रहे हैं यह गाने की आवाज़! *(कान लगाकर सुनती है)* कितना अच्छा गाना है!

अन्द्रेइवना : झील के उस किनारे पर कोई गा रहा है।

(ख़ामोशी)

अरकादिना : *(त्रीगोरिन से)* मेरे पास बैठिये। आज से 10-15 साल पहले यहीं झील के आस-पास गीत और संगीत करीब-करीब हर रात सुनाई देते थे। यहाँ झील के किनारे पर जमींदारों की छः रियासतें हैं। मुझे खूब याद है—यहाँ हर वक्त हँसी, शोर, शिकार और रोमान्स ही रोमान्स होता था और इन छहः बस्तियों के इकलौते हीरो और देवता उस जमाने में, हमारे... *(डोर्न की तरफ इशारा करती है)* हमारे यहाँ डॉक्टर इवगेनी सिरगेइविच हुआ करते थे। वह अब भी बहुत अच्छे लगते हैं, मगर तब तो जवाब नहीं था उनका! वैसे अब मुझे अफसोस हो रहा है—मैंने बेवजह ही उस बेचारे लड़के को नाराज़ कर दिया *(ज़ोर से)* कोस्त्या, बेटे कोस्त्या!

माशा : मैं जाती हूँ, ढूँढ़ लाऊँगी।

अरकादिना : प्लीज...डियर... *(बायीं तरफ जाती है)* ओ! ओ कन्स्तनतीन गवरीलाविच! ओ, ओ... *(जाती है।)*

नीना : *(स्टेज से बाहर आते हुए)* शायद अब ड्रामा आगे नहीं होगा।

मुझे अब बाहर आ जाना चाहिए। हैलो! *(अरकादिना और पलीना अन्द्रेइवना को चूमती है)*

सरीन : शाबाश! शाबाश!

अरकादिना : शाबाश! शाबाश! हम तुमको पूरे वक्त निहारते रहे! इतनी अच्छी शक्ल और इतनी अच्छी आवाज़ रखते हुए तुम इस गाँव में पड़ी हो, यह बड़ी ज्यादती है। तुममें हुनर है। समझीं! तुमको स्टेज पर काम करना चाहिए।

नीना : अरे, यह तो मेरी सबसे बड़ी तमन्ना है *(ठंडी साँस लेकर)* मगर वह शायद कभी पूरी नहीं होगी।

अरकादिना : कौन जाने! अच्छा इनसे मिलो—यह हैं त्रीगोरिन बरिस अलिक्स्रेइविच!

नीना : बड़ी खुशी हुई आपसे मिलकर... *(शरमाते हुए)* मैंने आपकी सब किताबें पढ़ी हैं...

अरकादिना : *(उसको अपने पास बिठाते हुए)* माई डियर, शरमाओ नहीं, वह एक मशहूर आदमी ज़रूर हैं मगर बहुत सीधे हैं। देख रही हो, वह खुद शरमा रहे हैं।

डोर्न : अब तो शायद पर्दे को उठाया जा सकता है। बड़ा अजीब सा लग रहा है।

शम्राएफ : *(ज़ोर से)* याकव! भाई ज़रा पर्दा ऊपर उठाना!

(पर्दा ऊपर उठता है)

नीना : *(त्रीगोरिन से)* सच में बड़ा अजीब सा नाटक था!

त्रीगोरिन : मेरी तो समझ में कुछ भी नहीं आया। मगर देखा बड़े शौक से। आपने बड़ी अच्छी अदाकारी की और स्टेज की सजावट भी बहुत अच्छी थी।

(ख़ामोशी)

इस झील में तो मछलियाँ काफी होंगी!

नीना : जी हाँ।

त्रीगोरिन : मुझे मछलियाँ पकड़ना बहुत पसंद है। मेरे लिए इससे अच्छी वक्त गुजारी और कोई नहीं कि शाम को किनारे पर बैठूँ और मछलियों को देखूँ।

नीना : मगर मेरे ख़याल में जिसने लिखने का मज़ा चखा हुआ है उसके लिए और दूसरी बातों में कोई खास दिलचस्पी नहीं हो सकती।

अरकादिना : *(हँसते हुए)* यह न कहो, जब भी इनकी तारीफ़ की जाती है तो इनकी समझ में नहीं आता कि क्या करें!

शम्राएफ : मुझे याद है, एक बार मैं मॉस्को के ओपेरा थियेटर में मशहूर सील्वा को सुन रहा था, उसने 'द' सुर को नीचा उठाया। वहाँ पर—जैसे कि जानबूझकर—हमारे चर्च का नीची आवाज़ में गाने वाला भी मौजूद था। आप खुद सोच सकते हैं कि हमें कितना ताज्जुब हुआ होगा जब हमने अचानक बाल्कनी से आवाज़ सुनी "शाबाश, सील्वा...अब पूरी लाइन नीची गाओ...इस तरह...*(और नीची आवाज़ में गाकर)* शाबाश...सिल्वा..." पूरे हाल को साँप सूँघ गया था।

(ख़ामोशी)

डोर्न : ख़ामोशी का फरिश्ता हमारे ऊपर से उड़ गया!

नीना : मुझे भी चलना चाहिए—विदा!

अरकादिना : अरे किधर? इतनी जल्दी किधर जा रही हो? हम नहीं जाने देंगे!

नीना : पापा मेरा इन्तज़ार कर रहे होंगे।

अरकादिना : सच में बड़े अज़ीब आदमी हैं वह भी!

(एक-दूसरे को चूमती हैं)

मगर क्या किया जा सकता है! पर तुम्हारा जाना बड़ा बुरा लग रहा है।

नीना : काश! आप जान सकतीं कि मुझे खुद यहाँ से जाते कितना बुरा लग रहा है!

अरकादिना : मेरी बच्ची, तुम्हें किसी को पहुँचाने जाना चाहिए।

नीना : *(घबराकर)* अरे नहीं! नहीं!

सरीन : *(खुशामद करते हुए)* ठहर भी जाइये!

नीना : मैं मजबूर हूँ, पीटर निकोलाइविच!

सरीन : अरे, एक घन्टे के लिए ही रुक जाइए। बस, इतनी सी बात है! आप तो वाकई...

नीना : *(कुछ सोचकर रुआँसी आवाज़ में)* नहीं-नहीं! *(हाथ दबाती है और चली जाती है)*

अरकादिना : सच में बड़ी बदनसीब लड़की है! कहते हैं कि उसकी मरहूम माँ ने अपनी सारी जायदाद शौहर के नाम कर दी थी—एक-एक कपेक। और अब यह बेचारी बच्ची कौड़ी-कौड़ी को मोहताज है क्योंकि उसके बाप ने सब कुछ दूसरी बीवी के नाम कर दिया है। बड़ी शरम की बात है!

डोर्न : हाँ, उसका बाप बड़ा सूअर है! उसको ज़ितनी भी गालियाँ दी जाएँ कम हैं!

सरीन : *(अपने हाथ रगड़ते हुए)* जनाब, चलिए अब हम भी चलें। यहाँ नमी बढ़ रही है। मेरे पैरों में दर्द होने लगा है।

अरकादिना : पैर तो तुम्हारे लकड़ी के हैं। मुश्किल से चलते ही हैं। खैर चलो, मेरे नादान बूढ़े! *(उसका हाथ पकड़ती है)*

शम्राएफ : *(बीवी की तरफ़ हाथ बड़ाते हुए)* मैडम्!

सरीन : लीजिए, कुत्ता फिर भौंकने लगा है *(शम्राएफ से)* इल्या अफानासियेविच! प्लीज, किसी से कहो कि उसे खोल दे।

शम्राएफ : पीटर निकोलाइविच, यह नहीं हो सकता। डरता हूँ कि चोर कहीं अनाज की कोठरी में न घुस जाएँ वहीं जो भी रखे हैं। *(मिद्वेदिन्का से जो उसके साथ चल रहा है)* वाह-वाह, उसने एक पूरा सप्तक नीचे से उठाया था...वाह! वाह बहुत अच्छा! हालाँकि पेशेवर गवैया नहीं था—चर्च में एक मामूली सा गाने वाला आदमी मगर...

मिद्वेदिन्का : चर्च में गाने वालों को क्या तनख्वाह मिलती होगी?

(डोर्न के अलावा सब चले जाते हैं)

डोर्न : *(अकेले में)* मेरी कुछ समझ में नहीं आता? हो सकता है मेरा दिमाग़ ख़राब हो गया हो। मगर जाने क्यों यह नाटक मुझे पसन्द आया। कुछ बात तो है ही उसमें। जब वह बच्ची अपने अकेलेपन के बारे में बोल रही थी और फिर जब शैतान की लाल-लाल आँखें नज़र आईं तो घबराहट से मेरे हाथ काँपने लगे थे। एक अनोखी और साफ-सुथरी चीज़ है...लगता है कि वह आ रहा है। मेरा दिल चाहता है कि दिल खोलकर उसकी तारीफ करूँ।

त्रिप्लेफ़ : *(अन्दर आता है)* शायद सब चले गये!

डोर्न : नहीं, मैं हूँ।

त्रिप्लेफ़ : माशा मुझे हर जगह ढूँढ़ती फिर रही है। बड़ी अजीब लड़की है।

डोर्न : कन्स्तनतीन गवरीलाविच! मुझे आपका नाटक बहुत पसन्द आया। कुछ अज़ीब सा ज़रूर है! फिर मैंने पूरा सुना भी नहीं मगर बड़ा अच्छा लगा। आपमें बड़ी प्रतिभा है। आप लिखना जारी रखिये। *(त्रिप्लेफ़ उसका हाथ दबाता है और भींचकर गले लगाता है)* उफ़! आप कितने जज्बाती हैं! आँखों में आँसू भी आ गये! मैं कहना यह चाहता हूँ कि कहानी का टापिक तो आपने भाववाचक विचारों से लिया है और होना भी यही चाहिए था क्योंकि आर्ट से ताल्लुक रखने वाला काम किसी गैर

मामूली विचार को लेकर ही लिखा जाना चाहिए। वही चीज सुन्दर है जो अछूत है, संजीदा है। उफ़! कितने पीले हो रहे हैं आप!

त्रिप्लेफ़ : तो आपके ख़याल में मैं अपना यह काम जारी रखूँ?

डोर्न : हाँ...मगर हमेशा, ज़रूरी और अमर चीज़ों को ही लीजिए। आप जानते हैं कि मैंने बड़ी ही भरपूर और रंग-बिरंगी ज़िन्दगी गुजारी है। मैं बहुत सन्तुष्ट हूँ, अपनी ज़िन्दगी से। लेकिन अगर कभी अचानक मेरी रूह को छूने वाली कोई बात हो जाए, जैसा कि अक्सर आर्टिस्टों को किसी रचना के वक्त होता है तो मुझे लगता है कि मैं दुनिया भर की इन खुशियों को लात मार दूँ और इस झूठे खोल को उतार कर ज़मीन से कहीं ऊँचा उड़ जाऊँ।

त्रिप्लेफ़ : माफ़ कीजिएगा, ज़ारेचनया कहाँ है?

डोर्न : एक बात और किसी भी अदबी काम के पीछे एक साफ और पक्का विचार होना चाहिए। आपको मालूम होना चाहिए कि आप किसलिए लिख रहे हैं वरना अगर इस नाजुक और खास रास्ते पर बिना किसी आदर्श को लेकर चलिएगा तो रास्ता भटक जाइएगा और आपकी यही प्रतिभा आपको डुबो देगी।

त्रिप्लेफ़ : *(बेसबरी से)* ज़ारेचनया कहाँ है?

डोर्न : घर चली गयी।

त्रिप्लेफ़ : *(घबराहट से)* मैं क्या करूँ? मैं उससे मिलना चाहता हूँ। मेरा मिलना ज़रूरी है...मैं...मैं खुद ही जाऊँगा...

(माशा अन्दर आती है)

डोर्न : *(त्रिप्लेफ़ से)* सब्र करो मेरे दोस्त!

त्रिप्लेफ़ : फिर भी मैं जाऊँगा। मुझे जाना ही चाहिए।

माशा : कन्स्तस्नतीन गवरीलाविच, आप अन्दर जाइये, माँ आपका इन्तज़ार कर रही हैं। वह कुछ डिस्टर्ब सी लग रही हैं।

त्रिप्लेफ़ : उनसे कह दीजिए कि मैं बाहर गया हूँ और आप सबसे मेरी यही गुज़ारिश है कि मुझे मेरे हाल पर छोड़ दीजिए। मुझे छोड़ दीजिए और मेरे पीछे कोई न आये।

डोर्न : अरे, अरे...बेटा...ऐसा नहीं कहते...यह अच्छी बात नहीं।

त्रिप्लेफ़ : *(आँसू भरकर)* खुदा हाफ़िज डाक्टर! और शुक्रिया...**(जाता है)**

डोर्न : *(ठंडी साँस भरकर)* जवानी...जवानी!

माशा : जब और कुछ नहीं कहा जा सकता तो कहते हैं जवानी... जवानी...*(निसवार सूँघती है)*

डोर्न : *(उससे वह डिबिया लेता है और झाड़ी में फेंक देता है)* क्या बुरी आदत है!

(ख़ामोशी)

अन्दर से गाने की आवाज़ आ रही है। अब चलना चाहिए।

माशा : एक मिनट ठहरिये!

डोर्न : क्या बात है?

माशा : मैं आपसे एक बार फिर कहना चाहती हूँ—आपसे बातें करना चाहती हूँ मैं...*(हिचकिचाते हुए)* मैं अपने डैडी को नहीं चाहती...मगर आप मुझे बहुत अच्छे लगते हैं। पता नहीं क्यों मेरा दिल कहता है कि आप मेरे अपने हैं...मेरी मदद कीजिए। मुझे रास्ता बताइए वरना मैं कोई बेवकूफी कर बैठूँगी, कोई गलत कदम उठा लूँगी और अपनी ज़िन्दगी बरबाद कर लूँगी...अब और नहीं सहा जाता...

डोर्न : बताओ तो बात क्या है आखिर?

माशा : मैं बहुत दुखी हूँ। कोई भी...कोई भी मेरा दुख नहीं जानता है। *(उसके सीने पर सिर रखकर धीमी आवाज़ में)* मैं कन्स्तनतीन से प्यार करती हूँ।

डोर्न : उफ़! कितने जज्बाती हैं सब लोग! कितने भावुक हैं...और मोहब्बत तो कितनी है चारों तरफ...अरे, यह एक जादू की झील है क्या? *(प्यार से)* मेरी बच्ची, मगर मैं क्या कर सकता हूँ? क्या? क्या कर सकता हूँ मैं?

पर्दा गिरता है।

अंक दो

(क्रिकेट खेल के लिए बना लान, अन्दर को दायीं तरफ बड़े आँगन वाला एक घर, बायीं तरफ झील नज़र आती है जिसमें सूरज की परछाईं झिलमिला रही है, चारों तरफ फुलवारियाँ, दोपहर का वक्त, गर्मी है। एक तरफ पुराने पेड़ की छाया में बेंच पर अरकादिना, डोर्न और माशा बैठे हैं। डोर्न के घुटनों पर एक खुली किताब है)

अरकादिना : *(माशा से)* ज़रा खड़ी तो हो! *(दोनों उठती हैं)* मेरे पास खड़ी हो! तुम बीस साल की हो और मेरी उम्र तुमसे लगभग दो गुनी है। मगर, इवगेनी सिरगेइविच, ज़रा बताइए तो हम दोनों में से कौन कम उमर लगता है?

डोर्न : आप—और कौन?

अरकादिना : देखा! और जानती हो क्या वजह है इसकी...इसकी वजह है कि मैं काम करती हूँ...महसूस करती हूँ...हमेशा मशगूल रहती हूँ और तुम...तुम हमेशा एक ही जगह पर बैठी रहती हो। यह भी कोई ज़िन्दगी है...फिर मेरा एक उसूल भी है। कल के बारे में कभी मत सोचो। मैं कभी भी न तो बुढ़ापे के बारे में सोचती हूँ और न ही मौत के बारे में। जो होना है वह तो खुद ही हो जाएगा उससे कौन बचा है।

माशा : और ऐसा लगता है जैसे कि मुझे इस दुनिया में आये सदियाँ बीत चुकी हैं। अपनी ज़िन्दगी को मैं एक भारी बोझ की तरह उठाये हुए हूँ और अक्सर ज़िन्दा रहने से कोई खुशी नहीं होती...*(बैठती है)* वैसे तो यह सब बकवास है, मुझे अब सँभलना चाहिए और यह सब उतार फेंकना चाहिए।

डोर्न : *(धीमे-धीमे गाता है)* **"ऐ मेरे फूलो आओ इनको जरा बताओ।"**

अरकादिना : फिर मैं अंग्रेजों की तरह उसूलों की भी बड़ी पाबन्द हूँ। मैं, माई डियर, हमेशा चुस्त रहती, हूँ...उसको क्या कहते हैं, हमेशा अप-टु-डेट बनी रहती हूँ। क्या मजाल है कि बिना कपड़े बदले या कंघी किये मैं घर से बाहर निकलूँ! चाहे बाग में ही क्यों न जाना हो! नामुमकिन! इसीलिए मैं जवान बनी हूँ। मैंने कभी भी न तो लापरवाही की और न ही उल्टी-सीधी हरकतें की हैं जैसा कि कुछ औरतें करती हैं। *(कमर पर हाथ रखकर लान में इधर से उधर टहलती है)* यह देखो...चिड़िया की तरह हल्की-फुल्की हूँ। चाहूँ तो 15 साल की लड़की का रोल कर सकती हूँ।

डोर्न : जी हाँ, जी हाँ, अब मैं आगे पढ़ूँ?
(किताब उठाता है) तो हम कहाँ पर थे? हाँ...अनाज के व्यापारी और मोटे चूहे...

अरकादिना : हाँ मोटे चूहे...आगे पढ़िये *(बैठती है)* लाइये, मुझे दीजिए मैं पढ़ूँगी। मेरी बारी है। *(किताब लेती है और ढूँढ़ती है कहाँ से पढ़ना है)* तो हाँ! मोटे चूहे...यह रहे *(पढ़ती है)* "और सच तो यह है कि बढ़े लोगों के लिए लेखकों को मुँह लगाना और उन्हें बढ़ावा देना उतना ही खतरनाक है जितना अनाज के व्यापारियों का अपने अनाज के गोदामों में चूहों का पालना, फिर भी लेखकों को सिर चढ़ाया जाता है। अगर किसी औरत

को कोई लेखक पसन्द आ जाता है और वह उसको जीतना चाहती है तो वह उस पर तारीफों, खुशामद और मेहरबानियों की बौछार कर देती है।" हो सकता है, फ्रेंच औरतें ऐसा करती हों! हमारे यहाँ तो ऐसा कभी नहीं होता, हमारी ऐसी आदत नहीं। हमारे यहाँ औरत अगर किसी लेखक को जीतना चाहती है तो सबसे पहले खुद ही उसकी मोहब्बत में पागल हो जाती है। दूर क्यों जाइये...मेरी और त्रीगोरिन की ही मिसाल लीजिए...

(सरीन छड़ी के सहारे अन्दर आता है, उसके साथ नीना है। मिद्वेदिन्का उनके पीछे खाली आराम कुर्सी ढकेलती हुई आ रही है)

सरीन : *(बच्चों से बात करने वाले अन्दाज़ में)* अरे, आज मज़ा आ गया! आखिर आज हमें खुशी मनाने का मौका मिल ही गया। *(बहन से)* आज त्योहार है—नीना के डैडी-मम्मी दो दिन के लिए त्वेर गये हैं—इसका मतलब हुआ कि हम पूरे दो दिन के लिए आज़ाद हैं।

नीना : *(अरकादिना के पास बैठती है और उसे गले लगाती है)* मैं आज बहुत खुश हूँ। आज मैं पूरी तरह आपकी हूँ।

सरीन : *(आराम कुर्सी पर बैठता है)* आज तो यह बहुत प्यारी लग रही हैं।

अरकादिना : प्यारी लग रही हैं और दिलचस्प भी! यह तो बड़ी अच्छी बात है *(नीना को प्यार करती है)* मगर बहुत तारीफ मत करो वरना नज़र लग जाएगी। अरे, वारिस अलिक्सेइंविच कहाँ हैं?

नीना : मछलियाँ पकड़ रहे हैं।

अरकादिना : ऊँह! दिल भी नहीं ऊबता उनका!

(पढ़ना शुरू करना चाहती है)

नीना : क्या पढ़ रही हैं?

अरकादिना : मपासाँ की किताब है डियर! नाम है "पानी में" *(दिल में कुछ लाइनें पढ़ती है)* मगर इससे आगे दिलचस्प नहीं है और सच भी नहीं है *(किताब बन्द करती है)* आज मेरा दिल उदास है। यह तो बताओ मेरे बेटे को क्या हुआ है? वह इतना खामोश और चिड़चिड़ा क्यों हो रहा है? सारा-सारा दिन वह झील के किनारे बैठा रहता है। मेरी तो उससे मुलाकात ही नहीं हो पाती।

माशा : वह बहुत उदास है! *(नीना से, शरमाते हुए)* उस ड्रामे का कोई हिस्सा फिर से सुनाइये...प्लीज।

नीना : *(कन्धे हिलाकर)* क्या वाकई आप सुनना चाहती हैं? दिलचस्प तो हैं नहीं?

माशा : *(जोश दबाते हुए)* जब वह खुद कुछ पढ़कर सुनाते हैं तो उनकी आँखें जलने लगती हैं और चेहरा सफेद पड़ जाता है। उनकी आवाज़ बड़ी दर्द भरी और अच्छी है और अन्दाज़ बिल्कुल शायरों जैसा है।

(सरीन के खर्राटों की आवाज़)

डोर्न : गुड-नाइट!

अरकादिना : पीटर डियर!

सरीन : ओ...

अरकादिना : तुम सो रहे हो?

सरीन : बिलकुल नहीं!

(ख़ामोशी)

अरकादिना : तुम अपना इलाज भी नहीं कराते, यह बड़ी बुरी बात है भइया!

सरीन : मैं तो बड़ी खुशी से इलाज कराऊँ। डाक्टर ही तैयार नहीं होते।

डोर्न : साठ साल की उमर में इलाज?

सरीन : क्या साठ साल की उमर में ज़िन्दा रहने की आरजू खत्म हो जाती है?

डोर्न : *(खीझते हुए)* अच्छा ठीक है...नाक में बलेरी के कतरे डाला करो।

अरकादिना : मेरे ख़याल में तो अगर वह कहीं ऐसी जगह जाए जहाँ गन्धक हो तो ठीक रहेगा।

डोर्न : आपने ठीक कहा। वैसे जाया भी जा सकता है और नहीं भी।

अरकादिना : अब यह पहेलियाँ कौन बूझे...

डोर्न : बूझने की ज़रूरत ही नहीं। साफ़ जाहिर है।

(खामोशी)

मिद्वेदिन्का : मेरे ख़याल में तो पीटर निकोलाइविच को सिगरेट छोड़ देना चाहिए।

सरीन : बकवास!

डोर्न : जी नहीं, यह बकवास नहीं है। शराब और सिगरेट पीने वाला आदमी खुद को भूल जाता है। एक सिगार या बोदका का एक गिलास पीने के बाद आप खाली पीटर निकोलाइविच नहीं रहते। पीटर निकोलाइविच के साथ-साथ कुछ और भी हो जाते हैं। आपकी हस्ती किसी चीज़ में घुल जाती है और आप खुद अपने लिए अजनबी हो जाते हैं।

सरीन : *(हँसता है)* आपके लिए तो लेक्चर देना बड़ा आसान है। आपका ज़माना तो गुज़र गया पर मैं? मैंने कानून के महकमें में 28 साल काम किया है, मगर लगता है कि कुछ नहीं किया। न तो कुछ तजुरबा हुआ और न मज़ा ही आया! इसलिए ज़ाहिर है कि मैं ज़िन्दगी को ज़िन्दगी की तरह जीना चाहता हूँ। आपकी इच्छायें मर चुकी हैं। आपको तो कोई फ़र्क़ नहीं पड़ता इसलिए फिलासफी बघारते हैं और मैं...मैं तो जीना चाहता हूँ, इसलिए खाने के वक्त शेरी पीता हूँ और सिगार भी। बस इतनी सी बात है!

डोर्न : ज़िन्दगी को संजीदगी से लेना चाहिए। साठ साल की उमर में इलाज की सोचना, और अफ़सोस करना कि ज़वानी में कोई मज़ा नहीं उठाया, यह सब, माफ़ कीजिएगा, फ़जूल की बातें हैं।

माशा : *(उठती है)* खाने का वक्त हो रहा है, चलना चाहिए। **(पैर घसीटती हुई धीरे-धीरे चलती है उफ़! पैर सो गया।)**
(जाती है)

डोर्न : अब जाएगी और जाकर खाने से पहले दो पेग उतार लेगी।

सरीन : बेचारी की ज़िन्दगी में कोई खुशी नहीं।

डोर्न : अरे जनाब, बेकार की बातें हैं।

सरीन : पेट भरा भूखे का हाल क्या जाने?

अरकादिना : उफ़! इस गाँव की मीठी बोरियत से भी ज्यादा कोई चीज़ बोर हो सकती है? गर्मी है, ख़ामोशी है, कोई कुछ नहीं करता सब फिलासफी बघारते हैं...मेरे दोस्तो, तुम्हारे साथ बैठने और तुम्हारी बातें सुनने में मज़ा तो आता है मगर अच्छा होता कि मैं होटल के किसी कमरे में अकेली होती और अपना पार्ट याद करती होती।

नीना : *(जोश से)* बहुत अच्छा होता! मैं आपकी बात समझती हूँ।

सरीन : यह तो सच है कि शहरी ज़िन्दगी बेहतर है। अपने कमरे में बैठे हैं, नौकर किसी को बिना पूछे अन्दर नहीं आने देता। टेलीफोन लगा है। सड़क पर कोच मिल जाते है :

डोर्न : *(गाता है)* **"ऐ मेरे फूलो आओ**
इनको ज़रा बताओ"
(शम्राएफ अन्दर आता है उसके पीछे पलीना अन्द्रेइवना है)

शम्राएफ : लो सब यहीं बैठे हैं। आदाब!

(पहले अरकादिना के हाथ का बोसा लेता है और फिर नीना का) आप सबको ठीक-ठाक देखकर बड़ी खुशी हुई। मेरी मिसेज ने बताया कि आज आप उसके साथ शहर जाने वाली हैं। क्या यह सच है?

अरकादिना : हाँ जाने वाली तो हूँ।

शम्राएफ : हूँ...यह तो बड़ी अच्छी बात है, मगर आप जाएँगी कैसे जनाबा? आज तो यहाँ राई की ढुलाई हो रही है। सब लोग उसी में लगे हैं। और क्या मैं जान सकता हूँ कि आप घोड़े कौन से ले जाइएगा?

अरकादिना : कौन से घोड़े! अरे मुझे इससे क्या मतलब?

सरीन : सवारी घोड़े तो अलग हैं।

शम्राएफ : *(झुँझलाहट से)* सवारी के घोड़े और उनकी साज-सज्जा कहाँ से लाऊँगा...कहाँ से लाऊँगा मैं? बड़े ताज्जुब की बात है। समझ में न आने वाली, माफ कीजिए, मैं आपके फन की इज़्ज़त करता हूँ, उस पर अपनी ज़िन्दगी के 10 साल न्यौछावर कर सकता हूँ, मगर आज मैं घोड़े नहीं दे सकता।

अरकादिना : मगर मुझे तो जाना ज़रूरी है! अजीब बात है यह तो!

शम्राएफ : माफ कीजिएगा जनाबा, आप क्या जानें कि खेती-बाड़ी क्या होती है?

अरकादिना : *(गुस्से से)* वही पुरानी कहानी! तब तो मैं आज ही मास्को वापस जा रही हूँ। किसी को भेजकर घोड़े किराये पर मँगा दीजिए वरना मैं स्टेशन तक पैदल ही चली जाऊँगी।

शम्राएफ : *(गुस्से से)* अगर यही बात है तो मैं इस्तीफा देता हूँ। दूसरा मैनेजर ढूँढ़ लीजिए।

(जाता है)

अरकादिना : हर साल यही होता है। हर बार मुझे यहाँ जलील किया जाता है। अब मेरी जूती भी यहाँ नहीं आएगी।

(बायीं तरफ जहाँ तालाब है जाती है। एक मिनट के बाद वह घर के अन्दर जाती दिखाई देती है। उसके पीछे त्रीगोरिन हाथ में मछली पकड़ने का काँटा और बाल्टी लिए है)

सरीन : *(गुस्से से)* यह बद्‌तमीजी है! सरासर ज्यादती है! तंग आ गया हूँ, मैं अब तो! इसी वक्त फौरन सारे घोड़े यहाँ लाये जाएँ!

नीना : **(अन्द्रेइवना पलीना से)** इरीना निकोलाइवना की बात को—इतनी

मशहूर अदाकारा की बात को टालना! क्या उनकी हर ख्वाहिश यहाँ तक की ज़िद आपकी खेती से ज़्यादा ज़रूरी नहीं है? बड़ी अजीब बात है यह तो!

अन्द्रेइवना : *(अफसोस से)* मैं क्या कर सकती हूँ! खुद को मेरी जगह पर रखकर देखिए कि मैं कितनी बेबस हूँ!

सरीन : *(नीना से)* चलिए इरीना के पास चलते हैं। हम सब उसको मनायेंगे कि वह न जाए। ठीक है ना?

(शम्राएफ जिधर से गया है उधर देखता है) बड़ा ही बेढब आदमी है! बद्‌तमीज!

नीना : *(उसको उठने से रोकते हुए...)* बैठे रहिये हम आपको इसी तरह अन्दर ले चलेंगे *(नीना और मिद्वेदिन्का उसकी कुर्सी ढकेलते हैं)*

उफ़! कितनी बुरी बात हो गयी!

सरीन : वाकई बड़ी ग़लत बात है। मगर वह जाएगी नहीं। मैं अभी उससे बात करता हूँ *(जाते हैं सिर्फ़ डोर्न और पलीना अन्द्रेइवना रह जाते हैं)*

डोर्न : लोग बड़े बेहिस होते हैं। होना तो यह चाहिए था कि तुम्हारे शौहर को गर्दन से पकड़ कर बाहर निकाल दिया जाता लेकिन होगा यह कि पीटर निकोलाइविच एक बूढ़ी औरत की तरह अपनी बहन के साथ जाकर शम्राएफ से माफी माँगेंगे। आप देखिएगा यही होगा।

अन्द्रेइवना : उसने सवारी के घोड़े भी खेत पर भेज दिये। रोज़ ही कोई न कोई बात हो जाती है। काश, आप जान सकते कि इन बातों से मुझे कितनी तकलीफ़ होती है। मैं बीमार पड़ जाती हूँ, देखिए, मैं काँप रही हूँ...मुझसे उसकी बद्‌तमीजी नहीं सही जाती। *(गिड़गिड़ाते हुए)* प्यारे, मेरे अ़जीज पिवगेनी मुझे अपने साथ रख लीजिए। हमारा वक्त जा रहा है। अब हम जवान नहीं रहे...कम से कम ज़िन्दगी के आखिरी दिनों में ही हम चोरी छुपे न मिलें, झूठ न बोलें...

(ख़ामोशी)

डोर्न : मैं 55 साल का हो चुका हूँ—अब ज़िन्दगी का अन्दाज़ नहीं बदल सकता।

अन्द्रेइवना : मैं जानती हूँ आप मुझे इसलिए ठुकरा रहे हैं कि मेरे अलावा और भी औरतें है। जो आपकी प्यारी हैं। सबको तो आप अपने

साथ नहीं रख सकते। मैं समझती हूँ...माफ कीजिएगा, आपका मुझसे दिल भर गया है।

(घर के नज़दीक नीना नज़र आती है वह फूल तोड़ रही है)

डोर्न : नहीं, ऐसी कोई बात नहीं!

अन्द्रेइवना : काश, आप जानते मुझे कितनी जलन होती है। मैं मानती हूँ कि आप एक डाक्टर हैं, औरतों से आपका हर वक्त का साथ है, समझती हूँ मगर...

डोर्न : *(नीना से जब वह पास आती है)* क्या हाल है वहाँ?

नीना : इरीना निकोलाइवना रो रही है और पीटर निकोलाइविच पर दमे का दौरा पड़ा है।

डोर्न : *(उठता है)* जाऊँ, जाकर दोनों को कोरामिन के कतरे दे दूँ...

नीना : *(डोर्न को फूल देती है)* प्लीज...

डोर्न : थैन्क्स!

(अन्दर जाता है)

अन्द्रेइवना : *(उसके साथ चलते हुए)* हाय! कितने खूबसूरत फूल हैं! *(घर के पास पहुँचकर दबी आवाज़ में)* मुझे यह फूल दे दीजिए ...मुझे यह फूल...*(फूल लेकर उन्हें नोचती है और एक तरफ फेंक देती है। दोनों घर के अन्दर जाते हैं)*

नीना : *(अकेले में)* कितना अजीब सा लगता है देखने में! इतनी मशहूर अदाकारा और रो रही है! वह भी एक छोटी-सी बात पर! और यह भी अजीब बात है कि इतना बड़ा हर दिल अजीज़ लेखक जिसके बारे में सारे अखबारों में लिखा जाता है, जिसकी तस्वीरें बिकती हैं, जिसकी किताबों का विदेशी भाषाओं में अनुवाद किया जाता है, पर खुद वह...वह सारा-सारा दिन बैठा मछलियाँ पकड़ता है और बहुत खुश होता है, अगर कहीं एक दो पकड़ ले। मैं तो सोचा करती थी कि मशहूर लोग घमण्डी होते हैं। खुद को लिए-दिये रहते हैं। लोगों से नफरत होती है उन्हें। अपनी शोहरत अपने नाम के ज़रिये वह दूसरों से इस बात का बदला लेते हैं कि यह लोग खानदान और दौलत को सबसे ऊँचा क्यों समझते हैं? मगर सच तो यह है कि वे भी सबकी तरह रोते हैं, मछली पकड़ते हैं, ताश खेलते हैं, हँसते हैं, गुस्सा करते हैं।

त्रिप्लेफ़ : *(खुले सिर, हाथ में बन्दूक और मरी मुरग़ाबी लिए दाखिल होता है)* तुम यहाँ अकेली हो?

नीना : हाँ!

(त्रिप्लेफ़ उसके पैरों के पास मुरग़ाबी रखता है)

इसका मतलब?

त्रिप्लेफ़ : आज मैंने इस मुरग़ाबी को मारने की ज़लील हरकत की है, मैं उसे तुम्हारे पैरों पर डालता हूँ।

नीना : क्या हो गया है तुमको?

(मुरग़ाबी उठाती है और उसे देखती है)

त्रिप्लेफ़ : *(कुछ देर बाद)* जल्द ही मैं खुद को भी इसी तरह ख़त्म कर लूँगा।

नीना : मैं तुमको समझ नहीं पा रही?

त्रिप्लेफ़ : हाँ, जबसे मैंने तुमको समझना छोड़ दिया है। तुम बदल गयी हो, तुम्हारी निगाहें बदल गयी हैं। अब तुम्हें मेरी मौजूदगी बुरी लगने लगी है।

नीना : कुछ दिन से बड़े चिड़चिड़े हो रहे हो! समझ में न आने वाली बातें करते हो, पहेलियाँ बुझाते हो। यह मुरग़ाबी भी शायद कोई इशारा हो! नहीं, माफ करना, मेरी समझ में कुछ नहीं आ रहा। *(मुरग़ाबी को बेंच पर रखती है)* मैं एक सीधी-सादी लड़की हूँ। पहेलियाँ नहीं बूझ सकती।

त्रिप्लेफ़ : यह सब उसी शाम से शुरू हुआ जब मेरा ड्रामा बुरी तरह फ्लाप हुआ। औरतें नाकामयाबी को कभी नहीं माफ करतीं। मैंने सब कुछ जला दिया एक-एक टुकड़ा! काश, तुम समझ सकतीं कि मैं कितना दुःखी हूँ! तुम्हारी यह बेरुखी बड़ी तकलीफ दे रही है। यकीन नहीं आता—यह तो ऐसा ही है जैसे एक दिन मैं अचानक जागूँ, और, मिसाल के लिए, यह झील अचानक सूखी मिले या जमीन के अन्दर धँस जाय। अभी-अभी तुमने कहा कि तुम एक सीधी-सादी लड़की हो और मुझे नहीं समझ पा रही हो। अरे, इसमें समझने की बात ही क्या है। तुमको मेरा नाटक पसन्द नहीं आया। तुमको मेरी उमंगों से नफरत है। मुझे एक मामूली और हीन आदमी समझती हो जैसे कि हजारों हैं... *(पैर पटक कर)* मैं यह अच्छी तरह समझता हूँ, खूब अच्छी तरह! यह बात मेरे दिमाग़ में कील की तरह ठुकी हुई है जो मेरे स्वाभिमान के साथ जुड़ी मेरा खून चूस रही है—एक जोंक की तरह...

(त्रीगोरिन को देखकर जो एक, नोटबुक पढ़ते हुए आ रहा है)

लो आ गया असली फनकार! हैमलेट की तरह चलता हुआ और किताब भी साथ में है। *(नकल उतारते हुए)*..."शब्द, शब्द शब्द..." यह सूरज अभी तुम तक पहुँचा भी नहीं और तुम मुस्कुरा रही हो! उसकी किरणों से तुम्हारी नज़रें पिघल रही हैं। ठीक है, मैं रास्ते का रोड़ा नहीं बनूँगा *(तेजी से जाता है)*

त्रीगोरिन : *(नोटबुक में कुछ लिखते हुए)* निसवार सूँघती है और वोदका पीती है...हमेशा काले कपड़ों में, टीचर उससे प्यार करता है।

नीना : हैलो, बरिस अलिक्सेइविच!

त्रीगोरिन : हैलो, हालात अचानक कुछ ऐसे हो गये हैं कि शायद आज हमें जाना पड़े और फिर शायद ही हम कभी मिलें। अफसोस! कम उमर लड़कियों से मिलने का खास तौर से जो जवान और दिलचस्प हों अब तो कम ही मौका मिलता है। मैं भूल चुका हूँ और याद करने से याद भी नहीं आता कि 18-19 साल की उमर में कैसा लगता है? और इसीलिए अपनी कहानियों में जवान लड़कियों की सही तस्वीर नहीं दे पाता। मेरा दिल चाहता है कि मैं एक ही घण्टे के लिए क्यों न हो आपकी जगह ले सकूँ—यह जानने के लिए कि आप इस उमर में क्या सोचती हैं या आप दरअसल हैं क्या चीज़?

नीना : और मैं आपकी जगह पर होना चाहती हूँ!

त्रीगोरिन : वह क्यों?

नीना : यह जानने के लिए कि एक मशहूर क़ाबिल लेखक कैसा महसूस करता है? शोहरत पाकर कैसा लगता है उसे? यह जान कर आपको कैसा लगता है कि आप एक मशहूर इनसान हैं?

त्रीगोरिन : कैसा लगता है?—कैसा भी नहीं। फिर इसके बारे में मैंने कभी सोचा ही नहीं *(कुछ सोच कर)* दो में से एक बात हो सकती है—या तो आप मेरी शोहरत को बढ़ा-चढ़ा रही हैं या फिर उसको किसी और तरह से महसूस नहीं किया जा सकता।

नीना : जब आप अपने बारे में अखबारों में पढ़ते हैं तब?

त्रीगोरिन : जब तारीफ लिखी होती है तो अच्छा लगता है और जब बुराई, तो दो-तीन दिन मूड आफ रहता है।

नीना : कितनी अच्छी है आपकी दुनिया! मुझे रश्क आ रहा है आप पर! काश आप जान सकते, कितनी अलग-अलग होती हैं लोगों की किस्मत भी! एक तरफ कुछ लोग हैं जो मर-मर के अपना बेजान, मामूली वजूद घसीटते हैं! वे सब एक जैसे हैं—बदनसीब!

और दूसरी तरफ कुछ लोग हैं, जैसे कि आप—लाखों में से एक, जिनको एक दिलचस्प, चमकीली और मकसद से भरपूर ज़िन्दगी गुज़ारने का मौका मिला है...आप खुशनसीब हैं...

त्रीगोरिन : मैं? *(कन्धे हिलाकर)* हूँ...अभी आप मेरी शोहरत, खुशी, एक चमकीली, दिलचस्प ज़िन्दगी के बारे में कह रही थीं मगर मेरे लिए यह सब चीजें, माफ कीजिएगा, मीठे मुरब्बे की तरह हैं जो मुझे बिलकुल पसन्द नहीं। आप कमसिन हैं और बहुत रहमदिल भी!

नीना : आपकी ज़िन्दगी लाजवाब है!

त्रीगोरिन : कौन सी बात है मेरी ज़िन्दगी में! *(घड़ी देखता है)* अब मुझे चलना चाहिए। लिखना है। माफ कीजिएगा मेरे पास, वक्त नहीं... आपने, इसको क्या कहते हैं, मेरी सबसे ज्यादा दुखती रग पर हाथ रख दिया है और मेरे दिल में उथल-पुथल होने लगी है। थोड़ी झुँझलाहट भी हो रही है। अच्छा चलिए बातें करते हैं मेरी लाजवाब, रोशन ज़िन्दगी से ही बातचीत शुरू करते हैं...कहिये कहाँ से शुरू करूँ? *(थोड़ा सोच कर)* कुछ लोगों को हवाई महल बनाने का शौक होता है। दिन-रात एक ही चीज के बारे में सोचते रहते हैं—मिसाल के लिए चाँद के बारे में! मेरा अपना भी एक चाँद है—मेरी लिखाई! मुझे लिखना है, लिखना है, लिखना है...दिन-रात मेरे दिमाग में बस यही ख़याल घूमता रहता है। एक कहानी .खत्म होने नहीं पाती मग़र पता नहीं क्यों दूसरी शुरू करने का दिल होने लगता है। फिर दूसरी .खत्म हुई नहीं कि तीसरी...तीसरी के बाद चौथी फिर...फिर...बराबर लिखता ही रहता हूँ—एक मशीन की तरह। और कोई रास्ता भी तो नहीं! अब आप ही बताइए, इसमें कौन सी चमक या मज़ा है! उफ़, कितनी नीरस ज़िन्दगी है मेरी! यही देखिए, इस वक्त मैं आपके साथ हूँ, मगर घबरा रहा हूँ, दिमाग़ में हर मिनट यही ख़याल कचोटे ले रहा है कि कहानी अधूरी पड़ी है। बादल देखता हूँ तो पियानो जैसा लगता है— फौरन ख़याल आता है कि कहानी में कहीं न कहीं इसका ज़िकर जरूर आना चाहिए, "पियानो की शक्ल का बादल उड़ रहा था—ऐसे" हवा में होलियम की महक है...फौरन दिमाग़ में नोट करता हूँ महक—बेवा के ड्रेस जैसा नागवार रंग—यह सब मुझे किसी उपन्यास में गर्मी की शाम के बारे में लिखते

वक्त दोहराना चाहिए। अपने और दूसरों के कहे हुए हर शब्द, हर बात पर मुझे ध्यान देना पड़ता है। और हर अच्छी लगने वाली बात या शब्द को अपनी पिटारी में बन्द कर लेता हूँ—हो सकता है कभी काम ही आ जाए! जब लिखना खत्म करता हूँ तो थियेटर भागता हूँ या मछलियाँ पकड़ता हूँ—शायद यहाँ दिमाग़ को आराम मिले! सब कुछ भूल जाऊँ! नामुमकिन! दिमाग़ में भारी लोहे का गोला चक्कर लगाने लगता है। नयी कहानी का प्लाट मिलता है और लिखाई शुरू करने को दिल चाहने लगता है। फिर भागता हूँ, लिखना है, लिखना है और यही हमेशा होता है—हमेशा! मुझे चैन नसीब नहीं और लगता है कि मैं खुद अपनी ज़िन्दगी को .खत्म कर रहा हूँ। मानो कि शहद बनाने के लिए, जो मैं दूसरों को दे देता हूँ, अपने बेहतरीन फूलों का रस निकाल रहा हूँ, सबसे खूबसूरत फूल तोड़ रहा हूँ और उनकी जड़ें काट रहा हूँ। क्या मैं पागल नहीं हूँ? मेरे दोस्त, रिश्तेदार मुझसे आम इनसानों जैसा बर्ताव नहीं करते। "क्या लिख रहे?" "क्या तोहफ़ा दोगे हमें इस बार?" —वही एक सवाल! वही बात! मुझे ऐसा लगता है कि दोस्तों की यह तारीफें, लगाव और उल्लास सब धोखा है। मुझे धोखा दिया जा रहा है—जैसा कि एक .खतरनाक बीमारी वाले मरीज़ को। मुझे डर लगता है कि अभी पीछे से कोई आएगा, गर्दन पकड़ेगा और मुझे पागलखाने ले जाएगा—जिस तरह गोगल के हीरो पपरीशिन को ले जाया गया था। उस ज़माने में, ज़िन्दगी के बेहतरीन दिनों में, जब मैं जवान था और मैंने लिखना शुरू किया था, लिखना मेरे लिए एक बेहद तकलीफदेह तज़रबा था। एक छोटा लेखक, उस पर अगर वह कामयाब नहीं है, तो खुद को बेकार, गैर-ज़रूरी और एक बोझ महसूस करता है। हर वक्त चिड़चिड़ापन और खिंचाव महसूस करता है।

ऐसे लोगों के आस-पास हर वक्त मँडराता रहता है जो अदब और फन के ठेकेदार कहलाते हैं। मगर न तो कोई उसे पहचानता है और न ही उसका नोटिस लेता है। वह लोगों की आँखों में सीधा और एकटक देखने से डरता है एक जोशीले जुआरी की तरह, जिसके पास पैसा न हो। मैंने अपने पढ़ने वालों को नहीं देखा है मगर पता नहीं क्यों मेरी कल्पना में वह शक्की और रूखे लगते हैं मुझे! मैं लोगों से डरता था, भीड़ से घबराता था। जब

कभी मैं अपना नया ड्रामा स्टेज़ करता था तो हर बार मुझे लगता था कि भूरे बालों वाली औरतें दुश्मनों की तरह और सुनहरे बालों वाली बड़ी बेरुखी से मेरे नाटक को देख रही हैं—उफ़, कितनी तकलीफ़ होती थी! कितना अजीब सा लगता था!

नीना : मगर क्या मैं पूछ सकती हूँ कि किसी चीज़ की प्रेरणा और रचनात्मक काम आपको ऊँची और खुशी से भरपूर उमंग नहीं देते?

त्रीगोरिन : देते हैं। जब मैं लिखता हूँ तो अच्छा लगता है, प्रूफ़ पढ़ते वक्त भी अच्छा लगता है मगर...जैसे ही वह किताब छपकर आती है, मुझे उससे उलझन होने लगती है। लगता है कि मैं जो बात कहना चाहता था वह न कह सका। यह एक गलती है—और यह किताब लिखना ही नहीं चाहिए थी! फिर मुझे शरम आने लगती है, अफसोस होता है... *(हँसता है)* और लोग पढ़कर कहते हैं "अच्छा लिखा है, बहुत खूब!" या फिर "अच्छा तो है मगर टाल्सटाय वाली बात नहीं!" या "अच्छी चीज़ लिखी है मगर तुरगेनिफ की किताब 'बाप-बेटे' ज्यादा अच्छी है।" और कबर में जाने तक बस यही सुनाई देता रहेगा—"अच्छा है और खूब है," "अच्छा है और खूब है"—और बस! और जब मर जाऊँगा तो मेरे जानने वाले कबर के पास से गुज़रते वक्त कहा करेंगे, "यही त्रीगोरिन की कबर है, अच्छा लेखक था मगर तुरगेनिफ के बराबर नहीं पहुँच पाया।"

नीना : माफ कीजिएगा, आपकी बातें मेरी समझ से बाहर हैं! शोहरत ने शायद आपको बिगाड़ दिया!

त्रीगोरिन : कौन-सी शोहरत? मैं अपने आपको तो कभी भी अच्छा नहीं लगा। मैं अपने अन्दर के लेखक को पसन्द नहीं करता। सबसे खराब बात तो यह है कि मैं एक तरह के कोहरे से ढका हूँ और अक्सर खुद नहीं जानता कि क्या लिख रहा हूँ? मुझे यह पानी, यह पेड़, यह आसमान सब अच्छे लगते हैं! कुदरत के हुस्न को मैं महसूस करता हूँ। वह मेरे अन्दर लिखने के लिए एक तरह का जोश, अमिट तमन्ना पैदा करते हैं।

कुदरत से मुझे लगाव है। यह सब चीज़ें मेरे अन्दर लिखने का जोश और ज़ज्बा पैदा करते हैं, मगर मेरा काम सिर्फ़ कुदरती नज़ारों का वर्णन ही तो नहीं! मैं समाज का एक अंग भी तो हूँ! मुझे अपने वतन, वतन के लोगों से प्यार है। मैं समझता

हूँ कि अगर मैं एक सच्चा लेखक हूँ तो मुझे लोगों के बारे में, उनकी मुसीबतों, उनके भविष्य के बारे में लिखना चाहिए। साइंस क्या है? लोगों के अधिकार क्या हैं वगैरा-वगैरा...मैं सब चीजों के बारे में लिखता हूँ मगर जल्दी में, चारों तरफ से मुझ पर दबाव डाला जाता है! गुस्सा किया जाता है और मैं इधर-उधर भागता फिरता हूँ—एक लोमड़ी की तरह जिसका पीछा शिकारी कुत्ते कर रहे हों। देखता हूँ कि ज़िन्दगी और साइंस सब कुछ आगे-आगे भागे जा रहे हैं और मैं पीछे बहुत पीछे रहा जा रहा हूँ—एक गँवार की तरह जिसकी गाड़ी छूट गयी हो। आखिर में यही महसूस करता हूँ कि मैं सिर्फ पेड़-पौधों के बारे में ही लिखना जानता हूँ, अगर किसी और चीज़ के बारे में लिखता हूँ तो शुरू से आख़िर तक झूठ ही झूठ होता है।

नीना : आपने बड़ी मेहनत की है और अब आपके पास न तो ख्वाहिश है और न वक्त कि अपना बड़प्पन महसूस कर सकें! हो सकता है कि आप अपने आपसे सन्तुष्ट न हों मगर दूसरों के लिए आप एक महान और अच्छे लेखक हैं। अगर मैं आपकी तरह मशहूर होती तो लोगों को अपनी पूरी ज़िन्दगी दे देती। मगर यह ज़रूर जता देती कि उनकी खुशी इसी में है कि वह मुझे ऊँचा उठायें—फिर तो वह मुझे रथ पर उठाये-उठाये फिरते।

त्रीगोरिन : हाँ! हाँ रथ पर...क्या मैं कोई महाराजा हूँ?

(दोनों मुस्कुराते हैं)

नीना : ऐसी खुशी जो एक लेखिका या अदाकारा होने से होती है, मैं अपने रिश्तेदारों की नफरत, गरीबी या नाउम्मीदी किसी की भी परवाह नहीं करती। मैं एक मामूली घर में रह लेती और सिर्फ सूखी रोटी खाकर गुजारा कर लेती। लाख मैं अपने-आपसे सन्तुष्ट न होती—अपनी कमज़ोरियों की वजह से। मगर फिर भी मुझे शोहरत तो मिलती—असली बेपनाह शोहरत... *(चेहरा हाथों से ढँकती है)*...**सिर चकरा रहा है उफ़...!**

(घर के अन्दर से अरकादिना की आवाज़ "बरिस अलिक्सेइविच!")

त्रीगोरिन : मुझे अन्दर बुलाया जा रहा है। शायद सामान बाँधा जा रहा है। मगर मेरा दिल जाने को नहीं हो रहा *(झील की तरफ देखता है)* ...कितनी खूबसूरती है चारों तरफ...

नीना : झील के उस तरफ़ वह घर और बाग देख रहे हैं?

त्रीगोरिन : हाँ!

नीना : यह मेरी मरहूम माँ की रियासत है। मैं वहीं पैदा हुई। मेरी सारी ज़िन्दगी इसी झील के किनारे बीती है और उसके हर टापू को पहचानती हूँ।

त्रीगोरिन : यहाँ बहुत अच्छा लगता है! *(मुरग़ाबी देखकर)* यह क्या?

नीना : मुरग़ाबी–कन्स्तनतीन गवरीलाविच ने मारी है।

त्रीगोरिन : बड़ा खूबसूरत पक्षी है! सच में जाने को जरा भी दिल नहीं हो रहा। आप जाइए और इरीना निकोलाइवना को रोकने की कोशिश कीजिए! *(नोट-बुक में कुछ लिखना है)*

नीना : क्या लिख रहे हैं आप?

त्रीगोरिन : ऐसे ही कुछ याद के लिए लिख रहा हूँ...कहानी का प्लाट मिल गया...*(नोट-बुक जेब में रखते हुए)* एक छोटी-सी कहानी का प्लाट–झील के किनारे बचपन से एक लड़की रहती है–ऐसी ही जैसी आप हैं। वह एक मुरग़ाबी की तरह झील से प्यार करती है और उतनी ही आज़ाद और मगन है जितनी कि मुरग़ाबी–मगर अचानक एक आदमी आता है, उसे देखता है और बिना किसी वजह के उसे मार डालता है–बिलकुल इस मुरग़ाबी की तरह–

(ख़ामोशी)

(खिड़की से अरकादिना झाँकती है)

अरकादिना : बरिस अलिक्सेइविच! कहाँ हैं आप?

त्रीगोरिन : अभी आता हूँ *(जाता है और नीना को मुड़कर देखता जाता है। अरकादिना के पास पहुँच कर)* क्या है?

अरकादिना : हम नहीं जा रहे हैं।

(त्रीगोरिन घर के अन्दर जाता है)

नीना : *(स्टेज की रोशनी की तरफ़ बढ़ती है, थोड़ी देर ठहरकर)* यह एक सपना तो नहीं!

पर्दा गिरता है।

अंक तीन

(सरीन के घर का डाइनिंग रूम। दायें-बायें दरवाज़ें, खाने की अलमारी, दवाओं की अलमारी, कमरे के बीच में मेज़। सन्दूक और दफ्ती के बक्से नज़र आ रहे हैं। देखने से लगता है कि जाने की तैयारी हो रही है। त्रीगोरिन नाश्ता कर रहा है। माशा मेज़ के पास खड़ी है)

माशा : यह सब मैं आपको एक लेखक होने की वजह से बता रही हूँ। आप उसको अपने काम में ला सकते हैं। मैं आपसे सच कहती हूँ अगर वह ज्यादा ज़ख्मी हुआ होता तो मैं एक मिनट भी ज़िन्दा नहीं रह पाती, फिर भी मैं बहुत बहादुर हूँ। यही देखिए, दिल में आया और तय कर लिया कि इस मोहब्बत को दिल से निकाल फेंकूँगी—जड़ से ही काट दूँगी।

त्रीगोरिन : वह किस तरह?

माशा : मैं शादी कर रही हूँ—मिद्वेदिन्का से।

त्रीगोरिन : वही जो टीचर है?

माशा : जी हाँ।

त्रीगोरिन : समझ में नहीं आता इसका क्या तुक है?

माशा : नाकाम मोहब्बत से कोई फ़ायदा भी तो नहीं। ज़िन्दगी भर बस इन्तज़ार ही हाथ लगता है। जैसे ही शादी कर लूँगी, मोहब्बत-वोहब्बत का चक्कर खत्म हो जाएगा। नयी ज़िम्मेदारियाँ पिछली ज़िन्दगी की यादों को धुँधला कर देती हैं। और अगर कुछ न भी हुआ, तब्दीली तो होगी ही। एक पेग और पिया जाए?

त्रीगोरिन : बहुत ज़्यादा हो जाएगा।

माशा : लो और सुनो! *(एक-एक गिलास भरती है)* आप मेरी तरफ़ इस तरह न देखिए। आपको शायद मालूम न हो औरतें बहुत ज़्यादा पीती हैं, मगर मेरी तरह खुलकर बहुत कम। ज़्यादातर छिपाकर पीती हैं। जी हाँ, वह भी वोदका या ब्राण्डी *(गिलास टकराती है)* चियर्स! आप एक सीधे-सादे आदमी हैं। आपसे बिछड़ते अफ़सोस हो रहा है।

त्रीगोरिन : मैं खुद जाना नहीं चाहता!

माशा : आप कहिये ना कि वह रुक जाए?

त्रीगोरिन : नहीं, अब नहीं रुकेगी। बेटा भी उसे बड़ा परेशान कर रहा है। पहले खुद पर गोली चला ली और अब सुना है कि मुझे मुक़ाबले के लिए ललकारने वाला है। किसलिए? तो मूड आफ करता है, तो गुस्सा करता है। कला के नये तरीक़ों का प्रोपेगैण्डा करता है। अरे, दुनिया में जगह तो सबके लिए है—नये को भी, पुराने को भी! फिर झगड़ा किस बात का?

माशा : इसकी वजह है—जलन खैर। मुझे इससे क्या मतलब?
(ख़ामोशी)

(याकव बायीं से दायीं तरफ़ बक्स लिए गुज़रता है। नीना अन्दर आती है और खिड़की के पास रुक जाती है)

मेरा होने वाला शौहर ज़्यादा अक्लमंद तो नहीं मगर बड़ा नेक आदमी है और बेचारा मेरे प्यार में पागल है। मुझे उस पर बड़ा तरस आता है। और उसकी बूढ़ी माँ पर भी! ख़ैर ज़नाब, मेरी शुभ कामनायें आपके साथ हैं। बुराई से मुझे याद न कीजिएगा *(ज़ोर से हाथ दबाती है)* आपकी नेक नसीहतों के लिए बहुत-बहुत शुक्रिया! आप अपने दस्तखतों के साथ अपनी किताब भेजना न भूलिएगा। मगर यह न लिखिएगा—"आदरणीय मैरी को"—बस इतना काफ़ी होगा—"उस मैरी को जिसे अपना खानदान याद नहीं और यह भी नहीं मालूम कि इस दुनिया में जिन्दा क्यों हैं..." खुदा हाफ़िज।

(जाती है)

नीना : *(त्रीगोरिन की तरफ़ बन्द मुट्ठी बढ़ाती—)* बूझिये क्या है—एक है या जोड़ा?

त्रीगोरिन : जोड़ा।

नीना : **(ठंडी साँस लेकर)** ना! मेरे हाथ में सिर्फ़ एक दाना है। मैं बूझना चाहती थी कि मैं एक्ट्रैस बनूँ या नहीं! काश, कोई मुझे सलाह ही दे सकता!

त्रीगोरिन : इस मामले में कोई सलाह नहीं दे सकता।

(ख़ामोशी)

नीना : आज आप जा रहे हैं और हो सकता है कि हम कभी न मिल सकें। याद के लिए आप मेरी तरफ़ से यह छोटा-सा तोहफ़ा कुबूल कीजिए। मैंने इस पर आपका नाम भी खुदवा दिया है। दूसरी तरफ़ आपकी किताब का टाइटिल है—"दिन और रात।"

त्रीगोरिन : वाह क्या बात है! *(मैडोलियन को चूमता है)* बहुत ही अच्छा तोहफ़ा है।

नीना : कभी-कभी मुझे याद कर लिया कीजिएगा!

त्रीगोरिन : ज़रूर याद करूँगा। मुझे आपकी याद उसी रूप में आएगी जैसा कि मैंने आपको उस दिन देखा था। याद है...एक हफ़्ता पहले जब आप सफ़ेद ड्रेस पहने थीं...हम बातें कर रहे थे...और बेंच पर एक सफ़ेद मुरग़ाबी भी पड़ी थी।

नीना : *(खोई हुई)* हाँ, मुरग़ाबी...

(ख़ामोशी)

अब और मैं नहीं ठहर सकती। कोई आ रहा है...मगर जाने से पहले आप दो मिनट के लिए मुझसे मिल ज़रूर लीजिएगा... हाथ जोड़ती हूँ।

(बायीं तरफ़ जाती है उसी वक्त दायीं तरफ़ से अरकादिना, सरीन, जो एक लम्बा ड्रेस पहने है जिस पर मैडिल लगा है, आते हैं। उनके पीछे याकव है जो सामान रखने में मशगूल है)

अरकादिना : बड़े भाई, तुम घर पर क्यों नहीं रहते? गठिया की बीमारी है। यहाँ-वहाँ जाने से क्या फ़ायदा! *(त्रीगोरिन से)* अभी इधर से कौन गुज़रा था? नीना?

त्रीगोरिन : हाँ।

अरकादिना : माफ़ करना, तब तो हमने शायद डिस्टर्ब किया तुम दोनों को...*(बैठती है)* अपनी चलती तो सब सामान रख लिया है शायद। थक गयी हूँ।

त्रीगोरिन : मैडोलियन *(पढ़ते हुए)* दिन और रात पेज नं. 121, लाइनें 11 और 12।

याकव : *(मेज़ साफ़ करते हुए)* मछली पकड़ने के काँटे भी रखे जाएँगे हुज़ूर?

त्रीगोरिन : हाँ ज़रूरत पड़ सकती है। यह किताबें किसी को दे देना।

याकव : जी अच्छा!

त्रीगोरिन : *(अपने से)* पेज 121, लाइनें 11 और 12। क्या लिखा है इन लाइनों में? *(अरकादिना से)* इस घर में मेरी किताबें हैं क्या?

अरकादिना : भाई के कमरे में कोने वाली अलमारी में हैं।

त्रीगोरिन : पेज नं. 121...

(जाता है)

अरकादिना : सच में भइया, तुम रुक जाओ...

सरीन : तुम जा रही हो और तुम्हारे बग़ैर घर में मेरा दिल नहीं लगेगा।

अरकादिना : और शहर में कैसे लगेगा?

सरीन : कोई खास बात तो नहीं...फिर भी *(हँसता है)* हवेली की नींव रखी जाएगी वगैरा, वगैरा...दिल चाहता है कि एक दो घंटे के लिए ही इस फ़ज़ूल की ज़िन्दगी से छुटकारा मिल जाए। बहुत आराम कर चुका—एक पुरानी सिगरेट के बचे टुकड़े की तरह! मैंने एक बजे घोड़े तैयार रखने को कहा है। साथ ही निकल चलेंगे।

अरकादिना : *(कुछ रुककर)* खुश रहने की कोशिश करो। बोर मत होना और

ठंड से बचना। ज़रा बेटे की देखभाल कर लेना ख़याल से! और ज़रा समझाना भी।

(ख़ामोशी)

मैं चली जाऊँगी मगर दिल में यही खटक रहेगी कि मेरे बेटे ने ख़ुदकुशी की कोशिश क्यों की थी? मुझे तो लगता है कि इसकी खास वजह जलन थी। इसीलिए जितनी जल्दी त्रीगोरिन को मैं यहाँ से ले जाऊँ, उतना ही अच्छा होगा।

सरीन : कुछ कहा नहीं जा सकता! दूसरी वजहें भी थीं। खुली बात है—वह एक जवान आदमी है, अक्लमंद है। गाँव में रहता है—शहर से दूर! न दौलत है, न जायदाद और न ही कोई भविष्य! उस पर कुछ करने को भी नहीं है। उसे शरम भी आती है और अपनी बेकार ज़िन्दगी से डरता भी है। मैं उसे बहुत प्यार करता हूँ। वह भी मुझसे बहुत घुल-मिल गया है मगर फिर भी उसे लगता है कि वह एक बेकार आदमी है—दूसरों की रोटियों पर पड़ा है, एक बोझ है। जाहिर बात है उसका स्वाभिमान...

अरकादिना : तंग आ गयी हूँ मैं! *(सोचते हुए)* उससे नौकरी के लिए कहूँ क्या?...

सरीन : *(सीटी बजाता है फिर झिझकते हुए)* मेरे ख़याल में सबसे अच्छा तो यह होगा अगर तुम उसे...उसे कुछ रक़म दे दो। सबसे पहले तो उसे ढंग के कपड़े पहनना चाहिए। देखो ना, एक ही जैकेट वह तीन साल से पहनता चला आ रहा है। ओवरकोट भी नहीं है उसके पास...*(हँसता है)* फिर थोड़ा बहुत घूमना फिरना भी ज़रूरी है...हो सके तो विदेश भेज दो...ज़्यादा महँगा तो नहीं है बाहर जाना...

अरकादिना : फिर भी...खैर सूट के लिए तो मैं रकम निकाल सकती हूँ मगर जहाँ तक विदेश भेजने का सवाल है...नहीं...अभी तो मैं सूट के लिए भी पैसे नहीं निकाल सकती। *(सख़्ती से)* मेरे पास पैसे नहीं हैं!

(सरीन हँसता है)

सच नहीं है!

सरीन : *(सीटी बजाता है)* ठीक है, माफ़ करना डियर, नाराज़ मत हो...मैं जानता हूँ कि तुम झूठ नहीं बोल रहीं...तुम तो बहुत बड़े दिल की एक नेक औरत हो।

अरकादिना : *(आँसू भरकर)* मेरे पास पैसे नहीं हैं!

सरीन : अगर मेरे पास दौलत होती तो जाहिर है कि मैं खुद ही दे देता। मगर मेरे पास कुछ भी नहीं...एक फूटी कौड़ी भी नहीं। *(हँसता है)* मेरी सारी पेंशन मैनेजर ले लेता है और खेती पर, जानवरों पर, शहद जमा करने पर ख़र्च कर देता है। मेरी सारी दौलत इसी तरह खत्म हो जाती है। शहद की मक्खियाँ मर जाती हैं, जानवर मर जाते हैं। जरूरत पड़ने पर मुझे घोड़े भी नहीं मिलते।

अरकादिना : ख़ैर मेरे पास इतनी कमी तो नहीं है। मगर मैं एक एक्ट्रैस हूँ। मेकअप वगैरह पर ही खर्चा बहुत हो जाता है।

सरीन : तुम एक रहमदिल नेक औरत हो...मैं तुम्हारी इज़्ज़त करता हूँ...उफ़! देखो मेरी तबीयत फिर ख़राब हो रही है...*(लड़खड़ाता है)* सिर चकरा रहा है मेरा...*(कुर्सी पकड़ता है)* मेरी तबीयत बिगड़ रही है।

अरकादिना : *(डरकर)* पीटर डियर! *(उसे सँभालते हुए)* पीटर, माई डियर ...**(चिल्लाकर)** अरे कोई आओ! मदद!...*(सिर में पट्टी बाँधे त्रिप्लेफ़ और मिद्वेदिन्का आते हैं)* इनकी तबीयत ख़राब हो रही है।

सरीन : कुछ नहीं, कुछ नहीं...*(मुस्कुराता है और पानी पीता है)* अब ठीक हूँ...बस...

त्रिप्लेफ़ : *(माँ से)* मम्मी घबराओ नहीं, इसमें कोई खतरा नहीं। अंकल के साथ अक्सर ऐसा हो जाता है *(अंकल से)* अंकल, तुम थोड़ा आराम कर लो।

सरीन : कुछ दिन के लिए ही सही...मगर मैं शहर ज़रूर जाऊँगा...थोड़ा आराम करूँगा और जाऊँगा...समझ में आने वाली बात है... **(लकड़ी टेके हुए जाता है)**

मिद्वेदिन्का : *(उसको हाथ से सहारा देते हुए)* एक पहेली है—वह कौन है जो सुबह को चारों हाथों पैरों पर चलता है, दोपहर को दो पैरों पर और शाम को तीन पर...

सरीन : *(हँसता है)* समझ गया और रात में पीठ के बल। शुक्रिया! अब मैं खुद चल सकता हूँ...।

मिद्वेदिन्का : लो तकल्लुफ शुरू हो गया...
(वह और सरीन चले जाते हैं)

अरकादिना : मैं तो डर गयी थी!

त्रिप्लेफ़ : उनकी सेहत के लिए गाँव की आबोहवा ठीक नहीं। बोर होते हैं। मम्मी अगर तुम अपना दिल ज़रा बड़ा करो और उन्हें डेढ़-दो

हज़ार रूबल उधार दे दो तो वह शहर में एक साल तो रह ही सकते हैं।

अरकादिन : मैं इतने रूबल कहाँ से लाऊँ? मैं एक एक्ट्रैस हूँ, बैंकर नहीं।
(ख़ामोशी)

त्रिप्लेफ़ : मम्मी, मेरी पट्टी बदल दो, इसमें तो तुम माहिर हो।

अरकादिना : *(दवाओं की अलमारी से टिन्क्चर और पट्टियों का डिब्बा निकालती है)* डाक्टर अभी तक नहीं आये?

त्रिप्लेफ़ : उन्होंने दस बजे आने को कहा था और दोपहर हो गयी।

अरकादिना : बैठो *(उसके सर से पट्टी उतारती है)* ऐसा लग रहा है कि साफ़ा बाँधे हो। कल एक अजनबी किचिन में किसी से पूछ रहा था कि तुम किस कौम के हो? ज़ख्म तो तुम्हारा तरकरीबन ठीक हो गया है—बस थोड़ा सा बाकी रह गया है *(उसके सर पर प्यार करती है)* अब तुम मेरे जाने के बाद फिर 'टिक-टिक' न कर लेना!

त्रिप्लेफ़ : नहीं मम्मी। वह तो मुझ पर एक तरह का पागलपन सवार हो गया था, जब मुझे खुद पर काबू नहीं रहा। अब ऐसा कभी नहीं होगा *(उसके हाथ को चूमता है)* तुम्हारे हाथ जादू के हैं। मुझे याद है आज से बहुत साल पहले जब तुम एक सरकारी थियेटर में काम करती थीं—तब मैं बहुत छोटा था—हमारे सामने के मैदान में बड़ा झगड़ा हुआ था। लोगों ने एक धोबिन को खूब मारा था। याद है? उसे बेहोशी की हालत में उठाया था... तुम उसके पास बराबर जाती थीं, दवा ले जाती थीं और उसके बच्चों को टब में नहलाती थीं। क्या सचमुच तुम्हें याद नहीं?

अरकादिना : नहीं।
(नयी पट्टी बाँधती है)

त्रिप्लेफ़ : तब उसी बिल्डिंग में, जहाँ हम थे, दो बैले डांसर भी रहती थीं। वह हमारे यहाँ कॉफ़ी पीने अक्सर आया करती थीं।

अरकादिना : हाँ! यह याद है।
(ख़ामोशी)

त्रिप्लेफ़ : बड़ी मजहबी थीं वह! आजकल यानी इन दिनों मैं तुम्हें उतना ही चाहने लगा हूँ जितना बचपन में चाहता था। तुम्हारे अलावा मेरा अब इस दुनिया में कोई नहीं है। बस पता नहीं क्यों, किस वजह से, तुम इस आदमी से इतना दबती हो?

अरकादिना : कन्स्तनतीन तुम उसको समझते नहीं, वह बहुत ही अज़ीम हस्ती है...

त्रिप्लेफ़ : तभी तो जब उसे पता चला कि मैं उसे मुकाबले के लिए ललकारने वाला हूँ तो उसकी महानता उसकी बुज़दिली से दब गयी। भाग निकला...यह भगोड़ापन है कि नहीं?

अरकादिना : क्या बकवास करते हो? मैंने खुद उससे चलने के लिए कहा है।

त्रिप्लेफ़ : महान हस्ती! ऊँह! यही देखिए न? उसको लेकर हम दोनों आपस में झगड़ रहे हैं और वह यहीं कहीं ड्राइंगरूम में या बाग में बैठा हमारे ऊपर हँस रहा होगा। नीना को बहका रहा है। यह जताने की पूरी कोशिश में है कि वह एक महान हस्ती है।

अरकादिना : तुमको मेरे सामने जली...कटी बातें करने में शायद मज़ा आता है। मैं इस इनसान की इज़्ज़त करती हूँ और मेरी गुज़ारिश है कि तुम मेरे सामने उसकी बुराई मत किया करो।

त्रिप्लेफ़ : मगर मेरे दिल में तो उसकी ज़रा भी इज़्ज़त नहीं। तुम चाहती हो कि मैं उसको महान समझूँ? माफ करना, मुझे झूठ बोलना नहीं आता। उसकी किताबों से मुझे मतली आती है।

अरकादिना : यह जलन है और कुछ नहीं! जो लोग खुद कुछ नहीं होते वह दूसरों में कीड़े निकालते हैं, उनके पास और कोई रास्ता ही नहीं सिवाय इसके कि काबिल लोगों पर कीचड़ उछालें। इससे मिलता कुछ नहीं सिवाय दिल की भड़ास के!

त्रिप्लेफ़ : *(व्यंग्य से)* काबिल लोग! ऊँह! *(गुस्से से)* मैं तुम सबसे ज्यादा काबिल हूँ, अगर बात काबिलियत की हो रही है? *(सिर से पट्टी नोच कर फेंक देता है)* आप दकियानूसी लोग कला को अपनी जागीर समझकर कब्जा जमाये बैठे हैं। उसी बात को सही और सच्ची मानते हैं, जो खुद करते हैं। दूसरों पर तो आप गुस्सा करते हैं, उन्हें दबाते हैं। मैं आपकी हुकूमत नहीं मानता। न तो तुम्हें काबिल समझता हूँ और न उसे!

अरकादिना : तुम पिछड़े लोग...!

त्रिप्लेफ़ : जाओ! तुम अपने प्यारे थियेटर जाओ और जाकर बेकार और गिरे हुए ड्रामों में हिस्सा लो!

अरकादिना : ऐसे ड्रामों में मैंने कभी रोल नहीं किया। मुझे तो खैर जाने दो, खुद को देखो, तुम एक छोटा-सा नाटक भी नहीं लिख सकते। कीफ़ का ठग! दूसरों के टुकड़ों पर पलने वाला!

त्रिप्लेफ़ : तुम कंजूस हो!

अरकादिना : तुम भिखारी हो!

(त्रिप्लेफ़ बैठता है और धीमे-धीमे रोता है)

यह नीचता है...*(तेज़ी से इधर से उधर जाते हुए)* मत रो, रोने से क्या फायदा...*(रोती है)* मत रो...*(उसके माथे पर, गालों पर, सिर पर चूमती है)* मेरे प्यारे बच्चे! मुझे माफ कर दो...अपनी पापी माँ को माफ कर दो। मुझ बदनसीब को माफ कर दो।

त्रिप्लेफ़ : *(उसे गले से लगाता है)* काश! तुम्हें पता होता कि मेरा सब कुछ लुट चुका है! वह मुझसे प्यार नहीं करती। अब मुझसे कुछ लिखा भी नहीं जाता...सारी उम्मीदें खत्म हो चुकी हैं...

अरकादिना : दिल छोटा मत करो...सब ठीक हो जाएगा। त्रीगोरिन चला जाएगा और नीना तुम्हें फिर से चाहने लगेगी। *(उसके आँसू पोंछती है)* बस करो! अब माँ से नाराज़ तो नहीं?

त्रिप्लेफ़ : *(उसके हाथ चूमता है)* नहीं, मम्मी।

अरकादिना : *(प्यार से)* त्रीगोरिन से भी मेल कर लो। लड़ाई की कोई ज़रूरत नहीं...सच में कोई ज़रूरत नहीं!

त्रिप्लेफ़ : ठीक है...मगर मेरी एक बात मान लो—वह बस मेरी नज़रों के सामने न आया करे। मुझे बहुत तकलीफ होती है। उससे मिलना मेरे बस के बाहर है...

(त्रीगोरिन अन्दर आता है)

अच्छा मैं...बाहर जाता हूँ...*(जल्दी से अलमारी में दवाएँ रखता है)* पट्टी डाक्टर से बँधवा लूँगा...।

त्रीगोरिन : *(किताब में ढूँढ़ता है)* पेज 121...लाइन 11 और 12...यह रही...*(पढ़ता है)* "अगर तुमको कभी मेरी ज़िन्दगी की ज़रूरत पड़े तो बेझिझक मेरे पास आ जाना।"

(त्रिप्लेफ़ फर्श से पट्टी उठाता है और चला जाता है)

अरकादिना : *(घड़ी देखते हुए)* अब घोड़े आने ही वाले हैं!

त्रीगोरिन : *(अपने आप से)* "अगर तुम्हें कभी मेरी ज़िन्दगी की ज़रूरत पड़े तो बेझिझक मेरे पास आ जाना।"

अरकादिना : तुम्हारा सब सामान तैयार है ना?

त्रीगोरिन : *(बेसब्री से)* हाँ, हाँ...*(खोये अन्दाज़ में)* इस मासूम दिल की पुकार में पता नहीं क्यों मुझे एक तरह की मायूसी नज़र आती है और मेरा दिल बुरी तरह तड़प उठा है।..."अगर कभी तुम्हें मेरी ज़िन्दगी की ज़रूरत पड़े तो बिना झिझक मेरे पास आ जाना।"
(अरकादिना से) एक दिन और ठहर जाएँ तो कुछ हर्ज है?
(अरकादिना इनकार में सिर हिलाती है) ठहर जाएँ ना?
बस एक दिन!

अरकादिना : डियर! मैं जानती हूँ कि तुम क्यों रुकना चाहते हो। मगर खुद को काबू में करो। तुम थोड़े नशे में भी हो, होश में आ जाओ।

त्रीगोरिन : तुम भी होश में आओ, समझ से काम लो, और इन्साफ़ की बात करो। हाथ जोड़ता हूँ, एक सच्चे दोस्त की तरह मुझे समझने की कोशिश करो...*(उसका हाथ दबाता है)* तुम कुरबानी करना जानती हो...मेरा साथ दो! मुझे आज़ाद कर दो!

अरकादिना : *(बहुत गुस्से से)* अच्छा! बात इस हद तक पहुँच गयी है?

त्रीगोरिन : मेरा दिल उसकी तरफ खिंच रहा है, हो सकता है कि यह वही भावना हो जिसकी मुझे अभी तक तलाश रही है।

अरकादिना : एक देहाती लड़की से प्यार? अफ़सोस, तुम अपनी कीमत नहीं जानते!

त्रीगोरिन : अक्सर लोग चलते-चलते सो जाते हैं। यही बात मेरे साथ हो रही है। मैं तुमसे बात कर रहा हूँ मगर ख्वाब उसके देख रहा हूँ... मैं मीठे और सुहावने ख्वाबों में डूबा हूँ...मुझे आज़ाद कर दो...

अरकादिना : *(काँपते हुए)* नहीं, कभी नहीं...मैं एक मामूली औरत हूँ, मुझसे इतनी बड़ी कुरबानी मत माँगो...मुझे मत सताओ...वरिस! मेरी तबीयत खराब हो रही है...

त्रीगोरिन : अगर चाहो तो तुम भी एक गैर-मामूली औरत बन सकती हो। अनोखा, मासूम और शायराना प्यार जो तुम्हें दूसरी दुनिया में ले जाता है—दुनिया में सिर्फ़ ऐसा प्यार ही खुशी दे सकता है। अभी तक मुझे ऐसा प्यार कभी नहीं मिला...जवानी में वक्त नहीं मिला—सुबह से शाम तक एडीटर्स के घर के चक्कर लगाता था, गरीबी से लड़ता रहा...और अब जब किस्मत से ऐसा प्यार मिल गया है तो मैं पागल हो उठा हूँ...ऐसे प्यार से भागना बेवकूफी है!

अरकादिना : *(गुस्से से)* तुम पागल हो गये हो!

त्रीगोरिन : वही समझ लो।

अरकादिना : आज सबने मिलकर मुझे तंग करने का फैसला कर लिया है। **(रोती है)**

त्रीगोरिन : *(सिर पकड़कर बैठता है)* न समझती हो और न समझना चाहती हो।

अरकादिना : क्या मैं इतनी बूढ़ी और बदसूरत हो गयी हूँ कि अब बेशर्मी से मेरे सामने दूसरी औरतों की बातें की जा सकती हैं। *(उसे गले से लगाती और चूमती है)* अरे, तुम पागल हो गये हो।

मेरे अच्छे, मेरे प्यारे...तुम मेरी ज़िन्दगी का आखिरी पन्ना हो *(घुटने टेक कर बैठती है)* मेरी खुशी, मेरा घमण्ड, मेरा सहारा *(उसके घुटने पकड़ती है)* अगर कहीं तुमने मुझे एक घण्टे के लिए भी अकेला छोड़ा तो मैं ज़िन्दा नहीं बचूँगी। पागल हो जाऊँगी ऐ अज़ीम इनसान! मेरे मालिक!

त्रीगोरिन : कोई भी आ सकता है इधर!
(उसको उठाता है)

अरकादिना : आने दो! मुझे अपने प्यार पर जरा भी शरम नहीं आती। *(उसके हाथ चूमती है)* मेरे प्यारे, काबिल दोस्त! तुम पागल होना चाहते हो, मगर मैं ऐसा नहीं होने दूँगी! नहीं छोड़ूँगी तुम्हें... *(हँसती है)* तुम मेरे हो...सिर्फ़ मेरे...यह माथा, यह आँखें, यह खूबसूरत रेशमी बाल—यह सब मेरे हैं...तुम ऊपर से नीचे तक मेरे हो! तुम इतने काबिल हो, अक्लमन्द हो! आज के सभी लेखकों में सबसे अच्छे! तुम रूस की एकमात्र उम्मीद हो...तुम्हारे अन्दर इस कद़र सच्चाई, सादगी, ताजगी और ज़िन्दादिली भरी हुई है...तुम कलम के एक झटके से लोगों का मिजाज़ या कुदरत की खूबसूरती बयान कर सकते हो। तुम्हारी कहानियों के लोग बिलकुल असली लगते हैं। तुमको पढ़ने के बाद मुँह से "वाह, वाह!" ही निकलती है। तुम समझते हो कि मैं बढ़ा-चढ़ा कर कह रही हूँ। मैं तुम्हारी चमचागिरी कर रही हूँ? मेरी आँखों में देखो...देखो...क्या यह झूठे इनसान की आँखें हैं? सच तो यह है कि सिर्फ मैं ही तुम्हारी असली क़दर जानती हूँ, मैं सच बोलती हूँ, मेरे प्यारे! मेरी जान! चलोगे ना मेरे साथ? कहो हाँ? मुझे तो नहीं छोड़ोगे कभी?

त्रीगोरिन : मेरे अन्दर खुद फैसला करने की ताकत नहीं...कभी भी नहीं थी...मैं एक दब्बू, काहिल और कमज़ोर इनसान हूँ और शायद औरतों को मेरी यही कमजोरियाँ मेरी अच्छाइयाँ लगती हैं—सँभालो मुझे ले चलो यहाँ से! हाँ, एक शर्त है—मुझे अपने से एक पल भी अलग मत करना।

अरकादिना : *(अपने से)* आ गया काबू में। *(पैंतरा बदलते हुए जैसे कि कुछ हुआ ही नहीं)* वैसे अगर चाहो तो रुक सकते हो। मैं अभी चली जाती हूँ और तुम फिर आना—एक हफ्ते बाद। वाकई तुमको कहाँ जाने की जल्दी है?

त्रीगोरिन : नहीं, अब साथ ही जाएँगे!

अरकादिना : जैसी तुम्हारी मरज़ी! अगर साथ चलना चाहते हो तो साथ ही चलेंगे...
(ख़ामोशी)
(त्रीगोरिन नोट बुक में लिखता है)
क्या लिख रहे हो?

त्रीगोरिन : आज सुबह बड़ी अच्छी बात सुनी—"कुँवारियों के लिए सनोवर का जंगल"—शायद कभी काम आये! *(हाथ-पैर फैलाते हुए)* तो जाना ही पड़ेगा! फिर वही रेल के डिब्बे, स्टेशन, कैफे, खाना और गपशप!

शम्राएफ : *(अन्दर आता है)* जनाब घोड़े तैयार हैं। स्टेशन जाने का वक्त हो गया है। गाड़ी 2 बजकर 5 मिनट पर आती है। इरीना निकोलाइवना, आप मेहरबानी करके यह पता लगाना न भूलिएगा कि अब ऐक्टर सुज़दलत्सेव कहाँ हैं? कैसा है? ज़िन्दा भी है? कभी तो हम एक साथ पिया करते थे..."लुटा हुआ डाकखाना" नाटक में उसने लाजवाब ऐक्टिंग की थी। मुझे याद है कि तब उसके साथ एलिजाबेथग्राथ में ट्रेजिक ऐक्टर इस्माइलफ काम किया करता था। वह भी बड़ा अच्छा ऐक्टर था। जल्दी न कीजिए, 5 मिनट और रुका जा सकता है, जनाबा। एक बार वे दोनों एक ड्रामे में जासूसों का रोल कर रहे थे, जब वे पकड़े गये तो इस्माइलफ को कहना था कि "हम जाल में फँस गये" मगर उसके मुँह से निकला "हम लाज से धँस गये" *(कहकहा लगाकर)* लाज से...
(जब वह बातें कर रहे है तो याकव बक्सों के आस-पास फिर रहा है। नौकरानी अरकादिना को हैट, कोट, छाता, दस्ताने लाकर देती है। सब अरकादिना को तैयार होने में मदद करते हैं। बायें दरवाजे से बावर्ची नज़र आता है जो थोड़ा हिचकिचाते हुए अन्दर आता है! पलीना अन्द्रेइवना अन्दर आती है फिर सरीन और मिद्वेन्दिका)

अन्द्रेइवना : **(हाथ में टोकरी है)** तुम्हारे लिए कुछ चेरीज़ हैं, बहुत मीठी हैं, हो सकता है रास्ते में ताजी चीज़ खाने को दिल चाहे!

अरकादिना : पलीना अन्द्रेइवना, कितनी अच्छी आप!

अन्द्रेइवना : अच्छा जाओ डियर। अगर कोई ग़लती हो गयी हो तो माफ करना!
(रोती है)

अरकादिना : *(उसे चिपटाती है)* सब ठीक था, बहुत अच्छा! बस आप रोइये नहीं!

अन्द्रेइवना : हमारा वक्त खत्म होता जा रहा है।

अरकादिना : मगर किया क्या जा सकता है?

सरीन : *(केप वाला ओवरकोट, टोपी पहने हाथ में छड़ी लिए बायीं तरफ के दरवाजे से बाहर आता है। कमरा पार करते हुए)* अब चलना चाहिए कहीं गाड़ी न छूट जाए, मैं बैठने जा रहा हूँ।
(जाता है)

अरकादिना : खुदा हाफ़िज, मेरे प्यारो! अगर ज़िन्दा और सलामत रहे तो अगली गर्मियों में फिर मिलेंगे! *(नौकरानी, याकव और बावर्ची उसके हाथों को बोसा देते हैं)* मुझे मत भूलना *(बावर्ची को एक रूबल देती है)* तीनों आपस में बाँट लेना।

बावर्ची : बहुत-बहुत शुक्रिया जनाबा! आपका सफ़र खैरियत से हो! आपके आने से हमेशा बहुत खुशी होती है।

याकव : खुदा सलामत रखे आपको!

शम्राएफ : आपके खत का इन्तजार करेंगे। खुदा हाफिज, वरिस अलिक्सेइविच!

अरकादिना : कन्स्तनतीन कहाँ है? उससे कहो कि मैं जा रही हूँ। मिल तो ले! अच्छा, बुराई से याद मत कीजिएगा। *(याकव से)* मैंने बावर्ची को एक रूबल दिया है, तीनों आपस में बाँट लेना।
(सब दायीं तरफ जाते हैं। स्टेज खाली है पर्दे के पीछे से पहुँचाने वालों की आवाजें, नौकरानी मेज़ पर से चेरीज़ की टोकरी उठाने वापस आती है और लेकर चली जाती है)

त्रीगोरिन : *(लौटते हुए)* मैं अपनी छड़ी भूल गया। शायद वह बाहर लान में हो! *(जाता है और बायें दरवाजे के पास नीना से टकराता है जो अन्दर आ रही है)* अरे आप? हम जा रहे हैं!

नीना : मैं जानती थी कि हम फिर मिलेंगे *(जोश से)* वरिस अलिक्सेइविच, मैंने बिलकुल तय कर लिया है, पासा पड़ चुका है। मैं स्टेज पर काम करूँगी। कल मैं यहाँ से चली जाऊँगी। मैं अपने बाप को छोड़ रही हूँ। सब कुछ छोड़ रही हूँ, अब मैं नयी ज़िन्दगी शुरू करूँगी...मैं भी मास्को जा रही हूँ...हम वहाँ मिलेंगे।

त्रीगोरिन : *(इधर-उधर देखते हुए)* "सलावियन बाज़ार" में ठहरना...पहुँचते ही मुझे खबर करना...पता है—मल्चानोवका, ग्राखोल्स्की का घर...मैं बहुत जल्दी में हूँ...
(ख़ामोशी)

नीना : बस एक मिनट और...

त्रीगोरिन : *(धीमी आवाज़ से)* आप इतनी अच्छी हैं...उफ़! कितनी बड़ी खुशनसीबी होगी जब हम फिर मिलेंगे!

(नीना उसके सीने पर सिर रखती है)

मैं फिर से यह जादू भरी आँखें देखूँगा, बयान से बाहर नाज़ुक मुस्कुराहट...यह खूबसूरत नाक-नक्शा, फरिश्तों जैसी पाकीज़गी की तस्वीर, माई डियर...

(लम्बा बोसा)

पर्दा गिरता है।

(तीसरे और चौथे अंक के बीच दो साल का अन्तर)

अंक चार

(सरीन के घर का एक ड्राइंगरूम जिसे कन्स्तनतीन त्रिप्लेफ़ के पढ़ने के कमरे में बदल दिया गया है। दायें-बायें दरवाजे हैं जो अन्दर को खुलते हैं। सामने लान की तरफ का दरवाज़ा शीशे का है। ड्राइंगरूम फर्नीचर के अलावा दायें कोने में लिखने की मेज़। बायें दरवाजे के पास एक तुर्की सोफा। किताबों की अलमारी। किताबें खिड़कियों और कुर्सियों पर भी रखी हैं। शाम का वक्त। शेड वाला लैम्प जल रहा है। ख़ामोशी पेड़ों के हिलने और चिमनियों में हवा की साँय-साँय सुनाई दे रही है। चौकीदार की खट-खट की आवाज़)

(मिद्वेदिन्का और माशा अन्दर आते हैं)

माशा : *(पुकारकर)* कन्स्तनतीन गवरीलाविच! कन्स्तनतीन गवरीलाविच! *(इधर-उधर देखती है)* कोई नहीं है! बूढ़ा हर मिनट पूछ रहा है। कोस्त्या कहाँ है? कोस्त्या कहाँ है...उसको देखे बगैर एक मिनट नहीं रह सकता...

मिद्वेदिन्का : अकेले घबराता है *(कुछ सुनते हुए)* कितना खराब मौसम है! आज यह दूसरा दिन है!

माशा : *(लैम्प को तेज़ करती है)* झील में लहरें ज़ोर मार रही हैं। बड़ी-बड़ी लहरें!

मिद्वेदिन्का : बाग में बड़ा अँधेरा है। किसी से कहकर बाग में बना वह स्टेज तुड़वा देना चाहिए—बेकार खड़ा अजीब सा लगता है, एक ढाँचे

की तरह हवा से पर्दे हिलते हैं। कल जब मैं उधर से गुज़र रहा था तो मुझे लगा जैसे कि उसके अन्दर कोई रो रहा हो।

माशा : लो और सुनो...

(ख़ामोशी)

मिद्वेदिन्का : चलो माशा घर चलें!

माशा : *(इनकार में सिर हिलाती है)* मैं रात को यहीं रुकूँगी।

मिद्वेदिन्का : *(गिड़गिड़ाते हुए)* माशा, प्लीज़ चलो! हमारा मुन्ना भूखा होगा।

माशा : बकवास! मत्रीना उसे कुछ खिला देगी।

(ख़ामोशी)

मिद्वेदिन्का : बड़े अफ़सोस की बात है! आज माँ के बगैर तीसरा दिन है उसका!

माशा : अब तो तुम बहुत बोर करने लगे हो। पहले तो कुछ फलसफा ही बघारते थे मगर अब तो बस एक रट—मुन्ना...घर, मुन्ना...घर—इसके अलावा तुम्हारे मुँह से कुछ नहीं निकलता।

मिद्वेदिन्का : चलो माशा घर चलें!

माशा : खुद चले जाओ।

मिद्वेदिन्का : मैं चला तो जाऊँ मगर तुम्हारे डैडी घोड़े नहीं देंगे।

माशा : दे देंगे। तुम कहो तो मान जाएँगे।

मिद्वेदिन्का : अच्छा जाता हूँ, कहूँगा। इसका मतलब है तुम कल आओगी?

माशा : *(निसवार सूँघते हुए)* हाँ बाबा कल! पीछे ही पड़ गये... *(त्रिप्लेफ़ और पलीना अन्द्रेइवना अन्दर आते हैं)* त्रिप्लेफ़ के हाथ में कम्बल और तकिये हैं और पलीना अन्द्रेइवना के हाथ में चादर, गिलाफ वगैरा। सब चीजें तुर्की दीवान पर रखते हैं फिर त्रिप्लेफ़ अपनी मेज़ के पास जाता है और बैठ जाता है मम्मी यह किसलिए?

अन्द्रेइवना : पीटर निकोलाइविच कोस्त्या के पास सोना चाहते हैं।

माशा : लाइये मुझे दीजिए...

(बिस्तर लगाती है)

अन्द्रेइवना : *(ठंडी साँस लेकर)* बूढ़ा और बच्चा बराबर होता है...*(लिखने की मेज़ के पास आती है और कोहनी टेककर खुले कागज़ो को देखती है)*

(ख़ामोशी)

मिद्वेदिन्का : तो मैं चलता हूँ। खुदा हाफिज़ माशा! *(माशा का हाथ चूमता है)* खुदा हाफिज़ मम्मी! *(सास का हाथ भी चूमना चाहता है)*

अन्द्रेइवना : *(झुँझलाहट से)* ठीक है! ठीक है! जाओ खुदा के हवाले।

मिद्वेदिन्का : कन्स्तनतीन गबरीलाविच खुदा हाफिज़! *(त्रिप्लेफ़ .ख़ामोशी से हाथ बढ़ाता है। मिद्वेदिन्का जाता है)*

अन्द्रेइवना : *(पढ़ते हुए)* किसी ने न तो सोचा था और न अन्दाज़ा लगाया था कि कोस्त्या तुम कभी एक बड़े लेखक बनोगे, मगर देखो, शुक्र खुदा का, अब तो तुमको पैसे तक मिलने लगे हैं। *(उसके बालों पर हाथ फेरती है)* पहले से ज्यादा अच्छे भी लगने लगे हो...मेरे अच्छे कोस्त्या, मेरी माशा के साथ ज़रा प्यार से पेशा आया करो...!

माशा : *(बिस्तर लगाते हुए)* मम्मी उसके पीछे न पड़ो!

अन्द्रेइवना : *(त्रिप्लेफ़ से)* बहुत अच्छी लड़की है।

(ख़ामोशी)

कोस्त्या डियर, औरत को कुछ और नहीं चाहिए वह तो बस प्यार की एक नज़र की भूखी होती है। मैं जानती हूँ। मुझ पर बीत चुकी है।

(त्रिप्लेफ़ मेज़ के पीछे से उठकर चुपचाप चला जाता है)

माशा : बस! कर दिया उसे नाराज़! क्या ज़रूरत थी इन बातों की?

अन्द्रेइवना : तुम्हारी खातिर मेरा दिल दुखता है। मैं सब कुछ देखती और समझती हूँ।

माशा : सब बेवकूफी है। मोहब्बत में नाकामी बस अफसानों में ही अच्छी लगती है। बेकार है सब कुछ। बस खुद को बेकाबू नहीं करना चाहिए और बदले की उम्मीद करना उतना ही बेकार है जैसे कि समुद्र से अच्छी हवाओं की आस...जैसे ही दिल में किसी के लिए प्यार जागे, फौरन उखाड़ फेंकना चाहिए उसे! इनको दूसरे जिले में भेजने का वादा किया गया है। जैसे ही हम वहाँ जाएँगे, मैं सब कुछ भूल जाऊँगी...इस प्यार को जड़ से उखाड़ फेंकूँगी।

(घर में कहीं पर बाल डाँस की कोई उदास धुन बज रही है)

अन्द्रेइवना : कोस्त्या बजा रहा है! बहुत उदास है!

माशा : *(बिना आवाज़ के डाँस के एक दो चक्कर लगाती है)* मम्मी, सबसे जरूरी बात है कि वह आदमी बस आँखों के सामने न आये। खुदा करे कि इनका ट्रान्सफर हो जाए और वहाँ, यकीन करो, एक ही महीने में मैं सब कुछ भूल जाऊँगी। यह सब बेकार की बातें हैं।

(बायीं तरफ का दरवाज़ा खुलता है डोर्न और मिद्वेदिन्का सरीन को कुर्सी पर ढकेल कर लाते हैं)

मिद्वेदिन्का : आजकल मेरे यहाँ 6 लोग हैं और आटा 7 कपेक है।

डोर्न : यह आटे-दाल का ही तो चक्कर है।

मिद्वेदिन्का : तुम तो हँस सकते हो। तुम्हारे पास तो दौलत की कोई कमी नहीं।

डोर्न : दौलत? मेरे दोस्त! 30 साल डॉक्टरी करने के बाद, वह भी इस तरह कि जब खुद पर मेरा कोई हक नहीं था—दिन को दिन, रात को रात नहीं समझता था। तब मैं सिर्फ़ दो हज़ार बड़ी मुश्किल से जोड़ पाया था। वह रकम भी जब विदेश गया था खर्च कर डाली। अब मेरे पास कुछ नहीं बचा।

माशा : *(शौहर से)* तुम गये नहीं?

मिद्वेदिन्का : *(झेंपते हुए)* कैसे जाता? जब घोड़े ही नहीं दिये गये?

माशा : *(गुस्से में फुसफुसाकर)* मेरी आँखों के सामने से दफा हो जाओ! *(कुर्सी को कमरे के बायें हिस्से में रखा जाता है। अन्द्रेइवना, माशा और डोर्न पास में बैठते हैं। मिद्वेदिन्का उदास सा एक तरफ को हट जाता है)*

डोर्न : आपके यहाँ हर वक्त तब्दीली होती रहती है। अब ड्राइंगरूम को पढ़ने का कमरा बना लिया है।

माशा : यहाँ कन्स्तनतीन गवरीलाविच को काम करने में ज्यादा आसानी होती है। जब चाहे वह बाग में निकल सकता है और कहानी का प्लाट सोच सकता है।

(चौकीदार की खटखट)

सरीन : बहन कहाँ है?

डोर्न : त्रीगोरिन को लाने स्टेशन गयी हैं। आती ही होंगी।

सरीन : लगता है कि मैं बहुत बीमार हूँ—तब ही तो तुम लोगों ने मेरी बहन को भी बुला लिया है! *(कुछ चुप रहकर)* कितनी अजीब बात है! मैं सख्त बीमार हूँ मगर दवा के नाम पर मुझे कुछ नहीं दिया जा रहा!

डोर्न : कौन सी दवा दी जाए तुम्हें? कोरामीन के कतरे? सोडा या फिर कुनैन?

सरीन : यह लो भाषण शुरू हो गया! अरे यह किस तरह की सज़ा है? *(सोफे पर सिर रखते हुए)* यह बिस्तर मेरे लिए लगाया गया है क्या?

अन्द्रेइवना : जी हाँ, आप ही के लिए।

सरीन : शुक्रिया।

डोर्न : *(गाता है)* "रात के आसमान में एक चन्दा चमके..."

सरीन : कोस्त्या के लिए एक कहानी का टापिक सोचा है—नाम है—"एक आदमी जो सपने देखता था"—जवानी में मैं लेखक बनना चाहता था मगर नहीं बन सका। अच्छी तकरीर का हुनर सीखना चाहता था मगर ढंग से बोलना तक न आया *(अपनी नकल उतारता है)* ऐसे "तो जनाब मैं यह कहना चाहता हूँ...यह कहना चाहता हूँ उसको क्या कहते हैं"...और जब मैं बहस खत्म करना चाहता था तो मैं इधर-उधर की कहता रहता, यहाँ तक कि पसीना-पसीना हो जाता। शादी करना चाहता था, वह भी नहीं हुई...हमेशा शहर में रहने की तमन्ना थी तो अब ज़िन्दगी के आखिरी दिन भी गाँव में गुजर रहे हैं...। यह है मेरी कहानी!

डोर्न : तुम एक सरकारी काउन्सलर बनना चाहते थे और बन गये।

सरीन : *(हँसता है)* वही तो मैं नहीं बनना चाहता था मगर बन गया।

डोर्न : सच कहना, 60 साल की उमर में ज़िन्दगी की नाकामियाँ गिनाना बड़प्पन की बात है क्या?

सरीन : बस फिर वही रट! यकीन करो अब भी ज़िन्दा रहने को दिल चाहता है।

डोर्न : यह बचपना है! कुदरत का कानून यही है कि हर ज़िन्दा चीज़ को एक दिन जाना होता है।

सरीन : तुम तो पेट भरे आदमी की सी बातें कर रहे हो। तुम्हारी तो बड़ी अच्छी गुज़र गयी इसलिए अब तुमको कोई पछतावा नहीं। किसी बात से कोई फर्क नहीं पड़ता। लेकिन मरते वक्त तुम्हारा दिल भी मरने को नहीं चाहेगा।

डोर्न : मौत से डर—हैवानी डर है...उस पर हमें काबू पाना चाहिए। जानबूझ कर तो मौत से वही डरते हैं जो यह समझते हैं कि आदमी को मौत नहीं आती और जो अपने गुनाहों से डरते हैं। मगर तुम तो मजहबी ख़यालात के नहीं, दूसरे गुनाह भी तुमने कौन से किये हैं जो डरो? तुमने 25 साल सरकारी अदालत में काम किया है—और बस!

सरीन : *(हँसता है)* 28 साल...

(त्रिप्लेफ़ अन्दर आता है और सरीन के पैरों के पास पीढ़ी पर बैठ जाता है। माशा एकटक उसे देखे जा रही है)

डोर्न : हमारी वजह से कन्स्तनतीन गवरीलाविच को लिखने में हर्ज हो रहा होगा।

त्रिप्लेफ़ : नहीं, कोई बात नहीं?

(ख़ामोशी)

मिद्वेदिन्का : अच्छा डाक्टर, यह तो बताइए, आप इतना बाहर घूमे हैं, आपको सबसे ज्यादा कौन-सा देश पसन्द आया?

डोर्न : गिनोआ।

त्रिप्लेफ़ : क्यों?

डोर्न : वहाँ सड़क पर बड़ी दिलचस्प भीड़ होती है। शाम को जब होटल से निकलो तो सारी सड़क लोगों से भरी होती है। खुद भी इस भीड़ में बिना मतलब इधर से उधर घूमने लगो। टेढ़ी-मेढ़ी लाइन पर, फिर उन्हीं के साथ मिल जाओ। बड़े मनोवैज्ञानिक तरीके से एक हो जाते हैं सब और यकीन सा होने लगता है कि रूहानी दुनिया एक हो सकती है—कुछ वैसी ही जिसकी तरफ कभी तो तुम्हारे ड्रामे में नीना ज़ारेचनया ने इशारा किया था। अरे हाँ, ज़ारेचनया कहाँ है आजकल? कहाँ है और कैसी है?

त्रिप्लेफ़ : ठीक ही होगी।

डोर्न : कोई बता रहा था कि वह बड़ी अजीब ज़िन्दगी गुज़ार रही है। हुआ क्या आखिर?

त्रिप्लेफ़ : डाक्टर, यह एक लम्बी कहानी है।

डोर्न : तुम छोटी करके बता दो।

(ख़ामोशी)

त्रिप्लेफ़ : यह तो आप जानते ही हैं कि वह घर से भागकर त्रीगोरिन के पास चली गयी थी।

डोर्न : हाँ जानता हूँ।

त्रिप्लेफ़ : एक बच्चा भी हुआ था जो मर गया। कुछ दिन बाद त्रीगोरिन का दिल उससे भर गया और उसने अपनी पुरानी हरकतें शुरू कर दीं—उससे उम्मीद भी यही की जा सकती थी! वैसे सच तो यह है कि उसने अपनी पुरानी माशूकाओं को तो कभी भी नहीं छोड़ा था और एक चालाक आदमी की तरह दोनों तरफ खेल खेलता रहा। जहाँ तक मुझे पता चला है कि नीना की घरेलू ज़िन्दगी बड़ी नाकाम रही।

डोर्न : और स्टेज की?

त्रिप्लेफ़ : वह उससे भी खराब! पहली बार तो मास्को के पास एक अस्थायी थियेटर में काम मिला, फिर देहातों में जाने लगी।

तब से मैं उसका पीछा करने लगा। कुछ दिनों तक तो जहाँ वह जाती थी, वहाँ मैं भी जाता था। हमेशा बड़े से बड़ा रोल लेती थी, लेकिन बड़े अक्खड़, नीरस, बनावटी और कठोर तरीके से उसको अदा करती थी। हाँ! अगर उसको चिल्लाने या मरने का रोल मिलता था तो वह बड़े अच्छे ढंग से करती थी मगर ऐसा बहुत कम ही होता था।

डोर्न : इसका मतलब उसमें टेलैन्ट तो है!

त्रिप्लेफ़ : कुछ कहा नहीं जा सकता! हो सकता है कि हो! मैं तो उसे देखता था, मगर वह मुझसे मिलना नहीं चाहती थी। नौकर मुझे होटल के कमरे में नहीं जाने देते थे। मैं उसकी हालत समझता, इसलिए मुलाकात पर ज्यादा ज़ोर भी नहीं दिया।

(ख़ामोशी)

और क्या बताऊँ? फिर जब मैं घर लौट आया तो उसके खत आने लगे—बड़े दिलचस्प, ठोस और गरमजोशी से भरे होते थे वह खत! उनमें कोई भी शिकायत नहीं होती थी, मगर मुझे साफ लगता था कि वह बहुत दुखी है। हर लाइन एक बीमार, खिंची हुई नस की तरह लगती थी। उसकी याददाश्त भी कुछ गडमड सी हो चली थी। खत के नीचे अपने नाम की जगह 'मुरग़ाबी' लिखा करती थी। जिस तरह से पुश्किन के नाटक रूसालका में वह चक्की वाला कहता है—"मैं एक कौआ हूँ"—इसी तरह वह भी अपने खतों में बार-बार दोहराती थी, कि वह 'मुरग़ाबी' है। आजकल तो वह यहीं है।

डोर्न : यहाँ कहाँ?

त्रिप्लेफ़ : शहर के एक होटल में। आज पाँच दिन से वह उसी कमरे में है। मैं उससे मिलने गया था। मरिया इलीनिशना भी गयी थी—मगर वह किसी से नहीं मिली। सिम्योन सिम्योनविच कसम खाकर कहते हैं कि कल उन्होंने उसे मैदान में देखा था—यहाँ से करीब दो मील दूर।

मिदूवेदिन्का : जी हाँ! मैंने देखा था उसे। वह उधर शहर की तरफ जा रही थी। मैंने झुककर सलाम किया, और पूछा कि वह हमारे यहाँ क्यों नहीं आती, तो बोली कि हाँ आऊँगी।

त्रिप्लेफ़ : कभी नहीं आएगी!

(ख़ामोशी)

बाप और सौतेली माँ उसकी शक्ल नहीं देखना चाहते।

हर जगह चौकीदार बिठा रखे हैं ताकि हवेली के पास तक न फटके। *(डाक्टर के साथ लिखने की मेज़ की तरफ जाता है)* डाक्टर, कलमी फिलासफर होना जितना आसान है, असली ज़िन्दगी में उतना ही मुश्किल!

सरीन : बड़ी अच्छी लड़की थी!

डोर्न : क्या कहा?

सरीन : मैंने कहा—बड़ी अच्छी लड़की थी। आपका सरकारी स्टेट सलाहकार यह नाचीज़ भी तो उसे चाहने लगा था...

डोर्न : पैदायशी फ्लर्ट!

(शम्राएफ की हँसी सुनाई देती है)

अन्द्रेइवना : लगता है सब स्टेशन से आ गये हैं...

त्रिप्लेफ़ : हाँ, मम्मी की आवाज़ सुनाई दे रही है।

(अरकादिना, त्रीगोरिन अन्दर आते हैं उनके पीछे शम्राएफ हैं)

शम्राएफ : *(अन्दर आते हुए)* हम सब बूढ़े हो रहे हैं। वक्त के तेज झोंकों से पुराने पेड़ों की तरह हिलने लगे हैं। मगर आप, जानाबा, अब भी जवान लगती हैं...हल्के रंग का ब्लाउज़, मोहक अन्दाज़...हर बात में रखरखाव...

अरकादिना : अरे शैतान! तुम फिर मुझे नज़र लगा रहे हो!

त्रीगोरिन : *(सरीन से)* हैलो, पीटर नोकोलाइविच, आपने यह क्या बीमारी फैला रखी है? बड़ी ग़लत बात है यह! *(माशा को देखकर खुशी से)* अरे मरिया इल्नीचूना!

माशा : पहचान गये!

(उसका हाथ दबाती है)

त्रीगोरिन : शादी हो गयी?

माशा : बहुत दिन हुए।

त्रीगोरिन : खुश हो? *(मिद्वेदिन्का और डोर्न से झुककर मिलता है फिर हिचकिचाते हुए त्रिप्लेफ़ की तरह बढ़ता है)* इरीना निकोलाइवना ने बताया कि आप पुरानी बातें भूल चूके हैं और अब नाराज़ नहीं।

(त्रिप्लेफ़ उसकी तरफ अपना हाथ बढ़ाता है)

अरकादिना : *(बेटे से)* वरिस अलेक्सेइविच मैगज़ीन लाये हैं जिसमें तुम्हारी नयी कहानी छपी है।

त्रिप्लेफ़ : *(मैगज़ीन लेकर त्रीगोरिन से)* शुक्रिया, बड़ी मेहरबानी है आपकी! **(बैठते हैं)**

त्रीगोरिन : आपके चाहने वालों ने आपको सलाम कहलाया है...पीटर्सबर्ग और मास्को में पढ़ने वाले आपमें बड़ी दिलचस्पी लेते रहते हैं। हर बार मुझसे आपके बारे में पूछते हैं, जानना चाहते है कि : आप कैसे हैं? क्या उमर है? बाल काले हैं या सुनहरे? पता नहीं क्यों सबका यही ख़याल है कि आप अधेड़ उमर के हैं। आपका असली कुल नाम तो कोई जानता ही नहीं, क्योंकि आप दूसरे नाम से लिखते हैं। उन्हें आप एक लोहे की नकाब पहने रहस्य से भरे इनसान लगते हैं।

त्रिप्लेफ़ : आप कितने दिन के लिए आये हैं?

त्रीगोरिन : ज्यादा नहीं रह सकता, कल ही मास्को जाना चाहता हूँ। काम है। एक कहानी खत्म करना है। फिर एक किताब में भी कुछ लिखने का वादा कर रखा है। यानी वही पुरानी कहानी। **(जब वे बातें कर रहे हैं, उस दौरान अरकादिना और पलीना अन्द्रेइवना कमरे के बीच में खेलने की मेज़ लगाती हैं। और उसे खोलकर बिछाती हैं। शम्राएफ रोशनियाँ जलाता है, कुर्सियाँ लगाता है—अलमारी से लोटो खेल निकाला जाता है)** आज मौसम ने मेरा स्वागत अच्छी तरह नहीं किया। हवा बहुत तेज़ है। कल सुबह तक अगर धीमी हो गयी तो झील पर मछली पकड़ने जाऊँगा। अरे हाँ! बाग देखना है और वह जगह भी, जहाँ, याद है, आपका ड्रामा स्टेज किया गया था। मेरे दिमाग़ में ड्रामे का एक प्लाट तैयार है, बस घटना-स्थल का तय करना बाक़ी रह गया है।

माशा : *(बाप से)* पापा, इनको घोड़े दे दो, उन्हें घर जाना है।

शम्राएफ़ : *(नकल उतारते हुए)* 'घोड़े'...'घर'...*(सख्ती से)* खुद देख रही हो कि अभी स्टेशन से वापस आये हैं। फिर से तो उन्हें दौड़ाया नहीं जा सकता!

माशा : मगर दूसरे घोड़े भी तो हैं...*(बाप को चुप देखकर, हाथ हिलाती है)* तुमसे तो बात करना ही बेकार है...

मिद्वेदिन्का : माशा, मैं पैदल ही चला जाऊँगा। सच में...

अन्द्रेइवना : *(ठंडी साँस लेकर)* पैदल! ऐसे खराब मौसम में!...*(खेलने को मेज़ के पास बैठती है)* शुरू कीजिए जनाब!

मिद्वेदिन्का : अरे सिर्फ 6 मील ही तो है...खुदा हाफिज़...*(माशा का हाथ चूमता है)* मम्मी, खुदा हाफिज़!

(सास बेदिली से उसकी तरफ अपना हाथ चूमने के लिए बढ़ाती है) मैं किसी को भी परेशान न करता मगर मुन्ना...
(सबको झुककर सलाम करता है) खुदा हाफ़िज...
(एक मुज़रिम की तरह चलता हुआ जाता है)

शम्राएफ़ : उसको पैदल चलने की आदत है—कोई जनरल तो हैं नहीं!

अन्द्रेइवना : *(मेज़ पर हाथ मारती है)* शुरू करिए जनाब! बेकार वक्त बरबाद कर रहे हैं। फिर खाने का वक्त हो जाएगा।
(शम्राएफ, माशा और डोर्न खेलने बैठ जाते हैं)

अरकादिना : *(त्रीगोरिन से)* जब पतझड़ की लम्बी शामें होती हैं, तो यहाँ के लोग लोटो खेलते हैं। यह देखिए—यह बड़ा पुराना लोटो है, हमारी मरहूम माँ भी इसी से हमारे साथ खेला करती थी—तब हम बहुत छोटे थे। खाने से पहले आप भी हमारा साथ दीजिए! *(त्रीगोरिन के साथ मे़ज पर बैठती है)* खेल ज्यादा दिलचस्प तो नहीं मगर उसको अच्छी तरह समझ लो तो मज़ा आता है।
(सबको तीन-तीन पत्ते देती है)

त्रिप्लेफ़ : *(मैगज़ीन के पन्ने पलटते हुए)* अपनी कहानी तो पढ़ ली और मेरी खोली तक नहीं...**(मैगज़ीन लिखने की मेज़ पर रखता है फिर बाएँ दरवाज़े की तरफ जाता है। माँ के पास से गुज़रते हुए उसके सिर को चूमता है)**

अरकादिना : कोस्त्या तुम नहीं खेलोगे?

त्रिप्लेफ़ : माफ करना, दिल नहीं हो रहा...मैं थोड़ा टहल लूँ...
(जाता है)

अरकादिना : बोर्ड 10 कपेक का है। डाक्टर, मेरे बदले आप रखिये इन्हें!

डोर्न : जी अच्छा!

माशा : सबने रख दिये हैं ना? मैं शुरू करती हूँ...बाइस।

अरकादिना : हाँ।

माशा : तीन...

डोर्न : हाँ...

माशा : तुम तीन चले? आठ! इक्यासी! दस!

शम्राएफ़ : इतनी जल्दी न करो!

अरकादिना : खारकव में क्या शानदार स्वागत हुआ था मेरा! बाप रे! अभी तक सिर चकरा रहा है!

माशा : चौंतीस!
(पर्दे के पीछे से बाल डांस की उदास धुन बज रही है)

अरकादिना : वहाँ के छात्रों ने तो गज़ब ही कर दिया...तीन टोकरियाँ, दो फूलों के गुलदस्ते और यह...

(सीने से ब्रोच निकालती है और मेज़ पर डालती है)

शम्राएफ : बड़ी खूबसूरत चीज़ है...

माशा : पचास!

डोर्न : पूरे पचास?

अरकादिना : मैं बड़ा ही खूबसूरत ड्रेस पहने थी...अगर मुझे कुछ आता है तो बस अच्छी तरह तैयार होना ही आता है।

अन्द्रेइवना : कोस्त्या बजा रहा है। बड़ा बेचैन है बेचारा!

शम्राएफ़ : प्रेस वाले बड़ा परेशान कर रहे हैं उसे।

माशा : सतहत्तर!

अरकादिना : उस पर ध्यान देने की ज़रूरत ही क्या है?

त्रीगोरिन : वह बहुत बदनसीब है। अभी तक नहीं जान सका कि वह आखिर कहना क्या चाहता है। बड़े अजीब, उल्टे-सीधे यहाँ तक कि बनावटी लगते हैं उसके ख़यालात। ज़िन्दा लोग तो होते ही नहीं उसकी कहानियों में।

माशा : ग्यारह!

अरकादिना : *(सरीन की तरफ देखते हुए)* पीटर डियर! तुम बोर हो रहे हो क्या?

(ख़ामोशी)

सो रहा है।

डोर्न : सरकारी सलाहकार सो रहा है।

माशा : सात! नब्बे!

त्रीगोरिन : अगर मेरा घर भी ऐसी जगह होता—झील के किनारे तो क्या मैं कभी कुछ लिख सकता? मैं अपनी इस ख्वाहिश को दबा लेता और मछलियाँ पकड़ने के अलावा कुछ न करता।

माशा : अट्ठाइस!

त्रीगोरिन : मछलियों की जात पहचानने में इतना मज़ा आता है कि क्या बताऊँ!

डोर्न : मगर मैं कन्स्तनतीन गवरीलाविच की बातों पर यकीन करता हूँ। कुछ सच्चाई तो है उसमें! कुछ तो है! वह आकारों के सहारे सोचता है। उसकी कहानियाँ रंग-बिरंगी और समझ में आने वाली होती हैं। मैं तो सब कुछ महसूस करता हूँ—बस अफ़सोस इस

बात का है कि वह किसी खास टॉपिक को लेकर नहीं लिखता। असर अच्छा पड़ता है उसकी कहानियों का–और कुछ नहीं। मगर खाली असर से तो कुछ नहीं हो सकता। इरीना निकोलाइवना, आपको खुशी नहीं होती कि आपका बेटा एक लेखक है?

अरकादिना : सच तो यह है कि मैंने उसे अभी तक पढ़ा ही नहीं। वक्त ही नहीं मिला!

माशा : छब्बीस!

(त्रिप्लेफ़ चुपके से आता है और अपनी मेज़ की तरफ जाता है)

शम्राएफ : *(त्रीगोरिन से)* वरिस अलिक्सेइविच, हमारे पास आपकी एक चीज़ है।

त्रीगोरिन : क्या?

शम्राएफ़ : एक बार कन्स्तनतीन गवरीलाविच ने एक मुरग़ाबी मारी थी तो आपने उसे भरवाने को कहा था।

त्रीगोरिन : मुझे तो याद नहीं *(सोचते हुए)* सच में याद नहीं!

माशा : छियासठ और एक!

त्रिप्लेफ़ : *(खिड़की खोलता है और ध्यान से सुनता है)* उफ़! कितना अँधेरा है! समझ में नहीं आता, आज मैं इतनी बेचैनी क्यों महसूस कर रहा हूँ?

अरकादिना : कोस्त्या खिड़की बन्द करो! हवा लग जाएगी!

(त्रिप्लेफ़ खिड़की बन्द करता है)

माशा : अठासी!

त्रीगोरिन : मैं जीत गया जनाब!

अरकादिना : *(खुशी से)* हुर्रा! हुर्रा!

शम्राएफ़ : हुर्रा!

अरकादिना : इस आदमी की किस्मत हर जगह और हर मामले में अच्छी रहती है **(उठती है)** चलिए अब कुछ खा लिया जाए! हमारे बड़े साहब ने आज कुछ नहीं खाया। खाने के बाद फिर खेलेंगे *(बेटे से)* कोस्त्या, अब लिखना बन्द करो। चलो चलकर खाना खाओ।

त्रिप्लेफ़ : मम्मी, मेरा खाने को बिलकुल दिल नहीं हो रहा, पेट भरा है...

अरकादिना : तुम्हारी मरजी! *(सरीन को जगाती है)* पीटर खाना! *(शम्राएफ का हाथ पकड़कर चलती है)* मैं आपको बताऊँगी कि खारकफ़ में किस तरह से मेरा स्वागत किया गया था...

(पलीना अन्द्रेइवना मेज़ पर रखी मोमबत्ती बुझाती है फिर वह और डोर्न सरीन की कुर्सी ढकेल कर ले चलते हैं। सब बायें दरवाज़े से बाहर चले जाते हैं। स्टेज़ पर सिर्फ त्रिप्लेफ़ है जो लिखने की मेज़ के पास खड़ा है)

त्रिप्लेफ़ : *(लिखने की तैयारी करता है जो लिख चुका है उस पर एक नज़र डालता है)* नये तरीकों के बारे में इतना कह चुका हूँ मगर अब तो ऐसा लगता है कि धीरे-धीरे मैं खुद भी उस पटरी पर से फिसलने लगा हूँ...*(पढ़ता है)* "चहारदीवारी पर लगा इश्तेहार दिखा रहा था...काले बालों से ढका एक पीला चेहरा...हाँ! दिखा रहा था बालों से ढका..." यह बात कुछ जम नहीं रही! *(नीचे लाइन खींचता है)* यहीं से क्यों न शुरू करूँ—"हीरो बारिश का शोर सुनकर जाग गया" और बाक़ी सब काट दूँ...चाँदनी रात का बयान बहुत ज्यादा और बढ़ा-चढ़ा कर किया गया है। त्रीगोरिन ने तो अपने तरीके बना लिए हैं, उसे तो कोई परेशानी नहीं होती...उसकी कहानियों में तो एक बाँध पर टूटी बोतल का मुँह चमकता है और चक्की के पहिये से धुँधली परछाइयाँ पड़ती हैं...लीजिए, हो गया चाँदनी रात का जिक्र! मगर मुझे चाँदनी रात दिखाने के लिए चाहिए—रोशनी, सितारों की झिलमिलाहट और पियानो बजने की दूर से आती आवाज़ जो हवा की खुशबू में मिलकर गायब हो जाती है। उफ़! कितना मुश्किल है यह सब!

(ख़ामोशी)

अब तो मुझे ज्यादा से ज्यादा यकीन होता जा रहा है कि बात नये या पुराने तरीकों की नहीं, सबसे जरूरी यह बात है कि आदमी लिख क्या रहा है? तरीकों और आकारों को भूलकर वह अपने दिल से निकली बात को कहे तो ज्यादा अच्छा होगा।

(मेज़ के पास वाली खिड़की पर कोई थपथपाता है)

यह क्या? *(खिड़की में देखता है)* कोई नज़र नहीं आ रहा...

(शीशे का दरवाज़ा खोलता है और बाग में झाँकता है)

कोई नीचे सीढ़ियों पर दौड़ा जा रहा है *(चिल्लाकर)* कौन है?

(जाता है, उसके लान पर तेज़ी से चलने की आवाज़ आती है। कुछ देर के बाद नीना ज़ारेचनया के साथ वापस आता है)

नीना! नीना!

(नीना उसके सीने पर सर रखकर धीमे-धीमे रोती है)

(हमदर्दी से) नीना! नीना! यह तुम हो...तुम...मैं महसूस कर रहा था, आज सारा दिन मेरा दिल बड़ा बेचैन रहा। **(उसकी टोपी और कोट उतारता है)** मेरी अच्छी, मेरी नेक नीना आ गयी! अब रोओ नहीं, प्लीज मत रोओ!

नीना : यहाँ कोई है?

त्रिप्लेफ़ : कोई नहीं!

नीना : दरवाजा बन्द कर दो वरना कोई आ जाएगा।

त्रिप्लेफ़ : कोई नहीं आएगा।

नीना : मैं जानती हूँ कि इरीना निकोलाइवना यहीं है। दरवाजा बन्द कर दो...

त्रिप्लेफ़ : **(दायीं तरफ का दरवाज़ा चाबी से बन्द करता है फिर बायीं तरफ के दरवाज़े की तरफ आता है)** इसमें चाबी नहीं लग सकती। सोफ़ा लगाये देता हूँ। *(दरवाजे पर सोफा लगाता है)* डरो नहीं, यहाँ कोई नहीं आयेगा।

नीना : *(उसका चेहरा एकटक देखते हुए)* आज दिल भर के तुम्हे देखना चाहती हूँ। *(इधर-उधर देखकर)* यहाँ ठंड नहीं है। अच्छा लग रहा है...पहले तो यहाँ ड्राइंगरूम था! क्या मैं बहुत बदल गयी हूँ?

त्रिप्लेफ़ : हाँ...दुबली हो गयी हो। आँखें और भी बड़ी हो गयी हैं। नीना, मुझे यकीन नहीं आ रहा कि यह तुम हो! तुम मुझसे मिलना क्यों नहीं चाहती थीं? अभी तक तुम यहाँ आयीं क्यों नहीं? मैं जानता हूँ कि तुम यहाँ एक हफ्ते से हो...मैं दिन में कई-कई बार तुम्हारे होटल के चक्कर लगाया करता था—एक भिखारी की तरह तुम्हारी खिड़की के नीचे घण्टों खड़ा रहता था।

नीना : मुझे डर था कि तुम मुझसे नफरत करते हो। हर रात ख्वाब में देखा करती थी कि तुम मेरी तरफ देख तो रहे हो मगर मुझे पहचानते नहीं। काश! तुमको मालूम होता कि यहाँ आने के बाद मैं...मैं इधर के कई चक्कर लगा चुकी हूँ...झील के किनारे घूमी। तुम्हारे घर के भी कई चक्कर लगाये मगर अन्दर आने की हिम्मत नहीं पड़ी। आओ बैठते हैं!

(दोनों बैठते हैं)

बैठें और बातें करें। यहाँ बहुत अच्छा है। ठंड भी नहीं है और सुकून भी है...सुन रहे हो—हवा कैसी तेज़ है? तुर्गेनिफ ने एक जगह लिखा है—"ऐसी रातों में वह लोग सलामत रहते हैं जो

घर की छत के नीचे बैठे हों और गर्म जगह मिली हुई हो।" मैं तो एक मुरग़ाबी हूँ...नहीं, नहीं ऐसे नहीं *(माथा पोंछती है)* मैं क्या कह रही थी? हाँ...तुर्गेनिफ..."कि खुदा ऐसी रातों में बेघर मुसाफिरों की मदद करे"...उफ़!

(बुरी तरह रोती है)

त्रिप्लेफ़ : अरे तुम फिर रोने लगीं...नीना!

नीना : कुछ नहीं! मुझे रोने से सुकून मिलता है...दो साल से बिलकुल नहीं रोई हूँ। कल काफ़ी रात गये मैं बाग में आयी थी यह देखने के हमारे थियेटर का क्या हाल है? वह तो अभी तक वहाँ मौजूद है। और दो साल के बाद पहली बार मैं रो पड़ी और मेरा दिल काफ़ी हल्का हो गया। देखो अब मैं नहीं रो रही *(उसका हाथ पकड़ती है)* अरे हाँ, तुम तो अब लेखक हो गये हो...तुम लेखक और मैं—एक्ट्रैस...और हम दोनों एक भँवर में फँसे हैं...कभी तो मेरी ज़िन्दगी बड़ी अच्छी थी। बच्चों की तरह बेफिकर, सुबह उठती तो गाने को दिल होता। तुमसे प्यार करती थी। शोहरत की तमन्ना थी और अब?...कल सुबह इलेत्स शहर जाना है और वह भी तीसरे दर्जे में...देहातियों के साथ। और वहाँ पढ़े-लिखे बनिये अपनी चिकनी-चुपड़ी बातों से मुझे परेशान करेंगे। बड़ी बीहड़ ज़िन्दगी है!

त्रिप्लेफ़ : इलेत्स क्यों जा रही हो?

नीना : पूरे जाड़े का ठेका मिल गया है। अच्छा अब चलती हूँ।

त्रिप्लेफ़ : नीना, मैंने तुमको कोसा है, नफरत की है, तुम्हारे खत और तस्वीरें फाड़ी हैं, मगर एक मिनट को भी इस एहसास ने पीछा नहीं छोड़ा कि मेरा दिल हमेशा के लिए तुम्हारा हो चुका है। और तुमको भूल जाना मेरे बस से बाहर है, नीना! जबसे मैंने तुमको खोया है और मेरी कहानियाँ छपने लगी हैं, मेरी ज़िन्दगी एक बोझ हो गयी है। मैं बहुत दुखी हूँ। मेरी जवानी खत्म हो गयी है और मैं खुद को 80-90 साल का बूढ़ा महसूस करने लगा हूँ। मैं हर जगह तुम्हें आवाज़ देता हूँ। उस जगह को चूमता हूँ जिस पर तुम चलती हो। जिधर भी देखूँ हर जगह तुम्हारा चेहरा नज़र आता है—यह दिलकश मुस्कराहट, जो मेरी ज़िन्दगी को चमकाया करती थी, बहुत याद आती है...

नीना : *(घबराकर)* क्या फायदा इन बातों से! क्या फायदा!

त्रिप्लेफ़ : मैं बहुत अकेला हूँ। किसी के प्यार की गर्मी मेरे ठण्डे दिल के लिए नहीं–मुझे लगता है कि मैं एक तहखाने में बैठा ठण्ड से अकड़ रहा हूँ। इसीलिए जो भी लिखता हूँ वह नीरस, बेकार और ग़मगीन होता है। नीना! तुम मत जाओ, तुम्हारे हाथ जोड़ता हूँ। या फिर मुझे भी अपने साथ ले चलो! *(नीना तेज़ी से कोट और टोपी पहनती है)* नीना यह क्या! खुदा के लिए नीना...

(उसे टोपी और कोट पहनते देखता है)

(ख़ामोशी)

नीना : ड्योढ़ी पर मेरे घोड़े खड़े हैं, मुझे छोड़ने मत आना! मैं खुद चली जाऊँगी...*(आँसू भरकर)* एक गिलास पानी तो देना...

त्रिप्लेफ़ : *(पानी देता है)* अब जा कहाँ रही हो?

नीना : शहर!

(ख़ामोशी)

इरीना निकोलाइवना यहीं है ना?

त्रिप्लेफ़ : हाँ...कुछ दिन पहले अंकल की तबीयत काफ़ी ख़राब हो गयी थी। हमने उन्हें तार भेजकर बुलाया है।

नीना : तुमने ऐसा क्यों कहा कि जिस जगह पर मैं चलती थी तुम उसे चूमा करते थे? अरे, मुझे तो क़त्ल करना चाहिए! *(मेज़ पर टेक लगाती है)* बहुत थक गयी हूँ मैं! काश, थोड़ा आराम कर सकती...आराम और बस!

(सिर उठाती है)

मैं–मुरग़ाबी हूँ...नहीं ऐसे नहीं! मैं–एक्ट्रेस हूँ। और क्या? *(अरकादिना और त्रीगोरिन की हँसी की आवाज़। नीना सुनने लगती है, फिर बायें दरवाजे की तरफ दौड़ती है और कुंजी के छेद से झाँकती है)* वह भी यहीं है...*(त्रिप्लेफ़ के पास वापस आकर)* बहुत अच्छा...कोई बात नहीं...हाँ...वह थियेटर में यकीन नहीं करता था। मेरी उमंगों का हर वक्त मज़ाक़ उड़ाया करता था फिर धीरे-धीरे मेरा यकीन भी कम होने लगा और मैं हिम्मत हार बैठी...उस पर प्यार की झंझटें, जलन, बच्चे की फिकर...मैं छोटे दिल की एक मामूली औरत हो गयी... एक्टिंग भी बेसिर-पैर की करती थी। मुझे नहीं मालूम था कि हाथों को कैसे इस्तेमाल करना चाहिए। स्टेज पर खड़ा होना तक तो आता नहीं था। आवाज़ पर भी काबू नहीं था। तुम शायद न समझ सको कि आदमी की उस वक्त

क्या हालत होती है जब उसे खुद मालूम हो कि वह बहुत बुरी एक्टिंग कर रहा है। मैं—मुरग़ाबी हूँ। नहीं...ऐसे नहीं... तुमको याद होगा, एक बार तुमने एक मुरग़ाबी मारी थी? उस वक्त अचानक कोई आया, उसने मुरग़ाबी को देखा और बिना किसी जुर्म के बरबाद कर दिया उसे... एक छोटी कहानी का प्लाट...उसने कहा था—यह बात नहीं...*(माथा रगड़ती है)* तो क्या कह रही थी मैं...हाँ—स्टेज के बारे में...मगर अब वह बात नहीं...अब तो मैं एक ऊँची एक्ट्रेस हो गयी हूँ। मैं अब दिल से, बड़े जोश से एक्टिंग करती हूँ, स्टेज़ पर मुझे नशा हो जाता है और मैं खुद को बहुत चुस्त महसूस करती हूँ। और आजकल जब मैं यहाँ हूँ, मैं हर वक्त पैदल टहलती हूँ—टहलती हूँ और महसूस करती हूँ कि मेरी रूहानी ताकत दिन-प्रति-दिन बढ़ती जा रही है... कोस्त्या अब मैं, सब कुछ जान गयी हूँ और समझ भी गयी हूँ। हर पेशे में चाहे वह लिखने का हो या एक्टिंग का—सबसे ज़रूरी चीज़ न तो शोहरत है और न चमक-दमक—जिसके मैंने कभी सपने देखे थे। ज़रूरी चीज़ है, सहने की ताकत। अपनी किस्मत खुद बदलने की हिम्मत और यकीन! मैं यकीन रखती हूँ और अब मुझे इतनी तकलीफ नहीं होती। जब मैं अपनी इस हकीक़त के बारे में सोचती हूँ तो मुझे, ज़िन्दगी से ज़रा भी डर नहीं लगता।

त्रिप्लेफ़ : *(उदासी से)* तुमने तो अपना रास्ता ढूँढ़ लिया है। तुम जानती हो किधर जा रही हो? मगर मैं आज भी अपने सपनों की और आकारों की दुनिया में उलझा हुआ हूँ। यह भी नहीं जानता कि किसे और क्यों इनकी ज़रूरत है? मेरा किसी में यकीन नहीं और मैं नहीं जानता कि किस चीज़ में मेरी भक्ति है?

नीना : *(कान लगाकर सुनती है)* शी...अब मैं चलती हूँ। खुदा हाफिज़! एक दिन जब मैं मशहूर अदाकारा हो जाऊँगी तो मुझसे मिलने ज़रूर आना। वादा करते हो? मगर अब...*(उसका हाथ दबाती है)* बहुत देर हो गयी है। पैरों पर खड़ा भी नहीं हुआ जा रहा...मैं बहुत थक गयी हूँ...भूख भी लगी है...

त्रिप्लेफ़ : ठहर जाओ, मैं तुम्हें खाना खिलाऊँगा!

नीना : नहीं, नहीं...मुझे पहुँचाने मत आना, मैं खुद चली जाऊँगी...

घोड़े ज्यादा दूर नहीं खड़े हैं...तो वह उसे अपने साथ लायी है? खैर अब कोई फ़र्क नहीं पड़ता...जब त्रीगोरिन से मिलना तो उससे कुछ मत कहना...मैं उससे प्यार करती हूँ। अब तो पहले से भी ज्यादा चाहने लगी हूँ उसे...एक छोटी कहानी का प्लाट...हाँ प्यार करती हूँ, दीवानगी की हद तक चाहती हूँ उसे! पागल हूँ उसके लिए...कोस्त्या पहले हम कितने खुश थे! याद है ना? कितनी साफ, अच्छी खुशी से भरपूर और मासूम ज़िन्दगी थी हमारी...कैसी भावनाएँ थीं...भावनाएँ...जो नाजुक, खुशबूदार फूलों की तरह थीं...याद है ना? *(डाइलाग बोलती है)* "इनसान, शेर, चीते और तीतर, बारहसिंघे, बत्तखें, मकड़ियाँ, पानी में रहने वाली खामोश मछलियाँ, समुद्री तारा मछलियाँ और वह जिनको इनसानी आँख नहीं देख सकती... यानी सब ज़िन्दा चीज़ें, सब ज़िन्दगियाँ—अपना बोझल सफ़र पूरा करके खत्म हो चुकी हैं। हज़ारों साल से ज़मीन पर कोई ज़िन्दा चीज़ नहीं है पर बेचारा चाँद बेकार में अपनी रोशनी फैलाये हुए है। अब सारस चरागाहों में एक तेज़ आवाज़ के साथ नहीं जागते हैं और...और मई महीने में नीम के पेड़ों से झींगुरों की झाँय—झाँय नहीं सुनाई देती..." *(अचानक त्रिप्लेफ़ को गले लगाती है और शीशे के दरवाज़े से भाग निकलती है)*

त्रिप्लेफ़ : *(कुछ देर बाद)* बड़ा बुरा होगा अगर उसे कोई बाग में देखकर मम्मी को बता देगा। मम्मी को दुख हो सकता है इस बात से...*(दो मिनट तक अपने लिखे सब कागज़ चुपचाप फाड़ता है और उन्हें मेज़ के नीचे फेंकता है फिर बायाँ दरवाजा बन्द करता है और चला जाता है)*

डोर्न : *(बायीं तरफ का दरवाज़ा खोलने की कोशिश करते हुए)* बड़ी अजीब बात है! लगता है कि दरवाज़ा अन्दर से बन्द है...*(अन्दर आता है और सोफ़े को अपनी जगह पर रखता है)* रुकावटों वाली दौड़ हुई थी क्या?

(अरकादिना, पलीना अन्द्रेइवना अन्दर आते हैं, उनके पीछे हाथ में बोतलें लिए याकव, माशा, फिर शम्राएफ और त्रीगोरिन आते हैं)

अरकादिना : वरिस अलिक्सेइविच के लिए बियर और शैरी यहाँ मेज़ पर रख दो। हम पीते जाएँगे और खेलते जाएँगे। आप लोग बैठिये!

अन्द्रेइवना : *(याकव से)* चाय भी अभी ले आओ! *(बत्तियाँ जलाती है और खेलने की मेज़ के पास बैठती है)*

शम्राएफ़ : *(त्रीगोरिन को अलमारी के पास ले जाता है)* यहाँ वह चीज़ है जिसके बारे में आपसे अभी कह रहा था...*(अलमारी से भूसा भरी मुरग़ाबी निकालता है)* आपका ऑर्डर था यह!

त्रीगोरिन : *(मुरग़ाबी देखते हुए)* याद नहीं! *(कुछ सोचकर)* याद नहीं! **(स्टेज के बायीं तरफ से गोली चलने की आवाज़, सब उछल पड़ते हैं)**

अरकादिना : *(डरी हुई)* यह क्या हुआ?

डोर्न : कुछ नहीं, शायद मेरी दवाओं की अलमारी में कोई बोतल टूट गयी है। परेशान मत होइये। *(दायीं तरफ के दरवाज़े से जाता है और फौरन ही वापस आता है)* मैंने ठीक ही कहा था। ईथर की बोतल रखे-रखे टूट गयी...
(गाता है)

"हम फिर तुम्हारे सामने
खड़े हैं बनकर दीवाने"

अरकादिना : *(मेज़ के पास बैठते हुए)* उफ़! मैं तो डर ही गयी। मुझे वह दिन याद आ गया जब...*(चेहरा हाथ से छुपाती है)* आँखों के आगे अँधेरा छा गया...

डोर्न : *(मैगज़ीन के पन्ने पलटते हुए त्रीगोरिन से)* आज से दो महीने पहले इसी मैगज़ीन में एक लेख छपा था...अफ्रीका से एक खत... मैं आपसे पूछना चाहता था...कि...*(त्रीगोरिन की कमर में हाथ डालकर स्टेज़ की आगे वाली रोशनियों की तरफ ले जाता है। धीमी आवाज़ में फुसफुसाकर)* इरीना निकोलाइवना को फौरन यहाँ से कहीं और ले जाओ। बात असल में यह है कि... कन्स्तनतीन गवरीलाविच ने गोली मार ली है...

पर्दा गिरता है।

इवानोफ़

चार अंकोंवाला नाटक

पात्र

इवानोफ़ निकोलाई अलिक्सेइविच	किसानों की काउन्सिल का स्थायी मेम्बर
आन्ना पित्रोवना	उसकी पत्नी (विवाह से पहले सायरा अब्रम्सोन)
शबेल्स्की मतवेइ सिम्योनूविच्-ग्राफ	इवानोफ़ का मामा
लेबिदेफ़ पाविल किरीलूविच	काउन्सिल का चेयरमैन
ज़िनाइदा सवीशिना	उसकी पत्नी
साशा	उनकी बेटी, उम्र बीस साल
ल्वोफ़ यिवगेनी कन्स्तनतीनूविच	एक नौजवान डॉक्टर
बबाकिना मारफ़ा यिगोरवना	एक जवान विधवा ज़मींदारन, अमीर सौदागर की बेटी
कसीख़ दिमित्री निकीतिच	एक एक्साइज़ अफसर
बोरकिन मिखाइल मिखाइलविच्	इवानोफ़ का दूर का रिश्तेदार, उसकी ज़मीनों की देखभाल करता है।
अव्दोत्या नज़ाख़ूना	ऊपर के काम करने वाली एक बूढ़ी औरत।
इगोरूशका	लेबिदेफ़ परिवार की रोटियों पर पलने वाला।
पहला मेहमान	
दूसरा मेहमान	
तीसरा मेहमान	
चौथा मेहमान	
पीटर	इवानोफ़ का नौकर
दूसरे मेहमान, मर्द, औरतें, नौकर	
घटना स्थल	मध्य रूस का एक इलाक़ा।

अंक-एक

इवानोफ़ की रियासत का एक बाग़। बायीं तरफ घर के सामने वाले हिस्से में एक लान। एक खिड़की खुली है। लान के सामने एक चौड़ा, तिरछा मैदान, जहाँ से बाग़ में सीधी और दायीं तरफ़ पगडण्डियाँ जाती हैं। दायीं तरफ लान–कुर्सियाँ और मेजें। आख़िरी मेज़ पर एक लैम्प जल रहा है। शाम हो रही है। पर्दा उठने पर पियानो और वायलनचेलो पर दोगाने के प्रैक्टिस करने की आवाज़ सुनाई देती है।

(1)

(इवानोफ़ और बोरकिन)

(इवानोफ़ मेज़ के पास बैठा किताब पढ़ रहा है)
बोरकिन लम्बे बूट पहने बन्दूक लगाये दूर बाग़ में नज़र आता है। थोड़ा नशे में भी है। इवानोफ़ को देखकर पंजों पर चलता हुआ पास पहुँचकर उसकी तरफ़ बन्दूक तानता है।
(इवानोफ़ बोरकिन को देखकर चौंकता है और उछलकर खड़ा हो जाता है)
मीशा, बाई गाड, तुमने तो मुझे डरा ही दिया...। वैसे ही मूड खराब है उस पर तुम्हारा यह बेवकूफ़ी का मज़ाक...*(बैठता है)* एक तो डरा दिया उस पर हँस रहे हो।

बोरकिन : *(कहकहा लगाकर...)* ओफ़-फो...माफ करो...माफ़ करो *(पास बैठते हुए)* अब नहीं करूँगा ऐसा मज़ाक, नहीं करूँगा... *(पी कैप उतारता है)* बड़ी गर्मी है। यकीन करो, प्यारे, तीन घण्टे में 17 मील चलकर आया हूँ...परेशान हो गया—ज़रा हाथ रखकर तो देखो दिल किस तेज़ी से धड़क रहा है।

इवानोफ़ : *(पढ़ते हुए)* अच्छा, अच्छा, बाद में...।

बोरकिन : नहीं, अभी देखो *(उसका हाथ लेकर अपने सीने पर रखता है)* सुन रहे हो टिक-टिक-टिक-टिक...इसका मतलब है कि मैं दिल का मरीज़ हूँ। किसी वक्त भी अचानक ख़त्म हो सकता हूँ। अच्छा यह तो बताओ, अगर मैं मर गया तो तुम्हें ग़म होगा कि नहीं?

इवानोफ़ : अभी तो मैं पढ़ रहा हूँ, बाद में...

बोरकिन : नहीं, सच बताओ अगर मैं अचानक मर गया तो तुमको अफ़सोस होगा कि नहीं? निकोलाई अलिक्सेइविच, मैं तुमसे ही पूछ रहा हूँ, अगर मैं अचानक मर गया तो क्या तुमको अफ़सोस होगा?

इवानोफ़ : मेरे पीछे मत पड़ो।

बोरकिन : प्यारे, बताओ तो, अफ़सोस होगा या नहीं?

इवानोफ़ : मुझे अफ़सोस तो इस बात का है कि तुम्हारे पास से वोदका की बू आ रही है, बड़ी शर्म की बात है मीशा।

बोरकिन : *(हँसता है)* क्या सच बू आ रही है, बड़ी अजीब बात है...हालाँकि इसमें ताज्जुब की कोई बात नहीं। बात दरअसल यह है कि प्लेसनिकी में मेरी मुलाकात जाँच-पड़ताल वाले अफसर से हुई और हमने 8-8 पेग गले से उतार लिए। वैसे सच पूछो तो पीना बुरी आदत है। है ना? बुरी आदत है ना?

इवानोफ़ : कम से कम नागवार तो है ही...मीशा, समझने की कोशिश करो, यह एक तरह से दूसरों का मज़ाक उड़ाना है...

बोरकिन : अच्छा-अच्छा मानता हूँ गलती हो गयी, खुदा समझे। तुम यूँ ही बैठे रहो *(उठता है और जाने लगता है)* क्या लोग हैं? बात तक करना मुश्किल है *(वापस आता है)* अरे हाँ, मैं तो भूल ही गया था। मुझे 82 रूबल चाहिए।

इवानोफ़ : कैसे 82 रूबल?

बोरकिन : कल मज़दूरी देना है।

इवानोफ़ : मेरे पास नहीं है।

बोरकिन : बहुत बहुत शुक्रिया *(नकल उतारते हुए)* मेरे पास नहीं हैं...अरे जनाब मज़दूरी देना ज़रूरी है। है या नहीं?

इवानोफ़ : मुझे नहीं मालूम, आज मेरे पास फूटी कौड़ी नहीं है। पहली तक रुको, जब तनख्वाह मिलेगी।

बोरकिन : कैसे-कैसे लोगों से मगज़-पच्ची करनी पड़ती है। अरे, मज़दूर मज़दूरी लेने कल सुबह आएँगे, पहली को नहीं।

इवानोफ़ : तो मैं क्या करूँ। काट डालो मुझे छुरी या आरी से—और तुम्हारी यह बड़ी कमीनी आदत है कि तुम मुझे उसी वक्त आकर परेशान करते हो जब मैं कुछ पढ़ता-लिखता होता हूँ या फिर...

बोरकिन : मैं तुमसे ही पूछ रहा हूँ कल मज़दूरी देना ज़रूरी है या नहीं? वैसे तुमसे अपना दिमाग़-पच्ची करना फुज़ूल ही है। *(हाथ हिलाता है)* ये ज़मींदार, जहन्नुम में जाएँ, खुद को ज़मींन का मालिक कहते हैं, रैश्नालाइज्ड खेती की बातें करते हैं। हज़ारों एकड़ ज़मीन है, मगर जेब में एक कौड़ी नहीं। यह तो वही बात हुई कि पूरा शराबखाना हो, मगर बोतल खोलने वाला चाकू न हो। मैं भी जाकर वह तीन घोड़ों वाली टमटम बेच देता हूँ। जी हाँ, जनाब, ज़ई तो मैंने पकने से पहले ही बेच दी थी, कल राई भी बेच दूँगा। *(स्टेज पर टहलता है)* तुम समझते हो मैं कुछ लिहाज़ करूँगा? जी नहीं, बड़े गलत आदमी से पाला पड़ा है आपका!

(2)

(स्टेज पर वे दोनों शबेल्स्की और आन्ना पित्रेवना पर्दे के पीछे। शबेल्स्की की आवाज़ खिड़की से सुनाई देती है। "आपके साथ बजाना नामुमकिन है। एक तली हुई मछली से भी ठस आपके कान हैं और उँगलियाँ भी बड़ी उल्टी-सीधी पड़ती हैं।")

आन्ना पित्रोवना : *(खुली खिड़की से झाँकते हुए दिखाई पड़ती है)* अभी यहाँ कौन बातें कर रहा था? अरे! यह तुम हो मीशा! इस तरह क्यों टहल रहे हो?

बोरकिन : तुम्हारे निकोलाई से तो जिसका भी पाला पड़ेगा वो यूँ ही टहलेगा।

आन्ना पित्रोवना : मीशा, प्लीज, किसी से कहो लान में थोड़ी घास डाल दे।

बोरकिन : *(हाथ हिलाकर)* मेहरबानी करके, मुझसे कुछ न कहो।

आन्ना पित्रोवना : वाह क्या लहजा है बात करने का—ज़रा भी नहीं जमता तुम पर यह लहजा। अरे अगर तुम चाहते हो कि औरतें तुमको पसन्द करें तो उनके सामने न तो कभी गुस्सा दिखाना और न ही सीरियस होना। *(इवानोफ़ से)* निकोलाई चलो, चलकर घास के ढेर पर उछलें-कूदें।

इवानोफ़ : डार्लिंग, तुम्हारे लिए खुली खिड़की के सामने खड़ा होना ठीक नहीं है। अन्दर जाओ। प्लीज! *(चिल्लाकर)* अंकल, खिड़की बन्द कर लो। *(खिड़की बन्द हो जाती है)*

बोरकिन : एक बात और न भूलना। दो दिन बाद लेबिदेफ़ को ब्याज की रक़म भी देना है।

इवानोफ़ : मुझे याद है। आज मैं लेबिदेफ़ के यहाँ ही जा रहा हूँ। उनसे कहूँगा कि अभी वह थोड़ा इन्तज़ार करें। *(घड़ी देखता है)*

बोरकिन : कब जाओगे वहाँ?

इवानोफ़ : बस जा ही रहा हूँ।

बोरकिन : *(खुश होकर)* सुनो—अरे सुनो तो, आज शायद शूरचका का जन्म-दिन है। च-च-च और मैं भूल गया—मेरी भी क्या याददाश्त है? *(उछलकर)* जाऊँगा, जाऊँगा *(गाता है)* जाऊँगा जल्दी से नहा लूँ। एक सिगरेट पी लूँ, दो-तीन बूँद अमोनिया स्प्रिट की ले लूँ। और तब, तब फिर से सब कुछ शुरू कर सकता हूँ सब कुछ...प्यारे निकोलाई अलिक्सेइविच, मेरे गुड्डे, मेरे दिल की ठण्डक, आ—तुम तो बस हर वक्त उखड़े-उखड़े, उदास और खुद पर तरस खाते रहते हो। अरे! अगर हम दोनों मिल जाएँ तो पता नहीं क्या कर डालें। तुम्हारे लिए तो मैं कुछ भी कर सकता हूँ कहो तो मैं तुम्हारी खातिर मरफूशा बबाकिना से शादी कर लूँ। जो दहेज़ मिलेगा उसका आधा—अरे आधा नहीं, पूरा का पूरा तुम ले लेना।

इवानोफ़ : अब बन्द भी करो यह बकवास।

बोरकिन : नहीं मैं सीरियस हूँ। तुम कहकर तो देखो, मैं मरफूशा से शादी कर लूँगा। दहेज़ आधा-आधा बाँट लेंगे। वैसे तुमसे यह सब कहना फ़ुजूल ही है। तुम कहाँ समझोगे। *(नकल उतारते हुए)* "अब बन्द भी करो यह बकवास!" तुम एक अच्छे आदमी हो। समझदार भी! बस, तुम्हारे अन्दर जोश—उसको क्या कहते हैं ऐम्बीशन की कमी है। अगर चाहो, और ज़रा भी कोशिश करो तो अच्छे-अच्छों को पीछे छोड़ सकते हो। तुम सनकी हो और कमज़ोर भी। अगर तुम एक नार्मल आदमी होते तो एक साल के अन्दर लखपती बन सकते थे। मुझे ही ले लो, अगर आज मेरे पास दो हज़ार तीन सौ रूबल हों तो मैं दो हफ्ते में उनके बीस हज़ार करके दिखा सकता हूँ। झूठ समझते हो? तुम्हारे ख़याल में यह बकवास है? जी नहीं, यह बकवास नहीं है। तुम मुझे दो हज़ार तीन सौ रूबल दो और मैं तुमको दो हफ्ते बाद बीस हज़ार लाकर दे दूँगा। अवसीनोफ उस तट पर—ठीक हमारे सामने वाली—ज़मीन बेच रहा है। दो हजार तीन सौ रूबल

में। अगर हम वह हिस्सा खरीद लें तो नदी के दोनों किनारों पर हमारा कब्ज़ा हो जाएगा और जब दोनों किनारों की ज़मीन हमारी हो जाएगी तो जानते हो क्या होगा? हमें नदी पर बाँध बनाने का हक हो जाएगा। ठीक कह रहा हूँ ना? वहाँ पर हम चक्की-घर बनाएँगे। जैसे ही लोगों को यह पता चलेगा कि हम बाँध बनाने जा रहे हैं तो उन लोगों में, जो नदी के किनारे नीचे की तरफ रहते हैं, खलबली मच जाएगी। फिर हम मौके का फ़ायदा उठाकर कहेंगे, "अगर आप चाहते हैं कि यह न हो तो क़ीमत अदा कीजिए। आया समझ में? जोरफ़ फैक्ट्री 5 हजार देगी, करतकोफ़ तीन हज़ार देगा और मठ वाले पाँच हजार..."

इवानोफ़ : मीशा, यह सब हवाई किले हैं। अगर मुझसे झगड़ना नहीं चाहते तो यह सब बातें अपने तक ही रखो।

बोरकिन : *(मेज़ के पास बैठते हुए)* मैं यही जानता था—तुम न खुद कुछ करते हो और **उस पर मेरे** भी हाथ-पैर बाँधना चाहते हो।

(3)

(वे दोनों, शबेल्स्की और ल्वोफ़)

शबेल्स्की : *(घर के अन्दर से ल्वोफ़ के साथ बाहर आते हुए)* डाक्टर भी वकीलों की तरह होते हैं। फ़र्क सिर्फ इतना है कि वकील सिर्फ़ लूटते हैं और डाक्टर लूटने के साथ-साथ कत्ल भी करते हैं। मेरा इशारा यहाँ मौजूद लोगों की तरफ़ नहीं है। *(सोफ़े पर बैठता है)* फ्राड कहीं के! आदमी का खून चूसने वाले! हो सकता है कि कहीं अच्छे डाक्टर भी होते हों मगर मुझे तो कोई मिला नहीं। अभी तक इलाज पर मैं करीब 20 हज़ार रूबल खर्च कर चुका हूँ। मगर मुझे आज तक एक भी डाक्टर ऐसा नहीं मिला जो ठग न हो और वो भी लाइसेन्स होल्डर ठग।

बोरकिन : *(इवानोफ़ से)* न तो खुद कुछ करते हो, और न मुझे कुछ करने देते हो। इसीलिए हमारे पास पैसा नहीं।

शबेल्स्की : फिर कहता हूँ मेरा इशारा आप लोगों की तरफ नहीं है। हो सकता है कि कुछ डाक्टर ऐसे न हों, हालाँकि मुझे तो... *(जम्हाई लेता है)*

इवानोफ़ : *(किताब बन्द करते हुए)* डाक्टर आपका क्या ख़याल है?

ल्वोफ़ : *(खिड़की की तरफ़ देखते हुए)* वही, जो मैंने सुबह कहा था। उसे फौरन ही क्रीमिया जाना चाहिए। *(स्टेज पर टहलता है)*

शबेल्स्की : *(कहकहा लगाते हुए)* क्या कहा? क्रीमिया? अरे! मीशा हम तुम भी क्यों न डाक्टरी शुरू कर दें। बड़ा आसान काम है। कोई भी औरत, मैडम अंगो या मैडम अफ़ोलिया, बोरियत की वजह से अगर खाँसने या छींकने लगे, तो उसी वक्त कागज़ हाथ में लो और दावे के साथ नुस्खा लिखो –

– डाक्टर जवान हो।

– इलाज़ के लिए क्रीमिया का सफ़र और वहाँ कोई तातार मर्द...।

इवानोफ़ : *(ग्राफ़ से)* प्लीज़, मज़ाक मत उड़ाओ, मत सताओ मुझे। *(ल्वोफ़ से)* क्रीमिया जाने के लिए अच्छी-खासी रक़म की ज़रूरत होगी। अगर उसका इन्तज़ाम कर भी लूँ तो वह किसी तरह जाने को राज़ी नहीं होगी।

ल्वोफ़ : हाँ, जानता हूँ।

(खामोशी)

बोरकिन : सुनिए डाक्टर, क्या वाकई आन्ना पित्रोवना इतनी सख्त बीमार हैं कि उनका क्रीमिया जाना ज़रूरी है?

ल्वोफ़ : *(खिड़की की तरफ़ देखते हुए)* जी हाँ, उन्हें टी.बी. है।

बोरकिन : उफ़! बड़े अफ़सोस की बात है। मुझे भी उनके चेहरे से लगता कि वह ज्यादा दिन ज़िन्दा नहीं रहेंगी।

ल्वोफ़ : शी! धीरे बोलिए! घर में सुन सकते हैं।

(खामोशी)

बोरकिन : *(ठण्डी साँस लेकर)* हमारी ज़िन्दगी भी...इनसान की ज़िन्दगी एक फूल की तरह है जो बाग़ में खिला, खुशी से झूम रहा हो कि अचानक कोई जानवर आये और उसको खा ले। लो फूल नहीं रहा।

शबेल्स्की : यह सब बकवास है–बकवास है और बकवास। *(जम्हाई लेता है)* बसवास और गप्प।

(खामोशी)

बोरकिन : और मैं जनाब, निकोलाई अलिक्सेइविच को बैठे-बैठे दौलत कमाने की तरकीबें बता रहा था। एक बड़ा अच्छा प्लान बताया मगर मेरा बम हमेशा की तरह गीली मिट्टी पर गिरा। इसको समझाना मुश्किल है...ज़रा देखो तो क्या शक्ल बना रखी है–उदास, चिड़चिड़ा, बेचैन, मज़लूम और दुखी।

शबेल्स्की : *(उठता है और अँगड़ाई लेता है)* तुम सबको तो अक्ल सिखाते हो, जीने का तरीका बताते हो। मगर मुझे तो तुमने कुछ भी नहीं सिखाया। ऐ, मेरे अक्लमन्द दोस्त! मुझे भी तो कोई रास्ता बताओ...

बोरकिन : *(उठता है)* अच्छा अब इजाज़त चाहूँगा—अभी नहाना है। *(ग्राफ़ से)* आपको खुद बीसों तरीके मालूम हैं...अगर मैं आपकी जगह होता तो एक हफ्ते में बीस हजार कमा लेता।

शबेल्स्की : *(उसके पीछे चलते हुए)* वह किस तरह? ज़रा समझाना तो...

बोरकिन : इसमें समझाने की क्या बात है। बड़ा आसान है *(वापस आकर)* निकोलाई अलिक्सेइविच, ज़रा एक रूबल तो देना।

(इवानोफ़ चुपचाप रूबल देता है)

थैंक-यू *(ग्राफ़ से)* आपके हाथ में बहुत से तुरुप हैं।

शबेल्स्की : *(उसके पीछे जाते हुए)* कौन से?

बोरकिन : अगर मैं आपकी जगह होता तो एक हफ्ते में ज्यादा नहीं तो, कम से कम तीस हज़ार रूबल बना ही लेता।

(ग्राफ़ के साथ चला जाता है)

इवानोफ़ : *(थोड़ा चुप रह कर)* बेकार के लोग...बेकार की बातें...उस पर बेकार के सवालों का जवाब देना पड़ता है। इन्हीं सब बातों से, डाक्टर मैं खुद को बीमार सा महसूस करने लगा हूँ। मैं इतना चिड़चिड़ा, गुस्सीला, कमजरफ़ और बद्तमीज़ हो गया हूँ कि खुद को नहीं पहचानता—चौबीस घण्टे सिर में दर्द रहता है। नींद नहीं आती—कानों में सीटियाँ सी बजती हैं। मगर इन सबसे फ़रार नामुमकिन है। बिलकुल नामुमकिन।

ल्वोफ़ : निकोलाई अलिक्सेइविच, मैं आप से कुछ बातें करना चाहता हूँ।

इवानोफ़ : कहिए क्या बात है?

ल्वोफ़ : आन्ना पित्रोवना ही के बारे में *(बैठते हुए)* वह क्रीमिया जाने को राज़ी नहीं होती। मगर शायद आपके साथ चली जाए

इवानोफ़ : *(कुछ सोचकर)* दोनों के जाने में तो और भी खर्च होगा। फिर मुझे इतनी लम्बी छुट्टी भी नहीं मिलेगी। इस साल की छुट्टी तो मैं पहले ही ले चुका हूँ।

ल्वोफ़ : चलिए, माने लेता हूँ कि यह सच है—तो फिर यह कहूँगा कि टी. बी. के मरीज़ के लिए सबसे अच्छी दवा सुकून है। पर आपकी बीवी को एक मिनट भी सुकून का नहीं। आपका

बर्ताव उसका सुकून बरबाद किये हुए है—माफ़ कीजिएगा, मुझे दिली तकलीफ़ है इसलिए मैं सच बात कहूँगा। आपका बर्ताव उन्हें मारे डाल रहा है।

(ख़ामोशी)

निकोलाई अलिक्सेइविच, मैं आपके बारे में इससे अच्छी राय रखना चाहता हूँ।

इवानोफ़ : सच कहते हो। बिलकुल सच है, शायद मैं बहुत बड़ी ग़लती कर रहा हूँ। मगर मेरे ख़यालात गड्डमड्ड हो गये हैं। दिल पर न जाने कहाँ की काहिली छा गयी है। मेरे अन्दर समझने की ताकत नहीं रही। न तो लोगों को ही समझा पाता हूँ और न खुद को। *(खिड़की की तरफ देख कर)* कोई हमारी बातें सुन सकता है। चलो, ज़रा टहलते हैं।

(उठते हैं)

मेरे दोस्त! मैं तुमको शुरू से बता सकता हूँ—मगर यह कहानी इतनी लम्बी और उलझी हुई है कि सुबह तक खत्म नहीं की जा सकती।

(जाते हैं)

अनूता एक लाजवाब और गैर-मामूली औरत है। मेरी खातिर उसने अपना मज़हब बदला, माँ-बाप को छोड़ा, दौलत को लात मारी, अगर मैं और कुर्बानियाँ माँगता तो वह बिना किसी हिचकिचाहट के दे डालती। उस पर जनाब, मुझमें न तो कोई खास बात है और न मैंने कोई कुर्बानी ही दी है। खैर, छोड़ो ये एक लम्बी कहानी है। असल बात तो यह है डियर डाक्टर, कि...*(हिचकिचाहट से)* मैंने जब उससे शादी की थी तो मैं उसके प्यार में पागल था और कसम खायी थी कि सारी ज़िन्दगी उसे प्यार करता रहूँगा—मगर अभी पाँच साल ही गुजरे हैं वह तो मुझे उसी दीवानगी से चाहती है, मगर मैं, मैं... *(कन्धे उचकाकर)* अभी तुमने बताया कि वह कुछ दिन की ही मेहमान है मगर यह सुनकर मेरे दिल में न तो उसके लिए यार जागा है और न ही रहम। बस एक तरह के खोखलेपन और थकान का एहसास ज़रूर होता है। मुझे जो कोई भी देखेगा, उसको बड़ा अजीब सा लगेगा। मेरी खुद समझ में नहीं आता कि मुझे क्या हो गया है।

(पगडंडी पर टहलते हुए चले जाते हैं)

(4)

(पहले शबेल्स्की आता है फिर आन्ना पित्रोवना)

शबेल्स्की : *(ज़ोर से हँसता हुआ दाखिल होता है)* कसम से, वह ठग नहीं जीनियस है, आर्टिस्ट है, उसकी तो यादगार कायम करना चाहिए। उसके अन्दर तो माडर्न समाज के हर तबके के लोगों से पैदा मवाद भरा पड़ा है—वकील का, डाक्टर का, अकाउण्टेण्ट, अफसर का। *(लान में बनी सीढ़ी (आखिरी) पर बैठता है)* शायद उसने कहीं से भी डिग्री नहीं ली है। यही अजीब बात है। वाकई अगर कहीं उसने थोड़ा-सा कल्चर और साइन्स पढ़ ली होती तो एक पढ़ा-लिखा लुटेरा बन सकता था। फरमाते हैं "आप तो एक हफ्ते में बड़ी आसानी से बीस हज़ार रूबल कमा सकते हैं, आपके हाथ में तो तुरुप का इक्का है जनाब और वह है आपका ग्राफ़ का खिताब। *(ठहाका मारता है)* आपसे तो कोई भी अमीरज़ादी शादी कर सकती है।"

(आन्ना पित्रोवना खिड़की खोलती है और नीचे देखती है)

आगे फरमाते हैं "अगर कहिये तो मैं आपकी तरफ़ से मारफा को पैग़ाम दे दूँ।" हू इज़ दिस, मरफूशा? अरे! बलाबालकिना तो नहीं, बलाबालकिना। वही जिसकी शक्ल धोबियों जैसी है।

आन्ना पित्रोवना : यह आप हैं ग्राफ?

शबेल्स्की : क्या बात है?

(आन्ना पित्रोवना हँसती है) (यहूदी के लहजे में) आप क्यों हँस रही है?

आन्ना पित्रोवना : आप की एक बात याद आ गयी। याद है खाने के वक्त आपने क्या कहा था? एक छोड़ा हुआ चोर...घोड़ा...क्या था वह...?

शबेल्स्की : ईसाई हुआ यहूदी...बखशा गया कैदी, बीमारी से बचा घोड़ा, सब एक ही थाली के चट्टे-बट्टे हैं।

आन्ना पित्रोवना : *(हँसती है)* आप सीधी बात भी ताना मारे बगैर नहीं कह सकते। आप बड़े बेरहम इनसान हैं। *(संजीदगी से)* मज़ाक नहीं ग्राफ़, आप बहुत ही ज़हरीले हैं, आपके साथ रहना पड़े तो बोरियत भी हो और घुटन भी। हमेशा ही बड़बड़ाते रहते हैं, शिकायत करते रहते हैं। आपके ख़याल में सब धोखेबाज़ और ठग हैं।

सच-सच बताइएगा ग्राफ़, आपने कभी किसी की तारीफ़ भी की है?

शबेल्स्की : यह कैसा इण्टरव्यू है?

आन्ना पित्रोवना : आपके साथ एक ही छत के नीचे रहते हुए पाँच साल होने को आये और इस दौरान मैंने एक बार भी आपके मुँह से किसी की अच्छाई नहीं सुनी, सिवाय कड़वेपन के या मज़ाक उड़ाने के। लोगों ने आपका क्या बिगाड़ा है? कहीं आप यह तो नहीं समझते कि आप सबसे अच्छे हैं?

शबेल्स्की : ऐसा तो मैं बिलकुल नहीं सोचता। मैं भी दूसरों की ही तरह ज़लील और कमीना हूँ—कड़वी ज़बान और पुराना जूता—मैं हमेशा खुद पर लानत भेजता रहता हूँ। मैं कौन हूँ? क्या हूँ? हाँ, कभी तो मैं अमीर था, आज़ाद था और खुशनसीब भी...मगर अब...अब तो दूसरों के टुकड़ों पर पलने वाला, बेशर्म, बेकार सा जोकर हूँ। जब मैं कड़वी, कसीली बातें करता हूँ, दूसरों का मज़ाक उड़ाता हूँ तो लोग हँसते हैं और जब मैं हँसता हूँ तो लोग हमदर्दी से सिर हिला कर कहते हैं—"बेचारा बुड्ढा सठिया गया है"—वैसे ज्यादातर तो मेरा या मेरी बातों का कोई नोटिस ही नहीं लेता।

आन्ना पित्रोवना : *(धीरे से)* फिर चिल्ला रहा है।

शबेल्स्की : कौन चिल्ला रहा है?

आन्ना पित्रोवना : उल्लू, रोज़ शाम को चिल्लाता है।

शबेल्स्की : चिल्लाने दो, अब जो है उससे बुरा तो हो नहीं सकता। *(अँगड़ाई लेकर)* हाय! डियरेस्ट, सारा! अगर मैं कहीं से लाख दो लाख रूबल जीत लेता तो मैं तुमको जिन्दगी का असली लुत्फ़ दिखाता। पर फिर तुम मुझे यहाँ न पातीं। इस कैदखाने से, खैरात की रोटी से कहीं दूर चला जाता। फिर क़यामत तक यहाँ क़दम नहीं रखता।

आन्ना पित्रोवना : अच्छा बताइये, अगर आप रूबल जीत जाते तो क्या करते?

शबेल्स्की : *(थोड़ा सोचकर)* सबसे पहले तो मॉस्को जाता और जिप्सीमण्डल को सुनता। फिर...फिर पेरिस। वहाँ फ्लैट किराये पर लेता और रोज़ रूसी चर्च जाया करता।

आन्ना पित्रोवना : और क्या करते?

शबेल्स्की : सारा दिन अपनी मरहूम बीवी की कबर पर बैठा रहता और सोचा करता। मैं कबर पर तब तक बैठा रहता जब तक वहाँ

खुद मेरी कबर न बन जाती। तुम तो जानती हो कि मेरी बीवी पेरिस में दफ़न है।

(खामोशी)

आन्ना पित्रोवना : बड़ा दिल घबरा रहा है। चलिए, थोड़ा और बजाते हैं।

शबेल्स्की : अच्छा, गीत तैयार करो।

(5)

(शबेल्स्की, इवानोफ़ और ल्वोफ़)

(इवानोफ़ ल्वोफ़ के साथ पगडण्डी पर टहलता नज़र आता है)

इवानोफ़ : दोस्त, तुमने तो अभी पिछले साल ही पढ़ाई खत्म की है। अभी जवान हो, हौसला है। मैं 35 साल का हो चुका हूँ, इस नाते एक सलाह देना चाहता हूँ, कि अगर शादी करना तो कभी भी किसी यहूदी लड़की से या लाडली लड़की से या खूबसूरत कपड़ों वाली से मत करना। बल्कि अपने लिए एक सीधी-सादी, मामूली-सी लड़की चुनना जिसमें चमक-दमक न हो। जो बक-बक कम करती हो। अपनी पूरी ज़िन्दगी एक साँचे में ढालना सीखो। ज़मीन जितनी सूनी और बेरंगी होगी, नमूना उतना ही अच्छा होगा। मेरे दोस्त, दुनिया से अकेले लड़ने की कोशिश मत करना। ज़िन्दगी की चक्कियों में मत उलझना। दीवार से माथा टकराने की ज़रूरत नहीं। खुदा तुम्हें हर तरह की तकनीकी फार्मिंग, अनोखे स्कूलों और जोशीली तकरीरों से बचाये। खुद को एक सीप में बन्द कर लो और वह काम करो जो खुदा ने तुम्हें सौंपा है। यही सच्चाई, ईमानदारी, और फायदा है। उफ़! वह ज़िन्दगी जो मैंने गुज़ारी है एक बहुत बड़ा बोझ है। उफ़! कितनी थकाने वाली है! उसमें कितनी ग़लतियाँ हैं, नाइन्साफियाँ हैं! कितनी बकवास है! *(ग्राफ़ को देखता है और झुँझलाहट से)* अंकल, तुम हमेशा हर जगह मौजूद रहते हो। अकेले में बात भी नहीं करने देते।

शबेल्स्की : *(रुआँसी आवाज़ में)* खुदा मुझे गारत करे। मेरे लिए कहीं जगह नहीं। *(तेज़ी से घर के अन्दर चला जाता है)*

इवानोफ़ : *(उसके पीछे, चिल्लाकर)* माफ़ कर दो, मुझे माफ़ कर दो *(ल्वोफ से)* बेकार में उसे नाराज़ कर दिया। वाकई मेरे सब पेंच ढीले हो गये हैं। कुछ न कुछ करना पड़ेगा। ज़रूरी है...

ल्वोफ़ : *(जोश से)* निकोलाई अलिक्सेइविच, मैंने आपकी बातें सुनीं। और...और...माफ़ कीजिएगा, मैं भी साफ बात कहूँगा, बिना किसी लगी-लिपटी के। आपकी आवाज़ में, आपके लहजे में—ख्यालात की तो बात ही छोड़िए—बेरहमी, खुदगर्जी, बड़ी संगदिली भरी हुई है। आपका चहेता इनसान इसलिए खत्म हो रहा है कि आपका है। उसकी ज़िन्दगी के दिन गिने हुए हैं, और आपको...आपको कोई हमदर्दी नहीं, चलते-फिरते हैं, सलाहें देते हैं, तकरीरें करते हैं...मैं वो सब नहीं कह पा रहा जो चाहता हूँ। मेरे पास शब्दों की कमी है—मगर...मगर इतना ज़रूर कहूँगा कि मुझे आपसे सख्त नफ़रत है।

इवानोफ़ : हो सकता है...हो सकता है...तुम ठीक समझते हो...बहुत मुमकिन है कि तुम मुझे समझ गये हो। शायद मैं मुज़रिम हूँ। बहुत बड़ा मुज़रिम *(कान लगाकर सुनता है)* लगता है घोड़े तैयार हो गये हैं। जाऊँ, जाकर मैं भी तैयार हो जाऊँ। *(घर की तरफ़ जाता है फिर रुककर)* डॉक्टर, तुम मुझसे नफरत करते हो और यह बात छुपाते भी नहीं। यह तुम्हारे साफ़ दिल होने की पहचान है। *(घर के अन्दर जाता है)*

ल्वोफ़ : *(अकेला)* शैतान की औलाद...फिर मैंने मौका खो दिया और जो कुछ कहना चाहता था न कह सका। उसके साथ ठण्डे दिमाग़ से बात ही नहीं कर पाता। जैसे ही कुछ कहने के लिए मुँह खोलता हूँ कि यहाँ पर *(सीने की तरफ इशारा करके)* घुटन होने लगता है। उथल-पुथल महसूस करता हूँ। ज़वान हलक़ में अटक जाती है...नफरत है मुझे इस डाकू से, ऊँचे दर्जे के इस ठग से। जनाब, तशरीफ़ ले जा रहे हैं। बदनसीब बीवी की बस एक तमन्ना है—थोड़ी देर साथ बैठना—इनको देखकर वह जीती है। मिन्नत करती है कि शाम ही उसके साथ गुज़ार लें। और वह..."वह मजबूर है" क्योंकि—क्योंकि घर में उसको घुटन और भीड़ महसूस होती है। अगर कहीं ग़लती से उसने घर पर एक शाम गुज़ार ली तो बोरियत के मारे खोपड़ी में गोली मार लेगा "बेचारा।" उसे खुला माहौल चाहिए—ताकि फिर वह कोई नया शगूफ़ा खिला सके। खूब अच्छी तरह जानता हूँ कि जनाब रोज़ शाम को लेबिदेफ़ के यहाँ क्यों जाते हैं। खूब जानता हूँ...

(6)

ल्वोफ़ इवानोफ़ **(हैट और ओवरकोट में)**

शबेल्स्की : *(इवानोफ़ और आन्ना पित्रोवना के साथ घर से निकलते हुए)* आख़िर निकोलस, यह कहाँ की शराफ़त है...खुद तो हर शाम चले जाते हो और हम यहाँ अकेले रह जाते हैं। बोर होकर 8 बजे ही सोने चले जाते हैं। यह ज़िन्दगी नहीं तमाशा है तमाशा...यह तो बताओ कि जब तुम जा सकते हो तो हमें क्यों नहीं ले जाते। क्यों?

आन्ना पित्रोवना : ग्राफ़, उनके पीछे न पड़ो जाने दो। जाने दो...

इवानोफ़ : *(पत्नी से)* तुम, इस बीमारी की हालत में कहाँ जाओगी? तुम बीमार हो और तुम्हें सूरज डूबने के बाद बाहर निकलना मना है...चाहो तो डॉक्टर से पूछ लो। अनूता डार्लिंग, तुम बच्ची तो हो नहीं। तुम्हें अच्छा-बुरा खुद समझना चाहिए... *(ग्राफ़ से)* और तुम कहाँ जाओगे?

शबेल्स्की : शैतान के पेट में या गिरगिट के मुँह में। मगर मैं यहाँ नहीं ठहरना चाहता। मेरा दम घुटता है। बोरियत के मारे मैं पागल हो गया हूँ। सब मुझसे तंग आ चुके हैं। तुम मुझे घर पर इसलिए छोड़ जाते हो कि तुम्हारी बीवी का दिल न घबराये। मैंने उसे भी तंग कर डाला है। परेशान कर दिया।

आन्ना पित्रोवना : ग्राफ़ उसे मत रोको। अगर वहाँ जाने से उसका दिल बहलता है तो जाने दो।

इवानोफ़ : आन्ना, इस तरह क्यों बोल रही हो? तुम जानती हो कि मैं वहाँ दिल बहलाने नहीं जा रहा। मुझे उनसे कुछ ज़रूरी बातें करना है।

आन्ना पित्रोवना : मेरी समझ में नहीं आता, कि तुम सफ़ाई क्यों दे रहे हो। जाना हो तो जाओ। तुम्हें कौन रोक रहा है।

इवानोफ़ : इसमें झगड़ने की क्या ज़रूरत है, इसके बगैर काम नहीं चल सकता।

शबेल्स्की : *(रोती आवाज़ में)* निकोलस, मेरे बच्चे, तुम्हारे हाथ जोड़ता हूँ, मुझे अपने साथ ले चलो। मैं वहाँ ठगों या बेवकूफ़ों को ही देख लूँगा, हो सकता हैं मेरा दिल बहल जाए। ईस्टर के बाद से मैं कहीं गया ही नहीं।

इवानोफ़ : *(झुँझलाहट से)*—ठीक है, चलो। उफ़! तंग आ गया हूँ तुम सबसे।

शबेल्स्की : सच, थैंक्यू-थैंक्यू-थैंक्यू *(खुशी से उसका हाथ पकड़ कर एक तरफ़ ले जाता है)* तुम्हारी तिनकों वाली टोपी पहन सकता हूँ?

इवानोफ़ : पहन लो। मगर जल्दी करो, प्लीज़।

(ग्राफ़ घर के अन्दर भागता है)

तंग आ चुका हूँ तुम सबसे। उफ़ खुदा! मैं क्या बक गया। आन्ना पित्रोवना, कितने ग़लत अन्दाज़ में मैं तुमसे बात कर रहा हूँ। ऐसा तो आज तक मेरे साथ नहीं हुआ। खैर, चलता हूँ आन्ना—एक बजे तक आ जाऊँगा।

आन्ना पित्रोवना : प्यारे कोल्या, आज मत जाओ, प्लीज़।

इवानोफ़ : *(घबराहट से)* मेरी भोली, बदनसीब आन्ना पित्रोवना—हाथ जोड़ता हूँ, शाम को मुझे बाहर जाने से मत रोका करो। जानता हूँ कि यह मेरी ज्यादती, मेरी नाइन्साफी है, मगर मुझे इसकी इजाज़त दे दिया करो। घर में मेरा दम घुटता है। जैसे ही सूरज डूबता है, मेरे दिल पर उदासी छा जाती है। उफ़! कैसी उदासी! मुझसे मत पूछो कि ऐसा क्यों होता है। मैं खुद नहीं जानता—कसम खाता हूँ कि नहीं जानता। यहाँ दम घुटता है, लेबिदेफ़ के यहाँ जाता हूँ तो वहाँ और ज्यादा घुटन महसूस होती है। वहाँ से आता हूँ तो फिर यहाँ वही घुटन! यही हाल सारी रात रहता है। कैसी बेबसी है...

आन्ना पित्रोवना : कोल्या...रुक भी जाओ। पहले की तरह बातें करेंगे...एक साथ खाना खाएँगे, पढ़ेंगे...तुम्हें सुनाने के लिए मैंने और चिड़चिड़े ग्राफ़ ने कई दोगाने सीखे हैं।

(उसको गले लगाती है) रुक जाओ न।

(खामोशी)

मैं तुम्हें समझ नहीं पा रही। एक साल से यही चला आ रहा है। तुम इतना बदल क्यों गये हो?

इवानोफ़ : मैं खुद नहीं जानता, बिलकुल नहीं जानता...

आन्ना पित्रोवना : फिर क्यों नहीं चाहते कि शाम को मैं भी तुम्हारे साथ जाया करूँ?

इवानोफ़ : अगर तुम जानना ही चाहती हो तो सुनो, बताता हूँ। हालाँकि इससे तुम्हारे दिल को तकलीफ़ होगी मगर बताना बेहतर होगा...जब मुझे उदासी परेशान करती है तो मैं...मैं तुमसे नफ़रत करने लगता हूँ। इसलिए ऐसे वक्त मैं तुमसे भी भागना चाहता हूँ। यानी मेरा घर से चला जाना ज़रूरी हो जाता है।

आन्ना पित्रोवना : उदासी! समझती हूँ, समझती हूँ। एक बात कहूँ, कोल्या—तुम पहले की तरह गाना, हँसना और गुस्सा करना शुरू कर दो, तुम रुक जाओ। देखो, हम हँसेंगे, पिएँगे और तुम्हारी उदासी चुटकी बजाते गायब हो जाएगी। कहो तो मैं कुछ सुनाऊँ, या चलो, चलकर तुम्हारे पढ़ने के कमरे में बैठते हैं, अँधेरा करके। और पहले की तरह तुम मुझे अपनी उदासी के बारे में बताना। तुम्हारी आँखें इतनी गमग़ीन हैं कि मैं उनमें झाँकूँगी और रो लूँगी। दोनों ही का दिल हल्का हो जाएगा। *(हँसती है फिर रोती है)* या फिर कोल्या, तुम यह सब नहीं चाहते। अफसोस, "फूल तो हर बहार में खिलते हैं लेकिन खुशी का मौसम सिर्फ एक बार आता है।" यही बात है न! ठीक है जाओ-जाओ।

इवानोफ़ : आन्ना पित्रोवना, तुम मेरे लिए खुदा से दुआ करो। *(जाता है, रुकता है, सोचता है)* नहीं-नहीं यह नामुमकिन है। *(जाता है)*

आन्ना पित्रोवना : जा-ओ...*(मेज़ के पास बैठती है)*

ल्वोफ़ : *(स्टेज़ पर चलते हुए)* आन्ना पित्रोवना, आपको बड़ी एहतियात की ज़रूरत है। जैसे ही छह बजें, आपको कमरे में चला जाना चाहिए। और सुबह तक वहीं रहना चाहिए। शाम की नमी आपके लिए .खराब है।

आन्ना पित्रोवना : यस सर।

ल्वोफ़ : यह 'यस सर' क्या होता है, मैं संजीदगी से कह रहा है।

आन्ना पित्रोवना : और मैं सीरियस होना नहीं चाहती *(खाँसती है)*

ल्वोफ़ : देखा! आने लगी खाँसी।

(7)

(ल्वोफ़, आन्ना पित्रोवना और शबेल्स्की)

शबेल्स्की : *(हैट और ओवरकोट पहने घर से बाहर निकलता है—)* निकोलाई कहाँ है? क्या घोड़े तैयार हैं? *(तेज़ी से चलकर आन्ना पित्रोवना के हाथ को बोसा देता है)* गुड नाइट, वण्डरफ़ुल *(बनकर बोलते हुए)* हाल्ट, पाफ़ कीजिएगा फ़लीज़। *(तेज़ी से बाहर जाता है)*

ल्वोफ़ : जोकर...!

(खामोशी)

(दूर से अकार्डियन की आवाज़ सुनाई देती है)

आन्ना पित्रोवना : उफ़! कितनी उदासी है, टाँगेवाले और बावर्ची तक नाच गाकर दिल बहला रहे हैं, पर मैं...मैं...एक ठुकराये गये इनसान की तरह...इवगेनी कस्तन्तीनविच, वहाँ क्या टहल रहे हैं, आइये यहाँ बैठिये।

ल्वोफ़ : नहीं, मैं बैठना नहीं चाहता।

(खामोशी)

आन्ना पित्रोवना : किचन में लोग "चिड़िया, चिड़िया" बजा रहे हैं।

(गाती है) "तू कहाँ थी चिया, चिया-पहाड़ी के नीचे मैंने वोदका पिया।"

(खामोशी)

डॉक्टर, आपके माँ-बाप हैं?

ल्वोफ़ : बाप नहीं, सिर्फ माँ है।

आन्ना पित्रोवना : माँ की याद आती है?

ल्वोफ़ : मेरे पास याद करने के लिए वक्त ही कहाँ है!

आन्ना पित्रोवना : **(हँसती है)** "फूल तो हर बहार में खिलते हैं लेकिन खुशी का मौसम सिर्फ एक बार आता है।" पता नहीं, मुझसे यह किसने कहा था। याद ही नहीं आ रहा। शायद निकोलाई ही ने कहा हो। *(कान लगाकर सुनते हुए)* उल्लू, फिर चिल्ला रहा है।

ल्वोफ़ : अरे, चिल्लाने दो।

आन्ना पित्रोवना : डाक्टर, अब मैं यह सोचने लगी हूँ कि तक़दीर ने मेरे साथ धोखा किया है। बहुत से लोग जो–हो सकता है मुझसे बेहतर न हों–खुश हैं और उन्होंने इस खुशी की कोई क़ीमत भी नहीं अदा की है। मैंने तो अपनी हर चीज़ की, हाँ, हर चीज़ की क़ीमत अदा की है और सूद के साथ। किस्मत ने इतनी बड़ी क़ीमत मुझसे क्यों ली...? मेरे मेहरबान दोस्त! आप सब, मुझसे कुछ छिपाते हैं, घुमा-फिरा कर बातें करते हैं, सच कहने से डरते हैं, समझते हैं, कि मैं नहीं जानती कि मुझे क्या बीमारी है। खूब अच्छी तरह जानती हूँ। खैर! छोड़िये भी इस बात को... **(यहूदी के लहज़े में)** पाफ़ कीजिएगा फ़लीज, आपको चुटकुले आते हैं?

ल्वोफ़ : जी नहीं।

आन्ना पित्रोवना : निकोलाई को आते हैं। लोगों की नाइन्साफ़ी पर भी ताज्जुब होता है। मोहब्बत का जवाब मोहब्बत से क्यों नहीं देते? सच

का इनाम झूठ क्यों होता है? यह बताइए, मेरे माँ-बाप कब तक मुझसे नफरत करते रहेंगे? वह यहाँ से पचासों मील दूर रहते हैं, लेकिन मैं दिन-रात, यहाँ तक कि सोते में भी उनकी नफ़रत महसूस करती हूँ। फिर निकोलाई की उदासी को क्या नाम दिया जाए? कहते हैं कि सिर्फ शाम के वक्त उनके दिल से मेरी मोहब्बत खत्म हो जाती है, जब उन पर उदासी का दौरा पड़ता है। इतना तो समझ सकती हूँ और मान भी सकती हूँ। पर, अगर कहीं उसके दिल से मेरी मोहब्बत बिलकुल ही खत्म हो गयी तो—नहीं, नहीं, यह नामुमकिन है। पर—कहीं अचानक—नहीं नहीं—मुझे अपने दिल में ऐसा .खयाल भी नहीं लाना चाहिए। **(गाती है) 'तू कहाँ थी चिया-चिया, तू कहाँ थी...'**

(चौंकते हुए) कितने बुरे .खयालात मेरे दिल में आ रहे हैं! डाक्टर आपने तो शादी की नहीं इसलिए आप बहुत-सी बातें नहीं समझ सकते।

ल्वोफ़ : आपको ताज्जुब हो रहा है *(पास बैठते हुए)* नहीं मगर मुझे...मुझे आप पर बड़ा ताज्जुब होता है। मुझे तो बताइये, समझाइये कि आप जैसी समझदार, ईमानदार, साधुओं की तरह शरीफ़ इनसान ने खुद को किस तरह इतना बड़ा धोखा खाने पर मजबूर किया और उल्लुओं के इस घोंसले में फँस गयीं? आप यहाँ किसलिए हैं? इस संगदिल, बेरहम इनसान से, जिसे आपका शौहर कहा जाता है, आपकी कौन सी बात मिलती है? इस खोखले और बनावटी माहौल में क्या चीज़ अपनी लगती है? उफ़! मेरे खुदा, हमेशा बड़बड़ाता हुआ ज़ंक लगा पागल ग्राफ़। और वह बदमाश, ठगों का ठग, थोबड़ा फुलाये मीशा...। जरा मुझे बताइए तो आप यहाँ क्यों हैं? कैसे फँस गयीं यहाँ?

आन्ना पित्रोवना : *(हँसती है)* बिलकुल इसी तरह वह भी कभी बोला करते थे...ठीक इसी तरह...। सिर्फ उनकी आँखें ज़रा बड़ी हैं। अक्सर ऐसा होता था कि जैसे ही जोश में आकर वह कुछ बोलने लगते थे तो उनकी आँखें अंगारों की तरह... बोलिए, बोलिए...

ल्वोफ़ : **(उठता है और हाथ हिलाता है)** अब क्या कहूँ...
अपने कमरे में जाइये।

आन्ना पित्रोवना : आपने कहा कि निकोलाई ऐसे हैं, वैसे हैं, यह हैं, वह हैं। अरे! आप उन्हें कहाँ से जानते हैं? क्या किसी आदमी को छह महीने में पहचाना जा सकता है? डाक्टर! वह एक लाजवाब आदमी हैं। मुझे अफ़सोस है कि आपने उन्हें आज से दो-तीन साल पहले नहीं देखा। आजकल तो वह उदास और .ख़ामोश रहते हैं, कुछ करते भी नहीं। मगर पहले...क्या मज़ा आता था...। मैं तो पहली नज़र में ही उनको दिल दे बैठी थी। *(हँसती है)* उनको देखा और देखते ही उनकी मोहब्बत में गिरफ्तार हो गयी। उन्होंने कहा, चलो...और जैसे सड़ी पत्तियाँ कैंची से काटकर फेंक दी जाती हैं मैंने भी सब कुछ काटा और चल दी...।

(खामोशी)

मगर अब वह बात नहीं...अब तो उसको लेबिदेफ़ के यहाँ दूसरी औरतों से दिल बहलाने जाना पड़ता है। और मैं...मैं इस बाग़ में बैठी उल्लू के चीखने की आवाज़ सुनती रहती हूँ।

(चौकीदार की खटखट)

डाक्टर, आपका कोई भाई है?

ल्वोफ़ : नहीं।

(आन्ना पित्रोवना हिचकियाँ लेकर रोती है)

अब क्या हुआ? क्या हुआ आपको?

आन्ना पित्रोवना : *(उठती है)* डाक्टर अब और नहीं सहा जाता—मैं भी वहाँ जा रही हूँ...

ल्वोफ़ : कहाँ वहाँ?

आन्ना पित्रोवना : वहीं, जहाँ वह हैं...मैं जाऊँगी...जरा घोड़े तैयार करने को कह दीजिए।

(दौड़ती हुई घर के अन्दर जाती है)

ल्वोफ़ : इन हालात में तो मैं बिलकुल इलाज नहीं कर सकता। यही क्या कम है कि इलाज का कुछ नहीं लेता, उस पर मेरे दिल को इतनी तकलीफ़ पहुँचती है...नहीं मैं इलाज करने से इनकार कर दूँगा। बहुत हो चुका।

(घर के अन्दर जाता है)

पर्दा गिरता है।

अंक-दो

(लेबिदेफ़ के घर का बड़ा कमरा—सामने बाग़ में खुलने वाला दरवाज़ा—दायें-बायें दरवाजे, फरनीचर, पुराने ज़माने का और महँगा है, एक फ़ानूस, मोमबत्ती स्टैण्ड और कुछ तस्वीरें—सब पर गिलाफ़ चढ़े हैं।)

(1)

(ज़िनाइदा सवीशना, कसीख़, अव्दोत्या नज़ारव्ना, इगोरूशका, गवरीला, नौकरानी, कुछ बूढ़ी और जवान मेहमान औरतें, बबाकिना। ज़िनाइदा सवीशना सोफ़े पर बैठी है, उसके दोनों तरफ सोफ़ों पर बूढ़ी मेहमान औरतें और कुर्सियों पर लड़के-लड़कियाँ बैठे हैं। अन्दर बाग़ की तरफ़ खुलने वाले दरवाजे के पास कुछ लोग बैठे ताश खेल रहे हैं। उनके बीच में है इगोरूशका, कसीख़, अव्दोत्या नज़ारव्ना। गवरीला दायें दरवाजे के पास खड़ा है। नौकरानी ट्रे में खाने की चीजें लिए इधर-उधर आ जा रही है। पूरे एक्ट के दौरान दायें दरवाज़े से बाग़ में और बाग़ से अन्दर मेहमान बराबर आ जा रहे हैं। बबाकिना दायें दरवाजे से अन्दर आती है, और ज़िनाइदा सवीशना की तरफ़ जाती है)

ज़िनाइदा : **(खुशी से)** डियर मारफ़ा इगोखना!

बबाकिना : आदाब बजा लाती हूँ, जिनाइदा सवीशना! बेटी की सालगिरह बहुत-बहुत मुबारक हो *(एक-दूसरे को प्यार करती हैं)* खुदा करे कि वह...

ज़िनाइदा : तुम्हारा शुक्रिया, डियर मैं इतनी खुश हूँ...हाँ तुम कैसी हो?

बबाकिना : मेहरबानी है तुम्हारी *(उसके पास सोफ़े पर बैठती है)* कैसे हो नौजवानो?

(मेहमान उठते हैं और थोड़ा झुकते हैं।)

पहला मेहमान : *(हँसकर)* नौजवानो क्यों...खुद आप क्या बूढ़ी हैं?

बबाकिना : *(ठण्डी साँस लेकर)* हाँ, अब मैं जवान कहाँ रही!

पहला मेहमान : *(अदब से हँसते हुए)* छोड़िए भी, आप तो अभी...हाँ वैसे तो आप बेवा हैं मगर अब भी हजारों कुंवारियों से अच्छी लगती हैं।

(गवरीला बबाकिना के लिए चाय लाता है)

ज़िनाइदा : *(गवरीला से)* यह खाली चाय क्या दे रहे हो? मुरब्बा वगैरह भी लाओ, गूस बैरी का मुरब्बा ही ले आओ...

बबाकिना : क्यों परेशान हो रही हो? चाय ही काफी है।

(ख़ामोशी)

पहला मेहमान : मारफ़ा इगोरवूना, आप मुशकीनों रास्ते से आयी हैं?

बबाकिना : नहीं ज़ाइमीशो होती हुई...इधर का रास्ता काफी अच्छा है।

पहला मेहमान : जी हाँ, जनाब।

कसीख़ : दो हुकम।

इगोरूशका : पास।

अव्दोत्या : पास।

दूसरा मेहमान : पास।

बबाकिना : लाटरी की कीमत, डियर ज़िनाइदा सवीशना फिर बहुत बढ़ गयी है। कभी ऐसा देखा है कि पहले ड्रा के टिकट की क़ीमत 270 रूबल और दूसरे की कुछ कम 250 रूबल हो, ऐसा तो कभी भी नहीं हुआ।

ज़िनाइदा : *(ठण्डी साँस लेकर)* जिनके पास बहुत से टिकट हैं उनके तो मजे हो गये...

बबाकिना : कुछ कहा नहीं जा सकता डियर! उनकी क़ीमत तो बहुत है लेकिन उनमें पूँजी फँसाना ज्यादा फायदेमन्द नहीं। सिर्फ बीमा ही मार डालता है।

जिनाइदा : हाँ यह तो है—फिर भी डियर, उम्मीद तो की ही जा सकती है... *(ठण्डी साँस लेकर)* खुदा बड़ा मेहरबान है...

तीसरा मेहमान : मेरे .खयाल में तो मैडम, मैं इस तरह से सोचता हूँ—आज—कल के ज़माने में जायदाद होने से कोई फ़ायदा नहीं। हुंडियों में ज्यादा फायदा नहीं और सट्टे में पैसे फँसाना बहुत ही खतरनाक है—मैडम, मैं तो यह समझता हूँ कि आज के ज़माने में वह आदमी, जिसके पास जायदाद है, ज्यादा परेशानी में है, उसके मुक़ाबले में जो...

बबाकिना : *(ठण्डी साँस लेकर)*—यह तो सच है...

(पहला मेहमान जम्हाई लेता है।)

औरतों के पास बैठे हो और जम्हाई आ रही है?

पहला मेहमान : माफ़ कीज़िये मैडम! बिना इरादा ऐसा हो गया *(ज़िनाइदा सवीशना उठती है और दायें दरवाजे से बाहर चली जाती है)*

(लम्बी .खामोशी)

इगोरूशका : दो ईंटें।

अव्दोत्या : पास।

दूसरा मेहमान : पास।

कसीख़ : पास।

बबाकिना : *(एक तरफ होकर)* उफ़ खुदा! क्या बोरियत है। दम घुट रहा है।

(2)

(वही लोग, ज़िनाइदा सवीशना और लेबिदेफ़)

ज़िनाइदा : *(दायें दरवाजे से लेबिदेफ़ के साथ अन्दर आते हुए धीमे से)* वहीं बैठकर रह गये! क्या नवाबियत है, ज़रा मेहमानों के साथ ही बैठो *(फिर पुरानी जगह पर आकर बैठ जाती है)*

लेबिदेफ़ : *(जम्हाई लेते हुए)* उफ़! यह हमारे पिछले गुनाह हैं *(बबाकिना को देखकर)* अरे! यहाँ तो हमारी लाली पाप बैठी है...राहत की किरन *(उससे हाथ मिलाता है)* आपके मिज़ाज कैसे हैं?

बबाकिना : बहुत-बहुत शुक्रिया।

लेबिदेफ़ : शुक्र है खुदा का...शुक्र है *(आराम कुर्सी पर बैठता है)* अच्छा तो अरे गवरीला?

(गवरीला वोदका और पानी लाकर देता है)

(लेबिदेफ़ पहले वोदका पीता है उस पर पानी का गिलास)

पहला मेहमान : आपका जामे सेहत...

लेबिदेफ़ : कैसी सेहत—अरे ज़िन्दा हूँ यही क्या कम है? *(पत्नी से)* जूजुशका, हमारी लाडली कहाँ है?

कसीख़ : *(रोनी आवाज़ में)* कोई बताओ, हम ट्रम्प से खाली कैसे हो गये *(उछलकर)* हम हार कैसे गये! खुदा गारत करे मुझे।

अव्दोत्या : *(उछलकर नाराज़गी से)* अभी बताती हूँ क्यों? तुम्हें खेलना नहीं आता तो खेलते ही क्यों हो? तुमने दूसरे रंग का पत्ता खोला? इक्का रोक लिया और रह गये।

(दोनों मेज़ से उछलकर सामने को भागते हैं)

कसीख़ : *(रोनी आवाज़ में)* देखिये जनाब, मेरे पास ईंट का इक्का है, मेम, गुलाम और अट्ठा था, हुकुम का इक्का...और एक छोटा-सा...जी हाँ...एक छोटा सा दिल...उसको न पीट सका—मैंने तो बिना ट्रम्प के चाल चली थी।

अव्दोत्या : *(बात काटते हुए)* यह मैंने कहा था बिना ट्रम्प। तो बिना ट्रम्प की दुग्गी चली थी।

कसीख़ : बड़े शर्म की बात है—ज़रा दिखाओ तो...तुम्हारे पास...मेरे... तुम्हारे पास...*(लेबिदेफ़ से)* पावेल क्रीलिविच, आप ही फैसला कीजिए... मेरे पास ईंट का इक्का, बादशाह, मेम, गुलाम और अट्ठा थे...

लेबिदेफ़ : *(कानों पर हाथ रखते हुए)* प्लीज़, मुझे परेशान मत करो—मेरा पीछा छोड़ दो...

अव्दोत्या : *(चिल्लाकर)* यह मैंने कहा था कि ट्रम्प के बगैर...

कसीख़ : *(गुस्से से)* अगर मैं फिर कभी इस चुड़ैल के साथ खेलूँ तो मुझसे बड़ा कमीना और बेवकूफ़ कोई न होगा।

(तेज़ी से बाग़ में चला जाता है)

दूसरा मेहमान उसके पीछे जाता है। मेज़ के पास इगोरूशका रह जाता है।

अव्दोत्या : उफ़...आग निकल रही है उसके अन्दर से...चुड़ैल। अरे तू खुद चुड़ैल?

बबाकिना : नानी आप भी तो बहुत गुस्से में हैं।

अव्दोत्या : *(बबाकिना को देखकर अपने हाथ फैलाती है)* मेरी प्यारी, मेरी लाडली...तुम यहाँ बैठी हो और मैं आँखों की अन्धी तुमको न देख सकी! माई डार्लिंग? *(उसके कन्धों को चूमती है और पास बैठ जाती है)* बड़ी खुशी हुई...ज़रा देखूँ तो...मेरी चकोरी—फू-फू-फू, कहीं मेरी नज़र न लग जाए...

लेबिदेफ़ : यह लो शुरू हो गयी...यह नहीं होता कि कोई अच्छा-सा लड़का ढूँढ़ दे उसके लिए।

अव्दोत्या : वह भी ढूँढ़ दूँगी। मैं पापिन तब तक कब्र में नहीं लेटूँगी जब तक उसकी और सानिच्का की शादी नहीं करा लूँगी। हाँ! कब्र में नहीं लेटूँगी *(ठण्डी साँस लेकर)* मगर आजकल अच्छे लड़के कहाँ मिलते हैं? यही देखो ना हमारे सामने यह होने वाले शौहर बैठे हैं। हँसी से पागल, मुँह से मुँह जोड़े बैठे हैं, मानो भीगे मुर्गे हों।

तीसरा मेहमान : बड़ी ग़लत मिसाल है...लेडीज़, मेरे ख़याल में तो अगर आज के लड़के कुँवारा रहना ज्यादा पसन्द करते हैं तो उसकी ज़िम्मेदारी...सच कहा जाए तो हमारे समाज पर जाती है।

लेबिदेफ़ : बस, बस...फलसफ़ा मत बघारिये, मुझे सख़्त नफ़रत है इससे।

(3)

(वही लोग और साशा)

साशा : *(अन्दर आकर बाप के पास जाती है)* बाहर क्या लाजवाब मौसम है और आप सब लोग अन्दर इतनी घुटन में बैठे हैं?

ज़िनाइदा : साशा डियर! तुमने मारफ़ा इगोरव्ना को सलाम नहीं किया?

साशा : सारी *(बबाकिना के पास जाती है और हाथ मिलाती है)*

बबाकिना : सानिच्का, तुम बदल गयी हो, वाक़ई बदल गयी हो। एक बार भी हमारे यहाँ नहीं आईं *(प्यार करती है)* सालगिरह मुबारक हो।

साशा : शुक्रिया! *(बाप के पास बैठ जाती है)*

लेबिदेफ़ : जी हाँ! अव्दोत्या नज़ारव्ना, आजकल अच्छे लड़कों की बहुत कमी है। अच्छा शौहर तो दूर रहा, सफर का साथी भी नहीं मिलता—कोई बुरा न माने तो कहूँगा कि आजकल का नौजवान खुदा उनकी मदद करे...पता नहीं कैसा चिड़चिड़ा, जलकुक्कड़ा है...उनके साथ न तो नाचने में मज़ा आता है, न बातें करने में और न ही पीने में...।

अव्दोत्या : अरे नहीं, पीने में तो सब बड़े उस्ताद हैं। बस पूछने भर की देर है।

लेबिदेफ़ : अरे पीना कोई मज़ाक है—पीने को तो घोड़ा भी पी ले—समझदारी से पीना और बात है...हमारे वक्त में तो यह होता था, सारा दिन तो हम लेक्चरों में सर खपाया करते थे और जैसे ही शाम होती थी, जिसका जिधर मुँह उठा, चल देता था, और सुबह तक लट्टू की तरह नाचा करते थे। नाचते थे, फ्लर्ट करते थे और यह भी होता था *(गले पर हाथ फेरता है)* बकवास भी करते थे, फलासफ़ा भी बघारते थे। ज़बान थक जाती थी। पर आजकल के...*(हाथ हिलाता है)* मेरी समझ में नहीं आते...किसी मरज़ की दवा नहीं। पूरी बस्ती में बस एक मर्द ढंग का है मगर वह शादीशुदा है *(ठण्डी साँस लेकर)* और वह भी अब कुछ सनकता जा रहा है।

बबाकिना : वह कौन?

लेबिदेफ़ : निकोलाई इवानोफ़।

बबाकिना : हाँ, वह वाक़ई अच्छे इनसान हैं *(मुँह टेढ़ा करके)* मगर बड़े बदनसीब हैं।

जिनाइदा : खुश कहाँ से हो सकता है *(ठण्डी साँस लेकर)* बेचारा इतनी

बड़ी ग़लती कर बैठा—उस यहूदन से शादी की। बेचारे ने सोचा था कि उसके माँ-बाप उसको दहेज में मनों सोना देंगे, मगर हुआ बिलकुल उल्टा...बेटी ने जैसे ही अपना मज़हब बदला, वह उसकी शक्ल तक नहीं देखना चाहते, लानत भेज दी उस पर। फूटी कौड़ी भी नहीं मिली। अब पछताता है, मगर जो होना था हो चुका।

साशा : मम्मी, यह झूठ है।

बबाकिना : *(तेज़ी से)*—शूरच्का, क्या झूठ है इसमें? यह बात तो सब ही को मालूम है। अगर कोई लालच नहीं था तो फिर एक यहूदन से शादी करने का मतलब...क्या रूसी लड़कियों की कमी थी?...गलती की, बेटी, उसने, बड़ी ग़लती की। *(जोश से)* मगर वह उसकी सज़ा भी खूब दे रहा है यहूदन को। बड़ी हँसी की बात है। जब वह कहीं बाहर से आता है तो उस पर चिल्लाने लगता है—"तुम्हारे माँ-बाप ने मुझे धोखा दिया...चल निकल मेरे घर से"—पर वह जाए तो कहाँ? माँ-बाप घर में घुसने नहीं देंगे—कहीं आयागिरी ही कर लेती पर काम की आदत नहीं...। इसी तरह उसको बराबर तंज किया करता है जब तक ग्राफ़ उसकी तरफ़ से नहीं बोलता। अगर ग्राफ़ न होता तो वह पहले ही इस दुनिया से चली जाती।

अव्दोत्या : अक्सर ऐसा होता है कि वह उसको किसी कोठरी में बन्द कर देता, "ले, खा, *(गाली देकर कहता है)* यह लहसुन।" खाती है, खाती है, जब तक कलेजा हलक में नहीं आ जाता।

(हँसी)

साशा : पापा, यह झूठ है ना?

लेबिदेफ : क्या फायदा! अगर उन्हें इसी में मज़ा आ रहा है तो मज़ा लेने दो *(चिल्लाकर)* गवरीला...

(गवरीला पानी और वोदका लाता है)

ज़िनाइदा : इस वजह से बेचारा चिड़चिड़ा हो गया—डियर, उसकी हालत बहुत खराब है...अगर बोरकिन इतनी देखभाल न करे तो वह और यहूदन भूखों मरने लगें—*(ठण्डी साँस लेकर)* डियर, उसकी वजह से हमें भी तो बड़ा नुकसान उठाना पड़ रहा है। खुदा ही जानता है कि हमें कितना नुकसान हो रहा है। क्या तुम्हें यक़ीन आएगा, डियर, कि आज तीन साल से उस पर हमारे नौ हज़ार रूबल उधार हैं?

बबाकिना : *(चौंककर)* नौ हज़ार...!

ज़िनाइदा : जी हाँ...मेरे प्यारे शौहर साहब की मेहरबानी है। समझते ही नहीं, किसे उधार देना चाहिए और किसे नहीं...असल की तो मैं बात ही नहीं कर रही, खुदा के हवाले—ब्याज ही वक्त पर अदा कर दे...

साशा : *(गुस्से से)* मम्मी यह बात तुम हज़ार बार कह चुकी हो।

ज़िनाइना : अरे तुमसे क्या मतलब? तुम क्यों तरफदारी कर रही हो?

साशा : *(उठते हुए)* जिस आदमी ने आज तक तुम्हारे साथ कोई बुराई नहीं की उसके बारे में इस तरह की बातें करते तुम्हें ज़रा तकलीफ़ नहीं होती? क्या बिगाड़ा है उन्होंने तुम्हारा?

तीसरा मेहमान : अलिक्सान्द्रा पाव्लवना, मुझे भी कुछ कहने की इज़ाजत दीजिए। मैं निकोलाई अलिक्सेइविच की इज्ज़त करता हूँ। और हमेशा इसे अपना फर्ज समझता...मगर, किसी से कहिएगा नहीं, मुझे ऐसा लगता है कि वह ऐडवेंचर बहुत पसन्द करते हैं।

साशा : मुबारक हो, अगर आपको ऐसा लगता है।

तीसरा मेहमान : सुबूत के तौर पर मैं एक बात बताना चाहूँगा, जो मुझे उसके सेक्रेटरी यानी चमचे बोरकिन से मालूम हुई। आज से दो साल पहले जब जानवरों में वबा फैली...तो उसने बहुत ज्यादा जानवर खरीदे और उनका बीमा कराया...

ज़िनाइदा : हाँ, हाँ, हाँ, मुझे भी याद है। किसी ने बताया था।

तीसरा मेहमान : दिखाने के लिए उनका बीमा कराया। फिर उनमें प्लेग फैलाकर उन्हें मार डाला और बीमा का सारा पैसा वसूल लिया।

साशा : उफ़! कितनी बड़ी बकवास है—बकवास! न तो किसी ने जानवर ही खरीदे और न उन्हें प्लेग फैलाकर मारा...यह खुद बोरकिन के दिमाग़ की उपज है और वह हर जगह शेखी बघारता फिरता है।

जब इवानोफ़ को इसका पता चला तो बोरकिन दो हफ्ते तक उनसे माफ़ी माँगता रहा...इवानोफ़ में बस यह बुराई है कि वह एक कमज़ोर आदमी है। उनमें इतनी हिम्मत नहीं कि उस शैतान को निकाल बाहर करे। और हाँ, यह बुराई भी है कि वह लोगों पर बहुत ऐतबार करते हैं। उनके पास जो भी था वह लोगों ने चुरा लिया या हड़प कर लिया। उसकी दरियादिली का फायदा तो हर ऐरे-गैरे नत्थू-खैरे ने उठाया है।

लेबिदेफ़ : शूरा, इतना गुस्सा! अब बस भी करो।

साशा : यह सब बेकार की बातें क्यों करते हैं? उफ़! कितनी बड़ी बोरियत है। बोरियत ही बोरियत! इवानोफ़, इवानोफ़, और इवानोफ़। इसके अलावा और कोई टापिक ही नहीं *(दरवाजे की तरफ जाती है फिर वापस आकर)* ताज्जुब होता है मुझे... *(नौजवानों से)* जनाब। मुझे सचमुच बड़ा ताज्जुब होता है आपकी बेहिसी पर...क्या वाकई आप लोग इस तरह बैठे-बैठे नहीं ऊबते। बोरियत के मारे तो...हवा तक थम गयी है। कुछ दूसरी बात कीजिए। हमारा दिल बहलाइए, हलचल मचाइए ...अगर बात करने के लिए इवानोफ़ के अलावा कोई और टॉपिक नहीं तो हँसिए, गाइए, नाचिए, कुछ भी कीजिए।

लेबिदेफ़ : *(हँसता है)* करो इनकी खूब खिंचाई...अच्छी तरह से...

साशा : सुनिए, मुझ पर एक एहसान कीजिए। अगर गाना, नाचना, हँसना नहीं चाहते, अगर आपको यह सब बेकार लगता है तो मेरी आप लोगों से एक गुज़ारिश है...हाथ जोड़ती हूँ आपके...जिन्दगी में एक ही बार, अनोखेपन के लिए ही सही...दूसरों को हँसाने या चौंकाने की खातिर ही...अपनी पूरी ताक़त जमा करके पूरी अक्ल लगाकर कोई मजेदार चटपटी बात सोच लीजिए, चाहे वह तमीज़ से खाली या गिरी हुई ही क्यों न हो मगर होनी नयी चाहिए, जिसको सुनकर हँसी आये ...या आप सब मिलकर कोई छोटी मगर नज़र आने वाली बात कर डालिए जो किसी कारनामे से मिलती-जुलती हो ताकि हम लड़कियाँ ज़िन्दगी में एक बार आपकी तरफ़ देखें और तारीफ़ के साथ 'हाय' कह सकें...सुनिए, आप दिल में तो यह तमन्ना करते हैं कि आपको पसन्द किया जाए, मगर पसन्द आने वाली बातें क्यों नहीं करते? उफ़! आप वह नहीं...वह नहीं...वह नहीं, आपको देखकर तो मक्खियाँ तक मर जाती हैं और लैम्पों से धुआँ निकलने लगता है...। वह बात नहीं, वह बात नहीं। मैंने आपसे हज़ारों बार कहा है और हज़ारों बार कहूँगी...आप सब वह नहीं, वह नहीं, वह नहीं।

(4)

(वही लोग, इवानोफ़ और शबेल्स्की)

शबेल्स्की : *(इवानोफ़ के साथ दायें दरवाजे से अन्दर आता है)* यह कौन लेक्चर दे रहा है? अरे शूरचका तुम? *(ज़ोर से हँसता है और*

उससे हाथ मिलाता है) मेरे फरिश्ते...साल गिरह मुबारक हो...खुदा करे कि तुम बहुत दिन तक ज़िन्दा रहो और दुबारा पैदा न हो।

ज़िनाइदा : *(खुश होकर)* आप निकोलाई अलिक्सेइविच! ग्राफ़...

लेबिदेफ़ : आ-हा! अरे यह मैं क्या देख रहा हूँ...ग्राफ़ *(उसकी तरफ जाता है)*

शबेल्स्की : *(ज़िनाइदा सवीशना और बबाकिना को देखकर उनकी तरफ़ हाथ फैलाता है)* एक ही सोफे पर दो खज़ाने! वाह, क्या नज़ारा है! *(हाथ मिलाता है, ज़िनाइदा सवीशना से)* हेलो जूज़ुश्का, *(बबाकिना से)* हेलो, मेरी बुलबुल...

ज़िनाइवा : बड़ी खुशी हुई। ग्राफ़ आप हमारे यहाँ इतना कम आते हैं *(चिल्लाकर)* गवरीला चाय, आप तशरीफ़ रखिये। *(उठती है और दायें दरवाजे की तरफ़ बढ़ती है। फिर फौरन ही वापस आती है, चेहरे पर गहरी परेशानी। साशा पुरानी जगह पर बैठ जाती है। इवानोफ़ इशारे से सबको सलाम करता है।)*

लेबिदेफ़ : *(शबेल्स्की से)* तुम कहाँ से टपक पड़े? कौन ताक़त तुम्हें यहाँ तक खींच लाई? यह हुई न बात! *(उसे गले लगाता है)* ग्राफ़! तुम बड़े बदमाश हो। शरीफ़ आदमी ऐसा नहीं करते *(उसका हाथ पकड़ कर स्टेज के आगे तक ले जाता है)* तुम हमारे यहाँ इतना कम क्यों आने लगे हो? क्या नाराज़ हो?

शबेल्स्की : आऊँ तो कैसे? हवा पर सवार होकर? मेरे पास कोई सवारी है नहीं, निकोलाई साथ नहीं लाता, सायरा के साथ मेरी ड्यूटी लगा दी है जिससे कि वह अकेली बोर न हो। सवारी भेज दिया करो तब मैं रोज़ आया करूँगा।

लेबिदेफ़ : *(हाथ फेंककर)* ठीक कहते हो मगर...जूज़ुश्का इतनी आसानी से घोड़े कहाँ देगी। मेरे प्यारे मेरे अजीज़? मेरे लिए एक तुम ही तो सबसे ज्यादा प्यारे और अपने हो। पुराने लोगों में से अब हम दोनों ही तो बचे हैं। तुम्हें देखकर मुझे अपने पुराने ज़ख्म और अपनी बरबाद जवानी की याद आती है। खैर छोड़ो, मज़ाक अलग, लो मैं तो रो ही पड़ा। *(ग्राफ़ को गले लगाता है)*

शबेल्स्की : छोड़ो मुझे...हटो। तुम्हारे पास से शराब के मटके की तरह बदबू आ रही है।

लेबिदेफ़ : मेरी जान, तुम अन्दाज़ा भी नहीं लगा सकते कि अपने दोस्तों के बगैर मैं कितना उदास रहता हूँ...बोरियत के मारे फाँसी लगाने

को दिल होता है...*(धीरे से)* जूजुश्का ने सूद पर रक़म दे-देकर सब अच्छे आदमियों को तो भगा दिया। और जैसा कि तुम देख रहे हो, ऐसे वैसे लोग ही रह गये हैं। यह दूदकिन...यह बूदकिन...खैर छोड़ो चाय पियो।

(गवरीला ग्राफ़ को चाय लाकर देता है।)

ज़िनाइदा : *(परेशान आवाज़ में गवरीला से)* अरे, क्या दे रहे हो? मोरब्बा वगैरह लाओ, गूसबैरी का मुरब्बा ही...

शबेल्स्की : *(ज़ोर से हँसता है, इवानोफ़ से)* मैंने तुमसे क्या कहा था? *(लेबिदेफ़ से)* मैंने इवानोफ़ से शर्त लगाई थी कि जैसे ही हम लोग वहाँ पहुँचेंगे, जूजुश्का हम लोगों को गूसबैरी का मुरब्बा पेश करेगी।

ज़िनाइदा : ग्राफ़, आपकी मज़ाक की आदत अभी तक नहीं गयी *(बैठती है।)*

लेबिदेफ़ : बीस मर्तवान भरे हैं इस मुरब्बे से...अब उनका जाने क्या किया जाएगा?

शबेल्स्की : *(मेज़ के पास बैठते हुए)* आप खूब जोड़ रही हैं जूजुश्का, कहिये दस तो हो ही गये होंगे!

ज़िनाइदा : *(ठण्डी साँस लेकर)* हाँ दूसरों को तो लगता है कि हमसे ज्यादा शहर में कोई...रईस है ही नहीं...मगर, दौलत कहाँ से लाये... खाली बातें ही बातें हैं।

शबेल्स्की : अच्छा...अच्छा...जानता हूँ, खूब जानता हूँ, आप ड्राफ्ट्स का खेल कितना खराब खेलती हैं...*(लेबिदेफ़ से)* पाशा, सच-सच बताना, दस लाख तो जोड़ ही लिए होंगे।

लेबिदेफ़ : मैं नहीं जानता, जूजुश्का से पूछो...

शबेल्स्की : *(बबाकिना से)* और जल्द ही हमारी इस गोल-मटोल बुलबुल के पास भी दस लाख हो जाएँगे। उसकी खूबसूरती और मोटापा दिन के हिसाब से नहीं घण्टों के हिसाब से बढ़ रहे हैं। इसका मतलब है दौलत की ज्यादती...

बबाकिना : आपकी बड़ी मेहरबानी है जनाबेअली, मगर मुझे इस तरह का मज़ाक पसन्द नहीं।

शबेल्स्की : माई डियर बैंक, तुमको यह मज़ाक लग रहा है, यह तो मेरे दिल की आवाज़ है, मोहब्बत के ज़ोश की वजह से ज़बान लड़खड़ा रही है...तुम्हें और जूजुश्का को मैं बेहद चाहता हूँ *(ज़िन्दादिली से)* तुम मेरी उमंग हो, संगीत हो, तुम दोनों को देखकर मुझे न जाने क्या हो जाता है।

ज़िनाइदा : ग्राफ, आप ज़रा भी नहीं बदले *(इगोरूशका से)* इगोरूशका मोमबत्तियाँ बन्द कर दो। जब खेल नहीं रहे तो उन्हें क्यों बेकार में जला रखा है। *(इगोरूशका चौंकता है फिर बत्ती बुझाता है और बैठ जाता है) (इवानोफ़ से)* निकोलाई अलिक्सेइविच, आपकी घरवाली की तबीयत कैसी है?

इवानोफ़ : ठीक नहीं है, आज डाक्टर ने यकीन से कह दिया कि उन्हें टी.बी. है।

ज़िनाइदा : क्या वाकई? बड़े अफ़सोस की बात है...*(ठण्डी साँस लेकर)* हम सब उन्हें इतना चाहते हैं!

शबेल्स्की : बकवास, बकवास और बकवास! टी.बी., वी.बी. कुछ नहीं... डॉक्टर के दिमाग़ की उपज...एक स्कीम। रोज घर आने का बहाना चाहिए...इसलिए टी.बी. का ढोंग रचाया है। शौहर शक्की नहीं है इसलिए और भी मजे हैं।

(इवानोफ़ बेचैनी से पहलू बदलता है) और जहाँ तक सायरा का सवाल है तो मैं उसकी किसी भी बात का, किसी भी हरकत का एतबार नहीं करता। अपनी ज़िन्दगी में मैंने न तो कभी डाक्टरों का एतबार किया है और न वकीलों का, और न ही औरतों का। यह सब बकवास है...बकवास...स्कीम और धोखेबाजी...

लेबिदेफ़ : *(शबेल्स्की से)* तुम भी बड़ी अजीब चीज़ हो मत्वेई। तुमने न जाने कहाँ से इनसानों से नफ़रत करने की बीमारी लगा ली है और एक बेवकूफ़ की तरह पूरी ज़िन्दगी उसे कलेजे से लगाये फिरते हो। देखने में तो आदमियों जैसे ही लगते हो मगर जैसे ही बोलते हो तो लगता है कि या तो ज़बान को हैज़ा हो गया है या फिर तेज़ ऐंठन हो रही है।

शबेल्स्की : तो और क्या करूँ...इन ठगों और धोखेबाजों को गले लगाता फिरूँ?

लेबिदेफ़ : तुमको कौन ठग और धोखेबाज़ नज़र आता है?

शबेल्स्की : मैं यहाँ मौजूद लोगों की बात नहीं कर रहा...मगर...

लेबिदेफ़ : बस आ गया मगर...यह सब दिमाग़ की खराबी है...

शबेल्स्की : दिमाग़ की खराबी! अच्छा है कि तुम्हारा अपना कोई उसूल नहीं।

लेबिदेफ़ : कौन-सा उसूल? बैठा रहता हूँ और हर वक्त मौत के फरिश्ते का इन्तज़ार करता रहता हूँ। यह है मेरा फलसफ़ा! मेरे दोस्त अब हमारा फलसफ़ा बघारने का वक्त नहीं। आयी बात समझ में...*(चिल्लाकर)* गवरीला!

शबेल्स्की : तुम तो हज़ारों गवरीलाओं को चढ़ा चुके हो...ज़रा अपनी नाक तो देखो...कैसी लाल हो रही हो!

लेबिदेफ़ : *(पीते हुए)* मेरी जान कोई बात नहीं, मुझे दूल्हा तो बनना नहीं है।

ज़िनाइदा : बहुत दिनों से डाक्टर ल्वोफ़ हमारे यहाँ नहीं आये। बिलकुल भुला दिया है।

साशा : मेरा नासूर। चलती-फिरती ईमानदारी...पानी का एक गिलास माँगना हो तो, या एक सिगरेट पीनी हो तो, यह जताये बगैर नहीं रहेगा कि वह एक बहुत ईमानदार आदमी है। चलते वक्त या बात करते वक्त उसके माथे पर बस यही लिखा नज़र आएगा "मैं एक ईमानदार आदमी हूँ..." महाबोर है वह।

शबेल्स्की : एक तंग नज़र, लकीर का फ़कीर हकीम...
(नकल उतारते हुए) "ईमानदारी को रास्ता दो" तोते की तरह हर क़दम पर यही रट लगाये रहता है और सोचता है कि वह दूसरा दब्रालूबोफ़ 'मशहूर रूसी लेखक' है। और जो इस तरह से रट नहीं लगाता वह मक्कार है। बड़े ही अजीब ख़यालात हैं उसके। अगर कोई खुशहाल है या इनसानों की तरह रहता है तो वह मक्कार और ज़ालिम है...अगर मैं मखमल का कोट पहनता हूँ और नौकर मुझे कपड़े पहनाता है तो मैं धोखेबाज़ हूँ, अय्याश हूँ। इतना ईमानदार बनता है...इतना ईमानदार बनता है कि ईमानदारी फटी पड़ती है...अन्दर समा नहीं पाती। मुझे उससे डर भी लगता है...उफ़...देखने से लगता है कि अपने फ़र्ज के जोश में आकर वह या तो मेरी ग़रदन मरोड़ देगा या ठग बना देगा।

इवानोफ़ : उसने मुझे भी बहुत तंग कर रखा है। फिर भी वह मुझे अच्छा लगता है...उसके अन्दर सच्चाई बहुत है।

शबेल्स्की : क्या कहने हैं सच्चाई के! कल शाम मेरे पास आया और बिना किसी वजह के बोला, "ग्राफ, मुझे आपसे सख्त नफरत है।" बहुत-बहुत शुक्रिया। फिर यह सब अनजाने में नहीं जान-बूझ कर कहता है...काँपती आवाज़ से, लाल आँखों से, कँपकँपाते घुटनों से, जहन्नुम में जाए उसकी यह दक़ियानूसी सच्चाई। वह मुझे पसन्द नहीं करता या मैं बुरा हूँ यह तो हो सकता है मैं खुद भी मानता हूँ...मगर यह बात मेरे मुँह पर कहने की क्या ज़रूरत है...मैं एक निकम्मा आदमी हूँ मगर उसे कम से

कम मेरे सफ़ेद बालों का ही लिहाज़ करना चाहिए...बेरहम नासमझ ईमानदारी!

लेबिदेफ़ : बस, बस, बस...कभी तुम भी जवान थे...और समझते हो...

शबेल्स्की : जी हाँ, मैं जवान था, बेवकूफ़ था एक ज़माना था कि खुद को चात्स्की 'गब्रिएदफ़ के उपन्यास का हीरो।ह से कम नहीं समझता था, मक्कारों और धोखेबाजों की कलई उतारा करता था। लेकिन ज़िन्दगी में कभी भी मैंने चोर के मुँह पर उसे चोर नहीं कहा, और फाँसी लगे आदमी के घर में रस्सी का नाम नहीं लिया। तहज़ीब थी मेरे अन्दर। और तुम्हारा यह काठ का हक़ीम खुद को सातवें आसमान पर समझता और अपने फ़र्ज की तक़मील मानता, अगर कहीं क़िस्मत से उसे मौका मिल जाता कि अपने उसूलों और इनसानियत के नाम पर खुले आम मेरी गर्दन मरोड़ दे या बगलों से उठाकर फेंक दे।

लेबिदेफ़ : नौजवानों की अपनी कमज़ोरियाँ होती हैं। मेरे चाचा हीगल मज़हब के मानने वाले थे...तो वह क्या करते थे कि अपना पूरा घर मेहमानों से भर लेते थे...पीते थे और फिर इस तरह कुर्सी पर खड़े होकर शुरू हो जाते थे, "आप लोग अनाड़ी हैं, आप लोगों के अन्दर अँधेरा ही अँधेरा है, नयी ज़िन्दगी की किरनें"...वगैरा-वगैरा...इस तरह वह बोलते ही जाते थे...बोलते ही जाते थे।

साशा : और मेहमान क्या कहते थे?

लेबिदेफ़ : कुछ नहीं...सुनते थे और पीते थे। एक बार मैंने उनको डुएल के लिए ललकारा...ज़रा सोचिए तो अपने सगे चाचा को...यह बैकन की वजह से हुआ...खूब याद है...ज़रा याद करने दीजिए, हाँ...मैं इस तरह बैठा हुआ था जैसे मातवेई बैठे हैं, और चाचा मरहूम गिरासीम नीलिच के साथ इतनी दूरी पर खड़े थे जैसे कि निकोलशा खड़े हैं। जी हाँ जनाब!–गिरासीम नीलिच ने एक सवाल पूछा...भाई मेरे, सवाल भी क्या था...

(बोरकिन अन्दर आता।)

(5)

वही लोग और बोरकिन (**बोरकिन स्मार्ट कपड़े पहने है, और हाथ में एक पैकेट लिए हुए है। पैकेट को उछालतें हुए,**

गुनगुनाते हुए दायें तरफ़ के दरवाजे से दाखिल होता है–तारीफ़ भरा शोर)

लड़कियाँ : मीखाइल मीखइलविच!

लेबिदेफ़ : मीशाइल मीशाइलविच! आवाज़ पहचानता हूँ!

शबेल्स्की : महफ़िल की जान!

बोरकिन : बन्दा हाज़िर है *(साशा के पास दौड़कर जाता है)* सिन्योरीना! अगर आप गुस्ताखी माफ़ करें तो मैं आप जैसी फूल की खिदमत में सालगिरह की मुबारकबाद पेश करना चाहूँगा...और अपनी खुशी के सबूत में आपको यह *(पैकेट देता है)* छोटा-सा तोहफ़ा देना चाहूँगा। मेरी बनायी आतिशबाज़ी और ये बंगाली मोमबत्तियाँ। यह चीजें आपकी रातें उसकी तरह रौशन करें जिस तरह आपने इस अँधेरी दुनिया को रौशन कर रखा है। **(ड्रामाई अन्दाज़ में झुकता है)**

साशा : बहुत-बहुत शुक्रिया।

लेबिदेफ़ : *(कहकहा लगाकर इवानोफ़ से)* इस जोकर को तुम निकाल बाहर क्यों नहीं करते?

बोरकिन : *(लेबिदेफ़ से)* पावेल किरीलिच, आदाब *(इवानोफ़ से)* अन्नदाता... *(गाता है)* "निकोलस दी ग्रेट ज़िन्दाबाद... *(सबके पास से गुज़रता है)* मोहतरमा ज़िनाइदा सवीशना..." अज़ीम मारफ़ा इगोरव्ना...तारीखी अव्दोत्या नज़ारव्ना...हिज़ हाइनेस ग्राफ़! सभी को मेरा सलाम।

शबेल्स्की : *(ज़ोर से हँसता है)* महफ़िल की जान। उसके आते ही सारा माहौल बदल गया! देखा आपने?

बोरकिन : उफ़...थक गया...लगता है कि सबकी खिदमत में सलाम हो गया...तो हाँ जनाब, क्या खबरें हैं? कोई खास बात, फड़कदार खबर? *(ज़िनाइदा सवीशना से, ज़ोर से)* अरे, मम्मी डियर, सुनिए...मैं अभी जब आपके यहाँ आ रहा था *(गवरीला से)* अरे गवरीला, जरा मुझे चाय देना मगर गूसबेरी के मुरब्बे बगैर *(ज़िनाइदा सवीशना से)* हाँ, जब मैं आपके यहाँ से आ रहा था तो लोग सरपत के पेड़ों से छाल उतार रहे थे। आप उन्हें बँटाई पर क्यों नहीं दे देतीं?

लेबिदेफ़ : *(इवानोफ़ से)* तुम इस जोकर को निकाल बाहर क्यों नहीं करते?

ज़िनाइदा : *(चौंककर)* बात तो सही है, मेरे दिमाग़ में तो यह .खयाल आया ही नहीं!

बोरकिन : *(हाथों को ऊपर नीचे करता है)* मैं हरक़त के बगैर नहीं रह सकता। मम्मी डियर, कोई अनोखा खेल खेला जाए मारफ़ा इगोरवूना, आज मैं बहुत अच्छे मूड में हूँ...फार्म में हूँ। *(गाता है)* "बन्दा हाज़िर है जनाब।"

ज़िनाइदा : प्लीज कुछ न कुछ कीजिए, सब बोर हो रहे हैं।

बोरकिन : जनाब, यह आप सब लोग मुँह लटकाये क्या बैठे हैं? जैसे कि कोर्ट में हलफ़ उठवाने वाले...आइए, कुछ सोचें...क्या पसन्द करेंगे—चोर...चोर, रस्सी कूदना, छुप्पा-छुप्पी, नाच या आतिशबाजी?

लड़कियाँ : *(ताली बजाकर)* आतिशबाज़ी—आतिशबाज़ी *(दौड़ती हुई बाग में जाती है।)*

साशा : *(इवानोफ़ से)* आज आप इतने चुप-चुप क्यों हैं?

इवानोफ़ : सिर में दर्द हो रहा है शूरचका, और फिर बोरियत भी।

साशा : चलिए ड्राइंगरूम में चलें।

(दायें दरवाजे की तरफ जाते हैं, ज़िनाइदा सवीशना और लेबिदेफ़ को छोड़कर सब बाग में चले जाते हैं।)

ज़िनाइदा : यह है असली नौजवान! आये देर नहीं हुई और सबका मूड अच्छा कर दिया *(बड़े लैम्प को धीमा करती है)* जब तक सब लोग बाग में हैं, इन्हें जलाये रखना बेकार है *(मोमबत्तियाँ बुझाती है।)*

लेबिदेफ़ : *(उसके पीछे जाते हुए)* जूजुश्का, मेहमानों को कुछ खाने को नहीं दोगी?

ज़िनाइदा : उफ़! कितनी ज्यादा मोमबत्तियाँ जल रही हैं? लोग बेवजह नहीं कहते कि हम बहुत अमीर हैं *(मोमबत्तियाँ बुझाती है)*

लेबिदेफ़ : *(उसके पीछे चलते हुए)* जूजुश्का, मेहमानों की कुछ तो खातिर करनी चाहिए...जवान लोग हैं, भूख लगी होगी, बेचारे... जूजुश्का...?

ज़िनाइदा : ग्राफ़ ने तो पूरी चाय तक नहीं पी...बेकार में शकर का नुकसान हुआ *(बायें दरवाजे से बाहर जाती है)*

लेबिदेफ़ : थू...*(बाग़ में जाता है)*

(6)

(इवानोफ़ और साशा)

साशा : *(इवानोफ़ के साथ दायें दरवाज़े से अन्दर आती है)* सब लोग बाग में चले गये।

इवानोफ़ : बात यह है शूरचका, कि पहले तो मैं काम भी बहुत करता था और सोचता भी बहुत था फिर भी कभी थकान नहीं महसूस होती थी...अब तो न कुछ करता हूँ, न कुछ सोचता हूँ फिर भी जिस्म और दिमाग़ थके-थके लगते हैं। मेरा ज़मीर दिन-रात मुझे कोसा करता है। मैं महसूस करता हूँ कि बहुत बड़ा मुज़रिम हूँ। मगर मेरा जुर्म क्या है? मेरी समझ में नहीं आता। उस पर बीवी की बीमारी, पैसे की कमी...हर वक्त की तू-तू, मैं-मैं, बुराइयाँ, बेकार की बातें, यह अहमक बोरकिन...मुझे अपना घर काटने को दौड़ता है और उसमें रहना मेरे लिए कैदख़ाने से बदतर है। तुमसे दिल की बात कर रहा हूँ, शूरचका मुझे तो अब अपनी बीवी के पास बैठना भी बोझ लगने लगा है। हालाँकि वह मुझसे प्यार करती है। तुम तो मेरी पुरानी दोस्त हो, तुम्हें मेरी साफ़गोई बुरी नहीं लगनी चाहिए। तुम्हारे यहाँ आया था कि दिल बहलेगा, लेकिन यहाँ भी बोरियत हो रही है, फिर घर भागने को दिल चाहता है...माफ करना, मैं अभी चुपके से चला जाऊँगा।

साशा : निकोलाई अलिक्सेइविच, में आपको समझती हूँ। आपकी बदनसीबी यह है कि आप अकेले हैं...आपके पास तो उस आदमी को होना चाहिए जिसे आप प्यार करते हों और जो आपको समझता हो...आपका इलाज सिर्फ मोहब्बत है।

इवानोफ़ : यह और सुनो, शूरचका, बस यही बचा है कि मैं एक बूढ़ा, भीगा मुर्गा किसी से इश्क लड़ाने लगूँ...खुदा मुझे इस बदनसीबी से तो बचाये, नहीं, मेरी अक्लमन्द दोस्त, मेरा इलाज रोमांस नहीं...मैं कसम खाकर कहता हूँ कि मैं सब कुछ सह सकता हूँ—उदासी, दिमाग़ी परेशानी, माली नुकसान, बीवी की मौत, वक्त से पहले बुढ़ापा और अकेलापन मगर यह नहीं सह सकूँगा कि अपनी नज़रों में खुद गिर जाऊँ। मैं यह सोचकर ही शरम से गड़ जाता हूँ कि एक सेहतमंद ताकतवर इनसान होते हुए भी हैमलेट, मनफ्रेड और दूसरे गैरज़रूरी लोगों की तरह या

पता नहीं क्या बन गया हूँ। कुछ ऐसे बदनसीब होते हैं जो हैमलेट या गैर-ज़रूरी लोग कहकर पुकारा जाना अपनी तारीफ़ समझते हैं। मगर मैं इसे अपनी बेइज़्ज़ती समझता हूँ। इससे मेरी खुद्दारी को धक्का लगता है। शर्म आती है मुझे। और मैं उदास हो जाता हूँ...

साशा : *(मज़ाक में आँसुओं के बीच)* निकोलाई अलिक्सेइविच, चलिए अमरीका भाग चलें।

इवानोफ़ : मुझे दरवाज़े की चौखट तक चलना दूभर है और तुम अमरीका जाने की बात कर रही हो?

(बाग़ वाले दरवाज़े की तरफ़ जाते हैं)

सचमुच, शूरा, तुम्हें भी तो यहाँ बड़ी घुटन होती होगी। जब मैं तुम्हारे चारों तरफ फिरने वाले नौज़वानों को देखता हूँ तो मेरा दिल घबराने लगता है। किससे करोगी तुम शादी? हाँ बस एक उम्मीद है कि इधर से गुजरने वाला कोई फौज़ी या स्टूडेण्ट तुमको देखे और चुराकर ले जाए...

(7)

(ज़िनाइदा सवीशना बायें दरवाज़े से हाथ में मुरब्बे का मर्तबान लिए निकलती है)

इवानोफ़ : माफ़ करना, शूरचका, तुम चलो मैं आता हूँ।

(साशा बाग में जाती है)

ज़िनाइदा सवीशना, आप से एक बात कहनी है?

ज़िनइदा : कहिये क्या बात है, निकोलाई अलिक्सेइविच?

इवानोफ़ : *(हिचकिचाते हुए)* देखिए, बात दरअसल यह है...कि परसों सूद चुकाने का दिन है। आपका मेरे ऊपर बड़ा एहसान होगा अगर आप मुझे कुछ वक्त और दे दें। या फिर असल के साथ यह सूद भी जोड़ दें।

जिनाइदा : *(घबराकर)* निकोलाई अलिक्सेइविच! यह कैसे हो सकता है? यह कौन-सा तरीका है? ऐसा तो ख़याल भी दिल में न लाइएगा। हाथ जोड़ती हूँ मुझ दुखिया को और दुखी मत कीजिए।

इवानोफ़ : माफी चाहता हूँ...माफ कीजिएगा *(बाग में जाता है)*

ज़िनाइदा : उफ़! बाप रे, उसने तो मुझे डरा ही दिया...पूरी काँप रही हूँ...कैसी काँप रही हूँ! *(दायें दरवाजे से निकल जाती है)*

(8)

कसीख़ : *(बायें दरवाजे से निकलता है और स्टेज पर टहलता है)* मेरे पास ईंट का इक्का, बादशाह, बेग़म, गुलाम, और अट्‌ठा थे, हुकम का इक्का और...जी हाँ, एक छोटा सा दिल, खुदा समझे उसको पीट न सका।

(दायें दरवाजे से बाहर जाता है)

(9)

(अव्दोत्या नज़ारव्ना और मेहमान नं. 1)

अव्दोत्या : **(मेहमान नं. 1 के साथ बाग से बाहर आते हुए)** दिल हो रहा है कि उसको कच्चा चबा डालूँ, कंजूस बुढ़िया...उफ़! कितना मज़ा आएगा उसको चबाने में...क्या मज़ाक है, पाँच बजे से यहाँ बैठी हूँ कम से कम सड़ी मछली...ही खिलाई होती। वाह! वाह! क्या घर है! और क्या गृहस्थी है!

मेहमान नं. 1 : मैं इतना ऊब गया हूँ, दिल चाहता है कि दौड़ू और दीवार से सिर टकरा दूँ हूँ! क्या लोग हैं, खुदा उन्हें समझे...इतनी बोरियत और भूख से तंग आकर तो आदमी भेड़िया बन सकता है और लोगों को खाने दौड़ सकता है।

अव्दोत्या : मैं भी बड़ी खुशी से उसको चबा सकती हूँ—पापिन कहीं की!

मेहमान नं. 1 : पियूँगा और...फिर सीधा घर...बुढ़िया तेरी लड़कियाँ भी अच्छी नहीं लगतीं। कहाँ की मुहब्बत? दोपहर के खाने के बाद से एक गिलास पानी भी हलक़ से नहीं उतरा...

अव्दोत्या : क्या करें? चलकर खुद ही कुछ ढूँढें?

मेहमान नं. 1 : शी—धीरे से, मेरा ख़याल है कि डाइनिंग रूम की अलमारी में कुछ खाने को रखा है...इगोरूशका को मैं सँभाल लूँगा...शी...

(बायें दरवाजे से बाहर जाते हैं)

(10)

(आन्ना पित्रोवना और ल्वोफ़ दायें दरवाजे से अन्दर आते हैं)

आन्ना पित्रोवना : घबराओ नहीं, हमको देखकर तो सब खुश होंगे...यहाँ तो कोई नहीं, शायद बाग में हों...

ल्वोफ़ : मैं पूछता हूँ, आप मुझे यहाँ किसलिए लाई हैं? गिद्धों के झुण्ड

में। हम दोनों की जगह यहाँ नहीं...ईमानदार लोगों को ऐसे माहौल से दूर भागना चाहिए।

आन्ना पित्रोवना : सुनिए मिस्टर ईमानदार...किसी लेडी के साथ आकर सारे रास्ते सिर्फ अपनी ईमानदारी का गीत गाना, एक तरह की बद्तमीज़ी है। हो सकता है कि यह भी आपकी ईमानदारी हो, लेकिन इससे बोरियत तो होती ही है। औरतों के सामने अपनी नेकियों की बात कभी न कीजिए, उनको खुद पता लगाने दीजिए। मेरा निकोलाई, जब वह आपकी तरह था, औरतों के साथ बैठकर हमेशा गाने गाया करता था और मन-गढ़न्त किस्से सुनाया करता था, मगर हर औरत जानती थी कि वह किस तरह का आदमी है।

ल्वोफ़ : मेरे सामने अपने निकोलाई की बात मत किया कीजिए, मैं उसे खूब अच्छी तरह जानता हूँ। मैं उसे खूब अच्छी तरह जानता हूँ।

आन्ना पित्रोवना : आप एक अच्छे आदमी हैं। लेकिन आप कुछ नहीं समझते। चलिए बाग़ में चलें। निकोलाई ने तो कभी भी इस तरह नहीं कहा "मैं एक ईमानदार आदमी हूँ मेरा इन लोगों में दम घुटता है", "गिद्धों का झुण्ड या उल्लुओं का घोंसला", "गिरगिट" वगैरह-वगैरह जंगलियों को वह ख़ामोशी से छोड़ दिया करते थे। अगर कभी गुस्सा आया तो मैंने उनके मुँह से बस इतना सुना..."उफ़ आज मैंने बड़ी ज्यादती की" या "अनूता, मुझे इस आदमी पर तरस आ रहा है।" बस! इतना! और आप...

(जाते हैं)

(11)

(अव्दोत्या नज़ारव्ना और मेहमान नं.-1)

मेहमान नं. 1: *(बायें दरवाजे से अन्दर आते हुए)* डाइनिंग रूम में तो है नहीं, स्टोर में कहीं हो। चलकर इगोरूशका को फुसलाते हैं। चलो ड्राइंगरूम की तरफ़ से चलते हैं।

अव्दोत्या : उफ़! दिल चाहता है उसको कच्चा खा जाऊँ।

(दायें दरवाजे से बाहर जाते हैं)

(12)

बबाकिना, बोरकिन और शबेल्स्की *(बबाकिना और बोरकिन हँसते हुए बाग़ से दौड़ कर आते हैं, उनके पीछे हँसते हुए और हाथ मलते हुए दुल्की चाल चलता शबेल्स्की है)*

बबाकिना : कितनी बोरियत है! *(ज़ोर से हँसती है)* उफ़! कितनी बोरियत है, सब इस तरह चल रहे हैं या बैठे हैं जैसे कि लोहे के गोले निगल लिए हों। बोरियत के मारे सब हड्डियाँ जम कर रह गयी हैं। *(उछलकर)* कुछ उछल-कूद करनी चाहिए।

(बोरकिन उसे कमर से पकड़ता है और गाल पर प्यार करता है।)

शबेल्स्की : *(ज़ोर से हँसता है और उँगलियाँ चटखाता है)* भाड़ में जाए *(कराहते हुए)* एक तरह से तो...

बबाकिना : छोड़िये...छोड़िये मेरे हाथ, बेशर्म कहीं के, देखिये तो ग्राफ़ पता नहीं क्या सोचेंगे...छोड़िये भी...

बोरकिन : मेरे दिल की तमन्ना! मेरी ज़िन्दगी का अरमान! *(प्यार करता है)* मुझे दो हज़ार तीन सौ रूबल उधार दे दो।

बबाकिना : न-न-हीं...सब कुछ कहिये पर पैसे की बात मत कीजिए...बड़ा एहसान होगा आपका...नहीं-नहीं अब और नहीं, उफ़...छोड़िये मेरे हाथ।

शबेल्स्की : *(दुल्की चाल चलते हुए...)* नन्हीं कबूतरी की अपनी शान है!

बोरकिन : *(संजीदगी से)* बस बहुत हो चुका। अब काम की बात हो जानी चाहिए...साफ़-साफ़ बात करेंगे। सौदागरों की तरह। आप भी मुझे साफ़ जवाब दीजिएगा बिना किसी टाल-मटोल या नखरों के। हाँ या नहीं। सुनिए! *(ग्राफ़ की तरफ़ इशारा करते हुए)* इनका कम से कम तीन हफ़ार सालाना का खर्च है, उन्हें पैसों की ज़रूरत है और आपको शौहर की...आप ग्राफ़ की बीवी बनना चाहेंगी?

शबेल्स्की : *(ज़ोर से हँसते हुए)* नम्बर एक का बेशर्म है।

बोरकिन : क्या आप ग्राफ की बीवी बनना चाहेंगी? हाँ या नहीं?

बबाकिना : *(घबराये हुए)* मीशा, सचमुच कैसी-कैसी बातें सोचते हो...यह बातें इस तरह नहीं की जातीं, चटपट, इतनी जल्दी में...अगर ग्राफ़ चाहते हैं तो वह खुद कह सकते हैं और मैं...मैं नहीं जानती? पता नहीं कहाँ से अचानक...एकदम...

बोरकिन : बस-बस, बहुत हो चुके नखरे। यह तिजारत है—हाँ या नहीं? शबेल्स्की *(हँसते हुए और हाथ मलते हुए)* क्या सचमुच में...भाड़ में जाए...मैं यह खेल खुद ही क्यों न खेलूँ। ऐं...कबूतरी *(बबाकिना के गाल पर प्यार करता है)* वन्डरफुल ...लालीपाप...

बबाकिना : सुनिए तो...सुनिए तो...आपने तो मुझे परेशान कर डाला...चले जाइये, फौरन चले जाइये...नहीं, नहीं, ठहरिये...

बोरकिन : जल्दी कहो...हाँ या नहीं...हमारे पास वक्त बिलकुल नहीं।

बबाकिना : ग्राफ़ एक काम कीजिए। आप मेरे यहाँ दो-तीन दिन आकर रहिए...हमारे यहाँ बड़ा मजा आता है, यहाँ की तरह बोरियत नहीं...कल ही आ जाइये...*(बोरकिन से)* आप मेरा मज़ाक तो नहीं उड़ा रहे?

बोरकिन : *(नाराज़गी से)* अरे, ऐसी बातों में मज़ाक कौन करेगा?

बबाकिना : ठहरिये-ठहरिये...उफ़! मुझे चक्कर आ रहा है। सर चकरा रहा है मेरा...ग्राफ़ से शादी...मेरा सर चकरा रहा है...मैं गिर रहीं हूँ...*(बोरकिन और ग्राफ़ हँसते हुए उसे हाथों से उठाकर खड़ा करते हैं, और गालों पर प्यार करते हुए दायें दरवाजे से ले जाते हैं)*

(13)

(इवानोफ़, साशा फिर आन्ना पित्रोवना)

(इवानोफ़ और साशा दौड़ते हुए बाग़ से अन्दर आते हैं)

इवानोफ़ : *(घबराकर अपना सिर पकड़ते हुए)* यह नहीं हो सकता... नहीं होना चाहिए, शूरचका, नहीं होना चाहिए...आह! इसकी ज़रूरत नहीं...साशा...*(ज़्बाती होकर)* मैं आपको बहुत चाहती हूँ...आपके बग़ैर मेरे लिए ज़िन्दगी का कोई मतलब नहीं। कोई ख़ुशी और राहत नहीं...मेरी दुनिया आप हैं...

इवानोफ़ : किसलिए? क्यों? उ खुदा! या मेरी तो कुछ समझ में नहीं आता...शूरचका, ऐसा न करो प्लीज...

साशा : मेरे बचपन में भी आप मेरे आइडियल थे। मैं आपको और आपके दिल को उतना ही चाहती थी जितना अपने आपको...और अब... अब निकोलाई अलिक्सेइविच, मैं आपसे प्यार करती हूँ...आपके साथ तो मैं दुनिया के किसी कोने ही में नहीं, जहाँ आप चाहें जा सकती हूँ...चाहें तो क़ब्र में ले जाएँ, मगर खुदा के लिए दर न करें वरना मेरा दम घुट जाएगा।

इवानोफ़ : *(ख़ुशी से भरी हँसी)* इसको क्या कहते हैं? इसका मतलब है कि ज़िन्दगी को फिर से शुरू किया जाए? सच शूरचका? मेरी ख़ुशी...*(उसको अपनी तरफ़ खींचता है)* मेरी जवानी, मेरी ताज़गी! *(आन्ना पित्रोवना बाग़ से अन्दर आती है, पति और साशा को देखकर वहीं जम कर खड़ी हो जाती है)* इसका मतलब है... ज़िन्दगी? हाँ? फिर से काम की ख्वाहिश? *(प्यार करते हैं—प्यार करने के बाद साशा और इवानोफ़ इधर-उधर देखते हैं और आन्ना पित्रोवना को खड़ा पाते हैं)*

(घबराकर)...सायरा!

पर्दा गिराता है।

अंक—तीन

इवानोफ़ का पढ़ने का कमरा, लिखने की मेज़ जिस पर काग़ज़ात, किताबें, सरकारी लिफ़ाफ़े, कुछ इधर-उधर की चीज़ें, रिवाल्वर बिखरे पड़े हैं। काग़ज़ात के पास लैम्प, पानी का जग, एक प्लेट में मछली, रोटी के टुकड़े और खीरे रखे हैं। दीवारों पर नक्शे, तस्वीरें, हथियार, रिवाल्वरें, दराँती, कोड़े और कुछ दूसरी चीज़ें।

(दोपहर का वक्त)

(1)

शबेल्स्की, लेबिदेफ़, बोरकिन, पीटर। **(शबेल्स्की और लेबिदेफ़ लिखने की मेज़ के इधर-उधर बैठे हैं। बोरकिन स्टेज के बीच में कुर्सी के हत्थे पर बैठा है। पीटर दरवाज़े के पास खड़ा है।)**

लेबिदेफ़ : फ्रांस की पॉलिसी साफ़ और सीधी होती है। उन्हें मालूम होता है कि उन्हें क्या करना है? वे तो बस सासेज बेचने वालों की ज़िन्दगी हराम करना चाहते हैं और कुछ नहीं। मगर जर्मनी, मेरे भाई, उनका खेल बिलकुल दूसरा है। जर्मनी की नज़र में, तो फ्रांस के अलावा और भी पनशाखें हैं।

शबेल्स्की : बकवास...मेरे ख़याल में तो जर्मन भी बुज़दिल हैं और फ्रेंच भी हैं वे एक-दूसरे को बस गीदड़ भभकियाँ ही देते हैं—मेरी राय में बात गीदड़ भभकियों तक ही रहेगी, दोनों में से लड़ेगा कोई नहीं।

बोरकिन : मेरे ख़याल में तो लड़ाई की कोई ज़रूरत भी नहीं है। क्या फ़ायदा इस हथियारबन्दी से, मीटिंगों और खर्चों से, मैं होता तो यह करता—देश के सारे कुत्ते जमा करता, उन्हें बड़ा ज़हरीला इंजेक्शन लगवाता और दुश्मन के देश में छोड़ देता। एक महीने में ही मेरे सारे दुश्मन ठीक हो जाते।

लेबिदेफ़ : *(हँसता है)* ज़रा देखो। इसका सिर तो छोटा है, लेकिन दिमाग़ में कैसे-कैसे ख़याल आते हैं। समुद्र में जैसे मछलियाँ।

शबेल्स्की : बड़ा उस्ताद है!

लेबिदेफ़ : खुदा तुम्हें समझे मीशेल, मीशेलविच बड़ा हँसाते हो *(हँसी रोक कर)* यह क्या जनाब? खाली बातें ही बातें! पीने का तो कोई नाम ही नहीं ले रहा। एक जाम और *(तीन गिलासों में वोदका उँड़ेलता है)* चियर्स...पीते हैं और खाते हैं। नमकीन मछली का तो जवाब नहीं।

शबेल्स्की : जी नहीं, खीरा ज़्यादा अच्छा है...दुनिया बनने के शुरू से ही क़ाबिल लोग सोचते चले आ रहे हैं, लेकिन नमकीन खीरे से अच्छी आज तक कोई चीज़ नहीं सोची *(पीटर से)*, नमकीन खीरे और लाओ और हाँ, बावर्ची से कहो कि लहसुन के साथ चार कबाब तल दे—कहना गरम-गरम भेजे।

(पीटर जाता है)

लेबिदेफ़ : वोदका के साथ मछली के अंडे भी बड़ा मज़ा देते हैं—मगर किस तरह? अक्ल की ज़रूरत है—एक चौथाई मछली के अंडे, दो हरी प्याज की गाँठें, जैतून का तेल, इन सबको मिलाओ फिर, देखो क्या मज़ा आता है, उनके ऊपर ज़रा सा नीबू का अरक छिड़क दो तो क्या कहने! उसकी खुशबू ही पागल करने को काफ़ी है।

बोरकिन : तली मछली भी वोदका के साथ बड़ा मज़ा देती है। बस तलना आना चाहिए—पहले मछली साफ़ करते हैं फिर सूखी रोटी के टुकड़ों में लपेट कर और तल कर खूब कड़कड़ी कर लेते हैं, इतनी कि, दाँतों में आने पर कड़कड़ाहट सुनाई दे...कुर्र-कुर्र-कुर्र।

शबेल्स्की : कल बबाकिना के यहाँ भी अच्छी डिश थी—सफ़ेद मशरूम।

लेबिदेफ़ : उसके क्या कहने......

शबेल्स्की : बड़े नये तरीक़े से तैयार की गयी थी। प्याज़ और तेज़पात के पत्तों के साथ कई तरह के मसाले भी डाले गये थे। बरतन जैसे ही खोला गया बड़ी सोंधी खुशबू निकली...बस मज़ा आ गया!

लेबिदेफ़ : क्या करें दोस्तो, वन्स मोर।
(पीते हैं)
सबका जामे सेहत... *(घड़ी देखता है)* लगता है निकोलाई के आने तक नहीं रुक पाऊँगा। अब मुझे चलना चाहिए। तुम बता रहे थे कि बबाकिना के यहाँ मशरूम थी और हमारे यहाँ तो अभी मशरूम की शक्ल तक नहीं दिखी है। अच्छा यह तो बताओ, तुम मरफूत्का के यहाँ इतना क्यों जाने लगे हो?

शबेल्स्की : *(बोरकिन की तरफ़ इशारा करते हुए)* यह जनाब उससे मेरी शादी करा रहे हैं।

लेबिदेफ़ : शादी! क्या उमर होगी तुम्हारी?

शबेल्स्की : 62 साल।

लेबिदेफ़ : बड़ी सही उमर है शादी की! और मरफूत्का के साथ तो जोड़ी खूब जमेगी!

बोरकिन : बात मरफूत्का की नहीं उसके रोकड़े की है।

लेबिदेफ़ : आ-हा...चाहा भी तो क्या...? मरफूत्का की दौलत...मुर्गे के अंडे तो नहीं चाहिए।

बोरकिन : जब शादी हो जाएगी और उसकी जेबें नोटों से भरी होंगी तब मुर्गे के अंडों की बात भूल जाइएगा, तब तो होंठ चाटिएगा—होंठ!

शबेल्स्की : वह तो सीरियस है। यह अक्लमंद इनसान समझता है कि उसका कहना मानते हुए मैं सचमुच शादी कर ही लूँगा।

बोरकिन : तो और क्या? क्या आपको इस बात का यकीन नहीं?

शबेल्स्की : तुम्हारा तो दिमाग़ ख़राब हो गया है। मुझे कब यकीन था? फू...

बोरकिन : शुक्रिया जनाब...आपका बड़ा एहसान है...इसका मतलब है आप मेरी नाक कटवाना चाहते हैं। तो कहते हैं शादी करूँगा, तो कहते हैं नहीं करूँगा...शैतान भी नहीं समझ पाएगा आपको! और मैंने ज़बान दे दी है... इसका मतलब है आप शादी नहीं करेंगे।

शबेल्स्की : *(कन्धे हिलाकर)* तो वह सीरियस था। बड़ा ही अजीब आदमी है।

बोरकिन : *(उलझते हुए)* इस हालत में फिर आपने एक शरीफ़ औरत को उम्मीद क्यों दिलाई? वह खुद को एक ग्राफ़ की बेगम समझने लगी है। न खाती है...न सोती है...ऐसी बातों में मज़ाक नहीं करते...यह कहाँ की शराफ़त है?

शबेल्स्की : *(उँगलियाँ नचाते हुए)* सचमुच...क्यों न इस बेवकूफ़ी का इस्तेमाल किया जाए...अरे सबको जलाने के लिए ही यह शादी कर डालूँ... सच में बड़ा मज़ा आएगा?

(ल्वोफ़ अन्दर आता है)

(2)

लेबिदेफ़ : महान एस्क्लेपियस को सलाम!
(ल्वोफ़ को हाथ देता है) *(गाकर)* डॉक्टर, माई-बाप, प्लीज़ बचाओ मुझे! मौत से मैं मौत ही की तरह डरता हूँ।

ल्वोफ़ : निकोलाई अलिक्सेइविच अभी नहीं आये?

लेबिदेफ़ : नहीं, मैं एक घण्टे से ज़्यादा उनका इन्तज़ार कर रहा हूँ। *(ल्वोफ़ जल्दी-जल्दी स्टेज पर टहलता है)* हाँ, आन्ना पित्रोवना का क्या हाल है?

ल्वोफ़ : बुरा हाल है।

लेबिदेफ़ : *(ठण्डी साँस भरकर)* क्या मैं थोड़ी देर के लिए उन्हें सलाम करने जा सकता हूँ?

ल्वोफ़ : नहीं, प्लीज़, मत जाइए—वह शायद सो रही हैं।

(ख़ामोशी)

लेबिदेफ़ : बड़ी अच्छी और नेक औरत है...
(ठण्डी साँस भरकर) उस दिन हमारे यहाँ शूरचका की बर्थ-डे पार्टी में जब वह गश खाकर गिर पड़ी थी तो मैंने उनके चेहरे पर नज़र डाली और मैं समझ गया कि बेचारी अब कुछ ही दिन की मेहमान है। समझ में नहीं आता कि उस दिन किस वजह से उन्हें गश आ गया था। जब मैं कमरे में दौड़ता हुआ आया तो देखा कि वह फर्श पर बेहोश पड़ी थी। चेहरा पीला हो रहा था पास में निकोलाई घुटने टेके बैठा था। उसका चेहरा भी पीला हो रहा था और शूरचका का चेहरा आँसुओं से भरा था। इस किस्से के बाद मैं और शूरचका एक हफ़्ते तक दीवारों की सी हालत में रहे।

शबेल्स्की : *(ल्वोफ़ से)* ऐ मेरे क़ाबिलों के क़ाबिल! ज़रा यह तो बताओ कि किस क़ाबिल की खोज है कि सीने की बीमारियों का इलाज, वह भी औरतों का, एक जवान डॉक्टर से करवाना फायदेमन्द है। यह तो बड़ी ऊँची खोज है! बेहद ऊँची! ऐसा इलाज एलोपैथी

में है या होम्योपैथी में?

(ल्वोफ़ जवाब देना चाहता है मगर फिर नफ़रत भरी नज़र डालता है और चला जाता है)

उफ़! कितनी ख़तरनाक नज़र थी!

लेबिदेफ़ : और तुम्हारी ज़बान में खुजली होती है, बेकार में उसको नाराज़ कर दिया।

शबेल्स्की : *(गुस्से से)* यह झूठ क्यों बोलता है? टी.बी. है—बचने की कोई उम्मीद नहीं है—मर जाएगी—यह सब झूठ है—मुझे इसी झूठ पर गुस्सा आता है।

लेबिदेफ़ : तुम्हारे पास क्या सुबूत है कि वह झूठ बोल रहा है?

शबेल्स्की : *(उठता है और टहलने लगता है)* मेरे दिमाग़ में यह बात किसी तरह नहीं घुसती कि एक जीता-जागता आदमी बिना किसी वजह के मर जाए—छोड़ो कोई और बात करते हैं।

(3)

कसीख़ : *(हाँफता हुआ दोड़कर अन्दर आता है)* क्या निकोलाई अलिक्सेइविच घर पर हैं? हेलो— *(जल्दी-जल्दी सबसे हाथ मिलाता है)* हैं घर पर?

बोरकिन : नहीं है।

कसीख़ : *(बैठता है फिर उछलकर खड़ा होता है)* तब तो मैं चलता हूँ *(वोदका का गिलास पीता है और जल्दी-जल्दी खाता है)* अब चलूँगा...काम बहुत है...बहुत थक गया हूँ...पैरों पर खड़ा नहीं हुआ जा रहा।

लेबिदेफ़ : कहाँ से उड़े चले आ रहे हो?

कसीख़ : बराबानफ़ के यहाँ से। सारी रात खेलते रहे। अभी खत्म किया है...बुरी तरह हार गया मैं...यह बराबानफ़ चमारों की तरह खेलता है। *(रोनी आवाज़ में)* आप ही ज़रा इन्साफ़ कीजिए। सारे वक्त मेरे पास पान रहा...*(बोरकिन की तरफ़ बढ़ता है जो उछलकर अलग हट जाता है)* और वह ईंट चला—मैं फिर पान, वह ईंट...फिर बिना किसी तुरुप के...*(लेबिदेफ़ से)* हमने चार फूल खेले, मेरे पास इक्का, बेगम और छक्का था। इक्का, दहला और हुकुम की तिग्गी...

लेबिदेफ़ : *(कान बन्द करते हुए)* गेट आउट, गेट आउट खुदा के लिए दफा हो जाओ...

कसीख़ : *(ग्राफ़ से)* समझे आप। इक्का, बेगम, छक्का और इक्का, दहला और तिग्गी हुकुम के...

शबेल्स्की : *(हाथों से उसको धक्का देते हुए)* चले जाओ मैं कुछ सुनना नहीं चाहता।

कसीख़ : अचानक मेरी बद्किस्मती ने हुकुम के इक्के को पहली चाल में ही उड़ा दिया।

शबेल्स्की : *(मेज से रिवाल्वर उठाता है)* चले जाओ वरना गोली मार दूँगा।

कसीख़ : *(हाथ हिलाते हुए)* ख़ुदा समझे...किसी से बात भी करना मुश्किल है जैसे कि सब लोग टापू में रह रहे हों। किसी को किसी से मतलब नहीं...किसी का साथ कोई नहीं देता...हर एक जैसा चाहता है...रहता है...खैर अब मुझे चलना चाहिए...देर हो रही है। *(जल्दी से अपनी टोपी उठाता है)* वक़्त एक कीमती चीज़ है...

(लेबिदेफ़ से हाथ मिलाता है) पास...

(हँसी)

(कसीख़ निकलता है और दरवाज़े में अव्दोत्या नज़ारव्ना से टकरा जाता है)

(4)

अव्दोत्या : *(चीखती है)* ख़ुदा गारत करे तुम्हें! पैर ही उखाड़ दिये मेरे!

सब : आओ-आओ...हर जगह मौजूद रहने वाली।

अव्दोत्या : आप सब यहाँ हैं और मैं पूरे घर में ढूँढ़ती फिर रही हूँ...उड़ते परिन्दों को मेरा सलाम...गुड-एपीटाइट...*(सलाम करती है)*

लेबिदेफ़ : कैसे आना हुआ?

अव्दोत्या : काम से आयी हूँ जनाब, *(ग्राफ़ से)* आप से काम है आलीजनाब... *(झुकती है)* आपको सलाम कहलवाया है और तबीयत का पूछा है। मेरी चन्दा ने यह भी कहलवाया है कि अगर आज शाम को आप नहीं आये तो वह रो-रो कर आँखें .फोड़ लेगी। मेरी गुड़िया ने तो कहा था कि यह बात आपको अलग ले जाकर कान में सबसे छुपा कर कहूँ...मगर छुपा कर क्यों कहूँ? यहाँ तो सब अपने ही लोग हैं। फिर इसमें कोई किसी की चोरी तो है नहीं, यह तो कानूनी और मुहब्बत की बात है जिसमें दोनों ही राज़ी हैं। मैं पापिन, वैसे तो कभी नहीं पीती मगर इस मौके पर ज़रूर पियूँगी।

लेबिदेफ़ : और मैं भी पियूँगा...*(पीता है)* तुम पर तो, पुरानी बुलबुल, वक्त का कोई असर ही नहीं...तीस साल से तुम्हें ऐसा ही देखता आ रहा हूँ।

अव्दोत्या : मैं खुद अपनी उमर भूल गयी हूँ...दो शौहरों को दफ़ना चुकी हूँ...तीसरा भी कर लेती मगर दहेज़ के बिना कोई हाथ ही नहीं पकड़ता। आठ अदद बच्चे हुए...*(गिलास उठाती है)* हमने जो यह नेक काम शुरू किया है खुदा करे ठीक तरह से खत्म भी हो...वे दोनों साथ रहें, ख़ुश रहें और हम उन्हें देख-देख कर ख़ुश हों...हमारी दुआयें और मुहब्बत उनके साथ हैं *(पीती है)* बड़ी तेज़ वोदका है।

शबेल्स्की : *(कहकहा लगाकर लेबिदेफ़ से)* कुछ समझे...और सबसे अजीब बात तो यह है कि वह इसको सच समझ रहे हैं जैसे कि मैं...बड़ी अजीब बात है...*(उठता है)* वैसे, पाशा, अगर सचमुच यह ड्रामा कर लिया जाए—सबको जलाने के लिए..."फिर ले बूढ़े कुत्ते खा"—ऐं, पाशा?

लेबिदेफ़ : ग्राफ! अब बेकार की बक-बक से क्या फ़ायदा? अब हम दोनों को तो आखिरी वक्त के बारे में सोचना चाहिए। मरफूत्का या उसकी दौलत को पाने का वक्त तो कब का गुज़र गया...हमारा वक्त तो खत्म हो चुका है...

शबेल्स्की : नहीं, मैं कर दिखाऊँगा...वादा करता हूँ...कर दिखाऊँगा।

(इवानोफ़ और ल्वोफ़ दाख़िल होते हैं)

(5)

ल्वोफ़ : मैं आपके सिर्फ़ पाँच मिनट लेना चाहता हूँ।

लेबिदेफ़ : निकोलाशा! *(इवानोफ़ की तरफ़ बढ़ता है और उसे गाल पर प्यार करता है)* हेलो, प्यारे दोस्त...पूरे एक घण्टे से तुम्हारा इन्तज़ार कर रहा हूँ।

अव्दोत्या : हुज़ूर, सलाम *(झुकती है)*।

इवानोफ : *(चिढ़कर)* उफ़! आप लोगों ने मेरा कमरा फिर तम्बाकू की बू से भर दिया...हज़ारों बार मैंने सबसे और हर एक से कहा है कि यहाँ सिगरेट मत पिया कीजिए...*(मेज़ के पास आता है)* यह देखो, काग़ज़ों पर वोदका गिरा दी है...रोटी के टुकड़े... खीरे...बड़ी चिढ़ लगती है मुझे इससे...

लेबिदेफ़ : ग़लती हो गयी...निकोलाशा...ग़लती...हो गयी। माफ़ करो, प्यारे दोस्त, मुझे तुमसे एक बड़ी ज़रूरी बात करनी है।

बोरकिन : और मुझे भी।

ल्वोफ़ : निकोलाई अलिक्सेइविच, क्या आप थोड़ा वक्त मुझे दे सकते हैं?

इवानोफ़ : *(लेबिदेफ़ की तरफ़ इशारा करते हुए)* यह भी बात करना चाहते हैं, तुम बाद में बात करना...*(लेबिदेफ़ से)* कहो क्या कहना है?

लेबिदेफ़ : आप लोग, माफ़ कीजिएगा, मैं ज़रा अकेले में बात करना चाहता हूँ...प्लीज़...*(ग्राफ़, अव्दोत्या नज़ारव्ना के साथ जाता है, उनके पीछे बोरकिन फिर ल्वोफ़)*

इवानोफ़ : पाशा, तुम जितना चाहो पियो, यह तुम्हारा मामला है मगर प्लीज़ अंकल को मत पिलाया करो...पहले वह बिलकुल नहीं पीते थे...उनको पीना मना है।

लेबिदेफ़ : *(घबराकर)* मुझे मालूम नहीं था डियर...मैंने तो इस बारे में सोचा ही नहीं...

इवानोफ़ : अगर कहीं यह बूढ़ा बच्चा मर गया तो नुकसान मुझे होगा तुम्हें नहीं...खैर...बोलो क्या बात है?

(ख़ामोशी)

लेबिदेफ़ : प्यारे दोस्त, बात यह है कि...समझ में नहीं आता कैसे शुरू करूँ कि तुम्हें बुरा न लगे...सच कहता हूँ, निकोलाशा, शरम आ रही है मुझे। देखो चेहरा लाल हो गया है, ज़बान लड़खड़ा रही है मगर, प्लीज़, तुम ख़ुद को मेरी जगह रख कर देखो तो समझ जाओगे, कि मैं एक कमज़ोर आदमी हूँ...हब्शी हूँ...बेकार सी चीज़ हूँ...तुम मुझे माफ़ करना...

इवानोफ़ : बात क्या है आख़िर?

लेबिदेफ़ : बीवी ने भेजा है...मुझ पर एहसान करो...दोस्त के नाते तुम उसकी सूद की रकम अदा कर दो...यक़ीन करो मुझे खाती रहती है...जीना दूभर कर दिया है, जान आफत में कर रखी है...पैदा करने वाले की क़सम तुम्हें...उससे पीछा छुड़ा लो...

इवानोफ़ : पाशा, तुम जानते हो कि मेरे पास पैसे नहीं हैं।

लेबिदेफ़ : जानता हूँ, जानता हूँ...मगर मैं क्या करूँ? वह इन्तज़ार करना नहीं चाहती। अगर मुकदमा दायर कर दिया तो मैं और शूरचका तुमसे आँखें मिलाने के क़ाबिल नहीं रहेंगे।

इवानोफ़ : पाशा, मुझे खुद शर्म आ रही है, मुझे ज़मीन निगल ले तो ख़ुशी होगी...मगर...मगर पैसे कहाँ से लाऊँ? तुम ही बताओ, कहाँ से? बस एक ही रास्ता है—पतझड़ तक इन्तज़ार करो, जब मैं अनाज बेचूँगा।

लेबिदेफ़ : *(चिल्लाकर)* मगर वह इन्तज़ार करना नहीं चाहती।

(ख़ामोशी)

इवानोफ़ : तुम्हारी हालत वाकई बड़ी ख़राब और नाज़ुक है मगर मेरी तो उससे भी बुरी है *(टहलता है और सोचता है)* कुछ भी समझ में नहीं आता...बेचने को भी तो कुछ नहीं है।

लेबिदेफ़ : मिल्बाख़ के पास क्यों नहीं जाते...उससे माँगो, उसके ऊपर तो तुम्हारे 16 हज़ार उधार हैं।

(इवानोफ़ बेबसी से हाथ मिलाता है) सुनो निकोलाशा...मैं जानता हूँ कि तुम मुझसे बुरा-भला कहने लगोगे...मगर...इस बूढ़े शराबी की बात मान लो...दोस्ती के नाम पर...मुझे अपना दोस्त समझो—हम दोनों पढ़े-लिखे हैं—आज़ाद ख़याल हैं—दोनों के ख़यालात और दिलचस्पियाँ एक जैसी हैं—दोनों मास्को यूनिवर्सिटी में पढ़े हैं *(रूबल बाहर निकालता है)* मैंने बुरे वक्त के लिए कुछ रूबल बचाकर रखे थे इसके बारे में घर का कोई आदमी नहीं जानता—तुम उधार समझ कर ले लो... *(रूबल निकालता है और मेज पर रखता है)* आत्म-सम्मान की बात मत करना—मुझे दोस्त समझो...अगर मैं तुम्हारी जगह होता तो क़सम से इंकार नहीं करता।

(ख़ामोशी)

यह मेज पर पड़े हैं, पूरे ग्यारह सौ हैं—तुम आज ही उसके पास जाओ और अपने हाथों से उसे दे दो। कहना 'ज़िनाइदा सवीशना, लो कलेजे में घुसेड़ लो।' मगर देखो किसी तरह भी उसे शक न हो कि यह मैंने दिये हैं। खुदा तुम्हारी हिफ़ाजत करे। पता चल गया तो वह मेरा मुरब्बा बना देगी *(इवानोफ़ के चेहरे के पास आकर गौर से देखते हुए)* नहीं...नहीं लोगे **(जल्दी से रूबल मेज पर से उठाता है और जेब में रखता है)** मत लो, मैं तो मज़ाक कर रहा था...खुदा के लिए माफ़ कर दो।

(ख़ामोशी)

दिल डूबा जा रहा है ना?

(इवानोफ़ हाथ हिलाता है)

हूँ...हालात तो...*(ठण्डी साँस भर कर)* तुम्हारे लिए...मेरे भाई...ग़म और मुसीबत का वक़्त है...मेरे भाई इंसान की ज़िन्दगी असल में तो सामावार की तरह होती है—जो हमेशा तो शेल्फ पर सजा नहीं रहता—उसको अंगारों पर भी रखा जाता है—फू...फू...बड़ी ग़लत मिसाल दी है मैंने। मगर इससे बेहतर तो मैं सोच भी नहीं सकता *(ठंडी साँस भर कर)* मुसीबतें आदमी को तपाकर मज़बूत करती हैं। निकोलाशा, मुझे तुम पर ज़रा भी तरस नहीं आ रहा क्योंकि तुम इन मुसीबतों से जरूर छुटकारा पा लोगे। सब कुछ ठीक हो जाएगा। अभी तकलीफ तो होगी—मुझे गुस्सा और अफसोस तो लोगों पर है...मुझे बताओ तो यह अफवाहें कैसे पैदा होती हैं? मेरे भाई, तुम्हारे बारे में यहाँ इतनी अफवाहें फैला रखी हैं कि अगर कोई सुन ले तो किसी भी वक़्त तुम्हारी इन्क्वायरी हो सकती है...तुम क़ातिल हो...ख़ून चूसने वाले हो...लुटेरे हो...

इवानोफ़ : यह सब बकवास है। उफ़! सिर में बड़ा दर्द हो रहा है।

लेबिदेफ़ : क्योंकि तुम सोचते बहुत हो।

इवानोफ़ : मैं कुछ नहीं सोचता।

लेबिदेफ़ : निकोलाशा, तुम सब पर ख़ाक़ डालो और हमारे यहाँ आ जाया करो—शूरचका तुम्हें पसन्द करती है—समझती है और तुम्हारी कद्र करती है। निकोलाई, वह एक नेक और अच्छी इंसान है। शुक्र है कि न मुझ पर पड़ी है और न अपनी माँ पर, ज़रूर किसी अच्छे राहगीर पर पड़ी होगी। भाई, जब उसे देखता हूँ तो मुझे यकीन नहीं आता कि मेरे जैसे मोटे शराबी को ऐसी नेमत मिल सकती है...उसके पास आया करो, बातें किया करो...दिल बहल जाएगा। वह एक सच्ची वफ़ादार इंसान है।

(ख़ामोशी)

इवानोफ़ : पाशा, प्लीज़ मुझे अकेला छोड़ दो।

लेबिदेफ़ : समझता हूँ...समझता हूँ *(जल्दी से घड़ी देखता है)* मैं समझता हूँ *(इवानोफ़ को प्यार करता है)* अच्छा चलता हूँ। मुझे अभी स्कूल की रोशनी देखने जाना है *(दरवाज़े की तरफ़ बढ़ता है फिर रुकता है)* बड़ी समझदार है वह... कल हम और शूरचका अफवाहों के बारे में बात कर रहे थे *(हँसता है)* और उसने बड़ी अच्छी मिसाल दी—“पापा, जुगनू रात में सिर्फ़ इसलिए चमकते हैं कि उसको रात के पक्षी अच्छी तरह देख सकें और खा लें

और अच्छे लोग भी इसीलिए होते हैं ताकि लोग अफवाहों और बदनामी से पेट भर सकें", क्या बात कही है! जीनियस है! जार्ज जान्ड है!

इवानोफ़ : पाशा *(उसे रोकते हुए)* मुझे पता नहीं क्या हो गया है?

लेबिदेफ़ : मैं तुमसे खुद इस बारे में पूछना चाहता था, मगर झेंप लगती थी। मेरे भाई, मैं नहीं जानता, एक तरफ़ से तो मुझे लगता है कि तुमको तरह-तरह की मुसीबतों ने चूर-चूर कर दिया है। दूसरी तरफ़ से जानता हूँ कि तुम इतनी जल्दी टूटने वाले नहीं—मुसीबतें तुमको खत्म नहीं कर सकतीं—निकोलाशा, वजह तो कुछ और ही है। मगर क्या? यह मैं नहीं जानता।

इवानोफ़ : खुद मैं नहीं जानता। मुझे लगता है, या...ख़ैर जाने दो...।

(ख़ामोशी)

जानते हो मैं क्या कहना चाहता था? मेरे यहाँ सिम्योफ़ नाम का एक मज़दूर हुआ करता था—तुम्हें भी याद होगा वह। एक बार उसे गोहाई के वक्त औरतों के सामने अपनी ताक़त दिखाने का ख़याल आ गया। उसने पीठ पर राई के दो बोरे लादे और बूते से बाहर काम किया। जल्द ही वह खत्म हो गया। मुझे लगता है कि मैंने भी बूते से बाहर काम किया। जिम्नाजियम, यूनिवर्सिटी फिर खेती-बाड़ी, स्कूल, प्लान...मैंने हमेशा दूसरों से अलग सोचना चाहा—शादी की तो दूसरों से अलग तरीक़े से—जोशीला था—खतरे लिए। अपना पैसा भी, तुम तो जानते ही हो, बड़ी बेदर्दी से लुटाया, खुशी भी मिली और ग़म भी। इस इलाके में शायद ही कोई इस तरह जिया हो। और पाशा, यही सब मेरी बोरियाँ हैं। मैंने अपनी पीठ पर बूते से ज़्यादा बोझ लाद लिया और कमर टूट गयी। बीस साल की उमर तक तो हम सब खुद को हीरो समझते हैं, हर चीज़ में टाँग अड़ाते हैं—सब कुछ कर सकते हैं और तीस साल तक पहुँचते-पहुँचते थकान महसूस करने लगते हैं—किसी काम के नहीं रहते—इस थकान को तुम क्या...क्या नाम दोगे? वैसे शायद यह बात न हो...ऐसा न हो...न हो—खुदा के लिए पाशा तुम जाओ। तुमको मैंने बहुत बोर किया है।

लेबिदेफ़ : *(जोश से)* जानते हो क्या? तुम्हें मेरे दोस्त, माहौल ने खा लिया है।

इवानोफ़ : फुजूल और दकियानूसी बात। पाशा, अब तुम जाओ।

लेबिदेफ़ : वाकई बेवकूफ़ी है...अब मैं खुद समझ रहा हूँ कि यह बेवकूफ़ी है। जाता हूँ-जाता हूँ *(जाता है)*।

(6)

इवानोफ़ : *(अकेले में)* मैं एक बुरा, हीन और निकम्मा आदमी हूँ। पाशा जैसा बूढ़ा खूसट शराबी ही मेरी इज़्ज़त कर सकता है और पसन्द कर सकता है। उफ़ ख़ुदा! कितनी नफ़रत है मुझे खुद से! मुझे अपनी आवाज़, अपनी आहट, अपने हाथों, अपने कपड़ों, अपने ख़यालात से बेहद नफ़रत है। हँसी की बात भी है, और अफ़सोस की भी। अभी एक साल पहले मैं कितना तन्दुरुस्त और ताक़तवर था—जिन्दादिल, अथक और जोशीला था। इन्हीं हाथों से मैं काम करता था। बात इस तरह करता था कि सख़्त दिल के भी आँसू निकल पड़ते थे। किसी के ग़म को देखकर रो पड़ता था, जुल्म को देखकर भड़क उठता था। मुझे मालूम था कि उमंगें क्या होती हैं? खामोश रातों की रंगीनी और जादू भी जानता था। जब मेज़ के पास बैठे-बैठे सुबह हो जाती थी या दिमाग़ के ऊपर दिल की उमंगों का राज हो जाता था...मुझे भरोसा था आने वाले कल की आँखों में इस तरह से देखता था मानों अपनी माँ की आँखों में देख रहा हूँ...मगर अब...उफ़ मेरे ख़ुदा! थक गया हूँ...भरोसा नहीं है। दिन-रात बिना किसी मतलब के गुज़र रहे हैं। न तो दिमाग़ काम करता है और न ही हाथ-पैर। जायदाद मिट्टी में मिली जा रही है—पेड़ लोग काटे डाल रहे हैं *(रोता है)* मेरी ज़मीनें यतीम सी लगती हैं, मुझे किसी बात का इन्तज़ार नहीं, कोई अफ़सोस नहीं...बस दिल आने वाले कल से डरता है, फिर यह सायरा का किस्सा—ज़िन्दगी भर चाहने की कसमें खाई थीं, खुश रखने का वादा किया था, उसकी आँखों के सामने आने वाले कल का ऐसा नक्शा खींचा था जैसा उसने सपने में भी न देखा होगा...उसने मेरा यकीन किया...मगर मैं पाँच साल तक बस यही देखता रहा कि किस तरह वह अपनी कुरबानियों के बोझ से दब रही है? किस तरह अपने ज़मीर से उसकी लड़ाई चल रही है? उस पर, ख़ुदा गवाह है कि न कभी उसने मुझे टेढ़ी नज़र से देखा और न शिकायत का कोई शब्द ही कहा। उस पर मैंने क्या किया? मेरे दिल से उसकी मुहब्बत ही जाती रही...किस तरह?

क्यों? किसलिए? मेरी समझ में नहीं आता। अब यही देखो—वह मर रही है, उसकी ज़िन्दगी के दिन गिने-चुने हैं और मैं एक डरपोक की तरह उसके पीले चेहरे, अन्दर धँसे सीने और गिड़गिड़ाती आँखों से दूर भागता हूँ...शर्म की बात है, बड़ी शर्म की बात है।

(ख़ामोशी)

बेचारी साशा को मेरी बदनसीबी पर तरस आता है...वह मुझसे—तक़रीबन बूढ़े आदमी से प्यार का इकरार करती है...और मुझ पर एक नशा सा छा जाता है, दुनिया की हर चीज़ भूल जाता हूँ...संगीत के पीछे पागल आदमी की तरह मैं चीखता हूँ "नयी ज़िन्दगी"! "नयी ख़ुशी"! पर दूसरे दिन ही मुझे उस नयी ज़िन्दगी, उस नयी ख़ुशी का उतना ही यक़ीन नहीं रहता जितना भूतों की मौजूदगी पर...मुझे क्या हो गया है? मैं ख़ुद को किस गड्ढे में ढकेल रहा हूँ? मेरे अन्दर यह कमज़ोरी कहाँ से आ गयी? मेरी सहने की ताक़त को क्या हो गया है? अगर मेरी बीमार बीवी ज़रा भी मेरे अभिमान को ठेस पहुँचाती है या फिर नौकर गुस्सा दिलाता है या बन्दूक नहीं चलती है तो मैं इतना बद्तमीज़ और बेरहम हो जाता हूँ कि ख़ुद को पहचानना मुश्किल हो जाता है।

(ख़ामोशी)

मैं कुछ नहीं समझता...कुछ नहीं समझता...कुछ नहीं समझता... दिल चाहता है कि गोली मार लूँ ख़ुद को...

ल्वोफ़ : *(अन्दर आकर)* मैं आपसे कुछ ज़रूरी बातें करना चाहता हूँ—निकोलाई अलिक्सेइविच!

इवानोफ़ : डॉक्टर, अगर रोज़ इसी तरह हम ज़रूरी बातें करते रहे तो जल्दी ही हमारी सारी ताक़त ख़त्म हो जाएगी।

ल्वोफ़ : क्या आप मेरी बातें सुन सकते हैं?

इवानोफ़ : मैं रोज़ ही तुम्हारी बातें सुनता रहता हूँ मगर आज तक नहीं समझ पाया कि तुम आख़िर मुझसे चाहते क्या हो?

ल्वोफ़ : मैं साफ़ और सीधी बात करता हूँ, मुझे सिर्फ़ वह ही नहीं समझ सकता जिसके पास दिल न हो।

इवानोफ़ : यह बात कि मेरी बीवी मर रही है, मैं जानता हूँ—मैं उसका मुजरिम हूँ—यह भी मैं जानता हूँ। तुम एक ईमानदार और साफ़ बात कहने वाले आदमी हो, यह भी जानता हूँ—अब और क्या कहना चाहते हो तुम?

ल्वोफ़ : मुझे इनसान की बेरहमी पर गुस्सा आता है, एक औरत मर रही है, उसकी माँ है, बाप है, जिन्हें वह प्यार करती है और मरने से पहले उनसे मिलना चाहती होगी। माँ, बाप अच्छी तरह जानते हैं कि वह कुछ दिन की मेहमान है और वह अभी भी उन्हें प्यार करती है मगर—लानत है इस सख्त दिली पर—वे अपनी मज़हबी बेरहमी से उसे सज़ा देना चाहते हैं और अभी तक उसे कोसते हैं। आप ही वह आदमी हैं जिसकी खातिर उसने सब कुछ कुरबान कर दिया—माँ-बाप का घर—अपना ईमान। मगर आप हैं कि खुले आम डंके की चोट पर हर रोज़ लेबिदेफ़ के यहाँ जाते हैं।

इवानोफ़ : अरे, वहाँ तो मैं दो हफ़्ते से गया ही नहीं।

ल्वोफ़ : *(अनसुना करते हुए)* आप जैसे लोगों से तो साफ़ बात ही करनी चाहिए, बिना घुमाव-फिराव के। अगर आपको मेरी बात सुनना गवारा नहीं तो मत सुनिए, खरी-खरी बातें करने की तो मेरी आदत है—आप चाहते हैं कि वह मर जाए ताकि नये गुल खिला सकें। ठीक है—मगर इसके लिए क्या आप थोड़ा इन्तज़ार नहीं कर सकते? अगर आप उसे सुकून से मर जाने दें, और अपनी खुली बेरहमी से उसे मारने की कोशिश न करें तो क्या आपकी वह शूरचका और उसका दहेज आपके हाथ से निकल जाएँगे। अगर अभी नहीं तो एक साल बाद, दो साल बाद, आप जादूगर तरतूफ की तरह किसी कमसिन लड़की को वहकाकर उसकी दौलत के मालिक उसी तरह बन जाएँगे जिस तरह सायरा के। मगर आपको इतनी जल्दी क्यों है? आप क्यों चाहते हैं कि आपकी बीवी एक साल या एक महीना भी ज़िन्दा न रहे, बल्कि अभी इस दुनिया से सिधार जाए।

इवानोफ़ : यह जुल्म है! तुम एक अच्छे डॉक्टर तो हो ही नहीं सकते, अगर तुम यह नहीं जानते कि हर आदमी के अन्दर सहने की एक हद होती है। मुझे बड़े ज़ब्त से काम लेना पड़ता है कि इस बेइज़्ज़ती का जवाब न दूँ।

ल्वोफ़ : बहुत हो चुका। अरे, आप किसे बेवकूफ बनाने की कोशिश कर रहे हैं? अब अपने चेहरे पर से नक़ाब उतार ही दीजिए।

इवानोफ़ : तुम एक अक्लमन्द आदमी हो—ज़रा सोचो...तुम समझते हो कि मुझको समझना बहुत आसान है—यही बात है ना? तुम्हारे

ख़याल में मैंने आन्ना पित्रोवना से शादी इसलिए की ताकि खूब ढेर सा दहेज मिले पर चूँकि मुझे दहेज नहीं मिला इसलिए मुझे गुस्सा आया और अब मैं चाहता हूँ कि वह इस दुनिया से चली जाए ताकि मैं दूसरी शादी कर सकूँ और दहेज पा सकूँ—यही बात है ना? कितनी सीधी और आसान बात! तुम आदमी को एक बेजान और बेअक्ल मशीन समझते हो ना! नहीं, डॉक्टर, हममें से हर एक के अन्दर इतने पहिये, कल-पुर्जे और पेंच हैं कि एक दूसरे को पहली मुलाक़ात में समझ लेना या दो-तीन बाहरी बातों को रोशनी में जाँच लेना मुश्किल है, न तो मैं तुमको समझता हूँ और न ही तुम मुझे। यहाँ तक कि हम खुद को ही समझ नहीं पाते—एक अच्छा डॉक्टर होना तो आसान है मगर इनसान को समझना बड़ा मुश्किल है। झूठी अकड़ को छोड़कर मेरी इस बात को मान लो।

ल्वोफ़ : आप समझते हैं कि आप इतने गहरे हैं या मेरे पास अक्ल की इतनी कमी है कि मैं ईमानदारी और बेईमानी में फर्क नहीं कर सकता।

इवानोफ़ : लगता है कि हम कभी एक-दूसरे को समझ नहीं सकेंगे—मैं तुमसे आखिरी बार पूछ रहा हूँ और मेहरबानी करके बग़ैर किसी लगी-लिपटी के जवाब देना कि तुम मुझसे आखिर चाहते क्या हो? तुम्हारा मक़सद क्या है? *(गुस्से से)* और फिर तुम किस हैसियत से मुझसे यह सवाल-जवाब कर रहे हो? मेरे प्रासीक्यूटर की हैसियत से या मेरी बीवी के डॉक्टर की हैसियत से?

ल्वोफ़ : मैं एक डॉक्टर हूँ और एक डॉक्टर की हैसियत से ही हुक्म देता हूँ कि आप अपने तौर-तरीक़े बदल लीजिए। आपका यह सुलूक आन्ना पित्रोवना को मारे डाल रहा है।

इवानोफ़ : मगर मैं क्या करूँ—क्या? तुम जो मुझे, मुझसे ज़्यादा जानने का दावा करते हो, क्या बता सकते हो कि मुझे क्या करना चाहिए?

ल्वोफ़ : कम से कम खुले आम तो ये सब न कीजिए।

इवानोफ़ : उफ़ मेरे खुदा! क्या तुम अपने आपको समझते हो? *(पानी पीता है)* मुझे मेरे हाल पर छोड़ दो। हज़ार बार कह चुका हूँ कि मैं मुज़रिम हूँ—इसका जवाब मैं खुदा के यहाँ दूँगा—मगर तुमको कहाँ से ये हक़ पहुँचता है कि मुझे रोज़ इस तरह कचोंके लगाओ?

ल्वोफ़ : और आपको ये हक़ किसने दिया कि आप मेरे अन्दर की ईमानदारी को मारने की कोशिश करें? आपने मेरी रूह को

तकलीफ़ पहुँचाई है, उसका गला घोंटा है। यहाँ आने से पहले मैं जानता था कि दुनिया में बेवकूफ, पागल और बहके हुए लोग होते हैं मगर मैं कभी नहीं सोच सकता था कि ऐसे भी लोग होते हैं जो जान-बूझ कर जुर्म करते हैं और अपने होश-हवास में खुद को बुराई की तरफ़ मोड़ते हैं। लोगों से मुहब्बत थी मुझे, मैं उनकी इज्ज़त करता था मैं, मगर...मगर मैंने जब से आपको देखा है...

इवानोफ़ : यह मैं पहले भी सुन चुका हूँ।

ल्वोफ़ : क्या वाकई! *(साशा को अन्दर आते देखता है, वह घुड़सवारी के कपड़ों में है)* उम्मीद है अब तो हम एक-दूसरे को खूब अच्छी तरह समझ सकते हैं *(कन्धे हिलाता है और चला जाता है)*

(7)

इवानोफ़ : *(घबराये हुए)* अरे शूरा तुम?

साशा : हाँ मैं, हेलो, अचानक आ गयी ना! तुम इतने दिन से हमारे यहाँ आये क्यों नहीं?

इवानोफ़ : शूरा, ख़ुदा के लिए ये बड़ी बेवकूफी है। तुम्हारा यहाँ आना मेरी बीवी के ऊपर बहुत बुरा असर डाल सकता है।

साशा : वह मुझे नहीं देखेगी, मैं पीछे के दरवाज़े से आयी हूँ और फौरन चली जाऊँगी। मैं तुम्हारे लिए परेशान थी, तुम ठीक तो हो ना? इतने दिनों से आये क्यों नहीं?

इवानोफ़ : मेरी बीवी वैसे ही बहुत दुखी है, मरने को हो रही है और उस पर तुम यहाँ आ गयीं! शूरा...शूरा ये बेवकूफी भी है और ज्यादती भी।

साशा : मगर मैं क्या करती? तुम दो हफ़्ते से आये नहीं, मेरे खतों का भी जवाब नहीं दिया—मैं पागल हो उठी—मुझे लगा कि शायद तुम यहाँ किसी बड़ी तकलीफ में हो या बीमार हो या ज़िन्दा हो नहीं हो। एक रात भी मैं चैन से नहीं सो सकी। अभी चली जाऊँगी, कम से कम इतना तो बता दो तुम्हारी तबीयत ठीक है न?

इवानोफ़ : नहीं, मैंने खुद को परेशान कर लिया है, लोग भी मुझे बेहद तंग कर रहे हैं। अब तो मेरी हिम्मत जवाब दे चुकी है, उस पर तुम मेरी परेशानी और बढ़ा रही हो। उफ़! शूरा, कितनी ग़लत और अजीब बात है यह! शूरा, तुम नहीं जानतीं, मैं कितना बड़ा मुजरिम हूँ—गुनहगार हूँ।

साशा : तुम्हें अजीब और ग़मगीन बातें करने का बहुत शौक है। तुम मुज़रिम हो—यही न? मुज़रिम हो, मगर इतना तो बताओ कि तुम्हारा जुर्म क्या है।

इवानोफ़ : मुझे नहीं मालूम...मैं नहीं जानता।

साशा : यह तो कोई जवाब न हुआ। हर पापी को जानना चाहिए कि उसका पाप क्या है? जाली नोट छापते हो क्या?

इवानोफ़ : क्या बेवकूफी है?

साशा : क्या तुम्हारा यह जुर्म है कि तुम्हें अब बीवी से प्यार नहीं रहा? हो सकता था मगर क्या इनसान को अपने ज़ज्बात पर कभी काबू होता है? या फिर तुम्हारा ये जुर्म है कि जब मैं तुमसे प्यार का इकरार कर रही थी तो उसने देख लिया। नहीं, तुम तो नहीं चाहते थे कि वह देखे।

इवानोफ़ : *(बात काटते हुए)* वगैरह, वगैरह...प्यार शुरू हुआ, प्यार खत्म हुआ...आदमी को खुद पर इख्तियार नहीं...यह घिसी-पिटी बातें हैं, रटे-रटाये जुमले हैं जिनसे कोई फायदा नहीं।

साशा : तुमको समझना बड़ा मुश्किल है *(तस्वीर को देखती है)* कुत्ते की बड़ी अच्छी तस्वीर है—असल है या नकल?

इवानोफ़ : असल है। और हमारी कहानी भी एक आम पुरानी कहानी है—हीरो परेशान था, ज़िन्दगी से बेज़ार था। हीरोइन आती है—ज़िन्दा-दिल, हिम्मतवाली और हीरो की तरफ़ अपना हाथ बढ़ाती है—कहानी अच्छी है मगर किसी नाविल में ही अच्छी लग सकती है असली ज़िन्दगी में तो...

साशा : असली ज़िन्दगी में भी यही होता है

इवानोफ़ : अरे, तुम ज़िन्दगी को अभी समझी ही कहाँ हो? मेरी हाय-हाय तुम्हारे ऊपर एक तरह का गहरा असर डालती है, तुम समझती हो कि तुमने एक दूसरा हेमलेट ढूँढ़ निकाला है—मेरे ख़याल में तो मेरा ये पागलपन अपनी सभी पहचानों के साथ सिर्फ लोगों के मज़ाक का निशाना बन सकता है—और कुछ नहीं। तुम्हें तो मेरे पागलपन पर हँसते-हँसते लोट-पोट हो जाना चाहिए और तुम 'बचाओ, बचाओ' चिल्ला रही हो। मुझे बचाकर एक कारनामा करना चाहती हो—उफ़! आज मुझे अपने ऊपर बड़ा गुस्सा आ रहा है—लगता है कि आज का दिमाग़ी तनाव कुछ न कुछ करके रहेगा—या तो मैं कुछ तोड़ डालूँगा या फिर...

साशा : सच, सच में तुम्हें यही करना चाहिए—कुछ न कुछ तोड़ डालो या फोड़ डालो या चीखना ही शुरू कर दो। गुस्सा तो तुम्हें मुझ पर है, मैंने बड़ी बेवकूफी की जो यहाँ चली आयी—अगर नाराज़ हो तो मुझ पर चिल्लाओ, पैर पटको—चलो शुरू हो जाओ—करो गुस्सा।

(ख़ामोशी)

शुरू करो...

इवानोफ़ : बड़ी अजीब हो तुम!

साशा : बहुत अच्छे...शायद हम लोग मुस्करा रहे हैं, आलीज़नाब, आपकी बड़ी मेहरबानी होगी अगर आप एक बार और मुस्कराने की तकलीफ़ गवारा कर लें।

इवानोफ़ : *(हँसता है)* मैंने यह देखा है कि जब तुम मुझे सँभालने की कोशिश करती हो, या मुझे अक्ल सिखाती हो तो तुम्हारा चेहरा बड़ा मासूम लगने लगता है, आँखों की पुतलियाँ बड़ी हो जाती हैं, लगता है किसी दुमदार तारे की तरफ़ देख रही हो, ठहरो, तुम्हारे कन्धों पर धूल है। *(उसके कन्धों पर से धूल झाड़ता है)* अगर मर्द मासूम लगे तो गधा कहलाता है मगर औरत अपने ऊपर मासूमियत का गिलाफ इस तरह चढ़ाती है कि भोली भी लगती है और प्यारी भी। उस पर बेवकूफ भी नहीं होती। मगर तुम सब की एक अदा समझ में नहीं आती है जब मर्द हट्टा-कट्टा, ताक़तवर और ज़िन्दादिल होता है तो उसको किसी ख़याल में नहीं लाती मगर जैसे ही वह नीचे फिसलने लगता है और ट्रैजिक हीरो बन जाता है तो उसके गले पड़ने लगती हो। क्यों? क्या एक आँसू बहाते नाकाम मर्द की नर्स बनना, एक ताक़तवर बहादुर की बीवी बनने से ज़्यादा अच्छा है?

साशा : हाँ......

इवानोफ़ : मगर क्यों? *(ज़ोर से हँसता है)* शुक्र है कि डारविन इस बारे में नहीं जानता था वरना देता इसका मुँहतोड़ जवाब। तुम लोग इनसान की नस्ल खराब कर रही हो—तुम्हारी रहमदिली की वजह से जल्द ही दुनिया में सिर्फ पागल और आँसू बहाने वाले लोग पैदा होने लगेंगे।

साशा : बहुत-सी बातें मर्दों की समझ से बाहर होती हैं। किसी भी लड़की को एक नाकाम मर्द एक खुशहाल मर्द के मुक़ाबले ज़्यादा अच्छा लगेगा क्योंकि हर लड़की सच्चे प्यार के ख़्वाब देखती है—सच्चा प्यार। समझे? मर्द तो बस काम में लगा

रहता है हर वक़्त। मुहब्बत का नम्बर तो उसकी ज़िन्दगी में तीसरा होता है। बीवी से बातें कर लीं–उसके साथ बाग़ में टहल लिए–कुछ वक़्त अच्छा गुज़ारा–फिर उसकी क़ब्र पर दो आँसू बहा लिए–और बस। मगर औरत के लिए प्यार ज़िन्दगी है–अगर मैं तुमसे प्यार करती हूँ तो इसका मतलब है कि मैं बस यही सोचती रहती हूँ कि तुमको इस घुटन से कैसे छुटकारा दिलाया जाए? मैं दुनिया के दूसरे कोने तक तुम्हारे साथ जा सकती हूँ? तुम अगर ऊँचाई पर होगे तो मैं भी तुम्हारे साथ हूँ, अगर गड्ढे में गिरने लगोगे तो मैं भी गिरूँगी। मिसाल के लिए सारी रात तुम्हारे काग़ज़ात नकल करना या सारी रात जाग कर ये ख़याल रखना कि तुमको कोई जगा न दे या फिर पैदल तुम्हारे साथ सैकड़ों मील चलना मैं अपनी खुशनसीबी समझूँगी। मुझे याद है तीन साल पहले एक बार गोहाई के ज़माने में तुम हमारे यहाँ आये–पूरे धूल में अटे थे–धूप से तपे और थके हुए–पीने को पानी माँगा। मगर जब मैं पानी का गिलास लेकर लौटी तो तुम सोफे पर लेटे मुर्दों की तरह बेख़बर सो रहे थे–आधा दिन तुम इसी तरह सोते रहे और मैं सारा वक़्त दरवाज़े के पास खड़ी चौकीदारी करती रही कि कोई आ न जाए। और मुझे इतनी खुशी हुई इस काम में! जितनी ज़्यादा तकलीफ़ उठाओ प्यार उतना ही सच्चा होता है। मेरा मतलब है उसको उतना ही ज़्यादा महसूस किया जाता है।

इवानोफ़ : सच्चा प्यार! हूँ! दिमाग़ की खराबी है यह! औरतों का फलसफा और बस...या हो सकता है कि प्यार ऐसा ही होना चाहिए *(कन्धे हिलाता है)* खुदा ही जाने! *(हँसकर)* शूरा, क़सम से मैं एक शरीफ आदमी हूँ, तुम खुद ही फैसला करो...मुझे भी फलसफ़ा बघारने का बड़ा शौक है...मगर ज़िन्दगी में मैंने यह कभी नहीं कहा कि, "हमारी औरतें बिगड़ी हुई हैं" या "यह औरत ग़लत रास्ते पर चल रही है।" मैं हमेशा एहसानमन्द रहा हूँ और बस...बस कुछ और नहीं...मेरी प्यारी गुड़िया, तुम कितनी अच्छी और दिलचस्प हो...और मैं...मैं एक बेवकूफ़ गधा...ईमानदार आदमियों को परेशान करता हूँ...सारा-सारा दिन दुखी गाने गाता हूँ *(हँसता है)* बू–बू–बू *(जल्दी से पीछे हटता है)* साशा अब तुम जाओ–हम भूल रहे हैं कि...

साशा : हाँ, अब मुझे चलना चाहिए, ख़ुदा हाफिज़, डरती हूँ कि अपने

फ़र्ज से मज़बूर होकर तुम्हारे ईमानदार डॉक्टर ने मेरे आने की ख़बर कहीं आन्ना पित्रोवना को न दे दी हो। मेरी एक बात मानो, अभी इसी वक्त अपनी बीवी के पास जाओ और उसके पास बैठो...आज बैठे रहो...कल, परसों—अगर एक साल बैठना पड़े तो बैठो...दस साल वह ज़िन्दा रहे तो दस साल बैठो...अपना फ़र्ज पूरा करो...ग़म मनाओ...उससे माफ़ी माँगो... रोओ...यह सब ऐसा ही होना चाहिए...मगर शर्त यह है कि काम को न भूलो।

इवानोफ़ : मुझे फिर ऐसा लग रहा है मानो गले तक मैंने मेढकों का शोरबा पी लिया हो।

साशा : पैदा करने वाला तुम्हारी हिफ़ाजत करे। चाहो तो मेरे बारे में बिलकुल मत सोचो...अगर हफ़्ते, दो हफ़्ते में एक-आध लाइन लिख दोगे तो तुम्हारी मेहरबानी...हाँ, मैं तुम्हें बराबर लिखती रहूँगी।

(बोरकिन दरवाज़े से अन्दर झाँकता है)

(8)

बोरकिन : निकोलाई अलिक्सेइविच, क्या मैं अन्दर आ सकता हूँ *(साशा को देखकर)* माफ़ कीजिएगा, मैंने आपको देखा नहीं **(अन्दर आता है)** गुड मार्निंग! *(झुककर सलाम करता है)*

साशा : *(घबराकर)* हेलो!

बोरकिन : आप कुछ मोटी हो गयी हैं। बड़ी अच्छी लग रही हैं।

साशा : *(इवानोफ़ से)* अच्छा तो मैं चलती हूँ। निकोलाई सिरगेइविच, जाती हूँ मैं *(जाती है)*

बोरकिन : क्या चीज़ है! आया था मैं सूखी बातें करने, उसे देख कर दिमाग़ में शायरी भर गयी **(गाता है)**

"तुम नज़र आये ऐसे मुझको
पतंगा पकड़े जैसे रोशनी को"

(इवानोफ़ तेज़-तेज़ स्टेज पर चलता है)

(बोरकिन बैठता है) उसमें, निकोलाई, कुछ ऐसी बात है जो दूसरों में नहीं मिलती—ठीक कह रहा हूँ ना। कोई ख़ास बात, कोई अनोखी चीज़! *(ठण्डी साँस लेकर)* वैसे भी सबसे अमीर लड़की है पूरे इलाके की—मगर माँ इतनी ख़तरनाक चीज़ है कि कोई उससे रिश्ता जोड़ना नहीं चाहेगा। उसके मरने के बाद

तो सब कुछ शूरचका को ही मिलना है। अगर मरने से पहले शादी हो गयी तो 10 हज़ार और कुछ चीज़ें मिलेंगी बस—उस पर माँ चाहेगी कि उसके पैर छुये जाएँ *(जेबें टटोलता है)* सिगार पियोगे? डेलस मज़ोरस है? *(सिगार केस आगे बढ़ाता है)* अच्छे हैं पिये जा सकते हैं।

इवानोफ़ : *(बोरकिन के पास आता है, गुस्से से हाँफता हुआ)* इसी वक्त तुम मेरे घर से दफ़ा हो जाओ—फौरन ही!

(बोरकिन थोड़ा उठता है सिगार गिर जाता है)

गेट-आउट...

बोरकिन : निकोलस क्या हुआ तुमको? तुम इतना नाराज़ क्यों हो रहे हो?

इवानोफ़ : पूछते हो क्यों? यह सिगार तुम्हारे पास कहाँ से आये? तुम समझते हो कि मुझे नहीं मालूम कि हर रोज़ तुम ग्राफ़ को कहाँ और क्यों ले जाते हो?

बोरकिन : *(कन्धे हिलाकर)* तुमको इससे क्या मतलब?

इवानोफ़ : तुम एक बदमाश आदमी हो, तुम्हारी नीच हरकतों की वजह से, जो तुम इस बस्ती में कर रहे हो, लोगों की नज़रों में मैं एक बेईमान आदमी बन गया हूँ—मेरा तुमसे कोई वास्ता नहीं। और मेरी गुज़ारिश है कि तुम फौरन मेरे घर से चले जाओ *(तेज़-तेज़ चलता है)*

बोरकिन : मैं जानता हूँ कि ये सब बातें तुम गुस्से में कह रहे हो—इसीलिए मैं बुरा नहीं मानूँगा—जितना चाहो मुझे ज़लील कर लो *(सिगार उठाता है)* और अपनी इस बीमारी का इलाज कराओ, तुम अब स्कूली लौंडे नहीं हो।

इवानोफ़ : तुमने सुना नहीं, मैंने क्या कहा?

(गुस्से से) तुम मेरी मज़ाक उड़ा रहे हो।

(आन्ना पित्रोवना दाखिल होती है)

(9)

बोरकिन : लो आन्ना पित्रोवना भी आ गयी, मैं चलता हूँ *(जाता है)*

(इवानोफ़ मेज के पास रुकता है और सिर झुकाकर खड़ा हो जाता है)

आन्ना पित्रोवना : *(थोड़ी ख़ामोशी के बाद)* वह यहाँ क्यों आई थी?

(ख़ामोशी)

मैं तुम ही से पूछ रही हूँ वह यहाँ क्यों आई थी?

इवानोफ़ : अनूता, मुझसे कुछ मत पूछो...

(ख़ामोशी)

मैं तुम्हारा मुज़रिम हूँ जो चाहो सज़ा दे सकती हो, मैं सब सह लूँगा..बस...कुछ पूछो मत...मुझमें जवाब देने की ताक़त नहीं।

आन्ना पित्रोवना : *(गुस्से से)* वह यहाँ क्यों आई थी?

(ख़ामोशी)

तो तुम ऐसे हो! अब मैं तुमको समझ गयी हूँ। आखिर मुझे पता चल ही गया कि तुम किस तरह के आदमी हो—बेईमान, नीच...याद है जब तुम मुझसे मिले थे और झूठे प्यार का दावा किया था, तो मैं यकीन कर बैठी थी, मैंने अपने माँ-बाप, अपना मज़हब, सब कुछ छोड़ दिया और तुम्हारे साथ चल दी। तुमने मुझसे सच्चाई, शराफ़त और अपने ऊँचे इरादों की बात की और मैं तुम्हारी हर बात पर यकीन कर बैठी।

इवानोफ़ : अनूता, मैंने तुमसे कभी भी झूठ नहीं बोला।

आन्ना पित्रोवना : तुम्हारे साथ मैंने पाँच साल गुज़ारे...परेशान रही...बीमार रही... मगर तुमसे प्यार करती रही और तुम्हें एक मिनट के लिए भी अकेला नहीं छोड़ा...तुम मेरे लिए एक देवता थे...और क्या मिला मुझे? सारे वक्त तुम मुझे कमीनगी से धोखा ही देते रहे।

इवानोफ : अनूता, झूठ मत बोलो...हाँ, मैंने ग़लतियाँ की हैं, ज़रूर की हैं। मगर ज़िन्दगी में कभी भी झूठ नहीं बोला...तुम मुझ पर यह इल्ज़ाम नहीं लगा सकतीं।

आन्ना पित्रोवना : अब सब कुछ समझ में आ गया है...तुमने मुझसे शादी की थी और सोचा था कि कुछ दिन बाद मेरे माँ-बाप मुझे माफ़ कर देंगे और मुझे दौलत देंगे...तुमने यही सोचा था न...

इवानोफ़ : उफ़ खुदाया! अनूता, इस तरह मेरे सब्र का इम्तहान मत लो... *(रोता है)*

आन्ना पित्रोवना : चुप रहो...और जब देखा कि दौलत नहीं मिली तो दूसरा खेल शुरू कर दिया...अब मुझे सब कुछ याद आ रहा है और समझ में भी आ रहा है *(रोती है)* तुम्हें मुझसे कभी भी प्यार नहीं था और न कभी मेरे वफ़ादार रहे...कभी नहीं...

इवानोफ़ : यह झूठ है, सायरा, और जो चाहो कह लो मगर झूठा कहकर मेरी बेइज्ज़ती मत करो।

आन्ना पित्रोवना : बेईमान, नीच! तुमने लेबिदेफ़ से कर्ज़ ले रखा है और अब इस कर्ज से बचने के लिए उसकी लड़की को फँसा रहे हो।

फिर उसे भी धोखा दोगे जैसे मुझे दिया–क्या यह झूठ है?

इवानोफ़ : *(हाँफते हुए)* चुप रहो...खुदा के लिए चुप हो जाओ...मैं आपे से बाहर हो रहा हूँ...गुस्से से मेरा दम घुट रहा है। मैं...मैं भी तुम्हारी बेइज्ज़ती कर सकता हूँ...

आन्ना पित्रोवना : तुम हमेशा बेशर्मी के साथ मुझे धोखा देते रहे हो...फिर मुझ अकेली को ही नहीं...अपनी नीच हरकतों को तुमने बोरकिन पर लादा है मगर अब मुझे पता चल गया कि यह हरकतें कौन करता था।

इवानोफ़ : सायरा, ख़ामोश हो जाओ...चली जाओ यहाँ से वरना मेरी जुबान से भी कुछ निकल जाएगा। मैं भी कोई तकलीफदेह या बेइज्ज़ती करने वाली बात कह बैठूँगा *(चिल्लाकर)* ख़ामोश हो जा यहूदन।

आन्ना पित्रोवना : नहीं चुपूँगी...बहुत दिनों से तुमसे धोखा खाती चली आ रही हूँ अब चुप नहीं रहा जाता...

इवानोफ़ : तो तुम नहीं चुपोगी *(ख़ुद से उलझते हुए)* खुदा के लिए...

आन्ना पित्रोवना : जाओ और लेबिदेफ़ की लड़की को धोखा दो।

इवानोफ़ : तो सुनो की तुम...बहुत जल्द ही मर जाओगी...मुझे डॉक्टर ने बताया है कि तुम अब कुछ ही दिनों की मेहमान हो...

आन्ना पित्रोवना : *(बैठती है, मरी आवाज़ में)* कब कही उसने यह बात?

(ख़ामोशी)

इवानोफ़ : *(अपना सिर पकड़ता है)* उफ़! यह मैंने क्या किया? खुदाया, मैं कितना बड़ा मुज़रिम हूँ। *(सिसकियाँ भर कर रोता है)*

पर्दा गिरता है

(तीसरे और चौथे एक्ट के बीच लगभग एक साल का अन्तर)

अंक–चार

(लेबिदेफ़ का ड्राइंगरूम-हाल और ड्राइंगरूम के बीच एक मेहराब–दायें-बायें दरवाज़े–ताँबे के पुराने बरतन, खानदान के मेम्बरों की तस्वीरें–चारों तरफ़ सजावट, एक पियानो, उस पर वायलन रखा है, पास में वायलनचेलो है। पूरे एक्ट के दौरान हाल में मेहमान शाम का ड्रेस पहने इधर से उधर गुज़रते हैं)

(1)

ल्वोफ़ : **(अन्दर आता है, घड़ी देखकर)** चार बज चुके हैं—अब रस्मों वगैरह का सिलसिला शुरू हो जाएगा—दुआएँ देंगे और फिर शादी के लिए रवाना हो जाएँगे। वाह! क्या यही है सच्चाई और ईमानदारी का इनाम! सायरा को लूट नहीं पाया तो उसको सता-सता कर क़ब्र तक पहुँचा दिया और अब दूसरी ढूँढ़ ली—इसके सामने भी खूब एक्टिंग करेगा, जब तक उसको लूट नहीं लेगा। और उसके बाद उसे भी वहीं पहुँचा देगा जहाँ बेचारी सायरा है—लुटेरों की पुरानी कहानी।

(ख़ामोशी)

खुशी के मारे दिमाग़ तो सातवें आसमान पर होगा। बुढ़ापे तक बड़े आराम से रहेगा और फिर दिल पर कोई बोझ लिए बग़ैर मर जाएगा। नहीं, मैं दूध का दूध और पानी का पानी करूँगा। जब मैं तेरे मुँह पर से नक़ाब उतारूँगा और सब लोग जान जाएँगे तेरी हक़ीकत, तो तुम सर के बल सातवें आसमान पर से नीचे ऐसे गढ़े में गिरोगे जिसमें से निकलने के लिए तुम्हारी चालाकी काम नहीं आएगी। मैं एक ईमानदार आदमी हूँ। दूसरों की मदद और आँख के अन्धे को रास्ता दिखाना मैं अपना फ़र्ज समझता हूँ। यह फ़र्ज पूरा करूँगा और कल ही इस मनहूस जगह से हमेशा के लिए दफ़ा हो जाऊँगा *(सोच में डूबकर)* मगर करूँ तो क्या करूँ? लेबिदेफ़ से साफ़-साफ़ बात करूँ? नहीं, बिलकुल बेकार होगा। इवानोफ़ को डुएल के लिए ललकारूँ? तमाशा खड़ा करूँ? उफ़ खुदा! मैं एक लड़के की तरह नर्वस हो रहा हूँ। और सोचने समझने की ताक़त ही खो बैठा हूँ। क्या करूँ, डुएल?

(2)

कसीख़ : *(खुश-खुश अन्दर आता है, ल्वोफ़ से)* कल मैंने एक छोटा दाँव लगाया और बड़ा जीत लिया। बस इस बराबानफ़ ने सारा मज़ा किरकिरा कर दिया। हम खेल रहे थे—मैंने कहा बिना ट्रम्प खेलो—उसने पास दिया—मैंने दो बिना ट्रम्प खेले—उसने फिर पास दिया—मैंने दो ईंटें चलीं—फिर तीन फूल, फिर...फिर ज़रा

सोचो? तुम सोच भी नहीं सकते। मैंने शो कहा, और वह इक्का गायब कर गया। अगर उस उल्लू के पट्ठे ने इक्का दिखा दिया होता तो मैं बहुत पहले ही शो करवा लेता।

ल्वोफ़ : माफ़ कीजिएगा, मैं ताश नहीं खेलता इसीलिए मैं आपकी ख़ुशी में शामिल नहीं हो सकता। यहाँ जल्द ही रस्में शुरू होने वाली हैं।

कसीख़ : हाँ लगता तो है। जूजुश्का को होश में लाया जा रहा है, वह तो रो-रो कर पागल हो रही है—दहेज़ जाने का ग़म है।

ल्वोफ़ : और बेटी के जाने का नहीं?

कसीख़ : नहीं, सिर्फ़ दहेज़ जाने का। उसे गुस्सा भी है। शादी हो गयी तो, इसका मतलब हुआ—कर्ज़ गायब। अब दामाद के खिलाफ़ मुक़दमा तो दायर नहीं किया जा सकता।

(3)

बबाकिना : *(खूब बनी-ठनी ऐंठ कर चलती हुई, लवोफ़ और कसीख़ के पास से होती स्टेज पर से गुज़रती है। कसीख़ मुँह पर हाथ रखकर हँसता है। वह मुड़कर देखती है)* फूल!

(कसीख़ हाथों से उसकी कमर सहलाता है और ज़ोर से हँसता है) गँवार!

(चली जाती है)

कसीख़ : *(कहकहा लगाकर)* बिलकुल पगला गयी है। जब तक ग्राफ़िन बनने का भूत नहीं सवार हुआ था, अच्छी-खासी औरत थी। पर अब तो किसी को मुँह ही नहीं लगाती। *(नकल उतारते हुए)* 'गँवार'!

ल्वोफ़ : *(परेशानी से)* सुनिए, एक बात सच-सच बताइये-इवानोफ़ को आप कैसा आदमी समझते हैं?

कसीख़ : बेकार का आदमी है। मोचियों की तरह खेलता है। पिछले साल ईस्टर की बात है—हम खेलने बैठे—मैं, ग्राफ़, बोरकिन और वह। मैंने चाल चली...

ल्वोफ़ : *(काटते हुए)* क्या वह एक अच्छा आदमी है?

कसीख़ : वह...तो...तजुर्बेकार आदमी है। घाट-घाट का पानी पिये है। वह और ग्राफ़ एक ही थैली के चट्टे-बट्टे हैं। जहाँ हाथ मारना आसान हो वह जगह नाक से सूँघ लेते हैं। पहले उस यहूदन को फाँसा, मजे लूटे और अब जूजुश्का की दौलत पर नज़र है।

मैं शर्त लगा सकता हूँ। और अगर झूठा हुआ तो जो चोर की सजा वह मेरी। एक साल के अन्दर ही जूज़ुश्का को कौड़ी-कौड़ी का मोहताज कर देगा। वह जूज़ुश्का को बरबाद करेगा और ग्राफ़ बबाकिना को। दोनों दौलत समेट लेंगे और फिर बाकी ज़िन्दगी बड़े आराम से गुज़ारेंगे। अरे डॉक्टर, आज आप इतने बीमार क्यों लग रहे हैं? चेहरा बिलकुल पीला हो रहा है।

ल्वोफ़ : बस ऐसे ही। कल कुछ ज़्यादा पी ली थी।

(4)

लेबिदेफ़ : *(साशा के साथ अन्दर आता है)* आओ यहीं बैठते हैं। *(ल्वोफ़ और कसीख़ से)* डियर, तुम लोग ज़रा औरतों के पास हाल में चले जाओ। हमें कुछ ज़रूरी बातें करना है।

कसीख़ : *(तारीफ से हाथ हिलाता हुआ साशा के पास से गुज़रता है)* वाह, क्या बात है! बिलकुल तुरुप की बेग़म लग रही हो।

लेबिदेफ़ : जाओ, जाओ, जंगली कहीं के!

(ल्वोफ़ और कसीख़ चले जाते हैं)

बैठो, शूरचका, बात यह है... *(बैठता है और चारों तरफ़ देखता है)* मेरी बात बड़े ध्यान और अदब के साथ सुनो। बात दरअसल यह है...तुम्हारी माँ ने हुक्म दिया है कि मैं तुम से कुछ बातें करूँ...समझीं? मैं अपनी तरफ़ से कुछ भी नहीं कहूँगा...यह तुम्हारी माँ का हुक्म है...

साशा : पापा, जल्दी बोलो!

लेबिदेफ़ : तुम्हें दहेज में 15 हज़ार चाँदी के सिक्के दिये जा रहे हैं... देखो...तुम अच्छी तरह समझ लो ताकि बाद में गड़बड़ न हो। ठहरो...बोलो मत। यह तो हुई एक बात, मगर दूसरी बात भी है—तुम्हें दहेज के नाम पर तो 15 हज़ार दिये जा रहे हैं मगर यह बात ध्यान में रखते हुए कि निकोलाई अलिक्सेइविच पर तुम्हारी माँ के नौ हज़ार कर्ज हैं, इसलिए यह रक़म तुम्हारे दहेज़ से काटी जाएगी। समझीं? फिर इसके अलावा...

साशा : तुम यह सब मुझे क्यों बता रहे हो, पापा?

लेबिदेफ़ : तुम्हारी माँ का हुक्म है।

साशा : मुझे परेशान मत करो। अगर तुम्हारे दिल में मेरे या अपने लिए ज़रा भी इज्ज़त होती तो तुम मुझसे इस तरह की बातें न करते।

नहीं चाहिए मुझे तुम्हारा दहेज! मैंने न तो माँगा है न माँगूँगी।

लेबिदेफ़ : लो तुम तो मुझ पर ही बरस पड़ीं। गोगल की कहानियों में दो चूहे एक-दूसरे को सूँघते हैं और फिर अपनी-अपनी राह चले जाते हैं। और तुम जिद्दी लड़की! तुमने मेरी बात सुनी ही नहीं और मुझ पर झपट पड़ीं।

साशा : तुम बस मुझे अकेला छोड़ दो। मेरे कानों में अपने हिसाब-किताब की बातों से सीसा मत उँड़ेलो।

लेबिदेफ़ : *(गुस्से से भड़ककर)* फू! तुम लोगों ने मुझे उस हाल तक पहुँचा दिया है कि, दिल चाहता है कि अपना गला काट लूँ या किसी दूसरे का। वह है...रो-रोकर दिन-रात एक किये है, बुरा-भला कहती है, दबाव डालती है और एक-एक पैसा गिनती है। दूसरी तरफ़ तुम हो...समझदार, नेकदिल, और ख़ुदा समझे, आज़ाद ख़याल, मगर अपने सगे बाप को ही न समझ पायीं। फ़रमाती हैं "कानों में सीसा उँड़ेल रहे हो" अरे तुम्हारे कानों में सीसा उँड़ेलने से पहले मेरी वहाँ *(दरवाज़े की तरफ़ इशारा करता है)* चीर-फाड़ हो रही थी। घेर कर पकड़ा गया था मैं। वह कभी भी नहीं समझेगी। दिमाग़ खराब कर दिया है मेरा! चूलें ढीली हो गयी हैं। ख़ुदा समझे तुम दोनों को...*(दरवाज़े की तरफ़ बढ़ता है फिर रुकता है)* मुझे कुछ अच्छा नहीं लगता। तुम लोगों की कोई बात भी अच्छी नहीं लगती।

साशा : क्या अच्छा नहीं लगता तुम्हें?

लेबिदेफ़ : सब कुछ अच्छा नहीं लगता, सब कुछ।

साशा : क्या सब कुछ?

लेबिदेफ़ : लो मैं तुम्हारे पास आराम से बैठता हूँ और बताता हूँ मुझे कुछ भी अच्छा नहीं लग रहा। तुम्हारी शादी तो मैं देखना ही नहीं चाहता *(साशा के पास आकर प्यार से)* तुम मुझे माफ़ करना, शूरचका, हो सकता है तुम्हारी यह शादी समझदारी, ईमानदारी, ऊँचे उसूलों और ऊँचे ख़यालातों की देन हो मगर पता नहीं क्या चीज़ मुझे उसमें खटक रही है। वह बात नहीं। दूसरे लोगों की शादियों से मिलती-जुलती नहीं। तुम कम उम्र हो, जवान हो, शीशे की तरह साफ़ हो, खूबसूरत भी हो और वह विडो है। घिस चुका है और बूढ़ा भी हो चला है। फिर वह तो मेरी समझ में भी नहीं आता, ख़ुदा उस पर रहम करे *(बेटी को प्यार*

करता है) शूरचका माफ़ करना, मगर कुछ न कुछ कमी ज़रूर है। लोग तरह-तरह की बातें कर रहे हैं। पहले अजीब हालत में सायरा की मौत हुई फिर अचानक न जाने क्यों वह तुमसे शादी करना चाहता है *(जोश में)* धतू तेरे की, मैं एक बुढ़िया हूँ बुढ़िया। वाकई बूढ़ी औरतों की तरह बातें कर रहा हूँ। तुम मेरी बातों को मत सुनो। किसी को भी मत सुनो बस अपने दिल की आवाज़ सुनो।

साशा : पापा, मुझे खुद महसूस हो रहा है कि कुछ न कुछ कमी ज़रूर है। वह बात नहीं। कुछ भी नहीं। काश, तुम समझ पाते कि मैं कितनी बड़ी उलझन में हूँ। अब तो सहा नहीं जाता। मुझे खुद घबराहट हो रही है, इसका इकरार करने में डर भी लगता है। पापा डार्लिंग, तुम मेरी हिम्मत बढ़ाओ। ख़ुदा के लिए बताओ कि मैं क्या करूँ...?

लेबिदेफ़ : क्या हो रहा है तुम्हें? क्या बात है?

साशा : मुझे इतना डर ज़िन्दगी में कभी नहीं लगा *(इधर-उधर देखती है)* मुझे लगता है कि मैं उसको नहीं समझती और न कभी समझ पाऊँगी। इतने दिन हो गये हमारी मँगनी को लेकिन उसने एक बार भी मुझसे मुस्करा कर बात नहीं की। एक बार भी मेरी आँखों में नहीं झाँका। बस हर वक्त किसी बात का पछतावा, शिकायतें! किसी जुर्म की तरफ़ इशारा या फिर काँपना...मैं थक सी गयी हूँ...कभी-कभी तो ऐसा लगता है कि मैं...मैं उसे उतना प्यार नहीं करती जितना करना चाहिए। जब वह हमारे यहाँ आता है या मुझसे बातें करता है तो मुझे एक तरह की उकताहट का एहसास होता है। इसका क्या मतलब है पापा? मुझे डर सा लगता है...

लेबिदेफ़ : मेरी चाँद! मेरी इकलौती औलाद! अपने बूढ़े बाप का कहना मानो और इस शादी से इनकार कर दो।

साशा : *(घबराहट से)* यह नहीं हो सकता! कभी नहीं हो सकता!

लेबिदेफ़ : सचमुच शूरचका, बस थोड़े दिनों तमाशा होगा। बस्ती में अफवाहें फैलेंगी मगर यह तमाशा ज़िन्दगी भर की बरबादी से बेहतर होगा।

साशा : ऐसी बातें मत करो पापा, मत करो। मैं सुनना नहीं चाहती ऐसी बातें! इन बुरे खयालात से मुझे पीछा छुड़ाना चाहिए... निकोलाई एक अच्छा मगर बदनसीब इनसान है...लोगों ने उसे

समझने की कोशिश ही नहीं की...मैं उससे प्यार करूँगी, उसको समझूँगी...और उसे अपने पैरों पर खड़ा कर दूँगी...मैं अपना फ़र्ज पूरा करूँगी...इसका फैसला हो चुका है।

लेबिदेफ़ : यह फ़र्ज नहीं—पागलपन है।

साशा : बहुत हो चुका। मैंने तुमको अपनी वह बातें बता दीं जो शायद मैं अपने आपसे भी न कहती...मगर तुम किसी से कहना मत...भूल जाओ इन बातों को।

लेबिदेफ़ : मेरी तो समझ में कुछ नहीं आ रहा। या तो मैं सठिया गया हूँ या फिर तुम सब बहुत अक्लमन्द हो गये हो। मगर मैं, चाहे मुझे काट डालो, कुछ भी नहीं समझ पा रहा...

(5)

शबेल्स्की : *(अन्दर आते हुए)* सब जहन्नुम में जाएँ और मैं भी। बड़े शर्म की बात है।

लेबिदेफ़ : तुम्हें क्या हुआ?

शबेल्स्की : नहीं सच में। अब चाहे जो कुछ हो, दिल चाहता है कि मैं भी कोई ऐसी नीच, ओछी हरक़त कर डालूँ कि न सिर्फ़ मुझे बल्कि दूसरों को भी शर्म आये...और मैं करूँगा...कसम खाता हूँ। मैंने बोरकिन से तो कह दिया है कि वह आज ही मेरी शादी का ऐलान कर दे *(हँसता है)* सब कमीने हैं...और मैं भी उन जैसा बनूँगा।

लेबिदेफ़ : तंग आ गया हूँ मैं तुमसे। सुनी मत्वेई, अगर तुम इसी तरह बकवास करते रहे तो, माफ़ करना, मुझे डर है कि तुम्हें पागलखाने ले जाना पड़ेगा।

शबेल्स्की : पागलखाना क्या किसी दौलतखाने या ग़रीबखाने से अलग होता है? बड़ी मेहरबानी होगी अगर तुम मुझे वहाँ अभी ले चलो। करो मुझ पर यह एहसान! सब बनावटी, छोटे, नीच और बेकार के लोग हैं! मुझे खुद अपने से नफ़रत हो गयी है! अपनी ही किसी बात का एतबार नहीं रहा।

लेबिदेफ़ : जानते हो भाई मेरे, तुम अपने मुँह में मोटा सन भर लो, उसे जलाओ और फिर लोगों पर फूँको। या फिर अच्छा होगा कि अपनी यह टोपी उठाओ और घर चले जाओ। यह शादी का घर है—सब लोग ख़ुशियाँ मना रहे हैं और तुम कौए की तरह

काँव-काँव किये जा रहे हो। वाकई तुम तो...*(शबेल्स्की पियानो पर झुकता है और खिसक पड़ता है)*

मातूशका मत्वेई...ग्राफ़...क्या हुआ है तुम्हें? माई डियर...मेरे फ़रिश्ते...मेरी बात बुरी लग गयी क्या? अच्छा माफ़ कर दो। सठिया गया हूँ एक शराबी की बकवास समझ कर माफ़ कर दो...लो पानी पी लो।

शबेल्स्की : रहने दो *(सिर उठाता है)*

लेबिदेफ़ : फिर रो क्यों रहे हो?

शबेल्स्की : बस यूँ ही...

लेबिदेफ़ : झूठ मत बोलो मेरे दोस्त...बात बताओ। रोने की क्या वजह है?

शबेल्स्की : अभी इस वायलनचेलो पर नज़र पड़ी तो...उस यहूदन की याद आ गयी...

लेबिदेफ़ : उसकी याद भी आयी तो किस वक्त! खुदा उसकी रूह को सुकून दे। मगर उसको याद करने का यह वक्त नहीं...

शबेल्स्की : हम दोनों साथ गाया करते थे...बड़ी अज़ीम और शानदार औरत थी वह...

(साशा सिसकियों से रोती है)

लेबिदेफ़ : अब तुम्हें क्या हुआ? बस भी करो। उफ़ खुदा! दोनों रो रहे हैं और मैं...मैं...अच्छा यहाँ से जाओ तुम दोनों...मेहमान देखेंगे तो क्या कहेंगे...

शबेल्स्की : पाशा, सूरज जब चमकता है तो क़ब्रिस्तान में भी रोशनी हो जाती है...जब कोई लगन होती है तो बुढ़ापा भी अच्छा गुज़रता है...और मेरी कोई आस ही नहीं, उम्मीद नहीं

लेबिदेफ़ : सचमुच तुम्हारी हालत बड़ी खराब है...न बीवी-बच्चे हैं, न दौलत है और न ही कोई काम। मगर क्या किया जाए? *(साशा से)* मगर तुम क्यों रो रही हो?

शबेल्स्की : पाशा, मुझे कुछ रूबल दे दो, उस दुनिया में चुका दूँगा। मैं पेरिस चला जाऊँगा, बीवी की क़ब्र ही देख लूँगा। अपनी ज़िन्दगी में मैंने बहुत दिया है—आधी जायदाद तक दे डाली। इसीलिए मुझे माँगने का भी हक होना चाहिए। फिर मैं अपने दोस्त से माँग रहा हूँ।

लेबिदेफ़ : *(उलझते हुए)* मेरे दोस्त, मेरे पास तो फूटो कौड़ी नहीं। अच्छा देखूँगा। वैसे मैं वायदा नहीं करता। बात यह है कि...ठीक है, ठीक है *(एक तरफ़ होकर)* परेशान कर डाला सबने।

(6)

बबाकिना : *(अन्दर आती है)* मेरा चाहने वाला कहाँ है? ग्राफ़, आपको शर्म नहीं आती मुझे इस तरह अकेला छोड़ते हुए? ऊँ...शैतान कहीं के! *(ग्राफ़ के हाथ पर पंखा मारती है)*

शबेल्स्की : *(नफ़रत से)* मेरा पीछा छोड़ो, भाग जाओ यहाँ से! नफ़रत है मुझे तुम से!

बबाकिना : *(चौंकते हुए)* क्या कहा? क्या?

शबेल्स्की : चली जाओ यहाँ से, गेट-आउट!

बबाकिना : *(सोफ़े पर गिरती है)* उफ़! *(रोती है)*

ज़िनाइदा : *(रोते हुए अन्दर आती है)* वहाँ कोई आया है...शायद दूल्हा के दोस्त! रस्मों का वक्त हो गया है...*(सिसकियाँ भरती है)*

साशा : *(गिड़गिड़ाते हुए)* मम्मी!

लेबिदेफ़ : यह लो, सबने रोना-पीटना लगा रखा है! क्या सीन है! अब बस भी करो आँसू की यह नदियाँ! मत्वेई...मारफ़ा इगोरव्ना...मैं तो पहले से ही...फिर मैं भी रो पड़ूँगा *(रोता है)* उफ़ ख़ुदा!

ज़िनाइदा : अगर तुम्हें माँ की परवाह नहीं, अगर तुम उसकी मरज़ी के खिलाफ़ जाने को तैयार हो तो मैं फिर भी तुम्हारी ख़ुशी की खातिर तुम्हें दुआएँ दूँगी।

(इवानोफ़ अन्दर आता है, हाथ में दस्ताने हैं और लम्बे ड्रेस में है)

(7)

लेबिदेफ़ : बस इसी की कमी रह गयी थी...क्या हुआ?

साशा : तुम क्यों आये हो?

इवानोफ़ : आप सबसे माफ़ी चाहता हूँ जनाब! बस साशा से अकेले में बात करना चाहता हूँ।

लेबिदेफ़ : यह कहाँ का तरीक़ा है कि दूल्हा शादी से पहले ही आ जाए? तुम्हें तो अब चर्च की तरफ़ रवाना हो जाना चाहिए।

इवानोफ़ : पाशा, प्लीज़...

(लेबिदेफ़ कन्धे हिलाता है। वह, ज़िनाइदा सवीशना, ग्राफ़ और बबाकिना बाहर जाते हैं)

(8)

साशा : *(रूखेपन से)* कहो क्या कहना है?

इवानोफ़ : हालाँकि मैं गुस्से से पागल हो रहा हूँ मगर मैं ठण्डे दिल से बात करूँगा। सुनो...अभी जब मैं शादी के कपड़े पहन रहा था तो मैंने खुद को शीशे में देखा और चौंक पड़ा। मेरी कनपटियों के बाल सफ़ेद हो गये। शूरा, यह खेल खत्म करो, अभी कुछ नहीं गया है। यह बेकार का ड्रामा खत्म किया जा सकता है...तुम जवान हो, कुँआरी हो, तुम्हारी सारी ज़िन्दगी आगे पड़ी है और मैं...

साशा : हज़ार बार सुन चुकी हूँ यह बातें! कोई नयी बात नहीं बता रहे हो! और अब मैं तंग आ गयी हूँ इन बातों से...फौरन चर्च जाओ...दूसरों को देर हो रही है।

इवानोफ़ : मैं सीधा घर जाऊँगा और तुम लोगों से कहो कि यह शादी नहीं होगी...किसी न किसी तरह से उन्हें बता दो...समझ से काम लेना ही पड़ेगा। मैंने खुद को हैमलेट समझा और तुमने एक बड़े दिल वाली औरत का रोल किया। बस अब खत्म करो।

साशा : *(गुस्से से उबलते हुए)* किस अन्दाज़ में तुम बात कर रहे हो? मैं कुछ सुन ही नहीं रही।

इवानोफ़ : पर मैं जो कुछ कह रहा हूँ, दोहराता ही रहूँगा।

साशा : तुम यहाँ आये ही क्यों? तुम्हारा यह रोना-धोना अब दूसरों का मज़ाक उड़ाने की हदों में दाखिल हो चुका है।

इवानोफ़ : नहीं, अब मैं रो नहीं रहा हूँ। मज़ाक उड़ाना? हाँ मैं मज़ाक उड़ा रहा हूँ, और अगर ऐसा मुमकिन होता कि आदमी खुद अपना मज़ाक उड़ा सकता तो मैं हज़ार गुनी ताक़त से अपना मज़ाक उड़ाता और सारी दुनिया को खुद पर कहकहे लगाने के लिए मज़बूर करता। मैंने आज जब शीशे में खुद को देखा तो मेरे ज़मीर पर बम गिर पड़ा। इतनी शर्म आयी कि बस मैं पागल होते-होते बचा *(हँसता है)* यह उदासी, यह मीठी कसक, बेपनाह ग़म...बस अब एक ही चीज़ की कमी रह गयी है वरना मैं शायरी कर सकता था। रोऊँ-धोऊँ, दुखी गीत गाऊँ, अपनी उदासी लोगों पर लादूँ और यह मान लूँ कि ज़िन्दगी की ताक़त हमेशा के लिए खत्म हो चुकी है, मुझे ज़ंक लग गया है...मेरा वक्त गुज़र चुका है...मैं एक कमज़ोर दिल आदमी हूँ और कानों तक इस गहरी उदासी में धँसा हुआ हूँ—यह कैसे मान सकता

हूँ? जब तक सूरज चमक रहा है और एक चींटी भी बहादुरी से अपना बोझ उठाये है और ख़ुश है, मैं ऐसा नहीं कर सकता। या यह देखूँ कि कैसे कुछ लोग मुझे पाखण्डी समझते हैं, कुछ को मुझ पर रहम आता है और कुछ मदद के लिए हाथ बढ़ाते हैं, और कुछ, जो सबसे अफ़सोस की बात है, बड़े अदब से मेरी आहों को सुनते हैं और इस तरह देखते हैं मानों कोई पैग़म्बर हो, जो बस अभी-अभी किसी नये मज़हब का ऐलान करने वाला है...जी नहीं, ख़ुदा का शुक्र है कि मुझमें अभी आत्माभिमान है और मेरा ज़मीर ज़िन्दा है। जब मैं यहाँ आ रहा था तो अपने ऊपर हँसी आ रही थी और मुझे लगा कि मेरे ऊपर ये पेड़-पौधे, ये चिड़ियाँ, सब हँस रहे हैं......

साशा : यह गुस्सा नहीं पागलपन है।

इवानोफ़ : तुम्हें ऐसा लगता है? नहीं मैं पागल नहीं हूँ...अब मुझे हर चीज़ अपने असली रंग में नज़र आ रही है, और मेरा दिमाग़ उतना ही साफ़ है जितना तुम्हारा ज़मीर—हम एक-दूसरे को चाहते तो हैं मगर हमारी शादी मुमकिन नहीं। मैं रोऊँ-पीटूँ, आहें भरूँ, इसका मुझे पूरा हक़ है मगर किसी और की ज़िन्दगी बरबाद करने का कोई हक़ नहीं। अपनी इसी आदत से मैंने अपनी बीवी के आख़िरी दिनों में ज़हर घोल दिया था। जब से तुम्हारी मुझसे मँगनी हुई है, तुम हँसना भूल गयी हो और पाँच साल बड़ी लगने लगी हो। तुम्हारे पापा अभी तक ज़िन्दगी को बड़ा सीधा-सादा समझते थे, मेरी वजह से अब लोगों को समझ नहीं पाते—जहाँ भी जाता हूँ, किसी मीटिंग में या किसी के घर, शिकार पर या कहीं और, हर जगह अपने साथ बोरियत, उदासी, उलझनें ले जाता हूँ...ठहरो...बात मत काटो, बड़ी कड़वी और बेरहम बातें कर रहा हूँ, मगर माफ़ करना, गुस्से से मेरा दम घुट रहा है। दूसरे तरीक़े से बात नहीं कर सकता—मैंने कभी झूठ नहीं बोला, ज़िन्दगी को कभी नहीं कोसा—मगर आज मैं मायूसी पसन्द हो गया हूँ और अपनी आदत के ख़िलाफ़, यहाँ तक कि बिना महसूस किये मैं ज़िन्दगी को कोसता हूँ, किस्मत का रोना रोता हूँ, शिकायतें करता हूँ और हर वह आदमी, जो मुझे सुनता है, ज़िन्दगी से नफरत करने लगता है और कोसना शुरू कर देता है। वाह, क्या तरीक़ा है। जैसे कि ज़िन्दा रहकर मैं

कुदरत पर बड़ा एहसान कर रहा हूँ। बस खुदा मुझे गारत करे।

साशा : ठहरो...तुम्हारी अभी की बातों से यह मतलब निकलता है कि रोने-पीटने से तुम खुद तंग आ गये हो और नयी ज़िन्दगी शुरू करने का वक्त आ गया है। यह तो बड़ी अच्छी बात है...

इवानोफ़ : मुझे तो कोई अच्छाई नज़र नहीं आती, और कौन-सी नयी ज़िन्दगी? मैं हमेशा के लिए खत्म हो चुका हूँ और हम दोनों को यह अच्छी तरह समझ लेना चाहिए...ऊँह...नयी ज़िन्दगी...

साशा : निकोलाई होश में आओ। तुम्हें कैसे पता कि तुम मर चुके हो? यह तो एक तरह की सनक है। मैं और कुछ कहना-सुनना नहीं चाहती...तुम बस चर्च जाओ।

इवानोफ़ : मैं मर चुका हूँ।

साशा : इस तरह मत चिल्लाओ, मेहमान सुन लेंगे।

इवानोफ़ : अगर एक समझदार, पढ़ा-लिखा और सेहतमन्द आदमी, बिना किसी खास वजह के लाजर की एक्टिंग करे और नीचता के गढ़े में गिरने लगे तो फिर उसके ऊपर उठने की कोई उम्मीद नहीं रहती और उसे कोई नहीं बचा सकता...बताओ मुझे कैसे बचाया जा सकता है? किस तरह? पीना मुझे अच्छा नहीं लगता, शराब से सिर में दर्द होने लगता है, बकवास करना आता नहीं। अपनी रूह की काहिली को ऊँचा और सही मानना मुझे आता नहीं। काहिली, काहिली ही होती है। कमज़ोरी को कमज़ोरी ही कहते हैं, उसको कोई और नाम मैं दे नहीं सकता...मर चुका हूँ मैं...खत्म हो चुका हूँ...अब इसके बारे में और कुछ कहना बेकार है *(इधर-उधर देखता है)* कोई इधर आ सकता है—सुनो...अगर तुम सचमुच मुझसे प्यार करती हो तो मेरी मदद करो...अभी इसी वक्त बिना देर किये शादी से इनकार कर दो...फौरन ही...

साशा : उफ़! निकोलाई, काश तुम्हें एहसास होता कि तुमने मुझे कितना थका दिया है, कितनी तकलीफ़ पहुँचाई है तुमने मेरे दिल को! तुम एक रहमदिल, समझदार इनसान हो, खुद ही इन्साफ़ करो—क्या किसी को ऐसा काम सौंपा जा सकता है? रोज़ ही कोई न कोई ऐसा काम कहते हो जो पहले से ज़्यादा मुश्किल होता है। मुझे एक सच्चे प्यार की तमन्ना थी मगर मैं तो कुर्बानी का बकरा बन गयी।

इवानोफ़ : अगर तुम मेरी बीवी बन गयीं तो काम इससे भी मुश्किल हो जाएगा। इसीलिए फौरन इनकार कर दो...यकीन करो, तुम्हारी मुहब्बत नहीं बोल रही बल्कि एक ईमानदार इनसान की ज़िद है। तुमने यह तय कर लिया है कि किसी भी क़ीमत पर मुझमें नया इंसान जगाना है...मुझे बचाना है...तुम्हें यह सोच कर फ़ख़्र होता है कि तुम एक बड़ा कारनामा कर रही हो...अब तो तुम वापस भी जाना चाहती हो मगर झूठी शान तुम्हें रोक रही है...समझने की कोशिश करो...

साशा : कितनी अजीब और उजड्ड समझ है तुम्हारी! क्या मैं तुम्हें ठुकरा सकती हूँ—कैसे ठुकराऊँ? तुम्हारी न माँ है, न बहन, और न कोई दोस्त ही है...तुम बरबाद हो चुके हो। तुम्हारी जायदाद छिन चुकी है, चारों तरफ़ से तुम पर लानत मलामत हो रही है...

इवानोफ़ : मैंने बड़ी बेवकूफ़ी की जो यहाँ चला आया। मुझे तो वही करना चाहिए था जो मैं चाह रहा था...

(लेबिदेफ़ अन्दर आता है)

(9)

साशा : *(बाप की तरफ़ दौड़ते हुए)* पापा, यह एक पागल की तरह भाग कर यहाँ आया है और मुझे सता रहा है...चाहता है कि मैं शादी से इनकार कर दूँ...मेरी ज़िन्दगी बरबाद करना नहीं चाहता। उससे कह दो कि मुझे उसकी मेहरबानी की ज़रूरत नहीं। मैं जानती हूँ कि मैं क्या कर रही हूँ।

लेबिदेफ़ : कुछ नहीं समझ में आ रहा...कौन-सी मेहरबानी?

इवानोफ़ : यह शादी नहीं होगी।

साशा : पापा, इनसे कह दो यह शादी ज़रूर होगी।

लेबिदेफ़ : ठहरो, ठहरो...तुम क्यों नहीं चाहते कि यह शादी हो?

इवानोफ़ : मैंने उसे बता दिया है कि क्यों? मगर वह कुछ सुनना ही नहीं चाहती।

लेबिदेफ़ : नहीं, तुम उसे नहीं, मुझे समझाओ और इस तरह कि मेरी समझ में आ जाए। आह, निकोलाई, ख़ुदा ही इन्साफ़ करेगा—तुमने हमारी ज़िन्दगी में इतना ज़हर घोला है, मुझे लगता है कि मैं एक अँधेरे कुएँ में रह रहा हूँ...चारों तरफ़ देखता हूँ लेकिन कुछ

नज़र नहीं आता...कितनी बड़ी सज़ा है यह! तुम क्या चाहते हो मुझसे? मैं बूढ़ा आदमी हूँ, तुम्हारा क्या बिगाड़ सकता हूँ? क्या तुम्हें डुएल के लिए ललकारूँ?

इवानोफ़ : किसी डुएल वुएल की ज़रूरत नहीं! सिर्फ़ इतना चाहता हूँ कि कन्धों पर सिर रहे तुम्हारा और तुम मेरी ज़बान समझ सको।

साशा : *(परेशान सी स्टेज पर चलती है)* बड़ी ग़लत बात है यह! बहुत ही ग़लत! बिलकुल बच्चा हो रहा है।

लेबिदेफ़ : अब सिर्फ़ हाथों को ही हिलाया जा सकता है, और कुछ नहीं। सुनो निकोलाई, तुम्हारे ख़याल में तुम जो कर रहे हो वह समझदारी, अक्लमन्दी और होश-हवास की बात है मगर मेरे ख़याल में यह एक तमाशा है, बदनसीबी है। मुझ बूढ़े की बात आखिरी बार ध्यान से सुनो—मैं तुमसे सिर्फ़ इतना कहना चाहता हूँ, अपना दिमाग़ ठण्डा करो और दुनिया को सीधी तरह से देखो, जैसे सब देखते हैं। यह ज़िन्दगी बड़ी सीधी-सादी है—छत सफ़ेद है, जूते काले हैं और शकर मीठी है। तुम साशा को चाहते हो, वह तुमसे प्यार करती है। अगर प्यार करते हो तो ठहरो, अगर नहीं करते हो तो चले जाओ। हमें कोई शिकायत नहीं होगी। है ना सीधी सी बात! तुम दोनों जवान, समझदार, पढ़े-लिखे, पेट भरे और शुक्र है ख़ुदा का—कपड़े पहने लोग हो...अब और क्या चाहिए तुमको? दौलत नहीं है—क्या यह बहुत बड़ी बात है? ख़ुशी दौलत से नहीं मिलती—हाँ मैं समझता हूँ कि तुम्हारी जायदाद गिरवी रखी है, सूद अदा करने को रक़म नहीं। मैं एक बाप हूँ, मैं बेटी को समझता हूँ...माँ जो चाहे करे—ख़ुदा उसको अक्ल दे—अगर रक़म नहीं देती, न दे—शूरका ने अभी कहा कि उसे किसी दहेज़-वहेज़ की ज़रूरत नहीं। यह उसूल, यह ऊँची-ऊँची बातें—यह सब बकवास है। मैंने बैंक में सबसे छुपाकर 10 हज़ार रखे हैं *(इधर-उधर देखता है)* जिसकी ख़बर घर के कुत्तों को भी नहीं...मेरे नाना के हैं...वह मैं तुम दोनों को दे दूँगा...ले लो...समझौता दौलत से भी ज़्यादा अच्छा होता है...हाँ मत्वेई को दो हज़ार दे देना।

(हाल में मेहमान जमा होना शुरू होते हैं)

इवानोफ़ : पाशा, इन बातों से कोई फायदा नहीं—मैं वही कर रहा हूँ जो मेरा ज़मीर कह रहा है।

साशा : और मैं भी वही कर रही हूँ जो मेरा ज़मीर कह रहा है। तुम

जो चाहो कहो मगर मैं तुम्हें छोड़ूँगी नहीं! जाऊँ, जाकर मम्मी को बुला लाऊँ *(जाती है)*

(10)

लेबिदेफ़ : कुछ नहीं समझ पा रहा...

इवानोफ़ : सुनो, तुमको मैं यह समझाने नहीं बैठूँगा कि मैं क्या हूँ—ईमानदार या बेईमान, समझदार या पागल। तुमको समझाना बहुत मुश्किल है। कभी मैं भी जवान था, जोशीला था, ईमानदार और समझदार था। मैंने मोहब्बत की है और नफ़रत भी। दूसरों की तरह तो नहीं मगर अपने तरीक़े से, मजहब को भी माना है। मैंने दस आदमियों के बराबर काम किया है और उम्मीदें भी बाँधी हैं। दीवारों से टक्कर लेने और हवाओं से लड़ने को दिल चाहता था—हदों को न समझते हुए अपनी ताक़त से ज्यादा, ज़िन्दगी को जाने बग़ैर मैंने अपने कन्धों पर बड़ा भारी बोझ उठा लिया जिससे मेरी कमर टूट गयी, मांस-पेशियाँ फट गयीं। मैंने अपनी जवानी को ख़र्च करने में बड़ी जल्दी की। खूब शराब पी, जोश में आया, मेहनत की, कहीं भी कोई हद नहीं रखी—तुम ही बताओ, और करता भी क्या? हम जैसे लोग कम हैं और ज़िम्मेदारियाँ बहुत ज़्यादा हैं। बहुत ही ज़्यादा! उफ़ खुदा! कितनी ज़्यादा! मगर ज़िन्दगी ने भी बड़ी बेरहमी से बदला लिया। मैं जो ज़िन्दगी से लड़ रहा था, बिलकुल खत्म हो चुका हूँ। तीस साल से ऊपर का ही हुआ हूँ मगर खुद को बूढ़ा महसूस करता हूँ। बूढ़ों की तरह गाऊन पहने फिरता हूँ। भारी दिमाग़ और उदास दिल वाला थका-हारा, टूटा हुआ काहिल इनसान! जिसका न कोई मजहब है न कोई मक़सद। मोहब्बत भी तो नहीं। एक परछाईं की तरह लोगों के बीच चलता-फिरता हूँ? और यह भी नहीं जानता कि मैं कौन हूँ? किसलिए ज़िन्दा हूँ? और क्या चाहता हूँ? अब तो मुझे यह लगता है कि मोहब्बत बकवास है, मीठी बातों के अलावा कुछ नहीं। मेहनत करने से कोई फ़ायदा नहीं। ये गाने, ये जोशीली तक़रीरें—मक्कारी हैं और पुरानी हो चुकी हैं। मैं जहाँ भी जाता हूँ अपने साथ उदासी, गहरी बेचैनी, बेइत्मिनानी और ज़िन्दगी से नफ़रत ले जाता हूँ...हाँ मैं बरबाद हो चुका हूँ—देखो तुम्हारे सामने एक

ऐसा आदमी खड़ा है जो 35 साल में ही ज़िन्दगी से थक चुका है—तंग आ चुका है और अपनी नीच हरकतों के बोझ तले दबा पड़ा है...शर्म से पागल हो रहा है और खुद अपनी कमज़ोरी का मज़ाक उड़ा रहा है...उफ़! मेरा स्वाभिमान किस तरह बगावत कर रहा है! गुस्से से मेरा दम घुट रहा है। *(लड़खड़ाते हुए)* उफ़! मैं किस कदर टूट चुका हूँ! अपने पैरों पर भी नहीं खड़ा हुआ जाता...देखो लड़खड़ा रहा हूँ, मैं कमज़ोर हो गया हूँ...मत्वेई कहाँ है? उससे कहो कि मुझे घर पहुँचा दे।

(हाल में आवाज़ "दूल्हा को लेने आये हैं")

(11)

शबेल्स्की : *(अन्दर आते हुए)* मैं पराया और पुराना ट्रेल कोट पहने हूँ... दस्ताने भी नहीं हैं...और लोगों की मज़ाक उड़ाती ये नज़रें! बेवकूफ़ ताने! बनावटी मुस्कराहटें! बड़े ही कमीने लोग हैं!

बोरकिन : *(जल्दी से अन्दर आता है, हाथ में फूलों का गुलदस्ता है—ट्रेल कोट पहने है और दूल्हे के दोस्त की पहचान का फूल लगाये है)* उफ़! कहाँ है वह? *(इवानोफ़ से)* इतनी देर से चर्च में इन्तज़ार हो रहा है और तुम यहाँ खड़े-खड़े फ़लसफ़ा बघार रहे हो। क्या जोकरी है! बाई गाड जोकर हो! क्या मालूम नहीं, कि तुमको दुल्हन के साथ नहीं बल्कि मेरे साथ चर्च जाना चाहिए? क्या तुमको इतना मालूम नहीं? सचमुच जोकर हो।

ल्वोफ़ : *(अन्दर आकर इवानोफ़ से)* अरे आप यहाँ हैं? *(ज़ोर से)* मैं आज सब लोगों की मौजूदगी में एलान करता हूँ कि आप—निकोलाई अलिक्सेइविच इवानोफ़—एक ज़लील इनसान हैं।

इवानोफ़ : *(रुखाई से)* आपका बहुत-बहुत शुक्रिया!

(चारों तरफ़ ताज्जुब से भरी आवाज़ें)

बोरकिन : *(ल्वोफ़ से)* जनाब, यह आपने बड़ी क़मीनी बात कही—मैं आपको डुएल के लिए ललकारता हूँ।

ल्वोफ़ : मिस्टर बोरकिन, आपके साथ बात करने में मैं अपनी बेइज्ज़ती समझता हूँ। डुएल का तो सवाल ही नहीं उठता—हाँ मिस्टर इवानोफ़ जब चाहें यह हसरत पूरी कर सकते हैं।

शबेल्स्की : जनाब, आपसे लड़ूँगा।

साशा : *(ल्वोफ़ से)* किसलिए? किसलिए आपने इवानोफ़ की बेइज्ज़ती

की? रुकिये जनाब, पहले उसे मुझे बताना होगा कि उसने ऐसा क्यों किया?

ल्वोफ़ : अलिक्सान्द्रा पाव्लवना, उनकी बेइज़्ज़ती करने की वजह थी। एक ईमानदार आदमी होने के नाते मैं यहाँ आया, ताकि आपको समझाऊँ और हाथ जोड़ता हूँ कि आप मेरी पूरी बात सुन लीजिए।

साशा : क्या कहना चाहते हैं? यही ना कि आप एक ईमानदार आदमी हैं...यह बात सारी दुनिया जानती है...आप बस अपने दिल में झाँक कर एक बात का जवाब दे दीजिए कि आप खुद को पहचानते हैं या नहीं? आप यहाँ ईमानदार आदमी का ऐलान करते हुए आये और इवानोफ़ की बेइज़्ज़ती कर दी—जिसके धक्के से मैं मरते-मरते बची। पहले भी एक साये की तरह आप उसका पीछा करते थे और उसका जीना हराम कर दिया था। आपको पूरा यकीन था कि आप अपना फर्ज निभा रहे हैं, क्योंकि आप एक ईमानदार आदमी हैं। आप उनकी घरेलू ज़िन्दगी में अपनी टाँग अड़ाते रहे। जहाँ भी हो सका, उनकी बुराई की, उन पर एतराज़ किया। मुझे और उनके सब जानने वालों को गुमनाम ख़त भेजे। हर वक्त आप खुद को एक ईमानदार आदमी समझते रहे—हमेशा यह सोचा कि यह ईमानदारी है। आप एक डॉक्टर हैं फिर भी आपने उसकी बीवी को नहीं बक्शा और अपनी झूठी कहानियों से बराबर उसका सुकून हराम करते रहे। आप कितनी भी ज़्यादती कमीनी हरकतें न करें, आप खुद को एक बेहद ईमानदार और ऊँचे ख़यालात का इनसान समझते हैं।

इवानोफ़ : *(हँसते हुए)* यह शादी का घर नहीं पार्लियामेण्ट है—पार्लियामेण्ट...हुर्रा...हुर्रा!

साशा : *(ल्वोफ़ से)* यह सब सुनने के बाद फिर से सोचिए, आप खुद को भी समझते हैं या नहीं? बेवकूफ़, बेरहम लोग *(इवानोफ़ का हाथ पकड़ती है)* निकोलाई चलो यहाँ से चलते हैं। चलो पापा।

इवानोफ़ : कहाँ चलें? ठहरो! अभी मैं सब कुछ खत्म किये देता हूँ...मेरे अन्दर जवानी का जोश भड़क उठा है, फिर से पुराना इवानोफ़ जाग पड़ा है

(रिवाल्वर निकालता है)

साशा : *(चीखकर)* मैं जानती हूँ वह क्या करना चाहता है—निकोलाई खुदा के लिए...

इवानोफ़ : मैं बहुत ज़्यादा नीचे लुढ़कता रहा हूँ। अब सँभलना चाहता हूँ...हर बात की एक हद होती है...अलग हटिये...साशा...तुम्हारा शुक्रिया...

साशा : *(चिल्लाकर)* निकोलाई, ख़ुदा के लिए खुद को सँभालो...

इवानोफ़ : छोड़ दो मुझे...*(एक तरफ़ दौड़कर हटता है और गोली चला लेता है)*

पर्दा गिरता है।

शादी

एकांकी नाटक

पात्र

इव्दकीम ज़खारविच ज़िगालफ़	कालेज का रिटायर्ड रजिस्ट्रार
नस्तास्या तीमाफ़ेइवना	उसकी पत्नी
दाशिन्का	उनकी बेटी
एपामिनोन्द मक्सीमिच अप्लोम्बफ़	उनका शौहर
फ्योदर याक्वलिविच रिवूनोफ़-काराउलफ	दूसरे रैंक का कैप्टन
अन्द्रेइ अन्द्रेइविच न्यूनिन	बीमा कम्पनी का एजेण्ट
आन्ना मरतीवना इज़मियूकिना	नर्स उम्र 30 साल गहरे लाल रंग का ड्रेस पहने है
इवान मिख़ाइलविच यात	टेलीग्राफिस्ट
ख़रलाम्पी स्प्रीदोनूविच दीम्बा	यूनानी हलवाई
दिमीत्रि स्तिपानविच मज़गवोई	स्वयं-सेवक बेड़े का एक मल्लाह

दूल्हा के बेस्टमैन, कुछ लड़के,
नौकर वगैरह।

(अन्द्रोनफ़ के घर के एक हाल का दृश्य। हाल में तेज़ रोशनी है। एक बड़ी मेज़ पर खाने का सामान लगा हुआ है। मेज़ के पास नौकर ऐपरनो में इधर-उधर आ-जा रहे हैं। पर्दे के पीछे से कन्द्रील नाच का आखिरी हिस्सा बज रहा है। इज़मियूकिना, यात और दूल्हा के दोस्त (बेस्टमैन) स्टेज पर से गुज़रते हैं)

इज़मियूकिना : नहीं-नहीं-नहीं।

यात : *(उसके पीछे जाते हुए)* तरस खाओ! तरस खाओ!

इज़मियूकिना : नहीं-नहीं-नहीं।

बेस्टमैन : *(उसके पीछे तेज़ी से)* जनाब यह मत कीजिए। किधर जा रहे हैं आप?

...प्लीज...

(चले जाते हैं)

(तीमाफेइवना और अप्लोम्बफ़ दाख़िल होते हैं)

तीमाफेइवना : मुझे तरह-तरह की बातों से परेशान करने से तो अच्छा था कि तुम डांस करने जाते।

अप्लोम्बफ़ : मैं कोई जोकर हूँ जो इधर-उधर टाँगें फेंकूँ। मैं एक शरीफ आदमी हूँ, अच्छे चाल-चलन का हूँ—मुझे इन बेहूदा बातों से कोई दिलचस्पी नहीं। मगर बात डांस की नहीं हो रही, माफ कीजिएगा मैडम, आपकी बहुत-सी बातें मेरी समझ में नहीं आतीं। आपने वादा किया था कि घर-गृहस्थी के सामान के अलावा अपनी बेटी को दहेज में दो जीते हुए लाटरी के टिकट भी देंगी। वे कहाँ हैं?

तीमाफेइवना : पता नहीं क्यों मेरे सर में दर्द होने लगा है...शायद मौसम की वजह से। शायद गर्मी पड़ेगी।

अप्लोम्बफ़ : आप मुझे बेवकूफ मत बनाइये। आज ही मुझे पता चला है कि वह टिकट अपने गिरवी रख दिये हैं। माफ कीजियेगा, मैडम, ऐसी हरकतें तो दूसरो का गला काटने वाले करते हैं। मैं यह बात

किसी लालच की वजह से नहीं कह रहा। मुझे आपके टिकट नहीं चाहिए। बात है उसूल की, कोई मुझे बेवकूफ बनाये, मैं इस बात की इज़ाजत नहीं दूँगा। मैंने आपकी बेटी का नसीब बदला है अगर आपने आज ही वह टिकट मुझे न दिये तो मैं आपकी बेटी को कच्चा खा जाऊँगा। मैं एक खानदानी आदमी हूँ।

तीमाफेइवना : *(मेज पर नज़र डालती है और काँटे चम्मच गिनती है)* एक, दो, तीन, चार, पाँच...

नौकर : मालकिन बावरची पूछ रहा है कि आइसक्रीम कैसे सर्व की जाएगी रम या वाइन के साथ या खाली...?

अप्लोम्बफ़ : रम के साथ। और हाँ साहब से कहो कि वाइन कम है यह भी कहना है कि ड्राईजिन भी रख दें। *(तीमाफेइवना से)* आपने यह भी वादा किया था कि आज खाने पर जनरल भी होंगे मैं पूछता हूँ कहाँ हैं वह?

तीमाफेइवना : बेटा, उसकी ज़िम्मेदार मैं नहीं हूँ।

अप्लोम्बफ़ : फिर कौन है?

तीमाफेइवना : आन्द्रेई आन्द्रिच—वह कल आये थे और वादा किया था कि एक जीते-जागते जनरल को लाएँगे *(ठण्डी साँस लेकर)* लगता है कहीं मिले नहीं वरना ले आये होते...हम छोटे दिल के नहीं हैं, अपनी प्यारी बच्ची के लिए तो हम कुछ भी कर सकते हैं, जनरल तो जनरल है।

अप्लोम्बफ़ : खैर आगे सुनिये...सब लोग, जिसमें आप भी शामिल हैं, जानते हैं कि मेरे पैग़ाम देने से पहले आपकी बेटी के हाथ का तलबगार टेलीग्राफ-आपरेटर यात था। फिर आज उसको यहाँ क्यों बुलायाए गया है? क्या आपको मालूम नहीं था कि यह बात मुझे अच्छी नहीं लगेगी।

तीमाफेइवना : उफ, क्या चीज़ हो तुम भी? एपामिनोन्द मक्सीमिच, शादी किये एक दिन भी नहीं गुज़रा और तुमने मेरा और मेरी बेटी का अपनी बक-बक से नाक में दम कर रखा है। एक साल के बाद क्या होगा? तुम बहुत ही बोर आदमी हो, एकदम बोर।

अप्लोम्बफ़ : सच कड़वा लग रहा है ना? छी! छी! और आप बड़ा शरीफाना बर्ताव कर रही हैं। मैं आपसे सिर्फ़ एक बात चाहता हूँ, शराफत न भूलिए।

(ग्रेन्ड-रोन्ड डांस करते जोड़े हाल में एक दरवाज़े से आते हैं

और दूसरे दरवाज़े से चले जाते हैं। आगे का जोड़ा बेस्टमैन और दाशिन्का का है, उनके पीछे यात और इज़्मियूकिना हैं। वे दोनों धीरे चलते हैं और हाल में ठहर जाते हैं। ज़िगालफ़ और दीम्बा आते हैं और मेज की तरफ़ जाते हैं)

बेस्टमैन : *(चिल्लाकर)*—ब्रेक!—जनाब अब ब्रेक है! *(पर्दे के पीछे से)* ब्रेक!

(जोड़े स्टेज से चले जाते हैं)

यात : **(इज़्मियूकिना से)**—तरस खाओ, तरस खाओ, ए हसीना आन्ना मरतीवना!

इज़्मियूकिना : उफ़! कैसे हैं आप भी? मैं कह चुकी हूँ आज मेरा गला ठीक नहीं है।

यात : हाथ जोड़ता हूँ गा दीजिए! एक लाइन ही गा दीजिए, तरस खाइए! एक लाइन ही गा दीजिए!

इज़्मियूकिना : तंग कर डाला है आपने।

(बैठती है और हाथ का पंखा हिलाती है)

यात : नहीं आप बड़ी संगदिल हैं। मुझे कहना पड़ता है कि इतनी संगदिल औरत को इतनी अच्छी आवाज़ मिली है। बुरा न मानिए तो कहूँ कि जिसका इतना अच्छा गला हो उसे तो पब्लिक में प्रोग्राम देना चाहिए न कि नर्स का काम करे—आह! कितनी अच्छी गाती हैं आप यह ग़ज़ल, यह सी वाली **(गाता है)**

"हाँ तुमसे मोहब्बत की मैंने,
वह मोहब्बत बेकार में..."

वंडरफुल

इज़्मियूकिना : **(गाती है)**

"हाँ तुमसे मोहब्बत की मैंने,
ज़िन्दा है वह मोहब्बत मेरे दिल में।"

यह वाली?

यात : हाँ यही! वंडरफुल!

इज़्मियूकिना : नहीं, आज मेरा गला ठीक नहीं। लीजिए ज़रा पंखा झलिए—बड़ी गर्मी है। **(अप्लोम्बफ़ से)** एपामिनोन्द मक्सीमिच आज आप इतने उदास क्यों हैं? क्या दूल्हे को ऐसा होना चाहिए? शरम आनी चाहिए आपको। ज़रा अच्छे नहीं लगते। वैसे किस सोच में गुम हैं आप?

अप्लोम्बफ़ : शादी एक बहुत बड़ा क़दम है। सब तरफ़ से सोच-विचार कर लेना चाहिए, सब बातों को ध्यान में रखना चाहिए।

इज़मियूकिना : उफ़, आप मर्द कितने खराब और बारिंग होते हैं। आप लोगों के साथ घुटन महसूस होती है..."मुझे खुला माहौल चाहिए"— "सुन रहे हैं मुझे खुला माहौल चाहिए" **(गाती है)**।

यात : वाह! वाह!

इज़मियूकिना : पंखा झलिए—झलिए ना, वरना ऐसा लग रहा है कि अभी दिल का दौरा पड़ जाएगा। मुझे इतनी घुटन क्यों महसूस हो रही है, कोई बता सकता है?

यात : यह इसलिए कि आप पसीने में तर हैं...

इज़मियूकिना : फू...आप कितने गन्दे हैं। मेरे सामने इस तरह बोलने की जुर्रत भी न कीजिएगा।

यात : माफी चाहता हूँ। वाकई आत तो, बुरा न मानिएगा, ऊँची सोसाइटी की आदी हैं और...

इज़मियूकिना : आह! छोड़िए भी मेरा पीछा। मुझे शायरी चाहिए, उमंगें चाहिए। पंखा झलिए, झलिए ना...

ज़िगालफ़ : **(दीम्बा से)** फिर पिया जाए क्या? **(शराब उँड़ेलता है)** पिया तो हर मिनट जा सकता है, तारीफ तो उसमें है, खरलाम्पी स्प्रिीदोनूविच, कि काम की बात न भूली जाए। पियो और काम की बात सोचो—और अगर बात चलती है पीने की, तो क्यों न पिया जाए—पिया तो जा सकता है...

आपका जाये सेहत! *(पीता है)* यूनान में चीते होते हैं?

दीम्बा : होते हैं।

ज़िगालफ़ : और शेर?

दीम्बा : शेर भी होते हैं। यह रूस तो है नहीं जहाँ कुछ नहीं होता। यूनान में सब कुछ होता है। वहाँ मेरे बाप हैं, चाचा हैं, भाई हैं और यहाँ कुछ नहीं।

ज़िगालफ़ : और यूनान में ह्वेल मछली होती है?

दीम्बा : सब होता है।

तीमाफेइवना : *(शौहर से)* क्या फ़ायदा इस तरह पीने से और चखने से? खाने का वक्त हो रहा है। अरे काँटे से मछली को मत छेड़ो, यह जनरल के लिए रखी गई है, हो सकता है आ ही जाएँ...

ज़िगालफ़ : और यूनान में लावुस्टर होते हैं?

दीम्बा : होते हैं, वहाँ सब होता है।

ज़िगालफ़ : हूँ। छोटे-मोटे क्लर्क भी होते होंगे?

इज़मियूकिना : अन्दाजा कर सकती हूँ कि यूनान की ज़िंदगी कैसी होगी?

ज़िगालफ़ : वहाँ ठग भी ज़रूर होते होंगे। यूनानी लोग अरमनी या बंजारों की तरह होते हैं, चाहे वे झाड़ू बेचें या सुनहरी मछली, कोशिश यही करेंगे कि ज़्यादा से ज़्यादा में बेच डालें। और पियें।

तीमाफेइवना : फिर वही पीना! अरे खाने पर तो बैठिये, 11 बज चुके हैं...

ज़िगालफ़ : अगर खाना ही है तो खा लेंगे। जनाब मेहरबानी करके तशरीफ लाइये **(चिल्लाकर)** साथियों खाना तैयार है!

तीमाफेइवना : प्यारे मेहमानो, तशरीफ लाइये, बैठिये।

इज़मियूकिना : **(कुर्सी पर बैठती है)** मुझे शायरी चाहिए **(पढ़ती है)** "और वह बाग़ी, तूफान की तलाश में रहता है, मानों तूफान में ही उसका सुकून छुपा हुआ है।" मुझे भी तूफान चाहिए।

यात : **(एक तरफ होकर)** बड़ी ही अच्छी औरत है, मेरा तो दिल ले गई, गले तक उसकी मोहब्बत में फँस गया हूँ।

(दाशिन्का, मज़गवोई, बेस्टमैन, नवजवान लड़के, लड़कियाँ, बरीपिन और दूसरे लोग अन्दर आते हैं। सब शोर मचाते हुए कुर्सियों पर बैठ जाते हैं एक मिनट की ख़ामोशी, फौजी बैण्ड बजने की आवाज़ आ रही है)

मज़गवोई : (उठते हुए) जनाब! मैं यह कहना चाहता हूँ कि हमने बहुत से लेक्चर और टोस्ट तैयार किये हैं। अब और इन्तज़ार नहीं करेंगे। बस शुरू करते हैं। जनाब मेरा पहला टोस्ट नये शादीशुदा जोड़े के लिए है।

(तुश की धुन बजती है, हुर्रा और ग्लास टकराने की आवाज़ें)

शराब कड़वी है।

सब लोग : कड़वी है! कड़वी है!*

(अप्लोम्बफ़ और दाशिन्का चुम्बन लेते हैं)

यात : वाह! वाह! मानना पड़ेगा जनाब और तारीफ़ करनी पड़ेगी कि यह हाल और पूरी इमारत लाजवाब है। शानदार और बेहद खूबसूरत। मगर जानते हैं, बस एक बात की कमी है, बुरा न मानिएगा, कमी है बिजली की रोशनी की। दुनिया के सभी मुल्कों में बिजली आ गई है, एक बस रूस रह गया है।

ज़िगालफ़ : **(गहरी सोच में)** बिजली, हूँ! मेरे ख़याल में बिजली की रोशनी तो एक तरह का धोखा है, वहाँ कोयला झोंक देंगे और सोचेंगे आँखों को धोखा देने की। नहीं मेरे भाई। अगर रोशनी देना है तो कोयले की नहीं किसी ठोस चीज़ की दो जो कोई खास

चीज़ हो। ताकि मालूम चले कि कुछ है, आग़ दो तो समझे, वह आग दो जो असली हो, दिमाग़ की उपज नहीं।

यात : अगर आपने बिजली की बैटरी देखी होती कि वह किस चीज़ से बनती है तो आप इस तरह की बातें न करते।

ज़िगालफ़ : और न ही देखना चाहता हूँ, सब धोखा है। सीधे-सादे लोगों को बेवकूफ बनाया जाता है, उनके ख़ून का आखिरी कतरा चूसते हैं—खूब जानता हूँ इन लोगों को। और आप जनाब ठगों की तरफ़दारी क्यों कर रहे हैं? अच्छा होता पियें और दूसरों को पिलायें। ठीक है ना?

अप्लोम्बफ : पापा, मेरा भी यही ख़याल है। ऐसी रूखी-रूखी बातें करने से क्या फ़ायदा? मैं ऐसी बातों के खिलाफ तो नहीं। मैं खुद साइन्स की सारी ईजादों के बारे में बात कर सकता हूँ। मगर हर चीज़ का वक्त होता है, *(दाशिन्का से)* डियर, तुम्हारी क्या राय है?

दाशिन्का : वे सब अपनी काबिलियत दिखाना चाहते हैं और हमेशा समझ में न आने वाली बातें करते हैं।

तीमाफेइवना : शुक्र है, कि हमारा वक्त बिना पढ़े-लिखे ही कट गया। तीसरी लड़की की शादी भी अच्छे आदमी से कर दी। अगर आपके ख़याल में हम जाहिल हैं तो आप फिर क्यों हमारे यहाँ आते हैं? जाइये पढ़े-लिखे लोगों के पास...

यात : मैं तो, नस्तास्या तीमाफेइवना, हमेशा से आपके खानदान की इज़्ज़त करता आया हूँ। और अगर मैंने बिजली की रोशनी की बात की तो इसका मतलब यह नहीं कि शेखी बघारना चाहता हूँ। मैं शराब की कसम खा सकता हूँ मैंने हमेशा सच्चे दिल से दुआ की कि दार्या इवदाकीमवना को अच्छा शौहर मिले। आजकल के ज़माने में, नस्तास्या तीमाफेइवना, बड़ी मुश्किल से अच्छा लड़का मिलता है। आजकल हर आदमी किसी न किसी मतलब से या पैसों की वजह से शादी करता है...

अप्लोम्बफ़ : क्या ताना मार रहे हैं?

यात : *(डरकर)* जी नहीं। कोई ताना नहीं, यहाँ मौजूद लोगों की तो मैं बात ही नहीं कर रहा...मैं तो बस ऐसे ही...बस माफ कीजिएगा। सब जानते हैं कि आपकी शादी मोहब्बत की है, आपको दहेज से कोई मतलब नहीं था।

तीमाफेइवना : जी नहीं! मतलब था—तुम खुद ही बता दो—नहीं बोल पाओगे—अरे

मैंने 1000 रूबल कैश के अलावा तीन ओवरकोट, बिस्तर और पूरा फर्नीचर दिया है, कोई दूसरा इतना न दहेज देता, लाख ढूँढ़ते।

यात : मैं तो...यूँ ही...फर्नीचर तो वाकई बहुत अच्छा है–और ओवरकोट भी...मैंने तो इसलिए कहा था...यह लोग बुरा मान गये जैसे मैं खास उनकी ही तरफ़ इशारा कर रहा हूँ।

तीमाफेइवना : तो तुम मत करो इशारा। तुम्हारे माँ-बाप की वजह से हम तुम्हारी इज़्ज़त करते हैं, शादी में बुलाया है और तुम ऐसी बातें कर रहे हो। फिर अगर तुम्हें पता था कि एपामिनोन्द मक्सीमिच किसी मतलब से शादी कर रहे हैं तो अब तक चुप क्यों रहे? *(आँसू भरकर)* मैंने अपनी बेटी को पाला-पोसा, खिलाया-पिलाया, हीरे-जवाहरात की तरह सँभाल कर रखा अपनी लाडली को...

अप्लोम्बफ़ : आपने यकीन कर लिया। बहुत-बहुत शुक्रिया। बड़ी मेहरबानी है आपकी *(यात से)* और आप मिस्टर यात हालाँकि मैं आपको जानता हूँ मगर इस बात की इजाजत हरगिज नहीं दूँगा कि आप दूसरे के घर में तमाशा करें। आप यहाँ से फौरन तशरीफ ले जाएँ तो अच्छा है।

यात : क्या कहा आपने?

अप्लोम्बफ़ : मैं चाहता हूँ कि आप भी वैसे ही ईमानदार इनसान रहें जैसा मैं हूँ। मतलब है कि यहाँ से चले जाइये।

(तुश की धुन बजती है)

नौजवान लड़के : *(अप्लोम्बफ़ से)* अब जाने भी दो। बहुत हो चुका। इससे क्या फ़ायदा? बैठो-बैठो, जाने दो।

यात : मैंने तो कुछ नहीं कहा...मैं तो बस। मैं समझा नहीं अगर आप चाहते हैं तो चला जाता हूँ मगर पहले मेरे पाँच रूबल वापस कर दीजिए जो आपने पिछले साल जैकिट का कपड़ा ख़रीदने के लिए उधार लिए थे; थोड़ा और पी लूँ फिर, बुरा न मानिए, चला जाऊँगा मगर पहले आप मेरा कर्ज लौटा दीजिए।

नौजवान लड़के : बस करो। अब बस भी करो। बहुत हो चुका बेवजह बात बढ़ाने से क्या फ़ायदा?...

बेस्टमैन : **(ज़ोर से)** दुल्हन के माँ-बाप इव्दकीम ज़खारविच और नस्तास्या तीमाफेइवना की सेहत का जाम...

(तुश की धुन बजती है, हुर्रा की आवाज़ें)

ज़िगालफ़ : *(जज्बाती होकर खड़ा हो जाता है और सबकी तरफ़ झुकता है)*

प्यारे मेहमानो! बहुत-बहुत शुक्रिया। आपका अहसानमन्द हूँ कि आप हमें नहीं भूले और यहाँ तशरीफ लाये, इनकार नहीं किया...यह न सोचिएगा कि मैं कोई उठाईगीरा या ठग हूँ, यह मैं दिल से कह रहा हूँ। सच्चे दिल से। एक बार फिर शुक्रिया **(सबको गले लगाता है)**।

दाशिन्का : *(माँ से)* मम्मी तुम रो क्यों रही हो? मैं तो बहुत ख़ुश हूँ।

अप्लोम्बफ़ : मम्मी आने वाली जुदाई का सोच कर उदास हो रही हैं। मगर मेरी राय में तो बेहतर होगा अगर वह अभी कुछ देर पहले की जाने वाली बातचीत के बारे में सोचें।

यात : नस्तास्या तीमाफेइवना। मत रोइए, इतना तो सोचिए कि इनसान के आँसू क्या होते हैं? कमज़ोर दिल का साइकलॉजिकल इलाज और...कुछ नहीं...

ज़िगालफ़ : यूनान में 'पीले बटन' मशरूम होते हैं।

दीम्बा : होते हैं वहाँ सब कुछ होता है।

जिगालफ़ : मगर 'सफ़ेद बटन' मशरूम नहीं होते।

दीम्बा : और 'सफ़ेद बटन' भी होते हैं, शब होता है।

मज़गवोई : खरलाम्पी स्प्रीदोन्‌विच, अब आपकी बारी है *(दूसरों से)* अब इन्हें बोलने दीजिए।

सब लोग : *(दीम्बा से)* बोलिए! बोलिए! आपकी बारी है।

दीम्बा : किसलिए? मेरी समझ में नहीं आता... किसलिए?

इज़मियूकिना : नहीं, नहीं! इनकार करने की तो सोचिएगा भी नहीं। बारी आपकी है। उठिए।

दीम्बा : *(घबराया हुआ उठता है)* मैं सिर्फ इतना बोल सकता हूँ... "कि रूश कैशा है और यूनान कैशा है, फिर कैशे लोग रूश में हैं और कैशे यूनान में और जो चीज़ें समुद्र में तैरती हैं वह काराविया कहलाती हैं जिसका मतलब है जहाज़। और जो ज़मीन पर चीज़ें हैं वह लेल की पटली पर चलती हैं। मैं अच्छी तरह जानता हूँ...कि हम यूनानी हैं और आप रूसी हैं...मुझे कुश भी नहीं चाहिए"—मैं इतना बोलना सकता कि रूस कैशा है और यूनान कैशा।

(न्यूनिन अन्दर आता है)

न्यूनिन : ठहरिए जनाब, खाइये नहीं, ज़रा ठहरिए । नस्तास्या तीमाफेइवना एक मिनट सुनिएगा। ज़रा इधर आइए। नस्तास्या तीमाफेइवना

को एक तरफ़ ले जाता है। *(हाँफते हुए)* सुनिए, जनरल आ रहे हैं...

आखिरकार ढूँढ़ ही निकाला...परेशान हो गया...जीता-जागता जनरल है, बड़ा भारी-भरकम, काफ़ी बूढ़ा 80 या 90 साल का तो होगा ही।

तीमाफेइवना : मगर आएगा कब?

न्यूनिन : बस आया ही जाता है। ज़िन्दगी भर मेरा अहसान मानिएगा, वह जनरल नहीं है—रसभरी है रसभरी, बुलान्जे है। किसी पैदल फौज का या इन्फैन्ट्री का नहीं समुद्री बेड़े का जनरल है, उसका रैंक है कप्तान मगर नेवी में कप्तान मेजर जनरल के बराबर होता है। और सिविल में डिप्टी मिनिस्टर यह सब एक है बल्कि वह उनसे ऊँचा है।

तीमाफेइवना : आन्द्रूशिन्का, तुम मुझे धोखा तो नहीं दे रहे?

न्यूनिन : यह लो। मैं क्या आपको धोखेबाज़ नज़र आता हूँ?...आप इत्मीनान रखिए।

तीमाफेइवना : *(ठंडी साँस लेकर)* डियर अन्द्रेइ, बेकार में पैसा ख़र्च करते अच्छा नहीं लगता।

न्यूनिन : इत्मीनान रखिये। यह जनरल नहीं है तस्वीर है, तस्वीर! *(ऊँची आवाज़ में)* मैंने उनसे कहाए "आलीजनाब, आप तो हमें बिल्कुल भुला बैठे। पुराने दोस्तों को भूल जाना आलीजनाब अच्छी बात नहीं। नस्तास्या तीमाफेइवना को आपसे बड़ी शिकायत है *(मेज की तरफ जाता है और बैठता है)* तो वह बोले, "मेरे दोस्त समझो तो ज़रा मैं कैसे जाता, मैं तो दूल्हे को जानता तक नहीं हूँ"—बस भी कीजिए, आलीजनाब, यह कहाँ का तकल्लुफ है? दूल्हा तो—मैं बोला? हीरा है हीरा, दिल का साफ़—वह, मैंने आगे कहा, कर्ज देने वाले आफ़िस में काम करता है। कहीं यह न सोच लीजिएगा आलीजनाब कि वह कोई मक्खीमार या चिड़ी का गुलाम है। कर्ज देने वाले आफ़िस में तो—मैंने कहा—आजकल शरीफ घरों की औरतें भी काम करने लगी हैं।" उन्होंने मेरा कन्धा थपथपाया। हमने एक-एक हवानाई सिगार पिया और वह अब यहाँ आ रहा है। रुकिए जनाब, अभी मत खाइए।

अप्लोम्बफ़ : वह कब तक आएँगे?

न्यूनिन : बस अभी। जब मैं वहाँ से चला तो वह जूते पहन रहे थे... ठहरिए जनाब, अभी मत खाइए...।

अप्लोम्बफ़ : बैंड से कहो कि मार्च बजाए।

न्यूनिन : *(चिल्लाकर)* अरे सुनो बैंड वालो, मार्च बजाओ। *(एक मिनट के लिए मार्च बजता है)*

नौकर : *(ऐलान करता है)* जनाब रिवूनफ़-काराउलफ तशरीफ लाये हैं। **(ज़िगालफ, नस्तास्या तीमाफेइवना और न्यूनिन दरवाज़े की तरफ़ तेज़ी से बढ़ते हैं, रिवूनफ़ काराउलफ दाख़िल होता है)**

तीमाफेइवना : *(झुकते हुए)* तशरीफ लाइये आलीजनाब, बहुत ख़ुशी हुई।

रिवूनफ़ : मुझे भी!

ज़िगालफ़ : हम लोग आलीजनाब न तो बहुत मशहूर हैं और न ही ऊँचे। सीधे-सादे लोग हैं हम, मगर यह न सोचिए कि हम लोग कोई चाल चल रहे हैं। अच्छे लोगों को हम सर पर बिठाते हैं। हमारा सब कुछ आपका है, तशरीफ लाइए जनाब...।

रिवूनफ़ : बड़ी ख़ुशी हुई।

न्यूनिन : आलीजनाब! आपसे सबको मिलाने की इजाजत चाहता हूँ, यह हैं नये नवेले दूल्हा एपामिनोन्द मक्सीमिच अप्लोम्बफ़, अपनी अभी पैदा...मेरा मतलब है नई नवेली दुल्हन के साथ—यह है इवान मिखाइलविच यात—टेलीग्राफ-आपरेटर। .खरलाम्पी स्प्रिीदोनूविच दीम्बा एक विदेशी हैं और यूनानी मिठाइयों के स्पेशलिस्ट हैं। और यह हैं ओसिप लुकिच बाबेल्यनदेवस्की वगैरा और बाकी सब लोग बस ऐसे वैसे हैं, आलीजनाब तशरीफ रखिए!

रिवूनफ़ : जी हाँ, जी हाँ! माफ कीजिएगा जनाब, मैं अन्द्रूशा से कुछ कहना चाहता हूँ *(न्यूनिन को एक तरफ ले जाता है)* मेरे भाई मैं कुछ समझ नहीं पा रहा...तुम मुझे आलीजनाब कहकर क्यों पुकार रहे हो? मैं तो जनरल नहीं हूँ। अरे, दूसरे रैंक का कैप्टन हूँ जो कर्नल से भी नीचे होता है।

न्यूनिन : *(उसके कान में जोर से मानों बहरा हो)* जानता हूँ मगर, फ्योदर याक्वलिविच, मेहरबानी करके हमें आलीजनाब कहने की इज़ाजत दीजिए। यह पुराने कायदों पर चलने वाला खानदान है, बुजुर्गों की इज्ज़त करता है, ओहदों से प्यार करता है।

रिवूनफ़ : अगर यह बात है तो ठीक है *(मेज की तरफ जाते हुए)* बिल्कुल ठीक है।

तीमाफेंइवना : तशरीफ रखिए, आलीजनाब, हम पर एहसान होगा, आलीजनाब, अगर आप खाना शुरू करेंगे। हम माफी चाहते हैं कि जिस अच्छे खाने के आप आदी हैं वैसा यहाँ नहीं है, हमारा खाना मामूली है।

रिवूनफ़ : *(सुनता नहीं)* क्या कहा? हूँ...जी हाँ...जी हाँ जनाब, पुराने जमाने में लोग सादगी से रहते थे और खुश रहते थे। मैं भी हालाँकि अफसर हूँ बड़ी सादी ज़िन्दगी गुजारता हूँ। आज जब आन्द्रूशा मेरे यहाँ आये और शादी की दावत में चलने को कहा तो मैं बोला "भला मैं कैसे जाऊँ, मैं तो किसी को जानता ही नहीं। अच्छा नहीं लगता" पर वह बोला, "वे लोग बड़े सीधे हैं, पुराने टाइप के लोग हैं, हर मेहमान के आने पर बहुत खुश होते हैं", "वाकई अगर यह बात है तो जरूर जाना चाहिए।" बड़ी खुशी हुई। अकेला घर मुझे काटने को दौड़ता है। और अगर यहाँ शादी में मेरी मौजूदगी से किसी को खुशी मिल सकती है तो मैंने सोचा क्यों न यह एहसान कर दूँ।

ज़िगालफ़ : इसका मतलब है आलीजनाब, आप यहाँ खुशी से आये हैं। ऐसे लोगों की मैं इज़्ज़त करता हूँ। मैं खुद एक सीधा-सादा आदमी हूँ बिना किसी छल-कपट के और ऐसे लोगों की बड़ी इज़्ज़त करता हूँ। आलीजनाब, खाइए।

अप्लोम्बफ़ : आलीजनाब आपको पेंशन मिले कितना अर्सा हुआ?

रिवूनफ़ : ऐं! जी हाँ, जी हाँ, यह सच है, जी हाँ जनाब...मगर यह माजरा क्या है—मछली कड़वी है—रोटी भी कड़वी है—कुछ नहीं खाया जाता...।

सब लोग : कड़वा! कड़वा!

(अप्लोम्बफ़ और दाशिन्का खड़े होकर एक-दूसरे का चुम्बन लेते हैं)

हा-हा-हा आपका जामे सेहत

(खामोशी)

जी हाँ...पुराने जमाने में बड़ी सादी जिन्दगी थी और सब खुश रहते थे...मुझे सादगी पसन्द है...मैं एक बूढ़ा आदमी हूँ। 1865 में पेंशन हुई थी, अब 72 साल का हूँ—हाँ यह सच है कि पुराने वक्तों में भी लोग कभी-कभी शान-शौकत दिखाने पर उतारू हो जाते थे मगर...*(मज़गवोई को देखकर)* आप ही तो...शायद नेवी में हैं?

मजगवोई : जी हाँ।

रिवूनफ़ : आ हा, अच्छा-अच्छा...नेवी की नौकरी हमेशा मुश्किल रही है। बहुत सोचना भी पड़ता है और माथा-पच्ची भी करनी पड़ती है। हर छोटे-मोटे शब्द का अपना अलग एक खास मतलब होता है, मिसाल के तौर पर आल हैण्ड्स ऑन शराउण्ड्स आगे का मस्तूल और पीछे का मस्तूल ऊपर...इसका मतलब क्या हुआ नेवी का आदमी ही समझ सकता है। हा...हा...इस बारीकी में ही तो पूरी गणित होती है।

न्यूनिन : आलीजनाब, फ्योदर याक्वलिविच रिवूनफ़-काराउलफ की सेहत का जाम।

(तुश की धुन बजती है हुर्रा)

यात : आलीजनाब, अभी-अभी आप नेवी की नौकरी की मुश्किलों की बात कर रहे थे। टेलीग्राफ की नौकरी भी आसान नहीं, अब तो आलीजनाब, अगर किसी को जर्मन और फ्रेंच में लिखना-पढ़ना नहीं आता तो टेलीग्राफ में नौकरी मिलना नामुमकिन है। हमारा सबसे मुश्किल काम होता है—तार भेजना बहुत ही मुश्किल है—ज़रा सुनिएगा *(खाने के काँटे से मेज बजाता है, टेलीग्राफ मशीन की तरफ)*

रिवूनफ़ : क्या मतलब हुआ इसका?

यात : इसका मतलब यह हुआ, आलीजनाब "मैं आपकी इज़्ज़त करता हूँ आपकी नेकियों की वजह से", आप समझते हैं यह करना आसान है—और सुनिये *(बजाता है)*

रिवूनफ़ : जरा ज़ोर से...सुनाई नहीं दे रहा...

यात : इसका मतलब हुआ "मैडम मैं कितना खुशनसीब हूँ कि आप मेरी बाँहों में हैं।"

रिवूनफ़ : आप किस मैडम की बात कर रहे हैं...हाँ तो...*(मज़गवोई से)* जहाज़ को अगर हवाओं के रुख छोड़ना हो और...और टाप गैलेण्ट बादवान और रायल टाप गैलेण्ट बादवान फैलाने हों तो ऐसी हालत में यह हुक्म देना चाहिए "डेक हैंड्स आन शराउंड्स एण्ड अप टू टाप गैलेण्ट। सेल एण्ड रायल टाप सेल।" और जब ऊपर वाले पाल छोड़ दिये जाते हैं तो नीचे टाप गैलेण्ट और रायल टाप गैलेण्ट पर शीट्स होल्यार्डर्स और ब्रेसेस रुक जाते हैं।

बेस्टमैन : *(उठते हुए)* प्यारे मेहमानो...प्यारे मेहरबा...

रिवूनफ़ : *(उसको काटते हुए)* जी हाँ, जनाब सिर्फ तरह-तरह के हुक्म ही

काफी नहीं होते—जी हाँ—जी हाँ टाप गैलेण्ट और रायल टाप गैलेण्ट शीट खींचो...ठीक है...मगर इसका मतलब क्या है और क्यों? बिल्कुल सीधी सी बात है। टाप गैलेण्ट और रायल टाप गैलेण्ट तब खींचे जाते हैं जब हल्यार्ड्स छोड़ दिये जाते हैं...सब एकदम...साथ-साथ कोशिश यह की जाती है कि जितना ज्यादा शीट्स खींचे जाएँ उतना ही ज्यादा हल्यार्ड्स छोड़ दिये जाएँ और इस बीच अगर जरूरत हो तो ब्रेसेस भी छोड़ दिये जाते हैं...और जब शीट्स तनकर फूल जाते हैं और सभी हल्यार्ड्स अपनी-अपनी जगह पर होते हैं तो रायल गैलेण्ट और रायल टाप गैलेण्ट को खींच कर हवा के रुख मोड़ दिया जाता है...।

न्यूनिन : *(रिवूनफ़ से)* फ्योदर याक्वलिविच, मेजबान की ख़्वाहिश है कि आप कोई दूसरी बात करें। मेहमानों के समझ में कुछ भी नहीं आ रहा है और बोर हो रहे हैं...

रिवूनफ़ : क्या फरमाया? बोर हो रहा है कौन? *(मज़गवोई से)* मेरे नौजवान दोस्त...हाँ अगर जहाज़ के सब पाल फैलाकर हवा के रुख पर स्टार बोर्ड टास्क चल रहा हो और उसे ऐसे घुमाना हो कि वह हवा के रुख न चले तो क्या हुक्म दोगे? मैं बताता हूँ, सीटी बजाकर सबको ऊपर जाने का हुक्म दो और बोलो "स्टर्नविन्ड मैनओवर"—हा...हा...।

न्यूनिन : फ्योदर याक्वलिविच बस कीजिए...खाइए।

रिवूनफ़ : जैसे ही सब दौड़कर आयें तब आर्डर दो...सब अपनी-अपनी जगह ले लें स्टर्नविण्ड मैनओवर के लिए तैयार रहें। हाय, क्या ज़िन्दगी है? हुक्म देते ही तुम्हारे सामने मल्लाह बिजली की तरह अपनी-अपनी जगह पर खड़े हो जाते हैं और अपना काम शुरू कर देते हैं और ब्रेसेस और गैलेण्ट इधर-उधर ले जाते हैं तब चुप नहीं रहा जाता और मुँह से एकदम निकलता है—शाबाश, जवानो।

(धाँसा लगता है और खाँसने लगता है)

बेस्टमैन : *(इस खामोशी का फायदा उठाते हुए)* आज के दिन...इसको क्या कहते हैं—ऐसा दिन जब हम यहाँ एक साथ जमा हुए हैं ताकि अपने प्यारे दोस्त की इज़्ज़त...

रिवूनफ़ : *(काटते हुए)* हाँ तो जनाब...यह सब बातें याद रखने की जरूरत है। मिसाल के तौर पर आगे के बादवान और मेन सेल फैला दो।

बेस्टमैन : *(नाराज़गी से)* बार-बार काट देते हैं, इस तरह तो कोई भी नहीं बोल पाएगा।

तीमाफेइवना : आलीजनाब, हम जाहिल लोग हैं, आपकी बातें हमारी समझ से बाहर हैं। अच्छा होगा अगर आप हमें किसी और चीज़ के बारे में...

रिवूनफ़ : *(अनसुनी करते हुए)*—मैं खा चुका। शुक्रिया। आपने क्या कहा यह हंस है...शुक्रिया...हाय पुराना वक्त याद आ गया। सच में अच्छा लगता है याद करके। जहाज समुद्र में है। कोई गम नहीं और *(काँपती आवाज में)* याद है वह खुशी जब ओवरशलेग टर्न लेता है। शायद ही कोई मल्लाह हो जो इस पैंतरे को याद करके ज़ोश से न भर जाए। अरे जैसे ही यह हुक्म मिलता है कि सब ऊपर जाएँ "ओवरशलेग मैन ओवर" होगा। सबके अन्दर करण्ट दौड़ जाता है, क्या कप्तान, क्या मल्लाह सब जोश से भर जाते हैं...

इज़मियूकिना : बोर! बोर!

(बड़बड़ाहट की आवाजें)

रिवूनफ़ : *(अनसुनी करते हुए)* शुक्रिया मैं खा चुका *(जोशीले अंदाज में)* सब तैयार हैं और सीनियर आफिसर की तरफ एकटक देख रहे हैं। कमाण्डिग आफिसर आर्डर देता है और चुटकी बजाते हर हुक्म पूरा किया जाता है...फोरसेल और जिब छोड़ दो, स्टारबोर्ड घुमाओ, दायीं तरफ उठकर जहाज़ हवा के रुख़ तैरने लगता है। लो पाल हवा से भर कर फड़क उठे। कमाण्डिंग आफिसर वारनिंग देता है ब्रेस वाले होशियार! और खुद मेनसेल पर आँखें गाड़े है...और ज्यों ही यह पाल भी फड़फड़ाने लगता है तो समझो कि जहाज़ घुमाने का वक्त आ गया। जोर से हुक्म सुनाई देता है 'मेनसेल की बोलाइन ब्रेसेस छोड़ दो' इस वक्त इतनी हलचल हो जाती कि देखने से ही सर चकरा जाए हुक्म बिना किसी गलती के पूरा हुआ। मैन्यूवर क़ामयाब रहा।

तीमाफेइवना : *(भड़क उठती है)* हैं तो जनरल मगर बहुत बदतमीज! कम से कम अपनी उमर का तो खयाल कीजिए।

रिवूनफ़ : क्या कहा कटलेट? जी नहीं, नहीं मैंने खाये, शुक्रिया।

तीमाफेइवना : *(ज़ोर से)* मैं कहती हूँ ज़रा तो अपने बुढ़ापे का ख़याल कीजिए। हैं तो जनरल मगर इतने बदतमीज़!

न्यूनिन : *(घबराकर)* साथियों सुनो तो–ऐसा न कीजिए...दरअसल...

रिवूनफ़ : पहली बात तो यह कि मैं जनरल नहीं हूँ। अरे, मैं दूसरे दरजे का कैप्टन हूँ जो फौज़ में ओहदे के मुताबिक लेफ्टिनेंट कर्नल के बराबर होता है।

तीमाफेइवना : अगर आप जनरल नहीं हैं तो फिर आपने पैसे क्यों लिए? हमने इसलिए तो पैसे आपको नहीं दिये कि आप यहाँ आयें और तमाशा करें?

रिवूनफ़ : *(कुछ ना समझते हुए)* कैसे? कैसे पैसे?

तीमाफेइवना : खूब जानते हो अन्द्रेइ अन्द्रेइविच ने 25 रूबल दिये कि नहीं? *(न्यूनिन से)* और तुम्हें तो आन्द्रूशिन्का शर्म आनी चाहिए हमने ऐसा लाने को नहीं कहा था।

न्यूनिन : यह और लो...छोड़िये भी...बेकार में...

रिवूनफ़ : किराये पर लाये...कीमत अदा की...यह सब क्या है?

अप्लोम्बफ़ : ज़रा ठहरिए...क्या आपको अन्द्रेइ अन्द्रेइविच ने 25 रूबल नहीं दिये?

रिवूनफ़ : कैसे 25 रूबल? *(समझते हुए)* तो यह बात है...अब मैं सब समझ गया...कितनी बड़ी जलालत है...नीचता है...

अप्लोम्बफ़ : आपको पैसे मिले या नहीं?

रिवूनफ़ : मुझे कोई पैसे नहीं मिले। सब भाड़ में जाओ *(मेज से उठता है)* कितनी जलालत है। कितना कमीनापन है एक बूढ़े आदमी, एक मल्लाह, एक काबिल आफिसर की इस तरह बेइज्जती करना...अगर आप लोग शरीफ़ होते तो मैं डुएल की चुनौती दे देता, मगर अब मैं क्या कर सकता हूँ? *(घबराये हुए)* दरवाजा कहाँ है? किधर जाऊँ? अरे कोई मुझे बाहर तक पहुँचा दो। कोई है? *(जाते हुए)* कितना कमीनापन है? कितनी नीचता है।
(चला जाता है)

तीमाफेइवना : आन्द्रूशिन्का 25 रूबल कहाँ हैं?

न्यूनिन : बेकार की बातों से क्या फायदा? क्या जरूरत है इसकी? सब लोग खुशियाँ मना रहे हैं और आप खुदा जाने क्या ले बैठीं...*(चिल्लाकर)* जवानों का जामे सेहत–म्यूज़िक बजाओ। मार्च म्यूज़िक!
(मार्च की धुन बजती है)
'जवानों का जामे सेहत'

इज़्मियूकिना : मेरा दम घुट रहा है। मुझे हवा दो। आप लोगों के बीच मैं घुटन महसूस करती हूँ।

यात : *(झूमकर)* लाजवाब! लाजवाब! शोर

बेस्टमैन : *(सबसे ऊँची आवाज़ में)* मेरे मेहरबानो! दोस्तो और लेडीज! इसको क्या कहते हैं, आज के दिन...

पर्दा गिरता है।

भालू

एक अंकवाली कामेडी

पात्र

यिलेना इवानवना पपोवा	एक जवान बेवा ज़मींदारन (हँसते वक्त गालों में गड्ढे पड़ते हैं)
ग्रीगोरी स्तिपानविच स्मिरनाफ	अधेड़ उम्र ज़मींदार
लूका	पपोवा का पुराना नौकर

(पपोवा की हवेली का ड्राइंगरूम)

(पपोवा सोग के काले कपड़े पहने एक फ़ोटो को बिना पलक झपकाये देखे जा रही है, पास में लूका खड़ा है)

दृश्य–एक

लूका : यह बहुत ग़लत है हुज़ूर...सिर्फ़ खुद को बरबाद कर रही हैं आप! आया और नौकरानी सैर करने गयी हुई हैं, हर जानदार खुश है, यहाँ तक कि बिल्ली भी दिल बहलाना जानती है...आँगन में घूम रही है, चिड़ियों पर झपट रही है। और आप...आप सारा दिन कमरे में बन्द पड़ी रहती हैं, मानो किसी मठ में रह रही हों। दिल बहलाने की भी कोशिश नहीं करतीं...हद होती है हर बात की...ज़रा सोचिये तो, एक साल हो रहा है जबसे आप घर से बाहर नहीं निकलीं।

पपोवा : और न ही निकलूँगी...कभी नहीं...किसलिए निकलूँ? मेरी ज़िन्दगी तो ख़त्म हो चुकी है। वह क़ब्र में लेटे हैं और मैंने इन चार दीवारों में खुद को दफन कर लिया...हम दोनों ही मर चुके हैं।

लूका : लो और सुनो...सच में मैंने ऐसा कहीं नहीं देखा...निकोलाई मिख़ाइलविच इस दुनिया से चले गये। खुदा की यही मर्ज़ी थी, इतनी ही थी उनकी ज़िन्दगी! आपने बहुत ग़म मना लिया। अब बस कीजिए, कहाँ तक घुलाइएगा खुद को...सारी ज़िन्दगी तो इस तरह रोते हुए और काले कपड़ों में नहीं रह सकतीं। मुझे ही देखिए—वक्त आया और मेरी घर वाली मर गयी...क्या कर सकता था? बहुत ग़म मनाया, एक महीने रोया-धोया और फिर सबर करके बैठ गया। अगर सारी ज़िन्दगी उसके लिए रोता रहूँ तो यह ज़रूरत से ज्यादा होगा *(ठंडी साँस लेकर)* आपने पड़ोसियों तक को छोड़ रखा है...न खुद कहीं जाती

हैं न किसी को मिलने की इजाज़त देती हैं...हम लोग माफ़ कीजिएगा, मकड़ियों की सी ज़िन्दगी गुज़ार रहे हैं, दिन की रोशनी तक नहीं देख पाते। मेरी यूनिफार्म चूहों ने काट दी है। यह भी तो नहीं कि अच्छे लोग न हों...शहर भरा पड़ा है उन लोगों से। रिबलोफ में फ़ौजी अफ़सरों का पूरा दस्ता ठहरा हुआ है, एक से एक अच्छे अफ़सर हैं, ऐसे ख़ूबसूरत कि नज़र भर कर नहीं देखा जाता। कैम्प में कोई शुक्रवार ऐसा नहीं गुज़रता जब बाल डांस न होता हो। फिर हर दिन फ़ौजी आर्केस्ट्रा बजता है। हुजूर—मेरी मालिक—आप तो अभी जवान हैं, खूबसूरत हैं, तंदुरुस्त हैं, क्यों नहीं मजे से ज़िन्दगी गुज़ारतीं। अरे! खूबसूरती तो हमेशा साथ देने से रही, आज से 10 साल के बाद अगर आप खुद किसी अफ़सर को अपनी अदाओं से रिझाना चाहेंगी तो उस वक़्त कोई फ़ायदा नहीं होगा। देर हो चुकी होगी।

पपोवा : *(सख़्ती से)* हाथ जोड़ती हूँ, इस तरह की बातें मुझसे मत किया करो। तुम जानते हो कि जबसे निकोलाई मिख़ाइलविच मरे हैं मेरे लिए ज़िन्दगी की हर कशिश ख़त्म हो चुकी है। तुमको लगता है कि मैं ज़िन्दा हूँ मगर यह सिर्फ़ तुम्हारा ख़याल है...मैंने कसम खाई है कि यह सोग के कपड़े तो कबर तक पहने रहूँगी और न बाहर की रोशनी देखूँगी...सुन रहे हो तुम! मेरे शौहर की रूह को देखने दो कि मैं उसे कितना चाहती हूँ...हाँ मैं मानती हूँ, अब तुमसे तो कोई बात छुपी नहीं, कि वह अक्सर मेरे साथ ज्यादती करते थे, जुल्म भी करते थे... और...और बेवफ़ाई तक की। लेकिन मैं मरते दम तक उनकी वफ़ादार रहूँगी और उन्हें दिखा दूँगी कि मैं किस तरह प्यार कर सकती हूँ। वहाँ उस दूसरी दुनिया में वह मुझे वैसा ही पाएँगे जैसी मैं उनके मरने से पहले थी।

लूका : क्या फ़ायदा इन बातों से! बेहतर होगा कि आप थोड़ा बाग़ में टहल लें या फिर कहें तो तोबी और विलीकान को तैयार कर दूँ और आप पड़ोस में किसी से मिल आएँ...

पपोवा : हाय! *(रोती है)*

लूका : हुज़ूर...सरकार, क्या हुआ आपको? ख़ुदा आप पर रहम करे!

पपोवा : हाय! वह तोबी से कितना प्यार करते थे, हमेशा ही उस पर

सवार होकर करचागिन और विलासव के यहाँ जाया करते थे। कितनी अच्छी तरह चलाते थे गाड़ी! कितने शानदार लगते थे जब पूरी ताक़त से लगाम खींचा करते थे! याद है! तोबी! तोबी! किसी से कहो कि आज तोबी को रोज़ से ज़्यादा जई दे-दे।

लूका : जो हुक्म सरकार!

(तेज़ घण्टी की आवाज़)

पपोवा : *(उछल पड़ती है)* कौन है यह? कह दो कि मैं किसी से नहीं मिलना चाहती।

लूका : जी अच्छा।

(जाता है)

दृश्य दो

(पपोवा अकेली है)

पपोवा : *(फोटो देखते हुए)* तुम देखोगे प्यारे निकोलाई कि मैं प्यार भी करना जानती हूँ और माफ़ भी करना जानती हूँ—मेरी मोहब्बत तो मेरे साथ ही खत्म होगी जब यह बेचारा दिल धड़कना बन्द कर देगा। *(आँसुओं के बीच हँसती है)* तुम्हें ज़रा भी शर्म नहीं आती...मैं तुम्हारी नेक, वफ़ादार बीवी खुद को इस तरह बन्द किये पड़ी हूँ और मरते दम तक तुम्हारी वफ़ादार रहूँगी...और तुम...तुमको शरम नहीं आती, हाय तुम...तुमने मेरे साथ बेवफ़ाई की...तमाशे किये...हफ़्तों मुझे अकेला छोड़कर गायब हो जाते थे।

दृश्य तीन

(पपोवा और लूका)

लूका : *(घबराया हुआ अन्दर आता है)* मालकिन, पता नहीं कौन है आपको पूछ रहा है...आपसे मिलना चाहता है...

पपोवा : तुमने बताया, नहीं कि मालिक की मौत के बाद मैंने सबसे मिलना-जुलना छोड़ दिया है।

लूका : बताया, मगर वह तो कुछ सुनना ही नहीं चाहते। कहते हैं कि आपसे मिलना बहुत ज़रूरी है।

पपोवा : मैं नहीं मि...लूँ...गी।

लूका : मैंने ऐसा ही कहा मगर पता नहीं कौन बदतमीज है, गाली-गलौज

करने लगा और कमरे में जबरदस्ती घुसने लगा। डाइनिंग रूम तक तो आ ही गया है।

पपोवा : *(काँपते हुए)* ठीक है भेज दो...कितने बदतमीज होते हैं कुछ लोग!

(लूका जाता है)

कितने कठोर होते हैं लोग! क्या चाहते हैं मुझसे? मुझे अकेला क्यों नहीं रहने देते? लगता है कि अब मुझे सचमुच जोगन ही बनना पड़ेगा *(सोचने लगती है)* हाँ, किसी मठ में ही चली जाऊँ तो ठीक रहेगा।

दृश्य चार

(पपोवा, लूका, स्मिरनोफ़)

स्मिरनोफ़ : *(अन्दर आते हुए लूका से)* काठ का उल्लू! बहुत बकवास करता है...गधा कहीं का *(पपोवा को देखता है तो तमीज़ से)* ज़मींदारिन साहिबा सलाम! बड़ी ख़ुशी हुई आपसे मिलकर, मुझे ग्रीगोरी स्तिपानविच स्मिरनोफ़ कहते हैं और रिटायर्ड लेफ्टिनेण्ट हूँ अब जमींदारी देखता हूँ, एक बहुत खास वज़ह से आपको तकलीफ़ दी है।

पपोवा : *(हाथ नहीं मिलाती है)* कहिए? क्या चाहते हैं?

स्मिरनोफ़ : आपके मरहूम शौहर ने, जिनसे मेरी अच्छी जान-पहचान थी, मुझसे 1200 रूबल की दो हुंडियाँ ली थीं जिनका भुगतान नहीं किया...और बात यह है कि कल मुझे सहकारी बैंक को सूद की रक़म अदा करना है इसलिए, मोहतरमा, आपसे गुज़ारिश है कि मुझे 1200 रूबल आज ही दे दें।

पपोवा : 1200...रूबल...उन्होंने किसलिए आपसे यह रकम उधार ली थी?

स्मिरनोफ़ : उन्होंने मुझसे घोड़ों का चारा ख़रीदा था।

पपोवा : **(ठंडी साँस लेकर लूका से)** अरे हाँ, देखो लूका भूलना नहीं, कह देना कि तोबी को आज रोज़ से ज़्यादा जई दी जाए। *(लूका जाता है स्मिरनोफ़ से)* अगर मेरे शौहर आपके कर्ज़दार थे तो कुदरती बात है कि यह कर्जा ज़रूर चुकाऊँगी मगर मुझे अफ़सोस है कि आज मेरे पास इतनी बड़ी रकम नहीं, परसों मेरा मैनेजर शहर से वापस आएगा उससे मैं फौरन आपको

यह रकम दिलवा दूँगी। उस वक्त तक मैं आपका हिसाब नहीं कर सकती...उसके अलावा आज ही मेरे शौहर को गुज़रे सात महीने पूरे हो रहे हैं इसलिए आज मेरा मूड बहुत खराब है। किसी तरह भी हिसाब-किताब में पड़ने को दिल नहीं चाहता।

स्मिरनोफ़ : और मेरा मूड ऐसा हो रहा है कि अगर मैंने कल बैंक को सूद अदा नहीं किया तो मुझे खुद को उल्टा लटकाना पड़ेगा। मेरी ज़मीनें नीलाम कर दी जाएँगी।

पपोवा : परसों आपको यह रकम मिल जाएँगी।

स्मिरनोफ़ : अरे मुझे यह रकम आज चाहिए, परसों नहीं।

पपोवा : माफ़ कीजिए, आज तो मैं भुगतान नहीं कर सकती।

स्मिरनोफ़ : और मैं परसों तक इन्तज़ार नहीं कर सकता।

पपोवा : मगर क्या किया जा सकता है? मेरे पास इतनी बड़ी रकम नहीं है।

स्मिरनोफ़ : कहने का मतलब यह है कि आज आप नहीं दे सकतीं।

पपोवा : नहीं, यह मुमकिन नहीं है।

स्मिरनोफ़ : हूँ...तो यह आपका आखिरी फैसला है?

पपोवा : जी हाँ, आखिरी।

स्मिरनोफ़ : आखिरी और क़तई?

पपोवा : हाँ क़तई।

स्मिरनोफ़ : बड़ा एहसान है आपका! यही नोट किये लेता हूँ *(कंधे हिलाकर)* इस पर लोग चाहते हैं कि मैं अपना दिमाग़ ठंडा रखूँ—आज आते वक्त सड़क पर आबकारी विभाग का एक कर्मचारी पूछने लगा, "आप हर वक्त गुस्से में क्यों रहते हैं ग्रीगोरी स्तिपानविच"? ज़रा खुद ही इंसाफ़ करिये, कैसे न आये मुझे गुस्सा...मुझे रूबलों की सख्त जरूरत है *(गले पर हाथ रखता है)* यहाँ तक... कल सुबह तड़के का घर से निकला हुआ हूँ, सब कर्ज़दारों के पास गया मगर एक शरीफ़ आदमी ने भी कर्ज़ नहीं चुकाया...कुत्तों की तरह मारा-मारा फिर रहा हूँ, जैसे-तैसे करके रात गुज़ारी है वह भी एक यहूदी के सस्ते होटल में...शराब के पीपे के पास। किसी न किसी तरह से यहाँ पहुँचा...घर से 700 कोस दूर...उम्मीद थी कि यहाँ तो कर्ज़ ज़रूर वापस मिलेगा मगर मेरी खातिर की गई इन शब्दों से "मूड खराब है" है ना गुस्सा आने की बात।

पपोवा : मेरे ख़याल में तो मैंने बात साफ़ कर दी है। मैनेजर शहर से

वापस आ जाए आपको अपनी रकम मिल जाएगी।

स्मिरनोफ़ : मैं मैनेजर के पास नहीं, आपके पास आया हूँ। जहन्नुम में जाए, माफ़ कीजिएगा, आपका यह मैनेजर।

पपोवा : माफ़ कीजिएगा जनाब, इस तरह की बातें सुनने की न तो मेरी आदत है और न ही आपका यह लहजा पसन्द है। बस आगे मैं अब कुछ नहीं सुनना चाहती।

(जल्दी से चली जाती है)

दृश्य पाँच

(स्मिरनोफ़ अकेला है)

स्मिरनोफ़ : *(अकेले में)* यह खूब रहा "मूड नहीं है"। शौहर को मरे पूरे सात महीने हो गये, बिल्कुल नहीं समझतीं कि मुझे सूद अदा करना कितना ज़रूरी है! मैं आप ही से पूछ रहा हूँ, ज़रूरी है कि नहीं...शौहर मर गया...मूड नहीं है...हज़ारों नखरे...मैनेजर कहीं चला गया है, जहन्नुम में जाए...मगर मुझे भी तो बताओ मैं क्या करूँ? अपने कर्ज़दारों से कहाँ छिपूँ? गुब्बारे में बैठकर कहीं उड़ जाऊँ क्या? या फिर दौड़ूँ और दीवार से टकरा दूँ अपनी खोपड़ी? ग्रुच्देव के यहाँ पहुँचा तो जनाब घर पर नहीं थे...याराशेविच मुझे आता देखकर छुप गये...कुरीसीन से मरने-मारने तक की नौबत आ गयी...दिल तो यही चाहा कि उठाकर खिड़की से बाहर फेंक दूँ...माजूतफ को पेचिश हो गयी है और अब यह साहिबा! मिलीं तो मूड खराब है। एक भी उल्लू का पट्ठा पैसे देने को तैयार नहीं हुआ। और यह सब इस वजह से कि मैंने खुद इन सबको सर चढ़ा रखा है, मैं एक कमज़ोर दिल बेकार मर्द हूँ...मर्द नहीं औरत हूँ...उनसे बहुत नर्मी का बरताव करता हूँ मगर ठहरो, सबको मज़ा चखाऊँगा। अब पता चलेगा कि मैं क्या हूँ और मुझसे मज़ाक कितना महँगा पड़ेगा? जहन्नुम में जाए! अब तो मैं यहीं जमकर बैठता हूँ और ऐसे ही बैठा रहूँगा जब तक कि वह कर्ज़ वापस नहीं करेगी ...फू...फू...आज मैं बहुत गुस्से में हूँ। बहुत ज़्यादा...गुस्से से मेरा सारा जिस्म काँप रहा है और साँस लेना मुश्किल हो रहा है फू...उफ़ मेरे खुदा! तबीयत बिगड़ रही है मेरी! *(चिल्लाकर)* कोई है?

दृश्य छह

(स्मिरनोफ़ और लूका)

लूका : *(आता है)* क्या है?

स्मिरनोफ़ : कुछ पीने को लाओ–शरबत या पानी *(लूका जाता है)* अरे, कोई तुक भी तो हो...मुझे रूबलों की इतनी सख्त ज़रूरत है, गले में फन्दा पड़ रहा है और वह ही तो इसलिए कर्ज़ वापस नहीं कर रही क्योंकि, इसको क्या कहते हैं कि इस बारे में बात करने को दिल नहीं चाह रहा है–है ना बेअक्ली और बेवकूफों जैसी बात! यह औरतें भी...इसीलिए तो मुझे औरतों से बात करना न कभी पसन्द था और न है। मेरे लिए बारूद के डिब्बे पर बैठना कहीं आसान है पर औरतों से सिर खपाना...ब्रा...रोयें खड़े हो रहे हैं मेरे! इस छोटी सी चीज़ ने मुझे इतना गुस्सा दिला दिया! तब ही तो मैं चाहे दूर से ही जब कोई हसीन सूरत देखता हूँ तो गुस्से से मेरी पिण्डलियों में ऐंठन होने लगती है 'बचाओ' 'बचाओ' चिल्लाने को दिल चाहता है।

दृश्य सात

(स्मिरनोफ़ और लूका)

लूका : **(पानी लाता है)** मालकिन की तबीयत ठीक नहीं, वह मिल नहीं सकतीं।

स्मिरनोफ़ : दफा हो जाओ

(लूका जाता है)

तबीयत ठीक नहीं, मिल नहीं सकतीं। कोई ज़रूरत नहीं मिलने की...मैं यहीं रहूँगा और तब तक बैठा रहूँगा जब तक हिसाब चुकता नहीं कर लूँगा। एक हफ़्ते बीमार रहेंगी, मैं एक हफ़्ते यूँ ही बैठा रहूँगा। एक साल बीमार रहेंगी, एक साल बैठा रहूँगा...मगर जनाब, मैं अपना हक नहीं छोड़ने का! मेरे दिल पर आपके यह सोग के कपड़े और गालों के गड्ढे कोई असर नहीं करने वाले, खूब पहचानता हूँ गालों के इन गढ़ों को।

(खिड़की से चिल्लाकर)

सिम्योन! घोड़े खोल लो, अभी जाने की जल्दी नहीं है, मैं यहाँ रुक रहा हूँ। वहाँ अस्तबल में कह दो कि घोड़ों की जई दे दें। अबे ओ गधे! तूने फिर घोड़े की बायीं लगाम छोड़ दी, वह

उसकी टाँगों में उलझ रही है *(नकल उतारते हुए)* 'कोई बात नहीं'—अभी बताता हूँ—'कोई बात नहीं' *(खिड़की के पास से हटता है)* बुरी हालत है। यह असहन गर्मी उस पर किसी ने कर्ज़ नहीं वापस किया। रात को सोया भी नहीं और यहाँ यह सोग का नाटक...मूड खराब है...सिर फटा जा रहा है मेरा...क्या करूँ, बोदका ही पी डालूँ? हाँ यही ठीक रहेगा *(चिल्लाकर)* कोई है?

लूका : *(आता है)* फ़रमाइये?

स्मिरनोफ़ : एक गिलास वोदका लाओ।

(लूका जाता है)

उफ़! *(बैठता है और अपने को देखता है)* क्या कहने हैं! क्या शक्ल हो रही है मेरी! पूरा धूल में अटा हूँ। गंदे जूते...गंदा मुँह...बिखरे बाल...कपड़ों पर घास-फूस...ग़लत नहीं होगा अगर ज़मींदारन मुझे एक डाकू समझ लें *(ज़म्हाई लेकर)* कुछ बद्‌तमीज़ी से लगती है कि इस हाल में ड्राइंग रूम में आ गया...होगा...क्या कर सकता हूँ? यहाँ कोई मैं उनका मेहमान बनकर थोड़े ही आया हूँ! मैं तो महाजन हूँ और महाजन कभी भी सूट-बूट में नहीं आते।

लूका : *(वोदका लेकर अन्दर आता है)* आप हद से बढ़ते जा रहे हैं जनाब!

स्मिरनोफ़ : *(गुस्से से)* क्या?

लूका : मैं...मैं कुछ नहीं...मैं तो बस...

स्मिरनोफ़ : जानते हो, किससे बात कर रहे हो? चुप रहो।

लूका : *(एक तरफ़ होकर)* न जाने कहाँ से यह आफ़त हमारे सिर पर आ पड़ी है! कोई भूत ही उसे यहाँ लाया होगा।

(लूका जाता है)

स्मिरनोफ़ : उफ़! कितने गुस्से में हूँ मैं! इतना गुस्सा आ रहा है कि सारी दुनिया को खाक कर सकता हूँ...तबीयत तक बिगड़ने लगी है गुस्से से...*(चिल्लाकर)* कोई है?

दृश्य आठ

(पपोवा और स्मिरनोफ़)

पपोवा : *(आँखे नीची किये आती है)* जनाब, बहुत दिनों से अकेले रहते-रहते मैं ख़ामोशी की आदी हो गयी हूँ। शोरगुल तो ज़रा

भी नहीं सहा जाता। आपकी बड़ी मेहरबानी होगी अगर आप चिल्लाना-पुकारना बन्द कर देंगे।

स्मिरनोफ़ : कर्ज़ वापस कर दीजिए, मैं चला जाऊँगा।

पपोवा : आपसे साफ़ अल्फ़ाज में कह चुकी हूँ, मेरे पास इस वक्त इतनी बड़ी रकम नहीं है, परसों तक इंतज़ार कीजिए।

स्मिरनोफ़ : मैंने भी आपसे साफ़ अल्फ़ाज में ही कहने की कोशिश की है कि मुझे परसों नहीं, आज यह रकम चाहिए...अगर आज आपने यह रकम नहीं दी तो कल मुझे फाँसी लगानी पड़ेगी।

पपोवा : मगर मैं क्या करूँ, आज मेरे पास इतनी बड़ी रकम नहीं है। बड़ी अजीब बात है।

स्मिरनोफ़ : तो आप आज कर्ज़ नहीं देंगी? नहीं ना?

पपोवा : मैं मज़बूर हूँ।

स्मिरनोफ़ : इस हालत में मैं यहीं रुकता हूँ और तब तक बैठा रहूँगा जब तक यह रकम नहीं पा लूँगा...*(बैठता है)* परसों दीजिएगा...ठीक है...मैं परसों तक इसी हालत में बैठा रहूँगा—यह देखिये इस तरह जमकर! *(उछलकर खड़ा होता है)* मैं आप ही से पूछ रहा हूँ, मुझे कल सूद चुकाना है कि नहीं? कहीं आप इसको मज़ाक तो नहीं समझ रहीं?

पपोवा : जनाब, मैं आपसे फिर गुज़ारिश करती हूँ कि इस तरह मत चिल्लाइए। यह घर है, अस्तबल नहीं!

स्मिरनोफ़ : मैं आपसे यह नहीं पूछ रहा कि यह अस्तबल है या नहीं, मैं तो यह पूछ रहा हूँ कि मुझे कल सूद चुकाना ज़रूरी है कि नहीं?

पपोवा : आपको औरतों से बात करने की ज़रा भी तमीज़ नहीं।

स्मिरनोफ़ : जी नहीं, मुझे औरतों से बात करने की खूब तमीज़ है।

पपोवा : नहीं...तमीज़ नहीं है...आप एक बद्तमीज़, अक्खड़ आदमी लगते हैं, शरीफ लोग औरतों से इस तरह बात नहीं करते।

स्मिरनोफ़ : उफ़! कमाल है और किस तरह से बात की जाए आप लोगों से? क्या फ्रेंच में? *(चिढ़कर बनावट से)* मदाम जे वू प्री! कितना खुशनसीब हूँ कि आप मेरा कर्ज़ वापस नहीं कर रहीं, मुझे पारडन कीजिए कि मैंने आपको तकलीफ़ दी...आज मौसम कितना प्यारा है...और यह सोग के कपड़े आप पर बहुत अच्छे लग रहे हैं...

(झुकता है और एड़ी बजाता है)

पपोवा : बेतुकी और बेकार की बातें, बेवकूफी और अक्खड़पन।

स्मिरनोफ़ : *(नकल उतारते हुए)* क्या कहा? बेवकूफी और अक्खड़पन... मुझे औरतों से बात करने की तमीज़ नहीं...अरे मैडम! अपनी ज़िन्दगी में मैंने इतनी औरतें देखी हैं जितनी आपने गौरय्या भी नहीं देखी होंगी। तीन बार औरतों की वजह से मैंने डुएल लड़ी...एक दर्जन औरतों को मैंने छोड़ा, दर्जन में तीन कम नौ ने मुझे छोड़ा। जी हाँ! था एक ज़माना अब मैंने यह बेवकूफियाँ की हैं, नरमी से काम लिया है, खुशामदें की हैं, भैंस के आगे बीन बजाई है, तल्वे तक चाटे हैं। प्यार भी किया है और दुख भी झेले हैं। चाँद को देखकर ठंडी आहें भरी हैं, उदास हुआ हूँ, पिघला हूँ, काँपा हूँ, बेतहाशा प्यार किया है, पागल भी हुआ हूँ, खुदा मुझे समझे, उनकी हर अदा पर नीलकंठ की तरह आवाज़ें निकाली हैं। औरतों की आज़ादी का भी तरफ़दार रहा हूँ। भावनाओं में बहकर आधी जायदाद फूँक चुका हूँ मगर अब...अब मैं दूसरा आदमी हूँ, अब मुझे कोई औरत बेवकूफ नहीं बना सकती। बहुत हो चुका—यह काली आँखें, मतवाली आँखें, लाल अंगारा होंठ, गालों में गड्ढे, चाँद-तारे, रुकी-रुकी साँसें, कानों में बातें। अरे, इन पर तो अब मैं फूटी कौड़ी भी न्योछावर नहीं करने वाला। मेरा इशारा आपकी तरफ़ नहीं, मगर दुनिया की हर औरत छोटी हो या बड़ी—बनावटी, धोखेबाज, गप्पी, मक्कार, और झूठी होती है और झूठ उनके अन्दर कूट-कूट कर भरा होता है, घमंडी भी होती है, छोटा दिल रखती है, बेरहम और अक्ल से खाली होती है। जहाँ सवाल है इस *(माथे पर हाथ रखकर)* चीज़ का, तो माफ़ कीजिएगा, मेरी साफ़गोई को, इस पेटीकोट पहने फिलासफर के मुक़ाबले गौरय्या को दस नम्बर अगले दिये जा सकते हैं। इनको बाहर से देखो तो यह मलमल की तरह नरम, हवा की तरह हल्की, यहाँ तक कि आधी देवी लगती हैं, हज़ारों हथकण्डे आते हैं इन्हें! मगर कहीं आप इनके अन्दर झाँक लें तो पता चलता है कि यह कुछ नहीं—एक बहुत मामूली मगरमच्छ हैं मगरमच्छ! *(कुर्सी का पिछला हिस्सा पकड़ता है कुर्सी चरमराती है और टूट जाती है)* सबसे ज़्यादा गुस्से की बात तो यह है कि यह मगरमच्छ, पता नहीं क्यों समझती है कि मोहब्बत का यह नरम, नाज़ुक एहसास उसी का हिस्सा, हक़ और कारनामा है...जहन्नुम

में जाए...चाहें तो मुझे इस खूँटी से उल्टा लटका दीजिए मगर क्या औरत कुत्तों के अलावा किसी और से प्यार करना जानती है। उसके लिए आहें भरना और नखरे करना ही मोहब्बत है। अगर मर्द मोहब्बत में दुख झेलता है, कुरबानियाँ करता है तो औरत मोहब्बत में सिर्फ़ स्कर्ट हिलाना और मर्द पर अपनी पकड़ मज़बूत करना जानती है। आपकी बद्नसीबी है कि आप एक औरत हैं इसीलिए अच्छी तरह जानती होंगी औरत की असलियत! सच बताइएगा, क्या कभी आपने ऐसी औरत देखी है जो वफ़ादार, सच्ची और अटल हो? नहीं देखी ना? वफ़ादारी और ईमानदारी तो सिर्फ़ बूढ़ी और अपाहिज औरतों का हिस्सा है। एक सींग वाली बिल्ली या सफ़ेद खटफोड़वा तो मिल सकते हैं मगर एक वफ़ादार औरत का मिलना...?

पपोवा : माफ़ कीजिएगा, आपके ख़याल में फिर कौन मोहब्बत में वफ़ादार और अटल होता है? क्या मर्द?

स्मिरनोफ़ : जी हाँ जनाब, सिर्फ़ मर्द!

पपोवा : हूँ...मर्द? *(बेरहम हँसी)* मर्द और मोहब्बत में वफ़ादार? मुस्तक़िल? वाक़ई यह एक खबर है मेरे लिए! *(जोश से)* क्या हक़ है आपको इस तरह की बातें करने का? मर्द वफ़ादार और न बदलने वाले! अब बात जब शुरू हो ही गयी है तो सुनिये उन सारे मर्दों में, जिनको मैं जानती थी या जानती हूँ, मेरे मरहूम शौहर सबसे अच्छे थे...मैं उन्हें दीवानगी की हद तक चाहती थी...अपने पूरे अस्तित्व के साथ एक जवान, समझदार औरत जिस तरह एक मर्द को चाह सकती है मैंने भी ऐसे ही उन्हें चाहा। मैंने उन पर अपनी जवानी, अपनी खुशी, अपनी ज़िन्दगी, दौलत कुरबान कर दी। हर साँस उन्हीं का नाम लेती थी। उनकी पूजा की एक पुजारन की तरह...मगर...मगर...क्या हुआ? मर्दों में सबसे अच्छा यह मर्द हर क़दम पर बड़ी बेशर्मी से मुझे धोखा देता रहा। उनके मरने के बाद उनकी मेज़ की दराज़ से औरतों के मोहब्बत भरे खतों का डिब्बा निकला। और जब जिन्दा थे...उफ़! याद करने से ही कलेजा मुँह को आता है, हफ़्तों मुझे अकेला छोड़कर कहीं गुलछर्रे उड़ाया करते थे। यही नहीं, मेरी आँखों के सामने दूसरी औरतों से फ्लर्ट करते थे...मुझसे बेवफाई करते थे...मेरी ही दौलत से जुआ खेलते

थे...और मेरी भावनाओं का मज़ाक उड़ाया करते थे...मगर...इन सब बातों के बावजूद मैं उनसे प्यार करती थी...उनकी वफादार थी...यही नहीं उनके मरने के बाद भी मैं उनकी वफादार हूँ और उन्हीं की हूँ। मैंने हमेशा के लिए खुद को इन चारदीवारों में बन्द कर लिया है, कबर तक यह सोग के कपड़े पहने रहूँगी।

स्मिरनोफ़ : *(मज़ाक उड़ाने वाली हँसी)* सोग के कपड़े! लगता है आप मुझे बिल्कुल ही गधा समझती हैं। यकीन से तो नहीं बता सकता कि आप क्यों यह काला गिलाफ चढ़ाये हैं और खुद को क्यों घर की चारदीवारी में बन्द कर लिया है फिर भी मैं यह कहूँगा कि यह बड़ा रोमाण्टिक और रहस्यमय लगता है—अगर कोई फ़ौजी जवान या कोई सरफिरा शायर आपकी हवेली के पास से गुज़रे, बन्द खिड़कियों को देखे और सोचने लगे—"यही वह जगह है जहाँ रहस्यमय तमारा रहती है, जिसने शौहर के प्यार में खुद को चारदीवारी में दफ़न कर लिया है"—खूब समझता हूँ यह चालें!

पपोवा : *(भड़कते हुए)* क्या कहा? आपकी यह हिम्मत कि मुझसे इस तरह की बात करें?

स्मिरनोफ़ : यही देखिये, आपने खुद को ज़िन्दा दफ़न कर लिया है फिर भी पाउडर लगाना नहीं भूलीं!

पपोवा : आपको शर्म नहीं आती मुझसे इस तरह की बातें करते हुए?

स्मिरनोफ़ : प्लीज़, चिल्लाइए नहीं, मैं आपका मैनेजर नहीं हूँ। चोर को चोर कहने में मुझे ज़रा हिचक नहीं आती। मैं औरत तो हूँ नहीं जो घुमा-फिरा कर बात करूँ। आपको चिल्लाने की इजाज़त नहीं दे सकता।

पपोवा : मैं नहीं, आप चिल्ला रहे हैं। आप यहाँ से फौरन तशरीफ ले जाइए।

स्मिरनोफ़ : मेरा कर्ज़ चुका दें, मैं चला जाऊँगा।

पपोवा : नहीं चुकाऊँगी आपका कर्ज़।

स्मिरनोफ़ : जी नहीं, आपको चुकाना पड़ेगा।

पपोवा : अब तो आपको फूटी कौड़ी भी नहीं मिलेगी। आप तशरीफ ले जा सकते हैं।

स्मिरनोफ़ : सुनिये, न तो मैं आपका मंगेतर हूँ और न ही शौहर, इसलिए मेरे सामने तमाशा करने की कोशिश मत कीजिए *(बैठता है)*

मुझे यह सब पसन्द नहीं।

पपोवा : *(गुस्से से काँपते हुए)* अरे, आप बैठ गये!

स्मिरनोफ़ : हाँ, बैठ गया।

पपोवा : मेरी गुज़ारिश है कि आप चले जाएँ।

स्मिरनोफ़ : मेरा कर्ज़ दे दीजिए...*(एक तरफ़ होकर)* उफ़! मैं कितना गुस्से में हूँ! कितना गुस्से में हूँ!

पपोवा : मैं तुम जैसे बद्तमीजों के मुँह लगना नहीं चाहती। यहाँ से फौरन दफा हो जाओ! चलो निकलो!

(ख़ामोशी)

नहीं जाओगे? नहीं?

स्मिरनोफ़ : नहीं।

पपोवा : नहीं?

स्मिरनोफ़ : नहीं। अभी बताती हूँ।

पपोवा : **(घंटी बजाती हैं)**

दृश्य नौ

(पपोवा, स्मिरनोफ़ और लूका)

पपोवा : लूका! इन साहब को बाहर निकाल दो।

लूका : *(स्मिरनोफ़ के पास आते हुए)* जनाब, जब कहा जा रहा है तो क्यों नहीं चले जाते? बेकार की बहस से...

स्मिरनोफ़ : *(उछलते हुए)* ख़ामोश जानता है किससे बात कर रहा है? अभी तेरा कचूमर बनाकर रख दूँगा।

लूका : *(अपनी छाती पकड़ते हुए)* हाय! बाप रे बाप! *(आराम कुर्सी पर गिरते हुए)* मेरी तबीयत खराब हो रही है, दम घुटा जा रहा है।

पपोवा : दाशा कहाँ है? दाशा! *(चिल्लाकर)* दाशा! पिलगिया! दाशा!

(घंटी बजाती है)

लूका : अरे...सब घूमने गये हुए हैं, घर में कोई नहीं। बड़ी तबीयत खराब हो रही है—पानी!

पपोवा : यहाँ से दफा हो जाओ।

स्मिरनोफ़ : क्या यही ही बात आप तमीज़ से नहीं कह सकतीं?

पपोवा : *(घूँसा दिखाते हुए पैर पटक कर)* तुम गँवार हो, जंगली भालू हो, उजड्ड हो और राक्षस हो।

स्मिरनोफ़ : क्या? क्या कहा आपने?

पपोवा : मैंने कहा कि तुम भालू हो, राक्षस हो।

स्मिरनोफ़ : *(आगे बढ़ते हुए)* इस तरह से मेरी बेइज़्ज़ती करने का आपको कोई हक़ नहीं।

पपोवा : हाँ करूँगी, क्या बिगाड़ लेंगे आप मेरा? आप समझते हैं कि मैं आपसे डर जाऊँगी?

स्मिरनोफ़ : और आप सोचती हैं कि चूँकि आप एक औरत हैं तो आपको बेइज़्ज़ती करने का हक़ है। क्या बदला नहीं लूँगा अपनी बेइज़्ज़ती का? जी नहीं, मैं आपको ललकारता हूँ डुएल के लिए।

लूका : उफ़ खुदा...ईसामसीह...पानी...

स्मिरनोफ़ : मुक़ाबला होगा।

पपोवा : आप सोचते हैं कि मैं इन बड़े धमकाते हाथों या बैल जैसी आवाज़ से डर जाऊँगी...यही बात है न? उजड्ड कहीं के।

स्मिरनोफ़ : डुएल? मैं किसी को अपनी बेइज़्ज़ती करने की इजाजत नहीं दे सकता, मैं यह नहीं देखूँगा कि आप एक औरत हैं...एक कमज़ोर कौम!

पपोवा : *(उससे भी ज़ोर से चिल्लाते हुए)* भालू! भालू! भालू!

स्मिरनोफ़ : आखिर वक्त आ ही गया उस ग़लत रिवाज़ को तोड़ने का, कि बेइज़्ज़ती करने की क़ीमत सिर्फ़ मर्दों को अदा करनी पड़ती थी—बराबरी तो हर बात में बराबरी होगी। जहन्नुम में जाए...डुएल होगी।

पपोवा : पिस्तौल से मुक़ाबला करना चाहते हैं ना?

स्मिरनोफ़ : हाँ अभी।

पपोवा : जी हाँ अभी। मेरे शौहर की कोई पिस्तौलें रखी हैं, मैं अभी उन्हें लाती हूँ *(जल्दी-जल्दी जाती है फिर मुड़ते हुए)* मुझे बड़ी खुशी होगी अगर मैं एक गोली आपकी खोपड़ी में उतार सकूँ...शैतान कहीं का। **(जाती है)**

स्मिरनोफ़ : अरे! मैं तो उसे चूजे की तरह भूनकर रख दूँगा...मैं लौंडा तो हूँ नहीं, नहीं भावुक पिल्ला हूँ। मुझे तो इस कमज़ोर कौम से कोई हमदर्दी है ही नहीं...

लूका : माई-बाप! *(घुटने टेककर बैठता है)* मुझ बुड्ढे पर रहम करो...मेरे ऊपर यह एहसान करो, तुम यहाँ से चले जाओ। वैसे ही डराकर मार डाला है उस पर अब गोली-बन्दूक की बात कर रहे हो।

स्मिरनोफ़ : *(उसकी बात न सुनते हुए)* राजी हो गई गोली चलाने पर...यह

कहलाती है बराबरी! स्वाधीनता! अब हुए मर्द और औरत बराबर। अब तो बात रखने के लिए गोली चलाऊँगा...मगर क्या गज़ब की औरत है! *(नकल उतारते हुए)* "जहन्नुम में जाओ... तुम्हारी खोपड़ी में एक गोली उतारकर बड़ी ख़ुशी होगी।" वाह क्या औरत है! गुस्से से लाल चेहरा, आग बरसाती आँखें! चैलेन्ज मान गयी, कसम अपनी जान की, ज़िन्दगी में पहली बार पाला पड़ा है ऐसी औरत से!

लूका : हुज़ूर चले जाइए, ज़िन्दगी भर आपको दुआएँ देता रहूँगा।

स्मिरनोफ़ : यह है...औरत। मान गये उस्ताद...असली औरत। न कमज़ोर है और न मूर्ख। आग है...बारूद है...राकेट है...उसे मारकर अफ़सोस होगा।

लूका : *(रोता है)* हुज़ूर, मेहरबान चले जाओ।

स्मिरनोफ़ : मैं तो वाकई उसे पसन्द करने लगा हूँ...सच में...हालाँकि गालों पर गड्ढे पड़ते हैं मगर मुझे अच्छी लगने लगी है...दिल चाहता है कि कर्ज़ भी माफ़ कर दूँ...सारा गुस्सा उतर गया...बड़ी गज़ब की औरत है।

दृश्य दस

(स्मिरनोफ़, लूका, पपोवा)

पपोवा : *(हाथ में पिस्तौलें लिए दाखिल होती है)* यह लो, ले आयी पिस्तौलें! लेकिन इससे पहले कि डुएल हो, आपको बताना पड़ेगा कि पिस्तौल चलाई कैसे जाती है? मैंने ज़िन्दगी में कभी भी पिस्तौल हाथ में नहीं थामी।

लूका : हे ख़ुदा! बचाओ, रहम करो! जाऊँ, जाकर माली और गाड़ीवान को ढूँढूँ—पता नहीं कहाँ से यह आफत हमारे सर आ पड़ी है... **(जाता है)**

स्मिरनोफ़ : *(पिस्तौलें देखते हुए)* देखिये, पिस्तौलें कई तरह की होती हैं, डुएल लड़ने के लिए अलग से होती हैं, मरतीमेर मार्का जिसमें कैप्सोल रखे जाते हैं। आपकी यह पिस्तौलें स्मिथ-वेन्सन एक्स्ट्रेक्टर के साथ तीन तरह से काम करती हैं, बीच से चलती है...लाजवाब पिस्तौलें हैं...एक जोड़े की क़ीमत कम से कम 100 रूबल होगी...पिस्तौल को पकड़ा इस तरह जाता है... *(एक तरफ़ होकर)* यह आँखें! यह आँखें! औरत क्या है? पटाखा है पटाखा!

पपोवा : ऐसे?

स्मिरनोफ़ : जी हाँ। ऐसे घोड़ा उठाइए...इस तरह से निशाना बाँधिए... सिर को थोड़ा सा पीछे करिये...हाथ को जितना हो सके आगे खींचिए...ऐसे...फिर इस उँगली से खटके को दबाइए...और बस...। सबसे ज़रूरी बात है कि दिमाग़ ठण्डा रहे और निशाना लगाने में जल्दी नहीं कीजिए। कोशिश करनी चाहिए कि हाथ न काँपे।

पपोवा : समझ गई...कमरे में गोली चलाने में मुश्किल होगी। चलिए बाग़ में चलते हैं।

स्मिरनोफ़ : चलिए। मगर पहले से बताये देता हूँ कि मैं हवा में फायर करूँगा।

पपोवा : यही बाकी रह गया था! क्यों?

स्मिरनोफ़ : क्योंकि...क्योंकि...खैर यह मेरा अपना मामला है कि क्यों?

पपोवा : आप डर गये...हा...हा...हा...हा...डर गये...नहीं जनाब, अब टालने की कोशिश मत करिए। मेरे पीछे आइए, जब तक गोली आपकी खोपड़ी में नहीं उतार लूँगी...चैन से नहीं बैठूँगी...इस खोपड़ी में, जिससे मुझे नफरत हो गयी है।...डर गये?

स्मिरनोफ़ : हाँ, डर गया।

पपोवा : झूठ बोल रहे हैं, सच बताइए कि आपने अपना इरादा क्यों बदल दिया?

स्मिरनोफ़ : इसलिए कि...इसलिए कि आप...मुझे अच्छी लगने लगी हैं।

पपोवा : *(बेरहम हँसी)* मैं इन्हें अच्छी लगने लगी हूँ! वाह री हिम्मत! मुझसे कहते हैं कि मैं उन्हें अच्छी लगने लगी हूँ। *(दरवाज़े की तरफ़ इशारा करती है)* निकल जाओ!

स्मिरनोफ़ : *(चुपचाप रिवाल्वर रखता है, हैट उठाता है, जाने लगता है, दरवाज़े के पास रुकता है—आधा मिनट दोनों एक-दूसरे को चुपचाप देखते हैं...फिर वह हिचकिचाते हुए पपोवा के पास आता है और कहता है)*...सुनिए...आप अब भी गुस्से में हैं क्या? मैं भी बड़े गुस्से में था मगर...बात यह है...किस तरह कहूँ...बात दरअसल यह है...कि...देखिये ना किस्सा दरअसल यह है कि...सच बात तो यह है *(चिल्लाकर)* लेकिन इसमें मेरा क्या कसूर...अगर आप मुझे अच्छी लगने लगी हैं? *(कुर्सी का पिछला हिस्सा पकड़ता है और कुर्सी चरमराती है और टूट जाती है)* धत् तेरी की! कितना कमज़ोर फर्नीचर है आपके यहाँ! हाँ, आप मुझे पसन्द आ गयी हैं। सुन रही हैं, पसन्द ही नहीं तकरीबन प्यार करने लगा हूँ आपसे!

पपोवा : हट जाइए मेरे पास से! मैं आपसे नफ़रत करती हूँ!

स्मिरनोफ़ : उफ़ ख़ुदा! क्या औरत है! ज़िन्दगी में कभी भी ऐसी औरत से पाला नहीं पड़ा...मैं तो गया काम से! खत्म हो गया...एक चूहे की तरह चूहेदानी में फँस गया!

पपोवा : दूर हटते हैं या चलाऊँ गोली?

स्मिरनोफ़ : चलाइये, आप नहीं समझ सकतीं कि कितनी बड़ी ख़ुशनसीबी होगी, इन खूबसूरत आँखों से घायल होकर मरने में! उस रिवाल्वर से, जिसे इतना छोटा, नाजुक हाथ थामे हों...हाँ मैं पागल हो गया हूँ...ज़रा सोचिये और अभी फैसला कीजिए—क्योंकि अगर मैं आज चला गया तो फिर हम कभी नहीं मिलेंगे। जवाब दीजिए, मैं एक ज़मींदार हूँ, शरीफ खानदान हूँ...10 हज़ार रूबल की सालाना आमदनी है, हवा में उछाले सिक्के पर निशाना लगा सकता हूँ, शानदार घोड़ों का मालिक हूँ—क्या मैं आपका हाथ माँग सकता हूँ? क्या आप मेरी बीवी बनना पसन्द करेंगी?

पपोवा : *(झेंपकर रिवाल्वर झटकती है)* पिस्तौल? डुएल!

स्मिरनोफ़ : उफ़! पागल हो जाऊँगा। कुछ समझ में नहीं आता *(चिल्लाता है)* कोई है? पानी!

पपोवा : *(चिल्लाती है)* डुएल!

स्मिरनोफ़ : पागल हो गया हूँ, एक बेवकूफ नौजवान की तरह दिल दे बैठा हूँ। *(पपोवा का हाथ ज़ोर से थामता है वह दर्द से कराह उठती है)* मैं तुमसे प्यार करता हूँ *(घुटने टेककर)* इतना चाहता हूँ जितना आज तक किसी औरत को नहीं चाहा—एक दर्जन औरतों को मैंने छोड़ा, तीन कम नौ ने मुझे छोड़ा, मगर इनमें से किसी को भी मैंने इस तरह नहीं चाहा जैसे तुम्हें...बड़ी कोमल सी भावना जागी है...शरबत की तरह मीठा हो गया हूँ...घुटने टेककर एक बेवकूफ की तरह आपका हाथ माँग रहा हूँ...न कोई शर्म है न हया! पाँच साल से किसी की मोहब्बत में गिरफ्तार नहीं हुआ था...मोहब्बत ना करने की कसम खायी थी मैंने! और अचानक बम की तरह गैर के घर में फट पड़ा हूँ—आपका हाथ माँग रहा हूँ, हाँ या नहीं? अगर दिल नहीं चाहता तो और बात है। *(उठता है और तेज़ी से दरवाज़े की तरफ़ जाने लगता है)*

पपोवा : ठहरिए!

स्मिरनोफ़ : *(रुक जाता है)* कहिए?

पपोवा : कुछ नहीं, जाइए...नहीं ठहरिए...नहीं जाइए...जाइए। मैं आपसे

नफरत करती हूँ...नहीं, नहीं...मत जाइए। उफ़! काश आप जान सकते कि मैं कितनी गुस्से में हूँ? कितनी गुस्से में हूँ? *(रिवाल्वर मेज़ पर फेंकती है)* उँगलियाँ दुखने लगीं इस कम्बख्त से! *(गुस्से में रूमाल फाड़ती है)* आप खड़े क्यों हैं? दफा होइए!

स्मिरनोफ़ : अलविदा!

पपोवा : हाँ, हाँ जाइए...*(चिल्लाती है)* कहाँ जा रहे हैं आप? ठहरिए! अच्छा जाइए! उफ़! मैं कितनी गुस्से में हूँ! मेरे नज़दीक मत आइए! मत आइए मेरे नज़दीक।

स्मिरनोफ़ : *(उसके नज़दीक आते हुए)* मुझे बड़ा गुस्सा आ रहा है अपने ऊपर! एक लौंडे की तरह मोहब्बत कर बैठा...घुटने टेक दिये...यहाँ तक कि हाथ-पैर ठण्डे हो गये...*(रूखेपन से)* मैं आपसे प्यार करता हूँ। बड़ी ज़रूरत थी मुझे इसकी? कल सूद अदा करना है...कटाई शुरू हो रही है और आप हैं कि... *(उसकी कमर में हाथ डालता है)* मैं कभी भी खुद को माफ़ नहीं करूँगा।

पपोवा : दूर हटिए—हाथ हटाइए...मुझे आपसे...नफरत है। मैं आपको डुएल के लिए ललकारती हूँ।

(लम्बा बोसा)

दृश्य ग्यारह

(स्मिरनोफ़, पपोवा, लूका हाथ में कुल्हाड़ी लिए, माली हैंगी लिए, कोचवान तंगली लिए और मज़दूर डंडे लिए आते हैं)

लूका : *(इन दोनों को इस हाल में देखकर)* बाप रे बाप!

(ख़ामोशी)

पपोवा : *(सिर झुका कर)* लूका, अस्तबल में कह दो कि आज तोबी को बिल्कुल ही जई न दिये जाएँ।

पर्दा गिरता है।

तीन बहनें

चार अंकोंवाला नाटक

पात्र

प्राज़ोरफ़	आन्द्रेई सिरगेइविच
नताल्या इवानवना	पहले मंगेतर फिर उसकी पत्नी
ओल्गा	आन्द्रेई की बहन
माशा	आन्द्रेई की बहन
इरीना	आन्द्रेई की बहन
कुलीगिन फ़्योदर ईलिच	स्कूल टीचर, माशा का पति
विरशीनिन अलिक्सान्द्र इग्नातिविच	लेफ्टिनेंट कर्नल, बैटरी कमान्डर
तुज़िन्बाख़ निकोलाई लिवोविच	बैरन, लेफ्टिनेंट
सल्योनी वसीली वसीलीविच	फ़ौजी कप्तान
चिबूत्किन इवान रमानविच	फ़ौजी डाक्टर
फ़िदोतिक अलिक्सेई पित्रोविच	सैकिण्ड लेफ्टिनेंट
फ़िरापोन्त	एक बूढ़ा
अन्फ़ीसा	आया 80 साल

अंक एक

(प्राज़ोरफ़ परिवार का घर। स्तम्भों वाला ड्राइंगरूम जहाँ से बड़ा हाल साफ़ नजर आता है। दोपहर का समय। बाहर फैली धूप बड़ी खुशगवार है। हाल में मेज़ पर खाना लगाया जा रहा है। ओल्गा स्कूल टीचर की नीली यूनीफ़ार्म पहने कभी टहलते हुए कभी खड़े होकर कापियाँ जाँच रही है। माशा काला ड्रेस पहने गोद में हैट रखे पढ़ने में गुम है। इरीना सफ़ेद ड्रेस पहने किसी सोच में डूबी खड़ी है।)

ओल्गा : आज पापा को गुज़रे एक साल हो गया। ठीक इसी दिन पाँच मई को, इरीना, तुम्हारी सालगिरह के दिन। कड़ाके की ठंड थी, बर्फ़ गिर रही थी, तब मुझे लगा था कि मैं यह ग़म बरदाश्त नहीं कर पाऊँगी। तुम बेहोश पड़ी थीं, बिलकुल बेजान! और अब...अब देखो। एक साल के बाद कितने आराम से हम उनके बारे में बातें कर रहे हैं। तुम सफ़ेद ड्रेस में हो। तुम्हारा चेहरा चमक रहा है।

(घड़ी बारह बजाती है।)

तब भी यह घड़ी घंटे बजा रही थी।

(खामोशी)

मुझे याद है जब पापा की लाश ले जा रहे थे तो फ़ौजी बैंड बज रहा था और बन्दूकों की सलामी दी गयी थी। पापा जनरल जो थे। पूरी ब्रिगेड की कमान उनके ही हाथ में थी। पर पता नहीं क्यों जनाज़े के साथ बहुत कम लोग थे। शायद इसलिए कि तेज बारिश हो रही थी और बर्फ़ भी गिर रही थी।

इरीना : क्या फ़ायदा याद करने से।

(स्तम्भों के पीछे से हाल में बैरन तुज़िन्बाख़, चिबूत्किन और सल्योनी नज़र आते हैं वे मेज़ के पास खड़े हैं।)

ओल्गा : आज मौसम अच्छा है। खिड़कियाँ खुली रख सकते हैं पर सनोबर के पेड़ों पर अभी तक कोपलें नहीं फ़ूटी हैं। आज से 11 साल पहले जब पापा को ब्रिगेडियर बनाया गया था और जब हमने मास्को छोड़ा था तो मुझे अच्छी तरह याद है कि इन दिनों मास्को में बहार आयी हुई थी गर्मी थी और हर चीज़ सूरज की रोशनी में नहाई हुई थी।

उफ़! ख़ुदाया। 11 साल बीत गये पर मुझे सब कुछ इस तरह याद है मानो कल की ही बात हो।

आज जब सुबह आँख खुली तो अपने चारों तरफ़ फैली रोशनी से, इस बहार से, न जाने क्यों दिल भर आया और अपने वतन मास्को जाने को बुरी तरह तड़प उठा।

चिबूत्किन : लाहौल विलाक़ुव्वत।

तुज़िन्बाख़ : बिलकुल बकवास।

(माशा किताब पढ़ने में मगन किसी गाने की धुन सीटी में बजाती है)

ओल्गा : माशा, सीटी मत बजाओ—कुछ तो ख़याल करो। *(ख़ामोशी)* रोज़-रोज़ स्कूल जाने से और बाद में ट्यूशन करने से मेरे सिर में बराबर दर्द रहने लगा है और दिल में ऐसे ऐसे ख़याल आते हैं लगता है कि मैं बिलकुल बूढ़ी हो गयी हूँ। सच में इन चार सालों में जब से मैं स्कूल में काम कर रही हूँ मुझे ऐसा महसूस होता है जैसे मेरे अन्दर से बूँद-बूँद करके मेरी जवानी और मेरी ताक़त निकलती जा रही हो। अब तो बस इस दिल में एक ही तमन्ना पल रही है और जवान हो रही है कि...

इरीना : मास्को चला जाए। इस घर को बेच दें यहाँ से नाता तोड़ें और मास्को...

ओल्गा : हाँ जल्द से जल्द मास्को चलें।

(चिबूत्किन और तुज़िन्बाख़ हँसते हैं)

इरीना : भैया तो शायद बहुत जल्द प्रोफ़ेसर हो जाएँगे तब तो वह यहाँ बिलकुल नहीं रहेंगे। सिर्फ़ बेचारी माशा का सवाल है।

ओल्गा : माशा हमारे पास हर साल गर्मियों में मास्को आ सकती है।

(माशा फिर धीरे-धीरे सीटी से धुन बजाती है)

इरीना : ख़ुदा ने चाहा तो सब ठीक हो जाएगा। *(खिड़की से बाहर देखते हुए)* आज मौसम बहुत अच्छा है। पता नहीं क्यों आज मेरा दिल ख़ुशी से नाच रहा है। सुबह ही याद आया कि आज मेरी

सालगिरह है और एकदम से दिल खुशी से भर उठा। बचपन याद आ गया, जब माँ ज़िन्दा थी और कितने प्यारे ख़याल दिल में आने लगे। कितने प्यारे ख़याल।

ओल्गा : आज तुम बहुत प्यारी लग रही हो। कभी भी इतनी ख़ूबसूरत नहीं लगीं। माशा भी प्यारी लग रही है। आन्द्रेई भी ख़ूबसूरत कहलाता अगर वह इतना मोटा न होता। मोटापे से वह भद्दा लगता है और मैं तो बूढ़ी हो चली। दुबली भी तो बहुत हो गयी हूँ। शायद इसी वजह से कि दिन भर स्कूल में लड़कियों पर चिल्लाती रहती हूँ। आज छुट्टी है और मैं घर पर हूँ तो सिर में दर्द भी नहीं है। अपने को कल के मुक़ाबिले जवान महसूस कर रही हूँ। सोचती हूँ, खुदा जो करता है अच्छा ही करता है। पर कभी-कभी ख़याल होता है कि अगर मैं शादी करके दिन भर घर पर बैठी रहती तो यह कहीं बेहतर होता।

(ख़ामोशी)

मैं अपने शौहर को बहुत चाहती।

तुज़िन्बाख़ : *(सल्योनी से)* मैं तो आपकी बकवास सुन-सुन कर तंग आ गया हूँ *(ड्राइंगरूम में आते हुए)* मैं तो बताना ही भूल गया आज आपके यहाँ हमारे नये बैटरी *कमांडर* विरशीनिन आ रहे हैं।

(पियानो के पास बैठता है।)

ओल्गा : अच्छा! बड़ी खुशी की बात है।

इरीना : क्या वह बूढ़े हैं?

तुज़िन्बाख़ : नहीं कोई ख़ास बूढ़े नहीं। ज्यादा से ज्यादा 40-45 साल के होंगे। *(धीरे-धीरे पियानो बजाता है)* देखने से तो माकूल आदमी लगते हैं। बेवकूफ़ तो हैं ही नहीं। पर बातूनी बहुत हैं।

इरीना : दिलचस्प आदमी हैं क्या?

तुज़िन्बाख़ : बस ठीक हैं। पर एक बात है इसकी एक अदद बीवी, एक अदद सास और दो अदद बेटियाँ हैं और हाँ! यह उसकी दूसरी बीवी है। जहाँ भी जाता है सबसे यही कहता है कि उसकी एक बीवी और दो बेटियाँ हैं। यहाँ भी यही बताएगा। बीवी थोड़ी-सी पागल है। लड़कियों की तरह लम्बी चोटी बनाती है। हर वक्त फ़लसफ़ा बघारती रहती है। बनावटी और ठेठ ज़बान में बातें करती है। और हाँ, बेगम साहिबा खुदकुशी की भी कोशिश फ़रमाती हैं। शायद अपने शौहर को परेशान करने के लिए। मैं तो ऐसी बीवी को छोड़कर न जाने कब का भाग गया

होता। वह पता नहीं कैसे सहे जा रहे हैं। यह सब कुछ नहीं कहते, सिर्फ़ रोना रोते हैं।

सल्योनी : *(ड्राइंगरूम में चिबूत्किन के साथ अन्दर आता है)* एक हाथ से मैं सिर्फ़ डेढ़ पौण्ड वजन उठा सकता हूँ, पर दो हाथों से पाँच, बल्कि छह पौण्ड उठा सकता हूँ। इसका मतलब यह है कि दो आदमियों की ताकत एक आदमी से दुगुनी नहीं बल्कि तिगुनी या इससे भी ज्यादा होती है।

चिबूत्किन : *(चलते हुए अख़बार पढ़ता है)* बालों का गिरना रोकने की तरकीब...दो तोला नेफ़्थीलिन, आधी बोतल, स्प्रिट में मिलाकर ख़ूब धो लो और रोज एक बार बालों में लगाओ। *(नोटबुक में लिखते हुए)* इसे लिख लेना चाहिए। *(सल्योनी से)* हाँ तो मैं कह रहा था कि बोतल को कार्क से बन्द करके एक शीशे की ट्यूब उससे पार करो। फिर एक चुटकी बिलकुल मामूली फ़िटकरी का बुरादा लो...

इरीना : इवान रमानिच...प्यारे इवान रमानिच!

चिबूत्किन : क्या है मेरी बेटी, मेरी चाँद...

इरीना : यह बताइए आज मैं क्यों इतनी ख़ुश हूँ। मानो किसी नाव के पालों की तरह उड़ रही हूँ। मेरे ऊपर दूर तक फैला नीला आसमान है और बड़ी-बड़ी सफ़ेद चिड़ियाँ चारों तरफ़ उड़ती फिर रही हैं। ऐसा क्यों लग रहा है मुझे? क्यों?

चिबूत्किन : *(उसके दोनों हाथ प्यार से चूमकर)* मेरी सफ़ेद चिड़िया...

इरीना : आज जब मैं सुबह उठी और मुँह-हाथ धो चुकी तो अचानक ऐसा लगने लगा कि दुनिया की कोई बात मेरे लिए अब पहेली नहीं है और मैं इस दुनिया में रहना जानती हूँ। मेरे अच्छे इवान रमानिच। मैं सब कुछ जानती हूँ। हर आदमी को चाहे वह कोई भी हो, मेहनत करना चाहिए। पसीना बहाकर काम करना चाहिए और यही ज़िन्दगी का असली मतलब और मकसद है। इसी में उसकी ख़ुशी का राज़ छिपा है। कितना अच्छा है एक मज़दूर होना, जो मुँह अँधेरे उठता है और सड़क पर पत्थर तोड़ता है या फिर एक चरवाहा या स्कूल टीचर जो बच्चों को पढ़ाता है या एक रेलवे मिस्त्री। उफ़! ख़ुदा, ऐसा बेकार आदमी होने से तो अच्छा था कि मैं बैल या घोड़ा होती। कम से कम काम तो करने को मिलता। अब तो मैं एक ऐसी लड़की हूँ जो दिन के बारह बजे सोकर उठती है। बिस्तर में ही काफ़ी पीती है। फिर

दो घण्टे तैयार होने में लगाती है—उफ़! कितनी बेकार है यह ज़िन्दगी! जिस तरह गर्मी में पानी की प्यास होती है वैसे ही आज मेरा दिल काम करने को प्यासा हो रहा है। अगर आज से मैं सुबह सबेरे न उठूँ और मेहनत न करूँ तो आप मुझसे दोस्ती ख़त्म कर लीजिएगा, इवान रमानिच!

चिबूत्किन : *(प्यार से)* जरूर...जरूर।

ओल्गा : पापा ने सुबह सात बजे उठने की हमारी आदत डलवाई थी। अब भी इरीना सात बजे उठती है। यह और बात है कि बिस्तर में नौ बजे तक लेटी रहती है और न जाने क्या-क्या सोचती रहती है। कितना संजीदा होता है उसका चेहरा *(हँसती है)*

इरीना : तुम अब भी मुझे बच्ची समझती हो। इसीलिए जब मैं संजीदा होती हूँ तो तुम्हें अजीब सा लगता है। मैं बीस साल की हो गयी हूँ।

तुज़िन्बाख़ : मेहनत करने की यह पागल तड़प मैं इसे अच्छी तरह समझता हूँ। मैने ज़िन्दगी में ख़ुद कभी मेहनत नहीं की। मैं ख़ुद पीटर्सबर्ग जैसे बेजान और सुस्त शहर में पैदा हुआ। एक ऐसे ख़ानदान में जहाँ कभी किसी ने न तो मेहनत की थी और न कोई परेशानी उठाई थी। मुझे अब भी याद है। जब मैं स्कूल से घर आया करता था तो नौकर मेरे जूते उतारता था और मैं उसे तंग करता था और मेरी माँ तारीफ़ भरी नज़रों से मुझे देखा करती थी और अगर कोई मुझे दूसरी नज़र से देखता था तो उन्हें बड़ा ताज्जुब होता था। मुझे हर तरह की मेहनत से बचाया जाता था। पर क्या वह मुझे हमेशा के लिए बचा सके...शायद नहीं। अब वह वक्त आ गया है। भारी गर्जन सुनाई दे रही है एक बहुत बड़ा तूफ़ान आने वाला है। बहुत जल्द ही वह आएगा। हम लोगों की काहिली, बेपरवाही, मेहनत से नफ़रत और ज़िन्दगी के सूनेपन को ख़ाक की तरह उड़ाकर ले जाएगा। मैं काम करने लगूँगा और आज से 25 या 30 साल के बाद हर आदमी काम करने लगेगा। हर आदमी...

चिबूत्किन : मैं काम नहीं करूँगा...

तुज़िन्बाख़ : तुम्हारी क्या गिनती?

सल्योनी : शुक्र है कि आज से 25 साल बाद आपका वजूद ही नहीं होगा क्योंकि 2-3 साल के अन्दर ही आप फालिज के हमले से मर जाएँगे या मुझे ज़्यादा गुस्सा दिलाया तो मैं ही एक गोली आपके

भेजे में उतार दूँगा। मेरे फ़रिश्ते! *(अपनी जेब से इत्र की शीशी निकालता है सीने और हाथों पर लगाता है)*

चिबूत्किन : *(हँसते हुए)* सच्ची बात तो यह है कि मैंने ज़िन्दगी में कुछ नहीं किया। यूनिवर्सिटी ख़त्म करने के बाद तो उँगली भी नहीं हिलाई। यहाँ तक कि कोई किताब भी नहीं पढ़ी। हाँ। सिर्फ़ अख़बार पढ़ता हूँ *(जेब से एक और अख़बार निकालता है)* मिसाल के तौर पर अख़बारों से ही मुझे मालूम हुआ है कि कोई दब्रालुबोफ़ था पर उसने क्या लिखा है मुझे नहीं मालूम। भगवान जाने... *(नीचे से खटखटाने की आवाज आती है)* यह लो मुझे नीचे बुला रहे हैं। शायद कोई मुझसे मिलने आया है। अभी आता हूँ...आप मेरा इन्तज़ार कीजिए। *(दाढ़ी में हाथ फ़ेरते हुए तेजी से जाता है)*

इरीना : लगता है डॉक्टर फिर कुछ गुल खिलाने वाले हैं।

तुज़िन्बाख़ : हाँ। बड़े ज़ोर शोर से बाहर गये हैं। शायद आपको कोई तोहफ़ा देने वाले हैं।

इरीना : मुझे ऐसी बातें पसन्द नहीं।

ओल्गा : हाँ यह पागलपन है। वह हमेशा कोई न कोई बेबक़ूफ़ी करता रहता है।

माशा : *(उठती है और हल्के-हल्के गुनगुनाती है)*
बल खाये साहिल पर बलोत का हरा भरा पेड़ है और उसके चारों तरफ़ लिपटी सुनहरी ज़ंजीर है। और उसके चारों तरफ़ लिपटी सुनहरी ज़ंजीर है।

ओल्गा : माशा, आज तुम कुछ उदास लग रही हो। *(माशा गुनगुनाते हुए हैट पहनती है)* कहाँ जा रही हो?

माशा : घर।

इरीना : अजीब बात है।

तुज़िन्बाख़ : बहन की सालगिरह छोड़कर।

माशा : क्या फ़र्क़ पड़ता है शाम तक आ जाऊँगी। मेरी अच्छी इरीना, अलविदा *(इरीना को चूमती है)* एक बार फिर दुआ देती हूँ कि तुम हमेशा अच्छी और खुश रहो। जब पापा ज़िन्दा थे तो ऐसे मौक़ों पर हमेशा 30-40 अफ़सर जरूर आते थे। कितना शोरगफ़ल मचता था और आज...आज नाम को सिर्फ़ डेढ़ आदमी हैं और किसी रेगिस्तान की सी ख़ामोशी है। मैं जा रही हूँ आज मैं बहुत उदास हूँ। मेरा दिल बैठा जा रहा है, मेरी

बातों का बुरा न मानना। *(आँसुओं के बीच मुस्कुराते हुए)* फिर बात करेंगे अलविदा। कहीं न कहीं चली जाऊँगी। मेरी बहना।

इरीना : *(नाराज़गी से)* वाक़ई तुम तो...

ओल्गा : *(रोते हुए)* मैं तुम्हें समझती हूँ माशा।

सल्योनी : अगर एक मर्द फ़लसफ़ा झाड़े तो हम उसे फ़लसफ़ी या फिर आलिम कहेंगे। पर जब एक औरत या दो औरतें फ़लसफ़ा बघारने लगें तो भगवान ही बचाये।

माशा : आख़िर आप कहना क्या चाहते हैं? बड़े ही अजीब आदमी हैं आप।

सल्योनी : कुछ नहीं। "वो आह भी नहीं कर पाया कि भालू ने आ दबोचा उसे।"

(ख़ामोशी)

माशा : *(ओल्गा से गुस्से में)* रोना बन्द करो।

(अन्फ़ीसा और फ़िरापोन्त अन्दर आते हैं। फ़िरापोन्त के हाथ में केक है)

अन्फ़ीसा : यहीं रख दो बाबा, अन्दर आ जाओ तुम्हारे पैर तो साफ़ हैं *(इरीना से)* काँउसिल हाउस के मिख़ाइल इवानविच प्रतापपोफ़ ने भेजा है...यह केक।

इरीना : शुक्रिया। उन्हें भी शुक्रिया कहना।

(केक लेती है)

फ़िरापोन्त : क्या कहा।

इरीना : *(ज़ोर से)* मेरी तरफ़ से शुक्रिया कहना।

ओल्गा : नैनी, इसे केक का एक टुकड़ा दे दो। फ़िरापोन्त जाओ तुम केक ले लो।

फ़िरापोन्त : क्या कहा?

अन्फ़ीसा : चलो बाबा चलो...चलो *(फ़िरापोन्त के साथ जाती है)*

माशा : मुझे यह प्रतापपोफ़, यह मिख़ाइल पतापिच या इवानिच बिलकुल अच्छा नहीं लगता। उसको बुलाना ही नहीं चाहिए।

इरीना : मैंने उसे नहीं बुलाया।

माशा : बहुत अच्छा किया।

(चिबूत्किन अन्दर आता है उसके पीछे एक सिपाही हाथ में चाँदी का सामावार उठाये है। कमरे में हैरत और नाराज़गी की लहर दौड़ जाती है)

ओल्गा : **(चेहरे को हाथों से ढाँकते हुए)**
अरे, सामावार! यह तो बहुत हुआ *(हाल में मेज़ की तरफ़ चली जाती है)*

इरीना : भोले इवान रमानिच, यह आपने क्या किया?

तुज़िन्बाख़ : *(हँसता है)* मैंने कहा था ना।

माशा : इवान रमानिच आपको शर्म नहीं आती ऐसा करते हुए।

चिबूत्किन : मेरी प्यारी, मेरी दुलारी, दुनिया में तुम्हारे अलावा मेरा है ही कौन। तुम मुझे सबसे ज़्यादा अज़ीज़ हो। जल्द ही मैं साठ साल का हो जाऊँगा। एक बुड्ढा, अकेला, बेमसरफ़ बूढ़ा। मेरे पास सिवाय तुम्हारी मुहब्बत के कुछ भी नहीं है और अगर तुम लोग न होते तो मैं कब का ख़त्म हो गया होता। *(इरीना से)* मेरी प्यारी बेटी, मैं तुम्हें उस वक़्त से जानता हूँ जबसे तुम इस दुनिया में आयीं। तुम्हें मैंने गोद खिलाया है...आह। तुम्हारी माँ को मैं कितना चाहता था...

इरीना : पर आप इतने महँगे तोहफ़े क्यों देते है?

चिबूत्किन : *(रुआँसी आवाज़ में नाराजगी से)* महँगे तोहफ़े...क्या बकवास है! महँगे तोहफ़े... *(सिपाही से)* सामावार को उधर ले जाओ... *(चिढ़ाते हुए)* महँगे तोहफ़े...
(सिपाही सामावार हाल में ले जाता है)

अन्फ़ीसा : *(ड्राइंगरूम से गुज़रती हुई)* कोई कर्नल हैं। कोट उतार चुके हैं और इधर ही आ रहे हैं *(जाते हुए)* सुनो, प्यारी ईरा, तुम ज़रा अच्छी तरह बात करना...तमीज से। उफ़ ख़ुदाया, नाश्ते का वक़्त कब का हो चुका है।

तुज़िन्बाख़ : शायद विरशीनिन होंगे।
(विरशीनिन अन्दर आते है)
लेफ़्टिनेंट कर्नल विरशीनिन।

विरशीनिन : *(माशा और इरीना से)* मैं अपना तार्रुफ़ कराना चाहता हूँ, विरशीनिन। मुझे बेहद ख़ुशी है कि आज आख़िर आप लोगों से मुलाक़ात हो ही गयी। अरे आप लोग कितनी बड़ी हो गयी हैं। ...ओ...हो...

इरीना : तशरीफ़ रखिए। हमें बड़ी ख़ुशी है।

विरशीनिन : *(ख़ुश होकर)* आह, मैं कितना ख़ुश हूँ कितना ख़ुश हूँ। मगर आप तो तीन बहने थीं। मुझे अच्छी तरह याद है तीन बच्चियाँ हालाँकि चेहरे अच्छी तरह याद नहीं हैं पर इतना याद है कि

कर्नल प्राज़ोरोफ़ की तीन छोटी-छोटी बच्चियाँ थीं। मुझे ख़ूब याद है। मैंने तुम लोगों को अपनी आँखों से देखा था...हाय वक़्त कितनी तेज़ी से गुज़र जाता है। पता ही नहीं चलता।

तुज़िन्बाख़ : अलिक्सान्द्र इग्नातिविच मास्को से आये हैं।

इरीना : मास्को? आप मास्को से आये हैं?

विरशीनिन : हाँ। मास्को से। जब आपके पापा मास्को में बैटरी कमांडर थे तो मैं उसी ब्रिगेड में एक अफ़सर था *(माशा से)* मुझे आपका चेहरा कुछ-कुछ याद आ रहा है।

माशा : मुझे भी...नहीं, नहीं।

इरीना : ओल्या ओल्या! ओल्या...*(हाल में चिल्लाती है)* ओल्या...जल्दी आओ ना। *(ओल्गा हाल से ड्राइंगरूम में आती है)* सुना तुमने लेफ्टिनेण्ट कर्नल विरशीनिन मास्को से आये हैं।

विरशीनिन : शायद आप ओल्गा सिरगेइवना हैं सबसे बड़ी बहन और आप मारिया...और आप इरीना सबसे छोटी...

ओल्गा : तो आप मास्को से आये हैं।

विरशीनिन : जी हाँ, मास्को में पढ़ा भी हूँ और नौकरी भी वहीं से शुरू की। काफ़ी दिन वहाँ रहा और अब मुझे बैटरी कमाण्डर बनाकर यहाँ भेज़ा गया है...मुझे आप लोग बहुत अच्छी तरह याद नहीं। सिर्फ़ इतना याद है कि आप तीन थीं, हाँ आपके पापा मुझे अच्छी तरह याद हैं। अगर अभी आँखें बन्द कर लूँ तो उनकी ज़िन्दा तस्वीर खिंच जाती है आँखों के सामने...मास्को में तो बराबर आपके यहाँ आना-जाना लगा रहता था।

ओल्गा : मैं तो समझती थी मुझे सब लोग याद हैं...लेकिन अचानक...

विरशीनिन : मेरा पूरा नाम है अलिक्सान्द्र इग्नातिविच।

इरीना : अलिक्सान्द्र इग्नातिविच आप मास्को से आये हैं। आपसे इस तरह अचानक मिलकर बड़ी ख़ुशी हुई।

ओल्गा : हम भी तो वहीं रहने जा रहे हैं।

इरीना : इरादा तो है कि पतझड़ के आने से पहले वहाँ पहुँच जाएँ। हमारा वतन मास्को है। हम वहीं पैदा हुए। स्तारया बस्मान्नया नामी सड़क पर हमारा घर था।

(दोनों ख़ुशी से हँसने लगती हैं)

माशा : अचानक ही अपने वतन से आने वाले से मुलाक़ात हो गयी *(जोश से)* अब याद आया। ओल्या तुम्हें याद है, वह साहब जिन्हें हम मजनूँ मेजर कहा करते थे तब आप सिर्फ़ लेफ्टिनेण्ट

थे और किसी के इश्क़ में दीवाने। पता नहीं क्यों सब आपको मजनूँ मेजर कहकर छेड़ा करते थे।

विरशीनिन : *(हँसता है)* हाँ हाँ...मैं ही मजनूँ मेजर के नाम से पुकारा जाता था।

माशा : तब आपके सिर्फ़ मूँछें थी। हाय, आप कितने बदल गए हैं *(रुआँसी होकर)* कितने बदल गए हैं?

विरशीनिन : हाँ, जब मुझे मजनूँ कहकर पुकारा जाता था तब मैं जवान था किसी के प्यार में दीवाना था...अब तो वक़्त बदल गया है।

ओल्गा : मगर सिर का एक बाल भी सफ़ेद नहीं हुआ। आप बदल तो गए हैं पर बूढ़े नहीं हुए हैं।

विरशीनिन : फिर भी 43वाँ साल चल रहा है। आपको मास्को छोड़े काफ़ी दिन हुए?

इरीना : 11 साल...माशा, अरे बेवक़ूफ़ तुम रो रही हो...अजीब लड़की है।...*(रुआँसी होकर)* देखो, मैं भी रो पड़ूँगी।

माशा : नहीं तो! मैं कहाँ रो रही हूँ। आपका घर किस सड़क पर था।

विरशीनिन : स्तारया बस्मान्नया स्ट्रीट पर।

ओल्गा : हम भी तो वहीं...

विरशीनिन : पहले तो मैं निमेत्स्कया स्ट्रीट पर रहा वहीं से मैं क्रास्नी बैरक तक पैदल जाया करता था। मुझे याद है रास्ते में था एक सुनसान पुल और उसके नीचे बहता हुआ पानी, अकेले ऐसी जगह से गुज़रते हुए न जाने क्यों दिल उदास सा हो जाया करता था। **(ख़ामोशी)**

और यहाँ कितनी चौड़ी और गहरी नदी है और कितनी ख़ूबसूरत।

ओल्गा : हाँ, पर यहाँ ठण्ड बहुत लगती है और मच्छर भी बहुत हैं।

विरशीनिन : क्या बात करती हो? यहाँ तो इतनी ताज़ी, साफ़ और सेहत के लिए अच्छी आबोहवा है असली रूसी आबोहवा। जंगल... नदी...सनोबर के पेड़ ख़ूबसूरत, नाजफ़क। सनोबर के पेड़ मुझे सब पेड़ों से ज़्यादा अच्छे लगते हैं। मुझे तो यह जगह पसन्द है। बस एक बात अजीब है स्टेशन यहाँ से 15 मील दूर है। कोई नहीं जानता क्यों?

सल्योनी : मैं जानता हूँ ऐसा क्यों है?

(सब उसकी तरफ़ देखने लगते हैं) क्योंकि अगर स्टेशन नज़दीक होता तो दूर नहीं होता और वह दूर है तो इसका मतलब है नज़दीक नहीं है।

(नागवार ख़ामोशी)

तुज़िन्बाख़ : जोकर हैं आप, वसीली वसीलिच।

ओल्गा : अब तो मुझे भी आप याद आ गये। याद हैं मुझे।

विरशीनिन : मैं आपकी माँ को जानता था।

चिबूत्किन : बहुत नेक इनसान थी ख़ुदा की उन पर रहमत हो।

इरीना : उनको मास्को में ही दफ़न किया गया था।

ओल्गा : नोवादिवीचिये क़ब्रिस्तान में।

माशा : अजीब बात है। अब मुझे उनका चेहरा भूलता सा जा रहा है। इसी तरह हमें भी भुला दिया जाएगा हमें भी...

विरशीनिन : हाँ! हम भी भुला दिए जाएँगे। इसी का नाम ज़िन्दगी है। कोई कुछ नहीं कर सकता। आज जो चीज़ें हमें बहुत प्यारी हैं, ज़रूरी और अच्छी लगती हैं—एक वक़्त आएगा या तो भुला दी जाएँगी या फिर इतनी ज़रूरी नहीं लगेंगी।

(ख़ामोशी)

दिलचस्प बात तो यह है कि आज हम यह भी नहीं बता सकते कि आने वाले कल में कौन-सी बात ऊँची और अच्छी समझी जाएगी और कौन-सी छोटी और बेकार। क्या कपिरनिक या फिर कोलम्बस की खोजें शुरू में बेकार और अजीब नहीं लगीं? और क्या किसी ख़ब्ती की लिखी बकवास को लोगों ने सच नहीं माना? यह भी मुमकिन है कि हमारा आज का यह जीवन जिसमें हम इतने मस्त हैं, आने वाले कल में लोगों को अजीब, बेकार, बेआराम यहाँ तक कि गन्दा लगे, हो सकता है कि वे उसे शरीफ़ाना ही न समझें।

तुज़िन्बाख़ : कौन जाने? यह भी तो हो सकता है कि हमारी ज़िन्दगी को आने वाले कल में अज़ीम कहा जाए और लोग इज़्ज़त से हमें याद करें। हमारे ज़माने में न तो जिसमानी सज़ा दी जाती है न खुले आम फ़ाँसी होती है और न ही हमले होते हैं फिर भी कितने दुःख हैं इस जीवन में।

सल्योनी : *(पतली आवाज़ में)* ती-ती-ती-हमारे बैरन को चाहे खाने को न दो, लेकिन फ़लसफ़ा बघारने दो।

तुज़िन्बाख़ : वसीली वसीलिच मेरे पीछे मत पड़ो *(दूसरी जगह पर बैठते हुए)* अब तो दिल ऊब सा गया है इन बातों से।

सल्योनी : *(उसी आवाज में)* ती-ती-ती-

तुज़िन्बाख़ : *(विरशीनिन से)* दुःख जिन्हें हम आजकल देखते हैं, हैं तो बहुत

ज़्यादा लेकिन साथ-साथ वे सबूत है समाज के उस नैतिक उत्थान के जिसको वह हासिल कर चुका है।

विरशीनिन : जी हाँ, बिलकुल...

चिबूत्किन : बैरन आपने अभी-अभी कहा था कि हो सकता है हमारी ज़िन्दगी को बाद में ऊँचा कहा जाएगा लेकिन लोग फिर भी नीचे हैं। *(उठकर खड़ा होता है)* देखिए मैं कितना नीचा हूँ। यह कहना तो सिर्फ़ दिलासे की बात है कि मेरा जीवन ऊँचा है और यह बात समझ में आने वाली बात है। *(परदे के पीछे से वायलिन की आवाज आती है)*

माशा : हमारा भाई आन्द्रेई वायलिन बजा रहा है।

इरीना : वह बहुत क़ाबिल है। हमें उम्मीद है कि वह प्रोफ़ेसर बनेगा। पापा मिलिट्री के आदमी थे पर उनका बेटा पढ़ाई-लिखाई की लाइन पर चला।

माशा : पापा यही चाहते थे।

ओल्गा : आज हम उसे छेड़ रहे थे। लगता है कि वह किसी की मुहब्बत में गिरफ़्तार है।

इरीना : यहीं की एक लड़की है शायद आज वह हमारे यहाँ आये।

माशा : ओफ़...किस तरह के कपड़े पहनती है यही नहीं कि सुन्दर और फ़ैशनेबुल नहीं होते बल्कि बहुत बेतुके होते हैं। कभी तो अजीब सी तेज़ पीले रंग की झालरवाली स्कर्ट पहनती है और उसके साथ होता है लाल ब्लाउज़ और गाल कैसे चमकते हैं मानो कि घिस-घिस कर चमकाये गये हों। आन्द्रेई ऐसी लड़की से प्यार नहीं कर सकता। मैं ऐसा नहीं होने दूँगी। उसकी पसन्द इतनी ख़राब तो नहीं हो सकती। वह तो हमें सिर्फ़ चिढ़ाता है। बेवक़ूफ़ बनाता है। कल मैंने सुना कि नताशा की शादी प्रतापपोफ़ से हो रही है जो यहाँ की कौंसिल का सदर है। बहुत अच्छा होगा। **(बराबर के दरवाज़े की तरफ़ मुँह करके)** आन्द्रेई इधर आओ। भैया, एक मिनट बात तो सुनो

(आन्द्रेई अन्दर आता है।)

ओल्गा : यह मेरे भाई आन्द्रेई सिरगेइविच हैं।

विरशीनिन : विरशीनिन।

आन्द्रेई : प्राज़ोरफ़ *(चेहरे से पसीना पोंछता है)* आप यहाँ बैटरी कमाण्डर हो कर आये हैं?

ओल्गा : जानते हो अलिक्सान्द्र इग्नाविच मास्को से आये हैं।

आन्द्रेई : अच्छा मुबारक हो। तब तो मेरी बहनें आपको चैन नहीं लेने देंगी।

विरशीनिन : अभी तो आपकी बहनों को मैं बोर कर रहा हूँ।

इरीना : देखिये, कितना सुन्दर फ़्रेम आन्द्रेई ने मुझे आज दिया है। *(फ़्रेम दिखाती है)* यह उसने खुद बनाया है।

विरशीनिन : **(फ़्रेम देखता है पर समझ में नहीं आता क्या कहे)** हाँ...काम तो...

इरीना : और वह जो पियानो के ऊपर फ़्रेम रक्खा है वह भी उसी ने बनाया है।

(आन्द्रेई हाथ हिलाता है और वहाँ से चला जाता है)

ओल्गा : वह हम सबसे ज़्यादा क़ाबिल है, वायलिन बजाता है कई तरह की चीज़ें बना लेता है सच तो यह है कि हरफ़नमौला है...आन्द्रेई भागो नहीं—उसकी यह बड़ी अजीब आदत है भागने की। इधर आओ आन्द्रेई।

(माशा और इरीना दोनों हाथों से पकड़कर हँसते हुए उसे वापस लाती हैं)

माशा : आओ-आओ

आन्द्रेई : मुझे छोड़ो, प्लीज़।

माशा : कितने बेवक़ूफ़ हो तुम! अलिक्सान्द्र इग्नातिविच को तो लोग मजनूँ मेजर कहकर पुकारते थे फिर भी वह उसका ज़रा भी बुरा नहीं मानते थे।

विरशीनिन : ज़रा भी नहीं।

माशा : मेरा दिल चाहता है कि तुम्हें मजनूँ वायलनिस्ट कहूँ।

इरीना : या फिर मजनूँ प्रोफ़ेसर...

ओल्गा : आन्द्रेई को मुहब्बत हो गयी है।

इरीना : *(ताली बजाते हुए)* तालियाँ, तालियाँ आन्द्रेई को मुहब्बत हो गयी है।

चिबूत्किन : *(आन्द्रेई के पीछे आकर उसकी कमर में हाथ डालता है)* हमको खुदा ने मुहब्बत करने के लिए ही पैदा किया है। *(क़हक़हा लगाता है, सारे वक्त उसके हाथ में एक अख़बार रहता है)*

आन्द्रेई : बस, बस बहुत हो गया...*(मुँह पोंछता है)* सारी रात सोया नहीं इसलिए तबीयत कुछ सुस्त सी है। चार बजे तक पढ़ता रहा फिर सोने की कोशिश की लेकिन नींद नहीं आयी। इधर-उधर की सोचता रहा...फिर यहाँ सुबह भी बहुत जल्दी हो जाती है।

सूरज की किरणें सीधी मेरे सोने के कमरे में आती हैं। सोचता हूँ गर्मियों में जब तक मैं यहाँ हूँ एक किताब का अंग्रेजी से तरजुमा कर डालूँ।

विरशीनिन : आप अंग्रेज़ी जानते हैं?

आन्द्रेई : जी हाँ। ख़ुदा पापा को जन्नत नसीब करे उन्होंने हम लोगों की परवरिश बहुत सख़्ती से की। हालाँकि बेवकूफ़ी और हँसी की बात है लेकिन यह मानना पड़ेगा कि उनके मरने के बाद मेरी सेहत सुधर गयी है और एक ही साल में इतना मोटा हो गया हूँ। ऐसा लगता है जैसे मेरा जिस्म किसी दबाव से आज़ाद होकर फैल रहा है। पापा की ही बदौलत मैं और मेरी बहनें फ्रांसीसी, जर्मन और अंग्रेज़ी ज़बानें जानते हैं। इरीना तो इटैलियन भी जानती है। मगर कितनी मेहनत करनी पड़ी।

माशा : इस शहर में तीन-तीन ज़बानें जानना ज़रूरत से ज़्यादा जानना है। अय्याशी है, अय्याशी भी नहीं बल्कि एक फ़ज़ूल-सा बोझ है हाथ की छठी उँगली की तरह। और हम बहुत-सी ऐसी फ़ालतू बातें जानते हैं।

विरशीनिन : लो और सुनो...*(हँसता है)* आप बहुत सी फ़ालतू बातें जानती हैं। मेरे ख़याल में दुनिया में कोई भी ऐसी जगह नहीं है जहाँ क़ाबिल और पढ़े-लिखे न हों। मान भी लें कि यहाँ की एक लाख़ आबादी वाले पिछड़े और उजड्ड लोगों में आप जैसे सिर्फ़ तीन लोग हैं। जाहिर है आप अपने आसपास के जाहिल लोगों को सारी ज़िन्दगी नहीं बदल सकतीं जैसे-जैसे दिन गुज़रते जाएँगे खुद आपको ही उनकी बहुत-सी बातों से समझौता करना पड़ेगा। आपको बहुत घुटन महसूस होगी पर आपका वजूद ख़त्म नहीं होगा। कुछ न कुछ असर तो आपका पड़ेगा ही इन लोगों पर और आपके बाद हो सकता है तीन की जगह आप जैसे छह लोग और फिर बारह लोग पैदा हों और फिर उससे भी ज़्यादा और इसी तरह बढ़ते-बढ़ते आप जैसे लोग पूरे समाज पर छा जाएँगे और आज से दो सौ या तीन सौ साल के बाद ज़िन्दगी बेहद ख़ूबसूरत और बेहतर हो जाएगी। इनसान को ऐसी ही ज़िन्दगी की ज़रूरत है और जब तक ऐसी ज़िन्दगी नहीं है तो उसको पहले से महसूस तो किया जा सकता है। इन्तज़ार करो, तमन्ना करो और उसके लिए तैयारियाँ करो। इसीलिए हमारे अन्दर अपने बाप-दादा से ज़्यादा तालीम और क़ाबिलियत होनी

चाहिए *(हँसती है)* और आपको शिकायत है कि आप ज़रूरत से ज्यादा जानती हैं।

माशा : *(हैट उतारते हुए)* मैं नाश्ता करके जाऊँगी।

इरीना : *(ठण्डी साँस लेकर)* वाक़ई यह सब बातें नोट करने के क़ाबिल है।

(आन्द्रेई नहीं है वह चुपके से निकल गया है)

तुज़िन्बाख़ : आप कहते हैं कि बहुत सालों के बाद ज़िन्दगी बेहतर और ख़ूबसूरत हो जाएगी। मुझे भी कुछ ऐसा ही यक़ीन है और इसीलिए ऐसी ज़िन्दगी लाने के लिए हमें भी, चाहे दूर से ही, उसकी तैयारियाँ करना चाहिए, काम करना चाहिए...

विरशीनिन : *(उठता है)* हाँ, आँ...यहाँ कितने ढेर सारे फ़ूल हैं...*(चारों तरफ़ देखते हुए)* और आपका घर कितना ख़ूबसूरत है। मुझे तो रश्क आ रहा है और मेरी सारी ज़िन्दगी एक से दूसरा फ्लैट बदलते गुज़री। उस पर मेरा कुल सरमाया था दो कुर्सियाँ, एक सोफ़ा और एक अँगीठी जिसमें से हमेशा धुआँ निकलता रहता है। मुझे ज़िन्दगी में हमेशा ऐसे फ़ूलों की कमी महसूस होती रही *(हाथ मलता है)* खैर...क्या कर सकता हूँ।

तुज़िन्बाख़ : हाँ, काम करना चाहिए। खुदा के लिए यह मत सोचिएगा कि यह जर्मन जज़्बाती हो रहा है। मैं तो, ईमान से, रूसी हूँ, मुझे जर्मन बोलना तक नहीं आती मेरे पापा तो यूनानी आर्थोडाक्स ईसाई थे।

(ख़ामोशी)

विरशीनिन : *(स्टेज पर टहलते हुए)* मैं अक्सर सोचता हूँ कि अगर ज़िन्दगी को फिर से शुरू करने का मौक़ा मिले—वह भी समझबूझ कर। अगर इस ज़िन्दगी को जिसको हम गुज़ार चुके हैं, एक ख़ाका समझ लें और दूसरी को उसका असली रूप। तब मुझे यक़ीन है कि हममें से कोई भी अपनी पहली ज़िन्दगी को दोहराने की कोशिश नहीं करेगा या फिर कम से कम दूसरा माहौल ही पैदा करने की कोशिश करेगा...मिसाल के तौर पर मैं यह चाहूँगा कि मेरे पास एक ऐसा फ़्लैट हो जिसमें फ़ूल ही फ़ूल हों रोशनी ही रोशनी हो...मेरी एक बीवी है दो बच्चियाँ हैं बीवी ज़्यादातर बीमार रहती है वग़ैरा वग़ैरा...और अगर मुझे फिर से ज़िन्दगी शुरू करने का मौक़ा दिया जाए तो मैं कभी भी शादी नहीं करूँगा, कभी नहीं।

(कुलीगिन टीचर की यूनिफ़ार्म में अन्दर आता है)

कुलीगिन : **(इरीना के पास आता है)** प्यारी बहन, सालगिरह मुबारक हो। मेरी दिली तमन्ना है कि तुम हमेशा अच्छी रहो और तुम्हें वह सब ख़ुशियाँ मिलें जिनकी तमन्ना तुम्हारी उम्र की लड़की कर सकती है। मेरी तरफ़ से यह तोहफ़ा क़ुबूल करो *(एक किताब देता है)* यह हमारे स्कूल की पचास साल की तारीख़ है। मैंने लिखी है, अपने ख़ाली वक़्त में, कोई ख़ास नहीं है, फिर भी तुम पढ़ लेना *(दूसरों की तरफ़ देखकर)* आदाबअर्ज़ करता हूँ। *(विरशीनिन से)* मुझे कुलीगिन कहते हैं और मैं यहाँ एक स्कूल में टीचर हूँ। कौंसिल का मेम्बर हूँ। *(इरीना से)* इस किताब में तुम्हें उन सब लोगों के नाम मिलेंगे जिन्होंने पिछले पचास सालों में हमारे स्कूल में तालीम ख़त्म की है। जो हो सका वह कर दिया हमने इससे बेहतर जो चाहे वह करे।

(माशा को प्यार करता है)

इरीना : लेकिन पिछले साल ईस्टर पर भी तुमने मुझे यह किताब दी थी।

कुलीगिन : *(हँसता है)* हो नहीं सकता, तब मुझे वापस कर दो...नहीं बल्कि कर्नल को दे दो। कर्नल यह किताब आपकी ख़िदमत में...जब कभी बोर होने लगें तो पढ़ लीजिएगा।

विरशीनिन : शुक्रिया *(जाने के लिए खड़ा होता है)* मुझे बहुत ख़ुशी है आप सबसे मुलाक़ात हो गयी।

ओल्गा : क्या आप जा रहे हैं नहीं...नहीं...

इरीना : आज आप नाश्ता हमारे साथ कीजिए प्लीज़।

ओल्गा : रुक जाइए ना।

विरशीनिन : *(झुकता है)* मुझे यहाँ आकर मालूम हुआ कि आज आपकी सालगिरह है। माफ़ कीजिए मैंने मुबारकबाद भी नहीं दी, मुझे मालूम ही नहीं था। *(ओल्गा के साथ हाल में जाता है)*

कुलीगिन : दोस्तो, आज इतवार है—आराम का दिन और आज हम अपनी उम्र और पेशे के मुताबिक़ इस छुट्टी के दिन का मज़ा उठाएँगे। कालीनों को तो जाड़े तक लपेट कर रख देना चाहिए—उनमें काफ़ूर की गोलियाँ या ईरानी पाउडर डालना बहुत ज़रूरी है। रोमन लोग बड़े सेहतमन्द थे क्योंकि वह काम भी करना जानते थे और आराम भी। उनके स्वस्थ तन थे और स्वस्थ मन। उनकी ज़िन्दगी एक ख़ास अन्दाज़ में बीतती थी। हमारे डायरेक्टर का

कहना है—ज़िन्दगी में सबसे ज़रूरी जो चीज़ है वह है उसका अन्दाज़। जो ज़िन्दगी के अन्दाज़ को खो देता है तो ख़त्म हो जाता है और हमारी रोज़मर्रा की ज़िन्दगी पर भी यही चीज़ लागू होती है।

(हँसते हुए माशा की कमर में हाथ डालता है)

माशा मुझसे प्यार करती है। मेरी बीवी मुझसे प्यार करती है। खिड़की के पर्दों को भी उतारकर कालीनों के साथ रखना होगा ...आज मैं बहुत खुश हूँ मूड बहुत अच्छा है। माशा, आज चार बजे, हमें डायरेक्टर के यहाँ जाना है। टीचर्स और उनके घरवाले पिकनिक पर जा रहे हैं।

माशा : मैं नहीं जाऊँगी।

कुलीगिन : *(उदास होकर)* क्यों नहीं, डियर।

माशा : फिर बताऊँगी *(चिढ़कर)* अच्छा जाऊँगी, तुम ज़रा दूर हटो प्लीज़ *(खुद हट जाती है।)*

कुलीगिन : पिकनिक के बाद शाम हम डायरेक्टर के यहाँ गुज़ारेंगे। स्वास्थ्य अच्छा न होने के बावजूद भी वह लोगों से मिलते-जुलते रहने की पूरी कोशिश करते हैं। बहुत ही अच्छे इनसान हैं बेमिसाल। कल मीटिंग के बाद मुझसे बोले मैं थक गया हूँ फ़्योदर ईलिच, बहुत थक गया हूँ *(दीवार की घड़ी की तरफ़ देखता है और फिर अपनी घड़ी की तरफ़)* तुम्हारी घड़ी सात मिनट आगे है...हाँ उसने कहा कि वह थक गया है।

(स्टेज के पीछे से वायलिन की आवाज़)

ओल्गा : आइए। सब लोग तशरीफ़ लाइए! नाश्ता तैयार है—केक भी है।

कुलीगिन : ओल्गा, मेरी प्यारी ओल्गा। कल मैंने सुबह से रात के ग्यारह बजे तक काम किया है बहुत थक गया हूँ लेकिन आज मैं बहुत ख़ुश हूँ। *(हाल में मेज़ की तरफ़ जाता है)*

चिबूत्किन : अख़बार को जेब में रखता है और दाढ़ी में कंघी करता है। केक! मज़ा आ गया।

माशा : *(चिबूत्किन को सख़्ती से)* कान खोलकर सुन लीजिए आज पीना पिलाना नहीं होगा। आपको पीना सख़्त मना है।

चिबूत्किन : अरे, अब तो कोई शिकायत नहीं है। दो साल से एक बार भी नशे में नहीं आया। *(बेसब्री से)* और फिर फ़र्क ही क्या पड़ता है।

माशा : फिर भी आप पीने की हिम्मत न करें। देखिए हाथ भी न लगाइएगा *(गुस्से से मगर ऐसे कि शौहर न सुन पाए)* आज फिर पूरी शाम डायरेक्टर के यहाँ बोर होना पड़ेगा।

तुज़िन्बाख़ : अगर मैं तुम्हारी जगह होता तो बिलकुल न जाता। साफ़ बात है।

चिबूत्किन : तुम बिलकुल न जाओ माई डार्लिंग...

माशा : हाँ न जाओ...ये दुखी और असहनीय जीवन! *(हाल में जाती है)*

चिबूत्किन : *(उसके पीछे जाते हुए)* अरे! अरे!

सल्योनी : *(हाल से गुज़रते हुए)* ती-ती-ती...

तुज़िन्बाख़ : बस कीजिए, वसीली वसीलिच, बहुत हो गया।

सल्योनी : ती-ती-ती...

कुलीगिन : *(जोश से)* आपका जामे सेहत—कर्नल मैं एक टीचर हूँ और यहाँ इस घर में अपना आदमी हूँ। माशा का शौहर...माशा एक नेक लड़की है बहुत नेक।

विरशीनिन : मैं यह गहरे रंग वाली वोदका पिऊँगा...*(पीता है)* आपका जामे सेहत। *(ओल्गा से)* मुझे आज आपके यहाँ बड़ा अच्छा लग रहा है।

(ड्राइंगरूम में अब सिर्फ़ इरीना और तुज़िन्बाख़ रह जाते हैं)

इरीना : आज माशा बुझी-बुझी-सी है। वह 18 साल की थी तो उसने शादी कर ली। उस वक्त कुलीगिन उसे सबसे ज़्यादा क़ाबिल आदमी लगा था। लेकिन अब नहीं लगता। वह सबसे नेक है लेकिन सबसे क़ाबिल नहीं।

ओल्गा : **(बेसब्री से)** आन्द्रेई अब आ भी जाओ।

आन्द्रेई : **(परदे के पीछे से)** अभी आया *(आता है और मेज़ की तरफ़ जाता है)*

तुज़िन्बाख़ : तुम क्या सोचने लगीं?

इरीना : कुछ नहीं, मुझे सल्योनी ज़रा अच्छा नहीं लगता एक तरह का डर सा लगता है उससे। हर वक्त बेवकूफ़ी की बातें करता रहता है।

तुज़िन्बाख़ : अजीब आदमी है वह। मुझे उस पर तरस भी आता है और गफ़्स्सा भी। मगर तरस ज़्यादा आता है। मुझे लगता है कि वह लोगों से घबराता है। जब हम दोनों अकेले होते हैं तो बड़ी अच्छी और अक्लमंदी की बातें करता है मगर जैसे ही लोगों के

बीच में आता है एक बदतमीज़ और झगड़ालू आदमी हो जाता है। अभी न जाओ सबको बैठ जाने दो। मुझे अपने साथ कुछ समय और बिता लेने दो। क्या सोच रही हो?

(ख़ामोशी)

अभी तुम सिर्फ़ बीस साल की हो और मैं भी तीस का नहीं हुआ हूँ। सारी ज़िन्दगी आगे पड़ी है। कितने दिन और कितने साल। इन सबको तुम मेरे प्यार से भर सकती हो।

इरीना : निकोलाई लिवोविच, मैं मुहब्बत का नाम भी नहीं सुनना चाहती।

तुज़िन्बाख़ : मेरे अन्दर ज़िन्दगी की, संघर्ष की, मेहनत की तीव्र प्यास है और यही प्यास मेरी आत्मा में तुम्हारे प्यास के साथ जुड़ गयी है। इरीना उस पर ये कि तुम ख़ूबसूरत हो और ज़िन्दगी भी मुझे बड़ी खूबसूरत लगती है...क्या सोच रही हो?

इरीना : कहते हैं कि ज़िन्दगी बहुत ख़ूबसूरत है! लेकिन अगर वह सिर्फ़ ऐसी लगती है तो। अभी तक हम तीनों बहनों की ज़िन्दगी में कोई हुस्न नहीं नज़र आया। हमें तो सिर्फ़ घुटन और चुभन ही महसूस हुई है झाड़-झंखाड़ में फँसे आदमी की तरह। लो मैं तो रोने लगी इससे क्या फ़ायदा *(जल्दी से आँसू पोंछती है और मुस्कराती है)* हमें काम करना चाहिए, काम। ज़िन्दगी की यह सारी घुटन और उदासी इसलिए है कि हम मेहनत करना नहीं जानते। हमारा जन्म ऐसे लोगों में हुआ है जिन्हें मेहनत से नफ़रत थी।

(नताल्या इवानवना अन्दर आती है वह गुलाबी ड्रेस पहने है जिस पर हरी पेटी बँधी है)

नताशा : अरे यहाँ तो सब मेज़ पर बैठ भी गए हैं...शायद मुझे देर हो गयी...*(एक नज़र आइने पर डालती है, बाल ठीक करती है)* बाल तो ठीक ही बने हैं...*(इरीना को देखकर)* प्यारी इरीना सिरगेइवना मुबारक हो। उसे ज़ोर से और देर तक चूमती है। आपके यहाँ तो बहुत मेहमान आये हैं मुझे बड़ी शर्म लग रही है। बैरन साहब आदाब।

ओल्गा : *(ड्राइंगरूम में अन्दर आते हुए)* लो नताल्या इवानवना भी आ गयी, हैलो माई डियर।

(एक-दूसरे को प्यार करती हैं)

नताशा : मुबारक हो। तुम्हारे यहाँ तो बहुत लोग हैं मुझे तो बेहद शर्म आ रही है।

ओल्गा : इसमें शर्म की क्या बात है, सब अपने ही लोग हैं *(चौंक कर, धीमी आवाज में)* अरे, तुमने हरी पेटी लगा रखी है। डियर, ये तो ठीक नहीं।

नताशा : क्या इससे कोई अपशकुन होता है।

ओल्गा : नहीं तो, बस ड्रेस के साथ नहीं जा रही और कुछ अजीब लग रही है।

नताशा : *(रुआँसी आवाज में)* सच! पर यह बिलकुल हरी तो नहीं है काफ़ी गहरे रंग की है *(ओल्गा के पीछे हाल की तरफ़ जाती है)*

(हाल में सब खाने की मेज़ पर बैठ रहे हैं ड्राइंगरूम में कोई नहीं है)

कुलीगिन : इरीना, मेरी कामना है कि तुम्हें एक अच्छा सा पति मिले। अब तो तुम्हें शादी कर ही लेनी चाहिए।

चिबूत्किन : और आपको भी नताल्या इवानवना।

कुलीगिन : उन्होंने तो पहले से ही ढूँढ़ रखा है अपने लिए शौहर।

माशा : शराब का एक जाम पी लेती हूँ। हाय माँ...ज़िन्दगी कितनी खट्टी-मीठी है बिलकुल रसभरी की तरह।

कुलीगिन : तुम्हारा बर्ताव तो पास होने वाले नम्बर पा ही नहीं सकता।

विरशीनिन : यह शराब बहुत ही मज़ेदार है। किस चीज़ की बनी हुई है?

सल्योनी : काकरोचों की।

इरीना : *(रुआँसी आवाज़ में)* तोबा, तोबा, दिल मतला गया।

ओल्गा : रात के खाने पर तला हुआ टर्की और सेबों से भरा मीठा केक होगा। शुक्र है आज मैं पूरे दिन घर पर हूँ शाम को भी...आप सब लोग, शाम को भी आइए।

विरशीनिन : क्या मैं भी शाम को आ सकता हूँ?

इरीना : जरूर! जरूर!

नताशा : यह बड़े बेतकल्लुफ़ लोग हैं।

चिबूत्किन : मुहब्बत के वास्ते पैदा किया इन्सान को। *(हँसता है)*

आन्द्रेई : *(गुस्से से)* अब बस भी कीजिए जनाब, मन नहीं ऊबा अभी तक आपका।

(फ़िदोतिक और रोदे बड़ी सी फ़ूलों की टोकरी लिए अन्दर आते हैं)

फ़िदोतिक : ओ हो! यह लोग तो खाने भी बैठ गये।

रोदे : *(ऊँची आवाज़ में और तुतलाते हुए)* खाने बैठ गए...हाँ वाक़ई...

फ़िदोतिक : एक मिनट ठहरो *(फ़ोटो खींचता है)* एक! ज़रा रुको तो... *(दूसरी फ़ोटो उतारता है)* दो! बस अब ठीक है।

(टोकरी उठाते हैं। और हाल की तरफ़ जाते हैं जहाँ शोरग़ुल से उनका स्वागत होता है)

रोदे : *(ज़ोर से)* मुबारक हो! बहुत-बहुत मुबारक हो! आज मौसम बहुत ही अच्छा है। हुस्न ही हुस्न है। आज सुबह से मैं बच्चों के साथ घूमता रहा। मैं एक स्कूल में पढ़ाता हूँ ना...

फ़िदोतिक : थोड़ा सा हिल सकती है इरीना सिरगेइवना? *(फ़ोटो लेते हुए)* आज आप बहुत ही अच्छी लग रही हैं। *(जेब से एक लट्टू निकालता है)* और यह, जनाब, एक लट्टू है...बड़ी प्यारी आवाज़ है इसकी।

इरीना : कितनी दिलचस्प चीज़ है।

माशा : "बलखाये साहिल पर बलोत का हरा भरा पेड़ है और उसके चारों तरफ़ लिपटी सुनहरी ज़ंजीर है।" पता नहीं क्यों, *(रुआँसी आवाज़ में)* आज सुबह से बार बार यह लाइनें मेरी ज़बान पर आ रही हैं।

कुलीगिन : तेरह लोग हैं मेज़ पर।

रोदे : *(ज़ोर से)* क्या आप इन दक़ियानूसी बातों पर यक़ीन रखते हैं?

कुलीगिन : अगर मेज़ पर 13 हैं तो इसका मतलब है कि इनमें से प्यार करने वाले भी हैं। कहीं आप तो नहीं इवान इवानविच? कौन जाने...

चिबूत्किन : मैं तो पुराना पापी हूँ मगर नताल्या इवानवना क्यों झेंप गईं। ये बात मेरी समझ में बिलकुल नहीं आ रही।

(ज़ोरदार हँसी–नताशा हाल से भागकर ड्राइंगरूम में जाती है उसके पीछे आन्द्रेई है)

आन्द्रेई : उनकी बातों का बुरा न मानो। सुनो तो...रुको तो जरा...

नताशा : मुझे शर्म आ रही है। पता नहीं मुझे क्या हो रहा है और वह मेरा मज़ाक उड़ा रहे हैं। मेज़ से इस तरह उठ आना बदतमीज़ी है मगर मैं क्या करती मुझसे नहीं रहा गया *(हाथों से चेहरा छुपाती है)*

आन्द्रेई : मेरी प्यारी, हाथ जोड़ता हूँ दिल छोटा न करो। यक़ीन करो वे सिर्फ़ मज़ाक़ कर रहे हैं बुरी नीयत से नहीं। मेरी अच्छी, मेरी प्यारी, वे सब नेक और अच्छे दिल के लोग हैं और हम दोनों

को चाहते हैं। इधर खिड़की की तरफ़ आओ यहाँ से हमें कोई नहीं देख सकता।
(चारों तरफ़ देखता है)

नताशा : मुझे ज़्यादा लोगों के बीच हमेशा उलझन होती है।

आन्द्रेई : हाय! जवानी, अद्‌भुत और अनोखी जवानी! मेरी प्यारी, मेरी अच्छी, इतनी परेशान न हो...मुझ पर यक़ीन करो, यक़ीन करो ...मैं बहुत खुश हूँ। मेरा दिल प्यार और उल्लास से ओतप्रोत है...हमें कोई नहीं देख रहा। कोई नहीं देख रहा। क्यों प्यार हुआ मुझे तुमसे? और कब! उफ़! कुछ याद नहीं मुझे। मेरी अच्छी, मेरी प्यारी, मेरी मासूम...मेरी पत्नी बन जाओ तुम! मैं तुमसे प्यार करता हूँ जितना किसी से कभी नहीं किया। *(प्यार करता है)*
(दो फ़ौजी अफ़सर अन्दर आते हैं और ठिठककर खड़े हो जाते हैं)

पर्दा गिरता है।

अंक दो

(स्टेज वैसा ही है जैसा पहले अंक में। शाम के आठ बजे हैं। परदे के पीछे से हल्की-हल्की एकार्डियन बजाने की आवाज़ आ रही है। स्टेज पर अँधेरा है। नताल्या इवानवना गाउन पहने हाथ में मोमबत्ती लिए अन्दर आती है। जाते हुए वह आन्द्रेई के कमरे के दरवाजे पर ठहरती है)

नताशा : आन्द्रेई क्या कर रहे हो? पढ़ रहे हो अच्छा, मैं तो बस ऐसे ही... **(दूसरा दरवाजा खोलकर झाँकती है फिर बन्द कर देती है)** किसी ने बत्ती तो जलती नहीं छोड़ दी।

आन्द्रेई : *(हाथ में किताब लिए अन्दर आता है)* क्या बात है, नताशा?

नताशा : कुछ नहीं, देख रही थी कहीं बत्ती तो नहीं जली रह गयी। त्योहार का जमाना है। नौकर अपने आप में नहीं है। बराबर ध्यान रखना पड़ रहा है कि कहीं कुछ हो न जाय। कल आधी रात को खाने के कमरे में जो गयी तो देखा वहाँ रोशनी हो रही थी कोई भी नहीं कबूला कि यह किसकी हरकत थी। *(मोमबत्ती रखती है)* क्या बजा है?

आन्द्रेई : *(घड़ी देखते हुए)* सवा आठ बजे हैं।

नताशा : ओल्गा और इरीना का अभी तक पता नहीं। आयी ही नहीं।

बेचारियाँ अभी तक काम कर रही हैं—ओल्गा तो टीचर्स कान्फ्रेन्स में होगी और इरीना तारघर में...*(गहरी साँस भरती है)* सुबह ही मैंने तुम्हारी बहन ईरा से कहा कि ज़रा अपना ख़याल करे मगर वह कहाँ सुनती है। क्या बताया सवा आठ बजे हैं। मुझे डर है कि हमारे मुन्ने बोबिक की तबीयत ठीक नहीं है। कल उसे बुखार था और आज सारा बदन ठण्डा है...मुझे बहुत डर लग रहा है।

आन्द्रेई : कोई बात नहीं, नताशा, बच्चा बिलकुल ठीक है।

नताशा : फिर भी उसके खाने-पीने में एहतियात करना चाहिए। मुझे बहुत फ़िक्र है और आज नौ बजे के बाद यहाँ कोई खेल तमाशे वाली पार्टी आने वाली है। अन्द्रूशा, अच्छा ही होगा अगर वे न आयें।

आन्द्रेई : मगर कैसे मना करूँ उनको तो बुलाया गया है।

नताशा : आज सुबह जब बोबिक सोकर उठा और मेरी तरफ़ देखकर मुस्करा दिया। लगता है अब पहचानने लगा है मुझे। जब मैंने कहा बोबिक प्यारे बोबिक कैसे हो तो भी मुस्कराता रहा—बच्चे समझते हैं ख़ूब समझते हैं। हाँ, मैं फिर कहती हूँ अन्द्रूशा, खेल तमाशे वाली पार्टी को मना कर दो।

आन्द्रेहे : *(हिचकिचाहट से)* लेकिन इसका फ़ैसला तो बहनें करेंगी। घर तो उन्हीं का है।

नताशा : वे भी मना कर देंगी। मैं उनसे कह दूँगी बहुत सीधी हैं। *(जाती है)* और हाँ, खाने पर मैंने दही के लिए कह दिया है। डॉक्टर कहता है कि तुम सिर्फ़ दही लो वर्ना दुबले नहीं होगे। *(रुकती है)* बोबिक को ठंड लगती है। मुझे डर है कि उसके लिए यह कमरा बहुत ठण्डा है। गर्मी आने तक तो कम से कम उसे किसी दूसरे कमरे में रखना चाहिए। उसके लिए इरीना का कमरा ठीक रहेगा। वहाँ सीलन भी नहीं है और पूरे दिन धूप भी रहती है। मैं कह दूँगी कि वह ओल्गा के साथ आ जाए... वैसे भी दिन भर तो घर में रहती नहीं सिर्फ़ सोने ही के लिए तो कमरा चाहिए।

(ख़ामोशी)

प्यारे आन्द्रेई, तुम क्यों नहीं कुछ बोलते।

आन्द्रेई : वैसे ही सोचने लगा था...और फिर कहने को है ही क्या...?

नताशा : हाँ...मुझे तुमसे कुछ कहना था...अरे हाँ कौंसिल आफ़िस से फ़िरापोन्त तुमसे मिलने आए हैं।

आन्द्रेई : *(ज़म्हाई लेते हुए)* बुलाओ उसे।

(नताशा जाती है। आन्द्रेई मोमबत्ती के पास जो नताशा छोड़ गयी है किताब पढ़ने लगता है। फ़िरापोन्त अन्दर आता है। वह एक पुराना ओवरकोट पहने है। कालर खड़े हैं और कानों पर मफ़लर बँधा है।)

आओ बड़े मियाँ, कहो कैसे आना हुआ?

फ़िरापोन्त : अध्यक्ष महोदय ने आपको यह रजिस्टर और काग़ज़ भेजे हैं यह लीजिए...*(रजिस्टर और लिफ़ाफ़ा देता है)*

आन्द्रेई : शुक्रिया, ठीक है, मगर तुम इतनी देर से क्यों आए। 9 बजने वाले हैं।

फ़िरापोन्त : क्या कहा?

आन्द्रेई : *(ज़ोर से)* मैंने कहा इतनी देर क्यों की। 9 बजने वाले हैं।

फ़िरापोन्त : ठीक है। मगर मैं जब यहाँ आया था तो अँधेरा नहीं हुआ था मगर मुझे अन्दर नहीं आने दिया गया, बताया गया कि आप कुछ काम कर रहे हैं, ठीक है मैंने सोचा काम कर रहे हैं तो करने दो मुझे भी कहीं जाने की जल्दी नहीं थी।

(यह सोचकर कि आन्द्रेई कुछ पूछ रहा है)

क्या कहा?

आन्द्रेई : कुछ नहीं *(रजिस्टर को देखते हुए)* कल शुक्रवार है। हालाँकि कल कोई मीटिंग नहीं है फिर भी मैं आफ़िस आऊँगा। घर में दिल घबराता है। बड़े मियाँ, हाय, ज़िन्दगी किस-किस तरह से रंग बदलती है कैसे-कैसे धोखे देती है। आज बोरियत और ख़ालीपन की वजह से मैंने यह किताब उठा ली। इसमें तो मेरी यूनिवर्सिटी के ज़माने के लेक्चर निकले। मुझे न जाने क्यों हँसी आ गयी...मेरे खुदा आज मैं नगर पंचायत का सेक्रेटरी हूँ उसी कौंसिल का जिसका अध्यक्ष प्रतापपोफ़ है—हाँ मैं सेक्रेटरी हूँ और बहुत हुआ तो यहाँ की कौंसिल का मेम्बर बन जाऊँगा और बस। जबकि हर रात मैं यह सपना देखता हूँ कि मैं मास्को यूनिवर्सिटी में प्रोफ़ेसर हूँ। एक ऐसा मशहूर प्रोफ़ेसर जिस पर यह रूस नाज़ करता है।

फ़िरापोन्त : समझ में नहीं आ रहा...क्या कह रहे हैं? सुनता भी तो मैं ऊँचा हूँ...

आन्द्रेई : इसलिए तो कह रहा हूँ अगर तुम ऊँचा न सुनते होते तो शायद मैं तुमसे यह सब बातें न कहता। मेरा दिल किसी से बातें करने को हो रहा है। मेरी बीवी मुझे समझती नहीं—रहीं बहनें तो मैं उनसे डरता हूँ कि वे मुझ पर हँसेंगी। मेरा मज़ाक उड़ाएँगी... शराब मैं पीता नहीं। रेस्तराँ जाने का शौक़ नहीं। लेकिन बड़ी ख़ुशी से मैं अब मास्को के तिस्तोव बार में या फिर "बल्शोई मस्कोव्स्की" रेस्तराँ में बैठ सकता हूँ, समझे भोले बाबा!

फ़िरापोन्त : आज आफ़िस में ठेकेदार बता रहा था कि मास्को में कुछ व्यापारी बिलीनी खा रहे थे और एक ने चालीस खा ली और मर गया—चालीस या पचास मुझे ठीक से याद नहीं।

आन्द्रेई : मास्को के किसी भी रेस्तराँ में चले जाइए न आप किसी को जानते हैं न कोई आपको। फिर भी न जाने क्यों अजनबीपन का एहसास नहीं होता और यहाँ तुम सबको जानते हो सब तुमको जानते हैं फिर भी अजनबी के अजनबी ही हो...अजनबी और अकेले!

फ़िरापोन्त : क्या कहा?

(ख़ामोशी)

वही ठेकेदार बता रहा था—हो सकता है कि झूठ बोल रहा हो कि पूरे मास्को में कनात तान दिये जाएँगे।

आन्द्रेई : वह किस लिए?

फ़िरापोन्त : यह नहीं मालूम...ठेकेदार बता रहा था।

आन्द्रेई : गप है *(किताब पढ़ने लगता है)* कभी मास्को गये हो?

फ़िरापोन्त : *(कुछ देर रुककर)* नहीं ऊपर वाले की मर्ज़ी ही नहीं थी।

(ख़ामोशी)

मैं जाऊँ

आन्द्रेई : हाँ जाओ, खुश रहो

(फ़िरापोन्त जाता है)

खुश रहो *(पढ़ते हुए)* कल सुबह आना और यहाँ से काग़ज़ात ले लेना—अब जाओ।

(ख़ामोशी)

चला गया।

(घंटी बजती है)

हालात तो...**(अंगड़ाई लेता है और धीरे-धीरे अपने कमरे की**

तरफ़ जाता है। परदे के पीछे से आया बच्चे को खिलाते हुए गा रही है। माशा और विरशीनिन अन्दर आते हैं वे बातें कर रहे हैं। नौकरानी लैम्प और मोमबत्ती जलाती है)

माशा : कुछ नहीं कहा जा सकता।

(ख़ामोशी)

कुछ कहा नहीं जा सकता। आदत से भी तो बहुत फ़र्क़ पड़ता है। मिसाल के तौर पर पापा के मरने के बाद बहुत दिनों तक हम इस बात के आदी नहीं हो सके कि अब हमें घर के काम के लिए अरदली नहीं मिलेंगे। फिर आदत के अलावा इन्साफ़ भी यही कहता है...पता नहीं दूसरे शहरों में ऐसा है कि नहीं लेकिन हमारे यहाँ तो सबसे ज़्यादा ढंग के, माक़ूल और तमीज़दार जो लोग हैं वह फ़ौजी ही हैं।

विरशीनिन : बड़ी प्यास लगी है। एक कप चाय मिल जाती तो मज़ा आ जाता।

माशा : *(घड़ी देखते हुए)* लाने ही वाले हैं। देखिए ना मेरी शादी उस वक़्त कर दी गयी जब मैं सिर्फ़ 18 वर्ष की थी। मुझे अपने शौहर से डर सा लगता था क्योंकि वह एक स्कूल मास्टर थे और मैंने अभी स्कूल ख़त्म ही किया था। उस वक़्त वह मुझे बहुत ही क़ाबिल, पढ़े-लिखे और अक्लमन्द मालूम होते थे। पर अफ़सोस अब वह बात नहीं...

विरशीनिन : ...ओह! तो यह बात है...

माशा : मैं अपने पति की बात नहीं कर रही—उनकी तो आदी हो गयी हूँ। लेकिन यहाँ आम लोगों में ज़्यादातर बदतमीज़, बेअदब और बेहूदा लोग हैं। मुझे बदतमीज़ी से सख़्त नफ़रत है। मुझे बड़ी तकलीफ़ होती है जब मैं किसी ऐसे आदमी से मिलती हूँ जिसमें तहज़ीब और तमीज़ की कमी हो—अपनी बेइज़्ज़ती लगती है—मुझे। मिसाल के तौर पर जब मैं दूसरे स्कूल मास्टरों या अपने शौहर के साथियों के बीच होती हूँ तो मेरी बुरी हालत होती है।

विरशीनिन : मगर मोहतरमा, मुझे लगता है कि एक ही बात है चाहे वह गैरफ़ौजी हों या फ़ौजी सब एक जैसे हैं। कम से कम इस शहर में तो...एक जैसे। अगर यहाँ के किसी पढ़े-लिखे से, या फ़ौजी से या आम आदमी से बात कीजिए तो सब परेशान लगेंगे—कोई

बीवी से तंग है तो कोई घर से—किसी को जायदाद की परेशानी है...तो किसी को घोड़ों की...। हमारी क़ौम को तो ऊँचे ख़यालात के लिए पैदा किया गया है फिर हम अपनी ज़िन्दगी में इतने नीचे क्यों हैं? आख़िर क्यों?

माशा : आख़िर क्यों?

विरशीनिन : आदमी तंग क्यों आ जाता है? बच्चों से! बीवी से! या फिर बीवी बच्चे क्यों तंग आ जाते हैं उससे।

माशा : क्या बात है? आज आपका मूड कुछ ठीक नहीं है।

विरशीनिन : हो सकता है। आज मैंने खाना नहीं खाया। कुछ भी नहीं खाया सुबह से। और जब भी मेरी बच्चियाँ बीमार पड़ती हैं, मैं एकदम घबरा उठता हूँ। मुझे शर्म आने लगती है कि उनकी माँ ऐसी है। उफ़! मगर आज सुबह तुम उसे देखतीं, कितनी क़ाबिले नफ़रत औरत है? सात बजे से ही हममें तूतू मैंमैं होने लगी। दरवाजा भड़ाक से बन्द करके चला आया मैं।

(ख़ामोशी)

मैं कभी भी किसी से इसके बारे में बात नहीं करता। एक तुम ही ऐसी इनसान हो जिससे दिल का हाल कह लेता हूँ। पता नहीं क्यों। *(हाथ को चूमता है)* बुरा मत मानो सिवाय तुम्हारे मेरा अपना कोई नहीं—कोई भी नहीं।

(ख़ामोशी)

माशा : हवा चलने से चिमनी में कैसा शोर हो रहा है बिलकुल इसी तरह का शोर पापा के मरने से कुछ दिन पहले भी हुआ करता था। बिलकुल ऐसा ही।

विरशीनिन : क्या तुम इन सब बातों को मानती हो?

माशा : हाँ।

विरशीनिन : बड़ी अजीब बात है। *(हाथ को चूमता है)* तुम एक कमाल की और ग़ैरमामूली औरत हो। यहाँ अँधेरा है लेकिन मुझे तुम्हारी आँखों की चमक दिखाई दे रही है।

माशा : *(दूसरी कुर्सी पर बैठते हुए)* यहाँ तो कुछ रोशनी है...

विरशीनिन : मैं तुमसे प्यार करता हूँ...प्यार करता हूँ...प्यार करता हूँ...। तुम्हारी ये आँखें, ये अदायें जिनके मुझे सपने आते हैं...। कमाल की और ग़ैरमामूली औरत हो तुम।

माशा : *(हल्के से हँसते हुए)* जब आप मुझसे इस तरह की बातें करते हैं तो पता नहीं क्यों मुझे हँसी आती है हालाँकि मुझे डर भी

लगता है—इन बातों को अब कभी न दोहराइएगा। आपके हाथ जोड़ती हूँ...*(दबी आवाज़ में)* नहीं, नहीं कहिए। मुझे इससे कोई फ़र्क नहीं पड़ता।...*(हाथों से चेहरा छुपा लेती है)* वाक़ई, मुझे कोई फ़र्क़ नहीं पड़ता। शायद कोई इधर आ रहा है, कोई और बात कीजिए...।

(इरीना और तुज़िन्बाख़ हाल की तरफ़ से अन्दर आते हैं)

तुज़िन्बाख़ : मेरा नाम बड़ा लम्बा है बैरन तुज़िन्बाख़ क्रोने अल्तशाउएर। मगर मैं रूसी हूँ, आप ही की तरह। जर्मन खून तो मुझमें बहुत कम रह गया है। बस यह धीरज और यह हठीलापन ही है जिससे मैं आपको तंग करता रहता हूँ। हर शाम मैं आपको घर तक छोड़ने आता हूँ।

इरीना : उफ़! मैं कितना थक गयी हूँ।

तुज़िन्बाख़ : हर दिन इसी तरह मैं तारघर आया करूँगा और तुमको घर तक पहुँचाया करूँगा। 10 साल-20 साल जब तक तुम खुद ही मुझे नहीं भगा दोगी...*(माशा और विरशीनिन को देखकर ख़ुशी से)* आप हैं? हैलो!

इरीना : चलो घर तो पहुँची *(माशा से)* आज तारघर में एक औरत आई जो अपने भाई को सरातफ़ तार भेजना चाहती थी बेचारी का बेटा मर गया था मगर किसी तरह भी भाई का पता नहीं याद कर सकी आख़िर बिना पते के सिर्फ़ शहर का नाम लिखकर भेज दिया। रोये जा रही थी और मुझे पता नहीं क्यों बिलावजह उस पर ग़ुस्सा आ गया। मैं चिल्ला पड़ी कि “मुझे इतनी फ़ुर्सत नहीं है” मैंने कहा। बड़ी ग़लत बात हुई। आज खेल तमाशे करने वाले आ रहे हैं ना?

माशा : हाँ।

इरीना : *(आरामकुर्सी पर बैठती है)* थोड़ा सा आराम कर लूँ थक गयी हूँ।

तुज़िन्बाख़ : *(मुस्कुराते हुए)* जब तुम काम से आती हो तो बड़ी छोटी-सी, बड़ी दुखी सी लगती हो।

(ख़ामोशी)

इरीना : वाक़ई थक गयी हूँ। तारघर में काम करना अब अच्छा नहीं लगता—बिलकुल अच्छा नहीं लगता।

माशा : तुम दुबली भी हो गयी हो...*(सीटी बजाती है)* और कम उम्र भी लगने लगी हो। लेकिन चेहरा तुम्हारा किसी लड़के जैसा हो गया है...।

तुज़िन्बाख़ : यह तो बालों की वजह से है।

इरीना : मुझे दूसरा काम ढूँढ़ना चाहिए। अब इस काम में दिल बिलकुल नहीं लगता। जिसकी मैंने तमन्ना की थी, सपने देखे थे वह यह काम नहीं। बिना रस, बिना उद्देश्य वाला काम...। *(नीचे कोई फ़र्श थपथपाता है)* शायद डॉक्टर हैं *(तुज़िन्बाख़ से)* मेहरबानी करके आप जवाब दे दें प्लीज़...मैं नहीं उठ सकती ...थक गयी हूँ...। *(तुज़िन्बाख़ भी जवाब में फ़र्श थपथपाता है)* अब आ जाएँगे। कुछ करना चाहिए। कल फिर डॉक्टर और हमारे आन्द्रेई जुए में हार गए। सुना है आन्द्रेई 200 रूबल हार गया।

माशा : *(उदासीनता से)* अब क्या किया जाए?

इरीना : अभी दो हफ़्ते पहले भी हारा था, दिसम्बर में भी हारा था। अच्छा होगा कि वह सब कुछ हार जाए। तब शायद हम यह जगह छोड़ने पर मजबूर हो जाएँ। उफ़ ख़ुदा! हर रात मैं मास्को को सपने में देखती हूँ। लगता है कि मैं पागल हो जाऊँगी। *(हँसती है)* जून में हमारा इरादा मास्को जाने का है जून तक अभी कितने महीने हैं...फ़रवरी, मार्च, अप्रैल, मई...उफ़! लगभग आधा साल...!

माशा : देखो, नताशा को न पता चले कि आन्द्रेई फिर हार गया।

इरीना : मेरे ख़याल में वह परवाह भी नहीं करती। *(चिबूत्किन जो खाने के बाद आराम करने लेट गया था बिस्तर से उठता है दाढ़ी में कंघा करते हुए हाल के अन्दर आता है फिर* **मेज़ के पास बैठता है और जेब से अख़बार निकालता है)**

माशा : लीजिए तशरीफ़ ले आये...इन्होंने हमारा किराया भी अदा किया या नहीं।

इरीना : *(हँसती है)* नहीं, आठ महीने से एक पैसा नहीं दिया। शायद भूल गए।

माशा : *(हँसती है)* देखो तो कितने रोब से बैठे हैं।

(सब हँसते हैं)

(ख़ामोशी)

इरीना : अलिक्सान्दर इग्नाविच, चुप क्यों हैं?

विरशीनिन : यूँ ही, चाय की बड़ी तलब हो रही है एक कप चाय के लिए इस वक्त मैं आधी ज़िन्दगी दे सकता हूँ—आज सुबह से कुछ नहीं खाया है...

चिबूत्किन : इरीना सिरगेइवना!

इरीना : क्या बात है?

चिबूत्किन : एक मिनट यहाँ आइए, प्लीज़!

(इरीना आती है और मेज़ के पास बैठती है)

आपके बग़ैर यह काम नहीं हो सकता।

(इरीना 'पेशन्स' नामी खेल के लिए पत्ते लगाती है)

विरशीनिन : भई, लगता है चाय आने में अभी देर है, चलो तब तक फ़लसफ़ा ही बघारें।

तुज़िन्बाख़ : चलिए, मगर किस बारे में।

विरशीनिन : किसी भी बारे में। मिसाल के तौर पर यह सोचें...कि आज से दो सौ, तीन सौ साल के बाद की ज़िन्दगी कैसी होगी।

तुज़िन्बाख़ : चलो अच्छा...मैं सोचता हूँ कि हमारे बाद के लोग गफ़ब्बारे में उड़ा करेंगे। कोटों का फ़ैशन भी बदल जाएगा। हो सकता है इनसान की छठी हिस का भी पता चल जाए और उससे फ़ायदा उठाया जाए। मगर ज़िन्दगी का असली रूप वही रहेगा। मुश्किल, राज़ों से भरपूर मगर दिलकश। और एक हज़ार साल बाद भी आदमी यूँही ठण्डी साँस भरा करेगा और कहेगा, उफ़ कितनी घुटन है इस ज़िन्दगी में। साथ ही साथ वह आज ही की तरह मौत से डरेगा और मरना नहीं चाहेगा।

विरशीनिन : *(कुछ देर सोचकर)* कुछ कहा नहीं जा सकता। मेरे ख़याल में तो आहिस्ता-आहिस्ता दुनिया में सब कुछ बदल जाना चाहिए—दूर कहाँ जायें, अभी हमारी आँखों के सामने ही परिवर्तन आ रहा है और दो सौ तीन सौ या एक हज़ार साल के बाद, बात समय की नहीं, एक नई सुखद ज़िन्दगी आएगी। ऐसा जीवन हमारे लिए तो नहीं होगा लेकिन आज हम उसके लिए ही जी रहे हैं काम कर रहे हैं यहाँ तक कि दुःख उठा रहे हैं और उसकी तैयारी कर रहे हैं। और यही हमारे अस्तित्व का उद्देश्य है और इसी को हमारी ख़ुशी कहा जा सकता है।

(माशा धीरे से हँसती है)

तुज़िन्बाख़ : क्यों हँस रही हो?

माशा : पता नहीं क्यों आज मुझे सुबह से ही हँसी आये जा रही है।

विरशीनिन : मैंने भी उतना ही पढ़ा है जितना आपने। फ़ौजी अकादमी में तो नहीं पढ़ा। मुझे पढ़ने का बड़ा शौक़ है लेकिन क्या पढ़ना चाहिए मुझे नहीं मालूम—हो सकता है जो भी पढ़ता हूँ इससे

कोई फ़ायदा नहीं। मगर ज्यों-ज्यों मेरी उमर बढ़ती जा रही है इल्म की प्यास भी बढ़ती जा रही है। मेरे बाल पकने लगे हैं लगभग बूढ़ा हो गया हूँ लेकिन कितना कम जानता हूँ—कितना कम। लेकिन फिर भी मुझे लगता है कि सबसे ज़रूरी और असली बात मैं जानता हूँ—अच्छी तरह जानता हूँ किस तरह से आपको भी इसका यक़ीन दिलाऊँ कि ज़िन्दगी में हमारे लिए न तो कोई ख़ुशी है न हो सकती है और न होगी...काम करना चाहिए और काम...और सुख...वह मिलेगा हमारे बहुत बाद आने वाली पीढ़ियों को।

(ख़ामोशी)

मुझे नहीं तो हमारी औलाद दर औलाद को तो मिलेगा।

(फ़िदोतिक और रोदे हाल में नज़र आते हैं वे बैठते हैं और हल्के हल्के गिटार बजाते हुए गाते हैं)

तुज़िन्बाख़ : आपके ख़याल में सुख के बारे में तो सोचना भी नहीं चाहिए। अगर मैं यह कहूँ कि मैं सुखी हूँ तो।

विरशीनिन : नहीं।

तुज़िन्बाख़ : *(हाथ पर हाथ मारकर हँसते हुए)* लगता है कि हम एक-दूसरे को समझ नहीं पा रहे। अरे मैं किस तरह आपको यक़ीन दिलाऊँ।

(माशा धीरे से हँसती है) (उसे उँगली दिखाकर)

हँसिए, हँसिए *(विरशीनिन से)* दो सौ या तीन सौ साल के बाद भी ज़िन्दगी ऐसी ही रहेगी जैसी अब है। ज़िन्दगी कभी नहीं बदलती। वह एक ही रास्ते पर चलती रहती है। उसके अपने क़ानून होते हैं जिसमें हम कुछ नहीं कर सकते। यहाँ तक कि हम उन्हें कभी नहीं जान पाएँगे। मौसमी परिन्दे, मिसाल के लिए सारस, उड़ते रहते हैं और उड़ते रहते हैं और कैसे भी विचार ऊँचे या छोटे उनके दिमाग़ में न आएँ फिर भी वो उड़ते रहेंगे। यह जाने बिना कि वे किस लिए और किधर उड़ रहे हैं। वे उड़ रहे हैं। और उड़ते रहेंगे। कैसे भी फ़लसफ़ी उनके बीच में न पैदा हो जाएँ। इन्हें फ़लसफ़ा बघारने दो जैसे चाहें। उन्हें तो बस उड़ने से मतलब है...।

माशा : मगर कोई मक़सद तो होना चाहिए।

तुज़िन्बाख़ : मक़सद...देखो बर्फ़ गिर रही है। क्या मक़सद है इसका?

(ख़ामोशी)

माशा : मैं तो समझती हूँ कि इनसान की किसी न किसी में आस्था

होनी चाहिए या फिर उसे तलाश करना चाहिए वर्ना उसका जीवन ख़ाली-ख़ाली सा लगता है...ज़िन्दा हों और ये न जाने कि सारस क्यों उड़ा करते हैं, बच्चे क्यों पैदा हुआ करते हैं। आसमान पर सितारे किसलिए हैं?...कम से कम यह तो मालूम होना चाहिए कि किसलिए ज़िन्दा हैं। वरना ज़िन्दगी बकवास है घास कूड़ा है।

विरशीनिन : फिर भी अफ़सोस होता है कि जवानी यूँ ही गुज़र गयी।

माशा : गोगल ने कहा है–"इस दुनिया में रहना सरासर बोरियत है जनाब"...?

तुज़िन्बाख़ : और मैं कहूँगा कि आप लोगों से बहस करना बेकार है जनाब! आप लोग तो बिलकुल...

चिबूत्किन : *(अख़बार पढ़ते हुए)* बल्ज़ाक की शादी बिरदीचेव में हुई थी।

(इरीना धीरे-धीरे गाती है)

यह तो नोट करने की बात है *(लिखता है)* बल्ज़ाक की शादी बिरदीचेव में हुई थी *(अख़बार पढ़ने लगता है)*

इरीना : *(ख़यालों में खोई 'पेशन्स' खेल के पत्ते लगाती है)* बल्ज़ाक की शादी बिरदीचेव में हुई थी?

तुज़िन्बाख़ : अब तो टास फ़ेंका जा चुका है। जानती हैं मारिया सिरगेइवना। मैं नौकरी छोड़ रहा हूँ।

माशा : सुना है। और इसमें मुझे तो कोई अच्छाई नज़र नहीं आती। मुझे तो गैर फ़ौजी पसन्द नहीं।

तुज़िन्बाख़ : क्या फ़र्क़ पड़ता है *(उठता है)* मैं बदसूरत हूँ फ़ौजी वर्दी भी मुझ पर कहाँ फ़बती है। खैर अब कोई फ़र्क़ नहीं पड़ता...अब मैं मेहनत करूँगा कम से कम मेरी ज़िन्दगी में एक दिन तो ऐसा हो जब मैं शाम को काम से इतना थका हुआ आऊँ कि बिस्तर में लेटते ही गहरी नींद आ जाए।

(हाल की तरफ़ जाता है)

मज़दूरों को तो गहरी नींद आती होगी।

फ़िदोतिक : *(ईरा से)* आज मास्को नामी सड़क पर पीज़िन्कोव के यहाँ से मैंने तुम्हारे लिए ये रंगीन पेंसिलें ख़रीदी हैं और यह शार्पनर भी...।

इरीना : आप तो अभी तक मुझे छोटी बच्ची ही समझते हैं कैसे समझाऊँ कि अब मैं बड़ी हो गयी हूँ...*(पेंसिलें और शार्पनर लेती है और खुश हो उठती है)*·हाय! कितनी अच्छी हैं!

फ़िदोतिक : और अपने लिए मैंने यह चाकू का सेट खरीदा है...देखो तो—यह एक है यह दूसरा और यह तीसरा। यह कान और यह नाख़ून साफ़ करने के लिए...।

रोदे : *(ज़ोर से)* आपकी क्या उम्र होगी, डॉक्टर!

चिबूत्किन : मेरी? यही 32 साल।

(सब हँसते हैं)

फ़िदोतिक : अब आपको मैं एक दूसरा 'पेशन्स' का खेल दिखाऊँगा...**(पेशन्स के पत्ते लगाता है)**

(सामावार लाया जाता है। अन्फ़ीसा सामावार के पास खड़ी है थोड़ी देर में नताशा आती है और चाय बनाने में मदद करने लगती है। सल्योनी आता है झुककर सबको अभिवादन करता है और मेज़ के पास बैठ जाता है)

विरशीनिन : उफ़! कैसी हवा चल रही है।

माशा : हाँ। तंग आ गयी हूँ इस सर्दी से। गर्मी का तो मज़ा ही भूल गयी हूँ।

इरीना : मैं देख रही हूँ कि खेल में हमारी जीत होगी यानी कि हम मास्को जाएँगे।

फ़िदोतिक : नहीं, नहीं ऐसा नहीं होगा, देखो हुक्म की दुग्गी पर अट्ठी आ गयी है इसका मतलब है कि आप मास्को नहीं जाएँगी।

चिबूत्किन : *(अख़बार पढ़ते हुए)...*
आजकल यहाँ चेचक फ़ैली हुई है।

अन्फ़ीसा : *(माशा के पास आती हैं)* बेटी माशा चाय पी लो *(विरशीनिन से)* जनाब, आप भी आइये...माफ़ कीजिएगा जनाब मैं आपका नाम भूल गयी।

माशा : यहीं ले आओ, आया वहाँ नहीं आऊँगी।

इरीना : आया!

अन्फ़ीसा : आ...ती हूँ।

नताशा : *(सल्योनी से)* दूध पीते बच्चे भी सब बातें समझते हैं। आज मैंने बोबिक से कहा "कैसे हो मेरे बच्चे? बोबिक कैसे हो?" और वह बड़े ग़ौर से मुझे देखने लगा। तुम सोचते होगे यह माँ की ममता बोल रही है, नहीं, यक़ीन करो वह ग़ैर मामूली बच्चा है।

सल्योनी : अगर यह बच्चा मेरा होता तो मैं उसे कब का कड़ाही में तलकर चट कर गया होता। *(चाय के कप के साथ ड्राइंगरूम में जाता है और एक कोने में बैठ जाता है)*

नताशा : *(चेहरा ढाँपते हुए)* उजड्ड और बदतमीज़ आदमी।

माशा : वह आदमी बड़ा ख़ुशकिस्मत है जिसे जाड़ा हो या गर्मी फ़र्क़ नहीं पड़ता। मुझे लगता है कि अगर मैं भी मास्को में होती तो मेरा यही हाल होता।

विरशीनिन : कुछ ही दिन पहले मैंने एक फ्रेंच मिनिस्टर की डायरी पढ़ी जो उसने जेल में लिखी थी। उसे पनामा के मामले को लेकर सज़ा हुई थी। बड़े प्यार और मुहब्बत से उसने उन चिड़ियों का ज़िक्र किया है जो उसे ज़ेलखाने की खिड़की से उड़ती नजर आती थीं। अपने वज़ीर होने के ज़माने में तो उसने कभी उनकी तरफ़ ध्यान भी नहीं दिया था...और अब फिर जब वह आज़ाद कर दिया गया है तो यक़ीनन पहले ही की तरह उनकी तरफ़ से बेपरवाह हो गया होगा। इसी तरह जब तुम भी मास्को में रहने लगोगी तो वह तुम्हारे लिए अपनी चमक दमक खो देगा। जीवन में सुख न है, और न होता है हम सिर्फ़ उसकी कामना करते हैं।

तुज़िन्बाख़ : *(मेज़ से डिब्बा उठाता है)* अरे, मिठाई कहाँ गयी?

इरीना : सल्योनी खा गए।

तुज़िन्बाख़ : सारी?

अन्फ़ीसा : *(चाय देते हुए)* साहेब, आपके लिए खत है।

विरशीनिन : मेरे लिए। *(ख़त लेता है)* बेटी ने भेजा है *(पढ़ता है)* हाँ, मैं तो जानता था...माफ़ कीजिएगा मारिया सिरगेइवना, मैं चुपके से जा रहा हूँ, चाय नहीं पिऊँगा *(उठता है घबराया हुआ)* रोज़-रोज़ के ये तमाशे।

माशा : क्या हुआ? अगर हर्ज न हो तो बताइये।

विरशीनिन : *(धीरे से)* बीवी ने फिर ज़हर खा लिया। मुझे जाना होगा... मैं चुपके से निकल जाऊँगा, बड़ी तकलीफ़ होती है इससे *(माशा का हाथ चूमता है)* मेरी अच्छी नेक और प्यारी... मैं चुपके से चला जाऊँगा... *(जाता है)*

अन्फ़ीसा : अरे किधर चल दिये मैंने तो इनके लिए चाय बनाई है...ख़ूब हैं यह भी?

माशा : *(गुस्से से)* चुप भी रहो। पीछे पड़ जाती हो। चैन नहीं लेने देतीं *(कप के साथ मेज़ की तरफ़ जाती है)* तंग आ गयी हूँ मैं तुमसे बुढ़िया।

अन्फ़ीसा : क्यों नाराज़ हो रही हो बेटी?
(आन्द्रेई पुकारता है)—अन्फ़ीसा!

अन्फ़ीसा : *(नक़ल उतारते हुए)* अन्फ़ीसा—ख़ुद तो वहाँ बैठा है...। *(जाती है)*

माशा : *(हाल में मेज़ के पास गुस्से से)* मुझे भी तो कहीं बैठने दो। *(पत्ते उलट पलट देती है)* बस ताश के साथ ही जम गये चाय भी तो पियो।

इरीना : माशा क्यों इतनी चिड़चिड़ी हो रही हो?

माशा : अगर मैं चिड़चिड़ी हूँ तो मुझसे कोई बात न करे। मुझे न छेड़े।

चिबूत्किन : *(हँसते हुए)* इसे परेशान मत करो—मत करो...

माशा : आप साठ साल के हो गये लेकिन हमेशा छोकरों की तरह ऊटपटाँग बोलते रहते हैं।

नताशा : *(ठण्डी साँस भरते हुए)* प्यारी माशा, इस तरह क्यों बोलती हो। इतने ख़ूबसूरत चेहरे पर ऐसी बातें अच्छी नहीं लगती। तुम तो इतनी ख़ूबसूरत हो कि बड़ी से बड़ी शरीफ़ों की महफ़िल में चमक सकती हो। मगर तुम्हारी ज़बान, माफ़ करना, शरीफ़ों वाली नहीं।

तुज़िन्बाख़ : *(हँसी रोकते हुए)* दीजिए मुझे...जरा दीजिएगा। उसमें लगता है ब्रांडी है।

नताशा : शायद मेरा बोबिक जाग गया है आज उसकी तबीयत कुछ ठीक नहीं है। माफ़ कीजिएगा मैं उसके पास जा रही हूँ...*(जाती है)*

इरीना : अरे, अलिक्सान्दर इग्नाविच कहाँ ग़ायब हो गये।

माशा : घर! उनकी बीवी ने फिर कोई गुल खिलाया है।

तुज़िन्बाख़ : *(सल्योनी के पास जाता है हाथ में ब्रांडी है)* अकेले बैठे हो, कुछ सोच रहे हो, और पता नहीं क्या, आओ सुलह कर लेते हैं। लो ब्रांडी पियो।

(पीते हैं)

आज मुझे रात भर पियानो बजाना पड़ेगा। फिर वही बेकार की धुनें—पर मजबूरी है।

सल्योनी : सुलह कैसी? मेरा तुम से कोई झगड़ा ही नहीं हुआ।

तुज़िन्बाख़ : तुम हमेशा मेरे दिल में यह ख़याल पैदा करते हो जैसे हमारे बीच कुछ न कुछ हुआ हो—मानना पड़ेगा कि तुम अजीब मिज़ाज के आदमी हो।

सल्योनी : *(गाते हुए)* हाँ मैं अजीब हूँ मगर अजीब कौन नहीं।
नाराज़ मत हो अलेको।

तुज़िन्बाख़ : यह अलेको कहाँ से आ गया।

(**ख़ामोशी**)

सल्योनी : जब मैं किसी एक के साथ होता हूँ तो कोई बात नहीं बिलकुल ठीक महसूस करता हूँ लेकिन जैसे ही बहुत से लोग होते हैं पता नहीं क्यों घबरा जाता हूँ। झेंप जाता हूँ और बकवास करने लगता हूँ। पर एक बात कहूँगा कि मैं बहुत से दूसरे लोगों से कहीं ज़्यादा ईमानदार और शरीफ़ हूँ—और मैं यह साबित भी कर सकता हूँ।

तुज़िन्बाख़ : मुझे अक्सर तुम पर गफ़स्सा आता है, क्योंकि जब भी हम लोगों के बीच होते हैं, तुम मुझे अपनी किसी न किसी बात से ग़ुस्सा दिला देते हो। लेकिन फिर भी न जाने क्यों, तुम मुझे अच्छे लगते हो...चाहे जो भी हो, आज मैं खूब शराब पीयूँगा। आओ पियें।

सल्योनी : आओ पियें।

(**पीते हैं**)

बैरन, मुझे खुद तुमसे कभी भी कोई शिकायत नहीं रही—मगर मेस मिज़ाज़ शायद लेरमेन्तफ़ की तरह है *(धीरे से)* लोग कहते हैं कि कुछ-कुछ मेरी शक्ल भी उससे मिलती है...*(जेब से इत्र की शीशी निकालता है और हाथों पर इत्र लगाता है)*

तुज़िन्बाख़ : मैं इस्तीफ़ा दे रहा हूँ। बस बहुत हो गया। पाँच साल से यही बात सोचता आ रहा था। अब फ़ैसला कर लिया है—अब काम करूँगा।

सल्योनी : गाते हुए...नाराज़ मत हो, ऐ अलेको...भुला दो, भुला दो अपने सपनों को...*(जब वे बातें कर रहे हैं आन्द्रेई चुपके से हाथ में किताब लिए अन्दर आता है और मोमबत्ती के पास बैठकर पढ़ने लगता है)*

तुज़िन्बाख़ : काम करूँगा अब।

चिबूत्किन : *(ईरा के साथ ड्राइंगरूम में आता है)* और खाने पर काहकेशिया की खास चीजें थीं—प्याज का सूप और फिर चिरयोम्शा-गोश्त की बनी डिश।

सल्योनी : चिरयोम्शा गोश्त है ही नहीं। यह तो हमारी प्याज़ जैसी एक सब्ज़ी होती है।

चिबूत्किन : और मैं कहता हूँ, चिरयोम्शा बकरे का गोश्त होता है।

सल्योनी : और मैं कहता हूँ चिरयोम्शा प्याज़ है।

चिबूत्किन : तुमसे बहस करना बेकार है। तुम न तो कभी काहकेशिया गये हो और न कभी चिरयोम्शा खाया है।

सल्योनी : नहीं खाया क्योंकि मुझे इससे हीक आती है। लहसुन जैसी महक होती है उसकी।

आन्द्रेई : *(मिन्नत से)* बहुत हो गया जनाब, अब ख़त्म कीजिए।

तुज़िन्बाख़ : खेल तमाशे वाले कब आएँगे?

इरीना : नौ बजे तक आने को कहा था। अब आना ही चाहिए।

तुज़िन्बाख़ : *(आन्द्रेई को गले से लगाकर गाता है)* आह! तुम ओसारे, मेरे ओसारे, ओसारे नये ओसारे मेरे...

आन्द्रेई : *(गाते हुए नाचने लगता है)* ओसारे नये, बेल चढ़े...

चिबूत्किन : *(नाचते हुए)* जाली वाले ओसारे। *(सब हँसते हैं)*

तुज़िन्बाख़ : *(आन्द्रेई को प्यार करता है)* भाड़ में जाए। आओ पियें, आन्द्रेई और एक-दूसरे को तुम कहना शुरू करो। मैं तुम्हारे साथ मास्को चलूँगा यूनिवर्सिटी।

सल्योनी : कौन सी यूनिवर्सिटी? मास्को में तो दो यूनिवर्सिटियाँ हैं।

आन्द्रेई : नहीं, सिर्फ़ एक यूनिवर्सिटी है।

सल्योनी : मैं कहता हूँ कि दो हैं।

आन्द्रेई : चलो, दो नहीं तीन सही, यह तो और भी अच्छा है।

सल्योनी : मैं कहता हूँ मास्को में दो यूनिवर्सिटियाँ हैं।
(नाराज़गी की बड़बड़ाहट सुनाई देती है)
मास्को में दो यूनिवर्सिटियाँ हैं—पुरानी और नयी—अगर आपको मेरा बोलना अच्छा नहीं लग रहा है। मेरी बातें बुरी लग रही है तो मैं बिलकुल चुप हो जाता हूँ या फिर दूसरे कमरे में ही चला जाता हूँ...*(एक दरवाज़े से निकल जाता है)*

तुज़िन्बाख़ : शाबाश! शाबाश! *(हँसता है)* जनाब शुरू कीजिए। अजीब है ये सल्योनी भी...*(पियानो के पास बैठता है और वाल्स की धुन बजाता है)*

माशा : *(अकेले ही नाचने लगती है)* बैरन को चढ़ गयी है—बैरन को चढ़ गयी है—बैरन को चढ़ गयी है। *(नताशा अन्दर आती है)*

नताशा : *(चिबूत्किन से)* इवान रामानिच *(उसके कान में कुछ कहती है और फिर धीरे से चली जाती है)* *(चिबूत्किन तुज़िन्बाख़ का कंधा छूता है और उससे कुछ कान में कहता है)*

इरीना : क्या बात है?

चिबूत्किन : अच्छा अब चलना चाहिए, खुश रहिए।

तुज़िन्बाख़ : गुड नाइट, अब मैं भी चलता हूँ।

इरीना : सुनिए तो...और खेल तमाशे वाले।

आन्द्रेई : *(झिझकते हुए)* खेल तमाशे वाले नहीं आएँगे। बात ये है माई डियर। नताशा का कहना है कि बोबिक अभी बिलकुल ठीक नहीं हुआ है और इसलिए...वैसे मैं नहीं जानता और जानना भी नहीं चाहता।

इरीना : *(कंधे हिलाकर)* हूँ। बोबिक की तबीयत ठीक नहीं!

माशा : खैर जो कुछ भी हो। मतलब है कि भगाया जा रहा है इसलिए, चलना चाहिए। *(इरीना से)* बोबिक नहीं, बीमार तो वो खुद है...यहाँ *(माथे पर उँगली मारती है)* टुच्ची कहीं की।

(आन्द्रेई दायें हाथ के दरवाज़े से अपनी तरफ़ जाता है चिबूत्किन उसके पीछे जाता है हाल से सब रवाना होने लगते हैं)

फ़िदोतिक : बड़े अफ़सोस की बात है। मैंने तो सोचा था कि शाम अच्छी गुज़रेगी अगर बच्चा बीमार है तो वाक़ई...कल मैं उसके लिए खिलौने लाऊँगा...।

रोदे : मैं ख़ासतौर से खाने के बाद इसलिए सोया था कि आज रात भर नाचने का इरादा था। अभी तो सिर्फ़ नौ ही बजे हैं।

माशा : चलिए बाहर चलते हैं वहाँ बात करेंगे। तय करेंगे कि क्या किया जाए और किस तरह।

("बाई बाई ख़ुश रहिए" की आवाजें आती हैं–तुज़िन्बाख़ की ज़ोरदार हँसी भी सुनायी देती है। सब चले जाते हैं–अन्फ़ीसा और नौकरानी मेज साफ़ करती हैं–बत्तियाँ बुझाती हैं। आया के गाने की आवाज़ सुनायी देती है। आन्द्रेई ओवरकोट और टोपी पहने चिबूत्किन के साथ धीरे-धीरे अन्दर आता है)

चिबूत्किन : शादी मैं नहीं कर सका क्योंकि ज़िन्दगी बिजली की चमक की तरह तेजी से गुजर गयी और इसलिए भी कि तुम्हारी माँ को मैं बेहद चाहता था मगर उनकी शादी हो चुकी थी...।

आन्द्रेई : शादी तो कभी करनी ही नहीं चाहिए। जो करता है वह हमेशा पछताता है।

चिबूत्किन : यह तो ठीक है मगर अकेलापन भी तो काटता है। कितना फ़लसफ़ा क्यों न बघारो मगर अकेलापन बड़ा भयानक होता है माई डियर...हालाँकि हक़ीक़त में...वैसे तो अब कोई फ़र्क़ नहीं पड़ता।

आन्द्रेई : अच्छा अब जल्दी चलिए।

चिबूत्किन : जल्दी क्या है? काफ़ी वक़्त पड़ा है।

आन्द्रेई : मुझे डर है कि कहीं नताशा मुझे न रोक ले।

चिबूत्किन : तो यह बात है?

आन्द्रेई : आज मैं खेलूँगा नहीं बस देखूँगा। तबीयत कुछ सुस्त है...इवान रमानिच साँस फ़ूलने का कोई इलाज मालूम हो तो बताइए।

चिबूत्किन : मुझसे पूछते हो? न याद है डियर न जानता हूँ।

आन्द्रेई : चलिए किचन की तरफ़ से निकल चलें।

(घण्टी बजती है फिर बजती है फिर बाहर से बोलने और हँसने की आवाजें सुनाई देती हैं फिर सब चले जाते हैं)

इरीना : आया, कह दो कि घर में कोई नहीं है माफ़ी माँग लेना।

(अन्फ़ीसा जाती है इरीना सोच में गुम कमरे में टहलती है। वह परेशान नजर आ रही है। सल्योनी अन्दर आता है)

सल्योनी : *(उलझते हुए)* यहाँ तो कोई भी नहीं सब कहाँ हैं?

इरीना : अपने-अपने घर चले गये।

सल्योनी : बड़ी अजीब बात है! और तुम अकेली हो?

इरीना : हाँ!

(ख़ामोशी)

आप भी जाइए।

सल्योनी : मुझे बड़ा अफ़सोस है आज मैंने बहुत बेवक़ूफ़ी की। समझदारी से काम नहीं लिया। लेकिन तुम तो दूसरों की तरह नहीं हो। तुम अज़ीम हो और मासूम। तुम तो सच्चाई जानती हो...सिर्फ़ तुम मुझे समझ सकती हो। मैं तुमसे प्यार करता हूँ बहुत और बेहद प्यार करता हूँ...

इरीना : जाइए, चले जाइए।

सल्योनी : मैं तुम्हारे बग़ैर ज़िन्दा नहीं रह सकता। *(उसके पीछे-पीछे चलते हुए)* ओ! मेरे दिल की ठण्डक *(आँसू भरकर)* मेरी ख़ुशी। तुम्हारी जैसी जादू भरी मुस्कराती हुई आँखें मैंने आजतक किसी और औरत की नहीं देखीं।

इरीना : *(रूखेपन से)* बस भी कीजिए वसीली वसीलिच।

सल्योनी : मैंने ज़िन्दगी में पहली बार तुमसे मुहब्बत का इज़हार किया है और ऐसा लगता है कि इस वक़्त ज़मीन पर नहीं आसमान पर हूँ *(माथा पोंछता है)* बहरहाल कोई बात नहीं। जबरदस्ती का तो सौदा हो ही नहीं सकता। सचमुच...लेकिन मैं यह भी गवारा

नहीं करूँगा कि किसी और को तुम्हारी मुहब्बत हासिल हो... मैं क़सम खाता हूँ कि अपने रक़ीब को ज़िन्दा नहीं छोड़ूँगा...ए प्यारी इरीना।

(नताशा हाथ में मोमबत्ती लिए अन्दर आती है)

नताशा : **(एक कमरे की तरफ़ देखती है फिर दूसरे फिर आन्द्रेई के दरवाज़े पर से गुज़रते हुए)** आन्द्रेई अपने कमरे में है शायद पढ़ रहा है। अरे आप वसीली वसीलिच...माफ़ कीजिएगा मुझे नहीं मालूम था कि आप यहाँ हैं मैं तो सोने के कपड़ों में हूँ।

सल्योनी : क्या फ़र्क़ पड़ता है। अच्छा विदा **(जाता है)**

नताशा : हाय! मेरी प्यारी बेचारी सी बच्ची! बहुत थक गयी हो तुम **(इरीना को चूमती है)** आज जल्दी सो जाती तो अच्छा था।

इरीना : बोबिक सो गया?

नताशा : हाँ, मगर बहुत बेचैन है। अरे हाँ याद आया। आज कई दिनों से मैं तुम्हें एक बात बताना चाह रही थी मगर कभी तुम नहीं थीं तो कभी फ़ुरसत नहीं मिली...मेरा ख़याल है कि बोबिक का कमरा बहुत ठण्डा है। सीलन भी है। तुम्हारा कमरा एक बच्चे के लिए बहुत अच्छा है। क्या ऐसा नहीं हो सकता कि तुम ओल्गा के कमरे में चली आओ।

इरीना : *(समझ नहीं पाती)* कहाँ चली आऊँ?

(बाहर से घर की तरफ़ आती हुई स्लेज गाड़ी की घंटियाँ सुनाई देती हैं)

नताशा : मेरा मतलब है कि तुम कुछ दिनों के लिए ओल्गा के कमरे में चली जाओ और तुम्हारा कमरा बोबिक को दे दूँ। हाय, कितना प्यारा है मेरा बच्चा, आज सुबह मैंने उससे कहा, "तू बोबिक मेरा है—है न मेरा" और वह अपनी प्यारी-प्यारी आँखों से मेरी तरफ़ देखने लगा।

(घण्टी बजती है)

ओल्गा होगी कितनी रात गए आती है। *(नौकरानी नताशा के पास आती है और उसके कान में कुछ कहती है)*

नताशा : प्रतापपोफ़ आए हैं? अजीब हैं। प्रतापपोफ़ भी! अपने साथ मुझे स्लेज पर घुमाने ले जाना चाहते है *(हँसती है)* यह मर्द भी बड़े अजीब होते हैं।

(घण्टी बजती है)

फिर कोई आया है। चली जाऊँ कुछ देर के लिए, घूम आऊँगी...

(नौकरानी से) कह दो अभी आती हूँ।

(घण्टी बजती है)

अब तो ज़रूर ओल्गा होगी...

(चली जाती है)

(नौकरानी तेज़ी से निकल जाती है इरीना सोच में गुम बैठी है)

(कुलीगिन, ओल्गा आते हैं उनके पीछे विरशीनिन है)

कुलीगिन : लो, यह देखो, कहा गया था कि आपके यहाँ पार्टी है।

विरशीनिन : क्या बात हो गयी, अभी आधा घंटा पहले जब मैं यहाँ से गया था तो खेल तमाशे वाली पार्टी का इन्तज़ार हो रहा था।

इरीना : सब चले गये।

कुलीगिन : माशा भी नहीं है? कहाँ गयी वह? और यह प्रतापपोफ़ नीचे क्यों खड़ा है? किसका इन्तज़ार कर रहा है?

इरीना : मुझसे कुछ मत पूछो...मैं थक गयी हूँ।

कुलीगिन : अजीब मूडी लड़की है।...

ओल्गा : मेरी मीटिंग अभी ख़त्म हुई। मैं परेशान हो गयी। हमारी प्रिंसिपल बीमार हैं और मैं उनकी जगह काम कर रही हूँ। सिर फटा जा रहा है सिर...*(सिर पकड़ कर बैठ जाती है)* कल आन्द्रेई फिर दो सौ रूबल हार गया...पूरे शहर में इसकी चर्चा हो रही है...।

कुलीगिन : मीटिंग ने मुझे भी थका दिया।

(बैठ जाता है)

विरशीनिन : आज फिर मेरी बीवी ने ज़हर खाने की कोशिश की। सिर्फ़ मुझे डराने के लिए। शुक्र है कि कुछ हुआ नहीं। अब मैं इत्मीनान से बैठ सकता हूँ...मगर लगता है कि चलना चाहिए। बस सब ख़ुश रहें यही मेरी कामना है—फ़्योदर इलिच, चलिए हम आप कहीं चलते हैं। मेरा दिल घर जाने को बिलकुल नहीं हो रहा है—बिलकुल नहीं...चलिए कहीं और चलें।

कुलीगिन : थक गया हूँ। मैं नहीं जाऊँगा *(उठता है)* वाक़ई थक गया हूँ। माशा क्या घर चली गयी?

इरीना : शायद।

कुलीगिन : *(ईरा के हाथ को चूमता है)* अच्छा विदा, कल और परसों छुट्टी है आराम करेंगे—खुश रहो *(चलता है)* इस वक्त चाय का बड़ा दिल हो रहा था सोचा था कि आज शाम वक्त अच्छा गुज़रेगा

लेकिन वही होता है जो मंजूरे ख़ुदा होता है। कर्मकारक के साथ विस्मयबोधक...

विरशीनिन : इसका मतलब है कि मुझे अकेले ही जाना पड़ेगा *(कुलीगिन के साथ सीटी बजाते हुए चला जाता है)*

ओल्गा : हाय! सिर फटा जा रहा है। सिर...आन्द्रेई फिर हार गया...पूरे शहर में चर्चा हो रही है...जाऊँ लेटूँ जाकर *(चलते हुए)* कल मेरी छुट्टी है...उफ़ कितनी ख़ुशी हो रही है? कल छुट्टी है और परसों भी...मेरा सिर फटा जा रहा है सिर...

(चली जाती है)

इरीना : *(अकेली)* सब चले गये कोई भी नहीं।

(सड़क पर कोई एकार्डियन बजा रहा है। आया के गाने की आवाज़ आती है)

नताशा : *(ओवरकोट और हैट पहने हाल से गुज़रती है इसके पीछे नौकरानी है)* मैं आधे घण्टे में वापस आ जाऊँगी। बस ज़रा सी ताज़ी हवा खा लूँ। *(जाती है)*

इरीना : *(अकेली है) (बेचैनी से)* मास्को! मास्को! मास्को!

पर्दा गिरता है।

अंक तीन

(ओल्गा और इरीना का कमरा। बायीं और दायीं ओर पर्दों से घिरे हुए दो पलंग बिछे हैं जिनको बीच में पर्दा डालकर अलग किया गया है। रात के दो बज चुके हैं। बाहर से बराबर ख़तरे की घण्टी बजाए जाने की आवाज़ आ रही है। आग लगे हुए देर हो चुकी है। घर में अभी सब लोग जाग रहे हैं। सोफ़े पर माशा लेटी है और हमेशा की तरह काला ड्रेस पहने है। ओल्गा और अन्फ़ीसा आती हैं)

अन्फ़ीसा : नीचे सीढ़ी के पास वह लोग बैठी हैं...मैंने कहा कि ऊपर आ जाएँ। शरमाएँ नहीं। बहुत रो रही हैं। कहती हैं "पता नहीं हमारे पापा कहाँ हैं? कहीं भगवान न करे उन्हें कुछ हो गया तो" वहम है उनका। बाहर अहाते में भी कुछ लड़कियाँ हैं उनके पास भी कपड़े लत्ते कुछ नहीं हैं।

ओल्गा : *(अलमारी से कपड़े निकालती है)* बुआ, यह स्लेटी फ्राक लो...और ये भी...ये ब्लाउज़ भी...यह स्कर्ट भी लो...। कितना

बुरा हुआ उफ़! बहुत ही बुरा हुआ। किरसानफसकी स्ट्रीट पर तो कोई घर जलने से बचा ही नहीं...यह भी लो और यह भी लो और यह भी *(उसकी तरफ़ कपड़े फेंकती है)* बेचारे विरशीनिन के घर वाले तो बहुत ही घबराए हुए हैं...। उनका घर भी तो जलते जलते बचा। उनसे कहदो कि आज रात हमारे यहाँ रुक जाएँ—देखो। उनको घर मत जाने देना...। फ़िदोतिक बेचारे का तो सब कुछ बरबाद हो गया—कुछ भी नहीं बचा...।

अन्फ़ीसा : ओल्गा बेटी, इतना सामान मैं अकेले नहीं ले जा पाऊँगी। फ़िरापोन्त को बुला लो।

ओल्गा : *(घण्टी बजाती है)* अरे घण्टी कौन सुनेगा इस वक्त *(दरवाज़े से पुकारती है)* कोई है, जरा एक मिनट ऊपर आ जाओ।

(खुले दरवाज़े से एक खिड़की नज़र आती है। जो आग की आँच पड़ने से लाल हो रही है। घर के पास फ़ायर ब्रिगेड गाड़ियों की आने जाने की आवाज़ सुनायी दे रही है) हाय! कैसा गज़ब हो गया, मैं तो थककर चूर हो गयी।

(फ़िरापोन्त आता है)

यह लो और ले जाओ—देखो सीढ़ियों के नीचे कलोतीलीन के घर की लड़कियाँ बैठी हैं...उन्हें दे दो और यह भी दे दो।

फ़िरापोन्त : जो हुक्म! 1812 में भी मास्को में बड़ी भयानक आग लगी थी। इतनी भयानक कि फ्रांसीसी तक चकरा गये थे।

ओल्गा : अच्छा अब तुम जाओ।

फ़िरापोन्त : बहुत अच्छा।

(जाता है)

ओल्गा : मेरी अच्छी आया, सब दे डालो। हमें कुछ भी नहीं चाहिए। सब कुछ दे डालो। आया...मैं बहुत थक गयी हूँ। खड़ा भी नहीं हुआ जा रहा...देखो विरशीनिन के घरवालों को न जाने देना...उनकी लड़कियाँ ड्राइंगरूम में सो जाएँगी और अलिक्सान्द्र इग्नाविच को नीचे बैरन के कमरे में सुला दो...। फ़िदोतिक भी बैरन के कमरे में या फिर हाल में सो जाएँ...मानो जानबूझ कर नशे में धुत्त पड़े हैं। बुरी तरह धुत्त। उनके पास तो किसी को सुलाया नहीं जा सकता—ऐसा करो विरशीनिन की बीवी को भी ड्राइंगरूम में सुला दो।

अन्फ़ीसा : *(थकी हुई सी)* बेटी ओल्गा, मेरी चाँद, तुम मुझे भगाना नहीं, कभी मत भगाना।

ओल्गा : कैसी बेवक़ूफ़ी की बातें कर रही हो आया? तुम्हें कौन भगाएगा।

अन्फ़ीसा : *(ओल्गा के सीने पर सर रखती है)* मेरी प्यारी, मेरी चाँद—अभी तो मेरे हाथ-पैर चल रहे हैं। मैं तो बहुत मेहनत, बहुत काम करती हूँ...लेकिन, लेकिन जब बहुत कमज़ोर हो जाऊँगी तो सब कहेंगे भाग। मगर मैं जाऊँगी कहाँ...? कहाँ? 80 साल की तो हो गयी हूँ। 80 से भी दो ऊपर हो चुके हैं।

ओल्गा : मेरी अच्छी आया, तुम बैठ जाओ...थक गयी है बेचारी *(उसको बिठाती है)* कुछ सुस्ता लो—देखो तो चेहरा कितना पीला हो रहा है।

(नताशा आती है)

नताशा : लोगों की राय है कि जल्दी से एक कमेटी बनायी जाए। जिन लोगों का आग में नुक़सान हुआ है उनकी मदद के लिए। ख़याल तो बड़ा अच्छा है—ग़रीबों की तो वैसे ही मदद करनी चाहिए। यह तो अमीरों का फ़र्ज है—दोनों बच्चे तो इतने बेखबर सो रहे हैं जैसे कुछ हुआ ही नहीं—हमारा तो पूरा घर लोगों से भर गया है। तिल रखने की जगह नहीं और शहर में फ़्ल्यू भी फ़ैला हुआ है—डरती हूँ कहीं बच्चों को न लग जाए।

ओल्गा : *(उसकी बातें नहीं सुनती है)* इस कमरे से तो आग नज़र नहीं आ रही यहाँ तो चैन है...

नताशा : ...हाँ...मेरे बाल देखो कितने बिगड़े हुए हैं *(शीशे के सामने खड़े होकर)* कहते हैं कि मैं कुछ मोटी हो गयी हूँ...बिलकुल झूठ। जरा भी नहीं मोटी हुई। माशा सो रही है। थक गयी है बेचारी...*(अन्फ़ीसा से रूखेपन से)* ख़बरदार जो मेरे सामने बैठने की हिम्मत की! उठो दफ़ा हो यहाँ से।

(अन्फ़ीसा जाती है)

(ख़ामोशी)

इस बुढ़िया को जाने क्यों तुम अभी तक रखे हुए हो। समझ में नहीं आता।

ओल्गा : *(हक्का बक्का होकर)* माफ़ करना मैं समझ नहीं पा रही।

नताशा : यहाँ उसकी कोई ज़रूरत नहीं। वह एक किसान औरत है और उसे गाँव में रहना चाहिए...बेकार ही में उसे इतना सिर चढ़ाया गया है। घर में मुझे डिसिप्लिन पसन्द है। मुफ़्तखोर तो मुझे ज़रा भी अच्छे नहीं लगते *(ओल्गा के गाल सहलाती है)* लगता

है तुम बहुत थक गयी हो। हमारी प्रिंसिपल साहिबा थक गयी हैं—जब मेरी बेटी बड़ी हो जाएगी और तुम्हारे स्कूल में पढ़ने लगेगी तो मैं तुमसे डरा करूँगी।

ओल्गा : मैं प्रिंसिपल नहीं बनूँगी।

नताशा : तुम्हें ही चुना जाएगा ओलिच्का, यह तो तय है।

ओल्गा : मैं इनकार कर दूँगी—मुझसे नहीं होता...ये मेरे बस की बात नहीं *(पानी पीती है)*

अभी तुम आया से बहुत बदतमीज़ी से पेश आयीं...माफ़ करना मुझसे यह बर्दाश्त नहीं हो सकता। आँखों के आगे अँधेरा छा गया।

नताशा : *(घबराकर)* माफ़ कर दो। ओल्गा माफ़ कर दो...मेरा मक़सद तुम्हें तकलीफ़ पहुँचाना नहीं था।

(माशा उठती है और तकिया हाथ में लिए गुस्से से भरी चली जाती है)

ओल्गा : मुझे समझने की कोशिश करो डियर। हो सकता है कि हमारी परवरिश दूसरों की तरह नहीं हुई मगर मुझसे ऐसी बातें नहीं सही जातीं। इस तरह का बर्ताव मुझे दुःख पहुँचाता है। मैं बीमार पड़ जाती हूँ...मैं हिम्मत हारने लगती हूँ...

नताशा : माफ़ कर दो, माफ़ कर दो...*(चूमती है)*

ओल्गा : हर तरह की बदतमीज़ी चाहे वह कितनी ही छोटी क्यों न हो या बुरी तरह कहा हुआ कोई शब्द मुझे दुखी कर देता है।

नताशा : यह सच है कि मैं अक्सर ज़रूरत से ज्यादा बोल जाती हूँ लेकिन ये तो, माई डियर, मानना पड़ेगा कि वह गाँव में भी रह सकती है।

ओल्गा : वह हमारे यहाँ तीस साल से है।

नताशा : लेकिन अब तो उससे काम नहीं होता। या तो मैं नहीं समझ पा रही या तुम मुझे समझाना नहीं चाहतीं उससे अब काम नहीं हो सकता। या तो सोती रहती है या बैठी रहती है।

ओल्गा : तो बैठा रहने दो।

नताशा : *(ताज्जुब से)* क्या कहा बैठा रहने दो। अरे वह हमारी नौकर है *(आँसू भरकर)* ओल्गा, तुम्हारी बातें मेरी समझ से बाहर हैं। बच्चों के लिए मेरे पास आया है, एक अन्ना है घर में एक और नौकरानी है बावरची भी है...फ़िर हमें किसलिए इस बुढ़िया की ज़रूरत है किसलिए?

(पर्दे के पीछे घण्टियाँ)

ओल्गा : ऐसा लगता है कि इस एक रात में मेरी उम्र दस साल बढ़ गयी है।

नताशा : ओल्गा, हमें फ़ैसला कर लेना चाहिए। देखो, तुम दिन भर स्कूल में रहती हो और मैं घर पर रहती हूँ। तुम स्कूल का काम देखती हो और घर की ज़िम्मेदारी मेरी है। अगर मैं नौकरों के सिलसिले में कुछ कहती हूँ तो मैं जानती हूँ कि क्या कह रही हूँ, क्यों कह रही हूँ और यह मेरा फ़ैसला है कि कल ही इस पक्की चोर मक्कार बुढ़िया को *(पैर पटकती है)* घर से निकाल दूँगी, चुड़ैल कहीं की...और मुझे रोकने की हिम्मत भी न करना। वरना...*(गुस्से पर काबू पाते हुए)* सचमुच अगर तुमने नीचे के हिस्से में रहना शुरू नहीं किया तो शायद हम लोग हर वक्त इसी तरह लड़ते रहेंगे कितनी बुरी बात है।

(कुलीगिन आता है)

कुलीगिन : माशा कहाँ है? अब घर चलना चाहिए। सुना है कि आग पर क़ाबू पाया जा रहा है *(अँगड़ाई लेता है)* सिर्फ़ एक ब्लाक जला है हालाँकि हवा तेज़ चल रही थी। शुरू में तो ऐसा लगा कि पूरा शहर जल जाएगा। *(बैठ जाता है)* हाय। बहुत थक गया हूँ। प्यारी ओलिच्का...मैं अक्सर सोचता हूँ कि अगर माशा से मेरी शादी न हुई होती तो मैं तुमसे कहता ओलिच्का तुम बहुत अच्छी हो...उफ़! परेशान हो गया। *(कान लगाकर सुनता है)*

ओल्गा : क्या हुआ?

कुलीगिन : आज डॉक्टर ने जानबूझकर बहुत पी ली है। बुरी तरह धुत्त है। मानो जानबूझकर! *(उठता है)* लगता है वह इधर आ रहा है—सुन रही हो? हाँ इधर ही...*(हँसता है)* सच में बड़ा अजीब आदमी है...मैं तो छुपा जाता हूँ।...*(अलमारी की तरफ़ जाता है और कोने में छिप जाता है)* बड़ा बदमाश है।

ओल्गा : दो साल तक छोड़े रहा और आज जाने क्या दिमाग़ में समाया कि इतनी पी ली...

(नताशा के साथ कमरे में पीछे की तरफ़ जाती है)

(चिबूत्किन आता है और बग़ैर डगमगाए होश वाले आदमी की तरह कमरे में चलता है फिर रुकता है। इधर-उधर देखता है फिर वाशबेसिन की तरफ़ चला जाता है)

चिबूत्किन : *(झुँझलाहट से)* सत्यानाश हो सबका, समझते हैं कि अगर मैं...डॉक्टर हूँ तो हर मर्ज़ की दवा जानता हूँ—पर सच में तो मुझे अब कुछ भी नहीं आता। सब भूलभाल गया—जो कुछ जानता था वह भी याद नहीं। बिलकुल याद नहीं।

(ओल्गा और नताशा चुपके से चली जाती हैं)

सत्यानाश हो उनका। अभी पिछले ही बुधवार को जासिप सड़क पर एक औरत का इलाज कर रहा था और वह मर गयी,—हाँ वह मर गयी तो मानो यह मेरी गलती है। हाँ, आज से 25 साल पहले तो थोड़ा बहुत जानता भी था मगर अब कुछ याद नहीं। कुछ भी नहीं। यह भी तो हो सकता है कि मैं सिरे से आदमी हूँ ही नहीं सिर्फ़ लगता है कि यह मेरे हाथ हैं, यह पैर हैं और यह सिर। इसका क्या सबूत है कि मैं "मैं" हूँ, शायद मुझे लगता है कि मैं चल रहा हूँ, खा रहा हूँ, सो रहा हूँ *(रोता है)* क्या ही अच्छा हो कि मैं हूँ ही नहीं *(रोना बन्द करता है और झुँझलाहट से)* भाड़ में जाए। क्लब में तीन दिन पहले शेक्सपीयर और वाल्टर को लेकर बहसें हो रही थीं। मैंने तो उन्हें पढ़ा ही नहीं। बिलकुल नहीं, मगर एक्टिंग ऐसी कर रहा था जैसे पढ़ा हो और दूसरे लोग भी यही एक्टिंग कर रहे थे। यह धोखा है। झूठ है—वह औरत जो बुधवार को मरी थी आज अचानक याद आ गयी और भी बहुत कुछ याद आ गया, दिल भर आया नफ़रत, आत्मग्लानि। घिन हो गयी अपने आप से...और पी डाली...

(इरीना, विरशीनिन और तुज़िन्बाख़ आते हैं। तुज़िन्बाख़ नये और फ़ैशनेबल शहरी कपड़े पहने हैं)

इरीना : आइए, यहाँ बैठिये, इधर कोई नहीं आएगा।

विरशीनिन : अगर फ़ौजी मदद न मिलती तो शायद पूरा शहर जल जाता—कमाल कर दिया लोगों ने *(खुशी से हाथ रगड़ता है)* हीरा हैं यहाँ के लोग...सब लोग कितने अच्छे हैं।

कुलीगिन : *(उनके पास आते हुए)* क्या बज रहा है जनाब?

तुज़िन्बाख़ : तीन बज चुके हैं। सुबह होने वाली है। सब लोग हाल में बैठे हैं। कोई जा ही नहीं रहा और तो और आपके सल्योनी साहेब भी बैठे हैं...*(चिबूत्किन से)* डॉक्टर आप सोने चले जाते तो अच्छा था।

चिबूत्किन : कोई बात नहीं...शुक्रिया *(दाढ़ी में कंघी करता है)*

कुलीगिन : *(हँसते हुए)* इवान रमाविच आज तो तुम्हारे पैर ज़मीन पर नहीं होंगे। *(उसके कंधे पर हाथ मारता है)* शाबाश, जैसा कि पुराने जमाने में कहा करते थे "मदिरा में ही सत्य है।"

तुज़िन्बाख़ : सब मुझ पर ज़ोर दे रहे हैं कि मुसीबतज़दा लोगों की मदद के लिए एक प्रोग्राम करूँ।

इरीना : हूँ, लेकिन किसके साथ...?

तुज़िन्बाख़ : यह क्या मुश्किल है अगर चाहें तो, सब कर सकते हैं। मैं जानता हूँ कि मारिया सिरगेइवना बहुत अच्छा पियानो बजाती हैं....

कुलीगिन : बहुत अच्छा।

इरीना : अरे वह तो भूल भी चुकी है। तीन साल से नहीं बजाया...हो सकता है चार साल से।

तुज़िन्बाख़ : इस शहर में तो एक आदमी भी ठीक से गाना बजाना नहीं जानता। एक भी नहीं, मगर मैं...मैं जानता हूँ और पूरे यक़ीन से कह सकता हूँ कि मारिया सिरगेइवना कमाल का बजाती हैं जैसे कि पैदाइशी आर्टिस्ट हों।

कुलीगिन : तुम ठीक कहते हो बैरन, मैं माशा को बहुत चाहता हूँ उसका जवाब नहीं।

तुज़िन्बाख़ : कितने अफ़सोस की बात है कि एक तरफ़ तो वह इतना अच्छा पियानो बजाती है और दूसरी तरफ़ यह भी जानती है कि उसे कोई नहीं समझ रहा। कोई भी नहीं।

कुलीगिन : *(ठण्डी साँस भरता है)* यह तो है...मगर क्या उसका पियानो बजाना मुनासिब रहेगा? *(ख़ामोशी)* मैं तो, जनाब कुछ नहीं जानता—हो सकता है कि ठीक हो, मानना पड़ेगा कि मेरा डायरेक्टर बड़ा शरीफ़ आदमी है। बहुत ही शरीफ़ और बहुत अक़्लमन्द—लेकिन उसके कुछ ख़यालात...वैसे तो यह उसका मामला नहीं। फ़िर भी अगर आप चाहें तो मैं उससे बात कर सकता हूँ।

(चिबूत्किन हाथ में चीनी की बनी घड़ी लेता है और उलट पलट कर देखता है)

विरशीनिन : आग बुझाने से तो मैं बड़ा गन्दा हो गया हूँ। पूरा हुलिया बिगड़ गया है *(ख़ामोशी)* कल उड़ती-उड़ती ख़बर सुनी है कि शायद

हमारी ब्रिगेड को कहीं दूर भेजना चाहते हैं। कुछ का ख़याल है कि शायद पोलैण्ड जाए। कुछ कहते हैं कि शायद हमें चीता शहर जाना पड़े।

तुज़िन्बाख़ : सुना तो मैंने भी है। तब क्या होगा? पूरा शहर ही ख़ाली हो जाएगा।

इरीना : हम भी तो चले जाएँगे।

चिबूत्किन : *(हाथ से चीनी की घड़ी छूटती है और टूट जाती है)* अरे चूर चूर हो गयी!

(ख़ामोशी)

(सब सकते में हैं और चुप हैं)

कुलीगिन : *(टुकड़े उठाते हुए)* आह! इवान इतनी क़ीमती चीज़ तोड़ दी आपने। इवान रमाविच। इवान रमाविच। यह तो आपने बड़ा ही ग़लत काम किया। इसके लिए तो आपको माइनस ज़ीरो मिलना चाहिए।

इरीना : यह घड़ी तो मेरी स्वर्गीय माँ की थी।

चिबूत्किन : हो सकता है...माँ की तो माँ की। यह भी तो हो सकता है मैंने उसको तोड़ा ही न हो बल्कि सिर्फ़ लगा हो कि तोड़ा है। हो सकता है कि हमें लगता हो कि हम हैं और वास्तव में हम हों ही न। मैं कुछ नहीं जानता *(दरवाज़े के पास रुककर)* क्या देख रहे हैं? नताशा और प्रतापपोफ़ का रोमांस चल रहा है और आपको नज़र नहीं आता...आप यहाँ बैठें हैं मगर इतना भी नहीं देख सकते कि नताशा और प्रतापपोफ़ का...*(गाता है)* क्या आपके लिए यह अंगूर खट्टे हैं *(चला जाता है)*

विरशीनिन : वाह *(हँसता है)* सचमुच यह सब कितना अजीब है *(ख़ामोशी)* आज जब आग लगना शुरू हुई तो मैं अपने घर की तरफ़ भागा भागा गया। वहाँ पता चला कि हमारा घर बच गया है और कोई नुक़सान नहीं पहुँचा। अब कोई ख़तरा नहीं—मेरी दोनों बेटियाँ सिर्फ़ सोने के कपड़ों में दरवाज़े पर खड़ी थीं। माँ का कहीं पता नहीं था। क्या आदमी, क्या जानवर सब परेशान इधर-उधर दौड़ रहे थे। बच्चियों के चेहरे इतने परेशान, डरे और सहमे लग रहे थे कि मेरा दिल रो उठा। उफ़ खुदा। अभी तो इन बच्चियों की पूरी ज़िन्दगी पड़ी है। न जाने उनकी क़िस्मत में कितनी मुसीबतें देखना लिखा है। मैं उनके हाथ पकड़कर भागने लगा मगर पूरे वक़्त यही सोचता रहा कि अभी तो उन्हें इस दुनिया

में न जाने क्या-क्या देखना पड़े। *(ख़तरे की घण्टी) (ख़ामोशी)* यहाँ पहुँचा तो बीवी को यहाँ पाया। मुझे देखते ही चिल्लाना, पुकारना शुरू कर दिया। *(माशा हाथ में तकिया लिए आती है और सोफ़े पर बैठ जाती है)* जब मेरी बेटियाँ दरवाज़े पर सिर्फ़ रात के कपड़ों में खड़ी थीं और पूरी सड़क आग की लपेट में थी तो मुझे याद आया कि आज से बहुत साल पहले भी ऐसी ही आग लगी थी। जब अचानक दुश्मन ने हमपर धावा बोला था। लूटमार की थी आग लगाई थी...वैसे तो मुझे तब और अब में कोई भी फ़र्क़ नज़र नहीं आता। थोड़ा वक्त गुजरेगा 200-300 साल और तब आने वाली नस्लें इसी तरह हमारी आज की ज़िन्दगी पर ताज्जुब करेंगी। मज़ाक उड़ाएँगी—आज की हर बात उन्हें अजीब, तकलीफ़देह और पिछड़ी हुई लगेगी। काश! हम जान सकते कि आने वाली ज़िन्दगी कैसी होगी—काश! *(हँसता है)* माफ़ कीजिएगा, मैं आज फिर फ़लसफ़ा बघारने लगा। थोड़ी देर और मेरी बातें सुन लीजिए जनाब, आज मूड हो रहा है कि मैं फ़लसफ़ा बघारूँ *(ख़ामोशी)* लगता है सबको नींद आ रही है—हाँ तो मैं कह रहा था कि आने वाली ज़िन्दगी कैसी होगी...आप सिर्फ़ अन्दाजा ही लगा सकते हैं...आज पूरे शहर में आप जैसे सिर्फ़ तीन लोग हैं लेकिन आने वाले ज़माने में ऐसे लोगों की गिनती बढ़ती ही जाएगी और एक वक्त ऐसा आएगा जब सब कुछ बदल जाएगा वैसा ही हो जाएगा जैसा आप चाहते हैं, जिन्दगी आपके सपनों का रूप ले लेगी। फिर जब आप इस दुनिया में नहीं रहेंगे तो दूसरे लोग पैदा होंगे जो आपसे कहीं बेहतर होंगे *(हँसता है)* आज पता नहीं क्यों मेरा मूड बड़ा अजीब सा हो रहा है। दिल चाहता है कि नाचूँ गाऊँ ...**(गाता है)**

(हँसता है)

माशा : त्राम, त्राम, त्राम!

विरशीनिन : ताम, ताम

माशा : त्रा रा रा

विरशीनिन : त्रा ता ता *(हँसता है)*

(फ़िदोतिक अन्दर आता है)

फ़िदोतिक : *(नाचते हुए)* सब कुछ जल गया, सब कुछ जल गया। सब ख़ाक हो गया। *(हँसता है)*

इरीना : यह भी कोई हँसने की बात है। क्या सचमुच सब कुछ जल गया है?

फ़िदोतिक : *(हँसता है)* हाँ। सब कुछ। कुछ भी नहीं बचा, गिटार जल गया, तस्वीर जल गयी और मेरे सब ख़त भी...एक नोट बुक थी तुमको देना चाहता था वह भी नहीं बची।

(सल्योनी अन्दर आता है)

इरीना : नहीं। वसीली वसीलिच। प्लीज़ चले जाइए इधर आना मना है।

सल्योनी : अच्छा! मुझे आना मना है और बैरन को नहीं।

विरशीनिन : सच में अब चलना चाहिए आग का क्या हाल है?

सल्योनी : कहते हैं कि धीमी हो रही है—नहीं, मैं जानना चाहूँगा कि बैरन बैठा है तो कुछ नहीं और मुझे आना मना है।

(इत्र की शीशी निकालकर खुद पर छिड़कता है)

विरशीनिन : त्राम-त्राम-त्राम!

माशा : त्राम! त्राम!

विरशीनिन : *(हँसता है) (सल्योनी से)* चलो हाल में चलते हैं।

सल्योनी : चलिए, लेकिन मैंने यह बात नोट कर ली है। दिल तो चाहता है कि अभी इस बात का फ़ैसला कर लूँ लेकिन डरता हूँ कि कहीं बत्तखें बुदक न जाएँ...*(तुज़िन्बाख़ की तरफ़ देखते हुए)* *ती-ती-ती...(विरशीनिन और फ़िदोतिक के साथ बाहर जाता है)*

इरीना : तोबा, सिग्रेट बहुत पीता है यह सल्योनी *(हैरान होकर)* बैरन शायद सो गये बैरन, बैरन...

तुज़िन्बाख़ : *(जागते हुए)* मैं सचमुच बहुत थक गया हूँ...ईंटों का भट्ठा...यह मैं सोते में नहीं बड़बड़ा रहा। सचमुच मैं वहाँ बहुत जल्दी चला जाऊँगा काम करना शुरू कर दूँगा...बात हो चुकी है। *(इरीना से)* आप इतनी गोरी इतनी हसीन और इतनी प्यारी हैं मुझे लगता है कि आपकी यह चमक अँधेरे को दूर करती है रोशनी की तरह। आप उदास हैं जिन्दगी से खुश नहीं हैं...चलिए मेरे साथ चलिए दोनों मिलकर काम करेंगे।

माशा : निकोलाई लिवोविच, तुम भी यहाँ से जाओ।

तुज़िन्बाख़ : *(हँसते हुए)* कहाँ हैं आप! मुझे नजर नहीं आ रहीं *(इरीना के हाथ चूमता है)* अच्छा अब चलूँगा...इस वक्त आपके उदास चेहरे को देखकर मुझे बहुत दिन पहले आपकी सालगिरह का दिन याद आ गया तब आप कितनी खुश थीं। कितने अच्छे

मूड में थीं, काम करने से जो खुशी मिलती है उस पर लेक्चर दे रही थीं...और उसी दिन मेरे दिल में एक हसीन जिन्दगी का ख्वाब जागा था—कहाँ है वह ज़िन्दगी! *(हाथ चूमता है)* अरे, आपकी आँखों में आँसू, अच्छा अब सो जाइये। रोशनी फ़ैलने लगी है...सुबह हो रही है...काश! मैं आपके लिए अपनी जिन्दगी कुरबान कर सकता।

माशा : निकोलाई लिवोविच, अब जा भी चुकिये, आप तो बस...

तुज़िन्बाख़ : जा रहा हूँ...*(जाता है)*

माशा : *(लेटते हुए)* फ्योदर सो रहे हो क्या?

कुलीगिन : आँ।

माशा : घर चले गये होते।

कुलीगिन : मेरी प्यारी, मेरी अच्छी माशा...

इरीना : वह थक गयी है उसको आराम करने दो फ़ेदया।

कुलीगिन : अभी जाता हूँ...मेरी अच्छी शानदार बीवी...
प्यार करता हूँ सिर्फ़ तुमसे...

माशा : *(चिढ़कर)*
मैं प्यार करता हूँ, हम प्यार करते हैं, तू प्यार करता है, आप प्यार करते हैं, वह प्यार करता है वे प्यार करते हैं...

कुलीगिन : *(हँसता है)* नहीं वाकई, बहुत ही शानदार औरत है माशा! हमारी शादी को हालाँकि 7 साल हो चुके हैं मगर मुझे लगता है कि अभी कल ही हुई हो। कसम से तुम वाकई बहुत शानदार औरत हो। मैं बहुत खुश हूँ, खुश हूँ, खुश हूँ।

माशा : मैं तंग आ गयी हूँ, तंग आ गयी हूँ, तंग आ गयी हूँ...
(उठती है और बैठे-बैठे बोलती है) आज सुबह से मेरे दिमाग़ में एक बात चक्कर लगा रही है...जिससे मुझे बहुत ही तकलीफ़ हुई है। कील की तरह दिमाग़ में ठुकी है अब मैं चुप नहीं रह सकती। आन्द्रेई की बात कर रही हूँ...उसने यह घर गिरवी रख दिया है और पैसे बीवी ने ले लिए हैं—मगर यह घर तो सिर्फ़ आन्द्रेई का ही तो नहीं है—हम चारों का है। अगर वह ईमानदार आदमी है तो यह बात उसे मालूम होना चाहिए।

कुलीगिन : बेकार दिल कुढ़ाने से क्या फ़ायदा माशा! तुमसे क्या माशा? तुम्हें क्या मतलब? अन्द्रूशा का बाल बाल कर्ज़दार है। खुदा उस पर रहम करे।

माशा : मगर है तो यह बड़ी ग़लत बात! *(लेट जाती है)*

कुलीगिन : हम तुम क्या ग़रीब हैं? मैं कमाता हूँ, स्कूल में पढ़ाता हूँ फिर ट्यूशन करता हूँ...मैं एक ईमानदार इनसान हूँ। सीधा सादा...वह क्या कहते हैं "मेरा सब कुछ मेरे पास है।"

माशा : मुझे कुछ नहीं चाहिए लेकिन बेइन्साफ़ी से मुझे दुःख होता है। *(ख़ामोशी)* फ्योदर अब जाओ।

कुलीगिन : *(उसे प्यार करता है)* तुम थक गयी हो। थोड़ी देर आराम कर लो। मैं उधर जाऊँगा और इन्तज़ार करूँगा। तुम सो जाओ... *(चलता है)* मैं खुश हूँ, मैं खुश हूँ। *(चला जाता है)*

इरीना : वाक़ई, हमारा आन्द्रेई बहुत बदल गया है। इस औरत के साथ वह बरबाद हो गया है। बूढ़ा हो गया है। कभी तो वह प्रोफ़ेसर बनना चाहता था और कल बड़े शान से बता रहा था कि आख़िरकार यहाँ की कौंसिल का मेम्बर हो गया। वह सिर्फ़ मेम्बर हो गया और प्रतापपोफ़ चेयरमैन। पूरे ही शहर में इसकी चर्चा हो रही है। लोग हँस रहे हैं। मगर ख़ुद वह न तो कुछ समझता है और न देखता है...यही देखो आज का सुनकर सब आदमी दौड़ पड़े मगर वह अपने कमरे में ही बैठा रहा। कान पर जूँ तक नहीं रेंगी। सिर्फ़ वायलन बजाता रहता है *(परेशानी से)* ओफ़ कितनी घुटन है, घुटन है *(रोती है)* अब और नहीं सहा जाता, नहीं सहा जाता...नहीं नहीं...*(ओल्गा आती है अपने पलंग के करीब छोटी मेज को साफ़ करती है)* *(इरीना चीख़ चीख़कर रोती है)* यहाँ से मुझे फेंक दो, फेंक दो।

ओल्गा : *(घबराकर)* अरे क्या हुआ? क्या बात है प्यारी बहन।

इरीना : *(रोते हुए)* कहाँ गया? कहाँ है वह सबकुछ? कहाँ? उफ़ ख़ुदा। उफ़ मेरे ख़ुदा। मैं सबकुछ भूल गयी हूँ। भूल गयी हूँ...दिमाग़ में सब कुछ गडमड हो गया है। इटैलियन ज़ुबान में खिड़की को क्या कहते हैं या छत को...सब कुछ भूलती जा रही हूँ। हर दिन थोड़ा-थोड़ा भूलती जा रही हूँ और ज़िन्दगी गुज़री चली जा रही है। कभी न वापस आने के लिए। कभी नहीं। हम मास्को कभी नहीं जा सकेंगे...मैं जानती हूँ कि हम नहीं जाएँगे...

ओल्गा : मेरी बहन, प्यारी बहन...

इरीना : *(रोना बन्द करते हुए)* हाय! मैं कितनी दुखी हूँ...मुझसे काम नहीं होता और अब मैं काम नहीं करूँगी। बस बहुत हो चुका।

तार घर में काम करके देखा। अब कौंसिल के दफ़्तर में काम करती हूँ। नफ़रत है, कुढ़न है उस काम से जो मुझे दिया जाता है। मुझे 24वाँ साल चल रहा है। काम करते हुए ज़माना गुजर गया, दिमाग़ बेकार हो गया है, दुबली हो गयी हूँ, शक्ल ख़राब हो गयी है और उम्र से ज़्यादा लगने लगी हूँ। कोई खुशी नहीं मिलती मुझे इस काम से। कुछ नहीं, कुछ नहीं, वक्त बीतता जा रहा है। मुझे हर वक्त ऐसा लगता है जैसे कि एक सुन्दर जीवन से दूर होती चली जा रही हूँ। दूर बहुत दूर। किसी गढ़े में गिरती जा रही हूँ। मुझे ताज्जुब है कि मैं ज़िन्दा कैसे हूँ। अब तक मैंने खुदकुशी क्यों नहीं कर ली समझ में नहीं आता...

ओल्गा : मत रोओ मेरी प्यारी बहन, मत रोओ...मेरा दिल फटा जा रहा है।

इरीना : मैं रो कहाँ रही हूँ। मैं तो नहीं रो रही...देखो। बिलकुल बन्द कर दिया रोना। बहुत हो चुका...बस बहुत हो चुका।

ओल्गा : प्यारी इरीना, मेरी बात मानो बहन, एक दोस्त के नाते तुमसे कहती हूँ मेरी सलाह मानो तुम बैरन से शादी कर लो। *(इरीना हल्के-हल्के रोती है)*

तुम भी तो उसकी इज़्ज़त करती हो। उसे पसन्द भी करती हो...सच यह है कि वह सूरत का ज्यादा अच्छा नहीं लेकिन बहुत शरीफ़ है, बहुत अच्छा है...शादी तो मोहब्बत के लिए नहीं फ़र्ज़ निभाने के लिए की जाती है—कम से कम मेरी राय तो यही है—मैं भी मुहब्बत के बग़ैर शादी कर सकती हूँ, सिर्फ़ शरीफ़ हो। चाहे कोई भी हो। चाहे बूढ़ा ही क्यों न हो।

इरीना : मुझे तो हर वक्त यह इन्तज़ार था कि हम मास्को चले जाएँगे और वहाँ मुझे सच्चा जीवन साथी मिल जाएगा। उसी के बारे में मैं सोचती रही प्यार करती रही उससे।

ओल्गा : *(ईरा को गले से लगाती है)* मेरी अच्छी दुलारी बहन। मैं सब समझती हूँ जब निकोलाई लिवोविच ने फ़ौज से इस्तीफ़ा दिया और हमारे यहाँ सादे कपड़ों में आया तो वह इतना अजीब लग रहा था कि मुझे रोना आ गया...उस पर वह पूछता है "क्यों रो रही हो ओल्गा" मैं किस तरह उससे कहती और क्या कहती? लेकिन अगर तुम्हारी क़िस्मत में वही है तो मुझे बड़ी ख़ुशी होगी। यहाँ तो सब कुछ अलग है, बिलकुल अलग।

(नताशा हाथ में मोमबत्ती लिए स्टेज पर से दायीं तरफ़ के दरवाज़े से निकलकर बायीं तरफ़ के दरवाज़े से चुपचाप चली जाती है)

माशा : *(बैठते हुए)* वह तो इस तरह चल रही है मानो आग इसी ने लगायी हो।

ओल्गा : माशा तुम बेवक़ूफ़ हो। माफ़ करना, हमारे घर में तुम ही सबसे ज़्यादा बेवक़ूफ़ हो।

(ख़ामोशी)

माशा : मेरी प्यारी बहनो। आज मैं तुम्हें कुछ बताना चाहती हूँ। मेरी आत्मा मुझे चैन नहीं लेने दे रही। तुम्हें बताऊँगी और फिर किसी को कभी कुछ नहीं बताऊँगी...अभी बताती हूँ। *(हल्के से)* वह मेरा राज़ है लेकिन मैं तुमसे नहीं छिपाना चाहती...अब चुप नहीं रहा जाता...

(ख़ामोशी)

मैं प्यार करती हूँ– प्यार करती हूँ इस आदमी से मैं प्यार करती हूँ...अभी-अभी तुमने उसे देखा है...बता ही देती हूँ ले ही लूँ उसका नाम। हाँ, मैं विरशीनिन से प्यार करने लगी हूँ।

ओल्गा : *(अपने पलंग की तरफ़ पर्दे के पीछे जाती है)* छोड़ो भी–मैं कुछ सुन ही नहीं रही।

माशा : क्या करूँ *(सिर पकड़ती है)* शुरू में तो वह मुझे अजीब सा लगा। फिर मुझे इस पर रहम आने लगा...फिर प्यार हो गया उससे...प्यार हो गया उसकी आवाज़ से, उसकी बातों से, उसके दुखों से और उसकी दो बच्चियों से...

ओल्गा : *(वहीं से)* मैं तो कुछ सुन ही नहीं रही हूँ। पता नहीं क्या औल-फ़ौल बक रही हो। मैं तो कुछ सुन ही नहीं रही हूँ।

माशा : हाय, ओल्गा तुम कितनी भोली हो–अगर मुझे उससे प्यार हो गया इसका मतलब यह है कि मेरी क़िस्मत में यही लिखा था और क़िस्मत का लिखा भला कौन मिटा सकता है...फिर वह भी तो मुझे प्यार करते हैं...यह बहुत अजीब बात है। है ना, यह अच्छी बात नहीं। *(ईरा को हाथ से पकड़कर अपनी तरफ़ खींचती है)* मेरी अच्छी बहन...किस तरह जी रहे हैं हम अपनी ज़िन्दगी। क्या होगा हमारा?...जब हम किसी कहानी में प्यार के बारे में पढ़ते हैं तो हमें लगता है कि यह बहुत दिनों से चल रही और समझ में आने वाली बात है। मगर जब ख़ुद प्यार हो जाता है तो पता चलता है कि किसी को कुछ भी नहीं मालूम

और हर एक को अपना फ़ैसला ख़ुद करना चाहिए...मेरी प्यारी बहनो...तुम्हारे सामने दिल खोल कर रख दिया। अब मैं चुप रहूँगी जिस तरह गोगल की कहानियों में पागल रहते हैं वैसे मैं भी रहूँगी...ख़ामोशी...ख़ामोशी

(आन्द्रेई आता है और उसके पीछे फ़िरापोन्त है)

आन्द्रेई : *(ग़ुस्से से)* क्या चाहिए तुम्हें? मेरी समझ में नहीं आता।

फ़िरापोन्त : *(दरवाज़े से झुँझलाकर)* आन्द्रेई सिरगेइविच! मैं कम से कम 10 बार इस बात को दोहरा चुका हूँ इस एक बात को।

आन्द्रेई : पहले तो यह कि तुम मेरा नाम मत लो मुझे हुज़ूर कहकर पुकारो।

फ़िरापोन्त : हुज़ूर, आग बुझाने वाले चाहते हैं कि उनको नदी से पानी लाने के लिए बाग़ से गुज़रने दिया जाए वरना बहुत चक्कर पड़ रहा है...बड़ी परेशानी हो रही है।

आन्द्रेई : ठीक है, ठीक है जाने दो।

(फ़िरापोन्त जाता है)

तंग आ गया हूँ। ओल्गा कहाँ है?

(ओल्गा आड़ से निकलती है)

मैं तुम्हारे पास इसलिए आया हूँ कि मुझे अलमारी की चाबी चाहिए। मेरी कहीं खो गयी है। तुम्हारे पास एक छोटी-सी चाबी है।

(ओल्गा उसे चुपचाप चाबी दे देती है। इरीना कमरे में अपने पार्टीशन वाले हिस्से में जाती है)

(ख़ामोशी)

उफ़! कितनी भयानक आग लगी थी। अब तो कम हो गयी है। इस फ़िरापोन्त ने तो मेरा मूड और ख़राब कर दिया—मैंने उससे बेवक़ूफ़ी की बात कह दी। हुज़ूर...ॲ...

(ख़ामोशी)

ओल्गा, तुम चुप क्यों हो?

(ख़ामोशी)

अब तो यह पागलपन ख़त्म करो और इस तरह मुँह फुलाना छोड़ दो। मज़े से ज़िन्दगी गुज़ारो। बड़ा अच्छा हुआ कि तुम तीनों इस वक़्त यहाँ जमा हो। आज दो टूक बातें कर लें और बात हमेशा के लिए ख़त्म कर दें। तुम्हें मुझसे क्या शिकायत है...क्या?

ओल्गा : छोड़ो अन्द्रूशा, कल बात करेंगे *(परेशान होते हुए)* उफ़! कितनी भयानक रात है।

आन्द्रेई : *(शर्मिन्दा होते हुए)* फ़िक्र न करो। मैं बिलकुल ठण्डे दिमाग से पूछ रहा हूँ। तुमको मुझसे क्या शिकायत है साफ़-साफ़ बताओ।
(विरशीनिन की आवाज त्राम, ताम, ताम)

माशा : *(उठते हुए जोर से)* त्रा ता ता *(ओल्गा से)* ओल्या मैं तो चली, ख़ुदा के हवाले *(आड़ के पीछे जाती है और इरीना को प्यार करती है)* बेफ़िक्र सोओ...आन्द्रेई अलविदा। और तुम भी जाओ वे बहुत थकी हैं...कल कर लेना यह बात। *(जाती है)*

ओल्गा : सचमुच आन्द्रेई क्यों न कल कर लें ये बातें...*(अपनी तरफ़ आड़ में पीछे जाती है)* अब तो सोना चाहिए।

आन्द्रेई : सिर्फ़ इतना कह लेने दो फ़िर मैं चला जाऊँगा। बस अभी... सबसे पहले तो मुझे ऐसा लगता है कि तुम लोगों का बर्ताव मेरी बीवी से अच्छा नहीं। यह बात मैं शादी के दिन से ही नोट कर रहा हूँ, नताशा एक बहुत ही अच्छी नेक, साफ़ दिल और शरीफ़ औरत है। यह मेरा अपना ख़याल है। मुझे अपनी बीवी से मोहब्बत है। मैं उसकी इज्ज़त करता हूँ और मेरा हुक्म है कि दूसरे भी उसकी इज्ज़त करें—फिर से कहता हूँ नताशा एक नेक और शरीफ़ औरत है, और माफ़ करना, ये सारी शिकायतें सिर्फ़ तुमने गढ़ी हैं।
(ख़ामोशी)
दूसरे यह कि मुझे लगता है तुमको इस बात का भी गफ़स्सा है कि मैं प्रोफ़ेसर क्यों नहीं बना। साइन्स क्यों नहीं पढ़ाता। कौंसिल के आफ़िस में काम करता हूँ मेम्बर भी हो गया हूँ मैं। अपने इस काम को उतना ही ज़रूरी और फ़ायदेमन्द समझता हूँ जितना साइन्स को। फिर दोहराना चाहता हूँ कि मैं कौंसिल का मेम्बर हूँ और अगर जानना चाहती हो तो सुनो—मुझे गर्व है इस बात पर...
(ख़ामोशी)
और तीसरी बात जो मैं और कहना चाहता हूँ...वह है कि मैंने तुमसे बग़ैर पूछे यह घर गिरवी रख दिया...। हाँ यह मेरी ग़लती थी। इसके लिए मैं माफ़ी चाहता हूँ...लेकिन इसकी वजह मेरे कर्ज़ थे...मेरे ऊपर 35 हजार का कर्ज है...अब मैं जुआ नहीं खेलता। बहुत दिनों से छोड़ दिया। मेरी प्यारी बहनो, मेरा इन

बातों का मतलब है। देखो ना, तुम लोगों की तो जायदाद से भी सालाना आमदनी है। मेरा कोई और सहारा नहीं...सिवाय मेरी तनख़्वाह के और तनख़्वाह तो...

(ख़ामोशी)

कुलीगिन : *(दरवाज़े से झाँकते हुए)* माशा तो यहाँ है नहीं *(परेशानी से)* कहाँ गयी वह! अजीब बात है...। *(जाता है)*

आन्द्रेई : तुम सुन रही हो। नताशा एक लाजवाब और ईमानदार औरत है *(स्टेज पर चुपचाप टहलता है फिर रुकता है)* जब हमारी शादी हुई थी तो मेरा ख़याल था कि हम ख़ुश रहेंगे...सब लोग ख़ुश रहेंगे...लेकिन उफ़ मेरे खुदा...*(रोता है)* मेरी लाडली बहनो, प्यारी बहनों, मेरा यक़ीन मत करो, मत करो मेरा यक़ीन...

(जाता है)

कुलीगिन : *(दरवाज़े में से घबराहट से)* माशा कहाँ है? यहाँ तो नहीं है मेरी कुछ समझ में नहीं आ रहा।

(जाता है)

(ख़तरे की घण्टियाँ)

(स्टेज खाली है)

इरीना : *(पर्दे की आड़ के पीछे से)* ओल्गा नीचे फ़र्श पर कौन धप-धप कर रहा है।

ओल्गा : डॉक्टर ईवान रमाविच हैं। नशे में धुत्त हैं।

इरीना : कितनी बेचैन रात है!

(ख़ामोशी)

(ओल्या पर्दे की आड़ से झाँकते हुए) सुना तुमने? कहते हैं कि यहाँ से फ़ौजी जा रहे हैं। पूरी ब्रिगेड को कहीं दूर ले जाया जा रहा है।

ओल्गा : मुझे तो अफ़वाह लगती है।

इरीना : फिर तो हम बिलकुल ही अकेले हो जाएँगे...ओल्या?

ओल्गा : क्या बताऊँ?

इरीना : मेरी प्यारी बहन। मैं सचमुच बैरन की इज़्ज़त करती हूँ। वह बहुत अच्छे हैं। मैं उनसे शादी कर लूँगी मगर एक शर्त है मेरी। मुझे मास्को ले चलो—हाथ जोड़ती हूँ। चलो मास्को चलें। दुनिया में मास्को से अच्छी कोई जगह नहीं। कोई नहीं ओल्या चलें। चलोगी ना?

अंक चार

(प्राज़ोरफ़ के घर का पुराना बाग़ जिसमें फर के पेड़ों की लम्बी क़तार है। वहाँ से नदी साफ़ नजर आ रही है। नदी के दूसरी तरफ़ जंगल है। दायीं तरफ़ घर का बरामदा है वहाँ मेज़ पर शैम्पेन की बोतलें और गिलास रखे हैं। बोतलें ख़ाली हो चुकी हैं। दिन के बारह बजे हैं। थोड़ी-थोड़ी देर में लोग सड़क से नदी की तरफ़ जाने के लिए बाग़ से गुज़रते नज़र आते हैं। फिर पाँच फ़ौजी भी तेज़ी से गुज़रते हैं। चिबूत्किन बहुत अच्छे मूड में है और पूरे अंक में उसका यही मूड बना रहता है। वह बाग़ में आरामकुर्सी पर बैठा है और इन्तज़ार कर रहा है कब उसे बुलाया जाए, उसने एक फ़ौजी टोपी पहन रखी है और हाथ में एक छड़ी है। इरीना, कुलीगिन और तुज़िन्बाख़ बरामदे में खड़े फ़िदोतिक और रोदे से विदा ले रहे हैं। कुलीगिन गले में एक मैडिल पहने है। उसकी मूँछें साफ़ हैं। फ़िदोतिक और रोदे दोनों फ़ौजी वर्दी में हैं। वे सीढ़ी से नीचे उतर रहे हैं)

तुज़िन्बाख़ : *(फ़िदोतिक को चूमते हुए)* तुम बहुत अच्छे आदमी हो। हमारा बड़ा अच्छा वक्त गुज़रा *(रोदे को चूमते हुए)* एक बार फिर...विदा माई डियर।

इरीना : अच्छा फिर मिलेंगें।

फ़िदोतिक : "फिर मिलेंगे" न कहो, विदा कहो क्योंकि हम अब कभी नहीं मिलेंगे।

कुलीगिन : कौन जाने! *(आँसू पोंछता हुआ मुस्कराता है)* यह लो मैं तो रो पड़ा।

इरीना : कभी न कभी तो मिलेंगे।

फ़िदोतिक : अगर 10-15 साल के बाद मिले भी तो क्या फ़ायदा। शायद ही एक-दूसरे को पहचानें और अगर पहचानें भी तो ये गरमजोशी कहाँ रहेगी?...*(फ़ोटो खींचता है)* ठहरो,...आखिरी बार एक और फ़ोटो...

रोदे : *(तुज़िन्बाख़ को गले लगाता है)* हम अब कभी नहीं मिलेंगे... *(ईरा के हाथ को चूमता है)* तुम्हारा बहुत बहुत शुक्रिया।

फ़िदोतिक : *(नाराज़ होते हुए)* ज़रा ठहरो तो।

तुज़िन्बाख़ : ख़ुदा ने चाहा तो हम मिलेंगे। ख़त बराबर लिखते रहना। भूलना नहीं।

रोदे : *(बाग़ पर नज़र डालते हुए)* अलविदा ए पेड़ों *(चिल्लाकर)* हो हो...**(ख़ामोशी)**
अलविदा ए मेरी गूँज।

कुलीगिन : हो सकता है तुम वहाँ पोलैंड में शादी कर लो...और तुम्हारी पोलिश बीवी गले में हाथ डालकर कहेगी कोखाने। *(हँसता है)*

फ़िदोतिक : *(घड़ी देखते हुए)* हमारे जाने में एक घण्टे से भी कम वक्त रह गया है। हमारे दोस्तों में से सिर्फ़ सल्योनी नाव से जाएगा। हम सब तो पैदल मार्च करेंगे। तीन फ़ौजी दस्ते आज रवाना हो रहे हैं और तीन कल जाएँगे—पूरा शहर ख़ाली और सुनसान हो जाएगा।

तुज़िन्बाख़ : उफ़ कितनी बोरियत होगी।

रोदे : मारिया सिरगेइवना कहाँ है?

कुलीगिन : बाग़ में।

फ़िदोतिक : उनसे भी मिल लूँ।

रोदे : अलविदा, अब चलना चाहिए। वरना मैं रो पड़ूँगा...*(जल्दी से तुज़िन्बाख़ और कुलीगिन को गले लगाता है। ईरा का हाथ चूमता है)* बहुत अच्छा वक्त गुज़रा आपके साथ...।

फ़िदोतिक : *(कुलीगिन से)* आपको एक छोटा सा तोहफ़ा याद के लिए... नोटबुक और पेंसिल...चलो यहीं से नदी की तरफ़ चलते हैं...।
(जाते हैं और दोनों बार-बार पीछे मुड़कर देखते हैं)

रोदे : *(चिल्लाकर)* हो हो...

कुलीगिन : अलविदा।
(स्टेज के पिछले हिस्से में रोदे और फ़िदोतिक माशा से मिलते हैं और अलविदा कहते हैं वह उन्हीं के साथ स्टेज से चली जाती है)

इरीना : चले गये...। *(बरामदे की निचली सीढ़ी पर बैठती है)*

चिबूत्किन : मुझसे मिलना तो भूल ही गये।

इरीना : तुम खुद क्यों नहीं मिल लिए।

चिबूत्किन : मैं भी भूल गया जाने दो। मैं तो उनसे जल्द ही मिलूँगा—मैं भी तो कल जा रहा हूँ—हाँ...एक ही दिन की तो बात है... एक साल के बाद पेंशन हो जाएगी—तो मैं यहाँ ही आऊँगा। और तुम सबके साथ बाक़ी ज़िन्दगी गुजारूँगा...पेंशन मिलने में बस एक साल बाक़ी है...
(जेब में एक अख़बार रखता है और दूसरा निकालता है) फिर

मैं यहीं आऊँगा और ज़िन्दगी को नये ढंग से शुरू करूँगा... एक अच्छा श...शरीफ़ और ढंग का आदमी बनूँगा...

इरीना : सचमुच आपको अपनी ज़िन्दगी दूसरे ढंग से गुज़ारना चाहिए। किसी न किसी तरह से।

चिबूत्किन : हाँ। मैं भी यही महसूस करता हूँ। *(धीरे से गाता है)*
त्रा-रा-रा-ट्रम-ट्रम
पीता हूँ मैं ठन ठन

कुलीगिन : सुधरने वाले नहीं इवान रमानविच, आप नहीं सुधरेंगे।

चिबूत्किन : अगर तुम लोग सुधारने का ज़िम्मा ले लो तो मैं ज़रूर सुधर जाऊँगा।

इरीना : फ़्योदर ने जब से मूँछें साफ़ कराई हैं मुझसे तो देखा नहीं जाता।

कुलीगिन : क्यों?

चिबूत्किन : दिल तो चाह रहा है कि कह दूँ "कि देखो तुम्हारा थोबड़ा कैसा लग रहा है"—पर हिम्मत नहीं पड़ती।

कुलीगिन : मगर क्यों? यही चल रहा है यही तो फ़ैशन है। हमारे डायरेक्टर की भी तो मूँछें नहीं हैं और मेरी भी। मैं भी जैसे ही इंस्पेक्टर बना मैंने भी मूँछें मुड़ा लीं। सबने कहा कि बिना मूँछों के अच्छा नहीं लगता। मगर मुझे कोई फ़रक नहीं पड़ता। मैं तो मस्त हूँ "चाहे मूँछें साफ़, चाहे मूँछें पास"।
(बैठता है)
(बाग के पिछले हिस्से में आन्द्रेई बच्चे की गाड़ी लिए गुजरता है। बच्चा सो रहा है)

इरीना : *(प्यार से)* इवान रमानविच, माई डार्लिंग, कल से मैं बहुत परेशान हूँ। आप तो कम्पनी बाग़ में मौजूद थे। बताइये कल वहाँ क्या हुआ?

चिबूत्किन : क्या हुआ? कुछ भी तो नहीं, बेकार की बातें *(अख़बार पढ़ने लगता है)* सब ठीक है।

कुलीगिन : कहते हैं कि सल्योनी और बैरन थियेटर के पास कम्पनी बाग़ में मिले थे...

तुज़िन्बाख़ : चुप भी रहो, तुम भी, बस... *(हाथ हिलाता है और घर के अन्दर चला जाता है)*

कुलीगिन : हाँ, थियेटर के पास सल्योनी बैरन से उलझने लगा फिर उसने भी उल्टा-सीधा कह दिया...

चिबूत्किन : मैं नहीं जानता—सब बकवास है।

कुलीगिन : एक बार एक स्कूल मास्टर ने किसी लड़के की कापी में एक कहानी के नीचे 'बकवास' लिख दिया। उसने उसे रूसी की जगह लैटिन में पढ़ा और मतलब के लिए सिर खपाता रहा... *(हँसता है)* है न हँसने की बात। कहते हैं कि सल्योनी इरीना से प्यार करने लगा है इसीलिए बैरन से नफ़रत करता है...यह तो समझ में आने वाली बात है। इरीना बहुत अच्छी लड़की है उसकी सूरत कुछ-कुछ माशा से मिलती है। वैसी ही खोई-खोई सी लेकिन ईरा तुम माशा से ज्यादा सीधी हो। ह्रालाँकि माशा भी बहुत सीधी है। सच माशा को मैं बहुत चाहता हूँ।

(पिछले बाग़ में स्टेज के पीछे से—हो-हो-हो)

इरीना : *(उलझते हुए)* पता नहीं क्यों, आज मैं ज़रा-ज़रा सी आवाज़ पर डर रही हूँ। *(ख़ामोशी)* मैंने पूरी तैयारी कर ली है खाने के बाद सामान भेज दूँगी। कल बैरन से मेरी शादी हो जाएगी और कल ही हम ईंटों की फ़ैक्टरी चले जाएँगे। परसों से स्कूल में काम कर रही हूँगी। मैं नयी ज़िन्दगी शुरू करूँगी। बस ख़ुदा की मदद चाहिए। जब मैं इण्टरव्यू दे रही थी तो ख़ुशी और उल्लास से रो पड़ी...

(ख़ामोशी)

सामान लेने बस आते ही होंगे।

कुलीगिन : यह तो ठीक है। मगर पता नहीं क्यों यकीन नहीं आ रहा कि यह सब सच है। मुझे तो लगता है कि तुम ख़याली पुलाव पका रही हो। फिर भी मैं दिल से चाहता हूँ कि ऐसा हो जाए।

चिबूत्किन : *(जज़्बाती होकर)* मेरी प्यारी, मेरी अच्छी, मेरी अनमोल...तुम लोग तो बहुत दूर जा रहे हो, मैं तुम्हारा साथ नहीं दे सकता। मैं पीछे रह गया हूँ। बिलकुल उस मौसमी पंछी की तरह जो बूढ़ा हो गया है और उड़ नहीं सकता—उड़ो मेरे प्यारो उड़ो, ख़ुदा के हवाले।

(ख़ामोशी)

फ़्योदर इलिच तुमने बेकार ही मूँछें साफ़ करा लीं।

कुलीगिन : बस भी करो *(ठण्डी साँस लेकर)* आज सब फ़ौजी चले जाएँगे। ज़िन्दगी फिर पुरानी रफ्तार से चलने लगेगी—लोग कुछ भी कहें मगर माशा एक नेक और शरीफ़ लड़की है। मैं उससे बहुत

प्यार करता हूँ। धन्य हैं मेरे भाग्य! हर आदमी की अलग-अलग तकदीर होती है...यहाँ टैक्स आफ़िस में कज़ीरफ़ नाम का आदमी काम करता है। स्कूल में वह मेरे साथ पढ़ता था। जब पाँचवें में था तब उसे स्कूल से इसलिए निकाल दिया गया कि वह किसी भी तरह लैटिन में "उट कन्सीक्यूटीवम" नहीं समझ सका। अब वह बड़ी बुरी हालत में है। बीमार भी है। मैं जब भी उससे मिलता हूँ तो छेड़ता हूँ "हैलो उट कन्सीक्यूटीवम" और वह खाँसते हुए जवाब देता है कि "उट कन्सीक्यूटीवम" ने ही तो मुझे इस हाल तक पहुँचाया है...और मुझे देखो ज़िन्दगी भर दोनों हाथ घी में रहे। मैं सच में खुशकिस्मत हूँ और तो और यूनिवर्सिटी से यह मैडिल भी मिल गया है। अब दूसरों को "उट कन्सीक्यूटीवम" पढ़ाता हूँ। इसमें शक नहीं कि मैं एक क़ाबिल इनसान हूँ बहुत से लोगों से ज़्यादा अक्लमन्द भी हूँ। मगर सुख केवल इसमें नहीं है...

(घर में से पियानो पर 'कुँआरी मरियम' की धुन सुनाई देती है।)

इरीना : आह! कल से मुझे यह धुन नहीं सुननी पड़ेगी। न ही प्रतापपोफ़ से मिलना पड़ेगा...*(ख़ामोशी)* अरे हाँ, वह ड्राइंगरूम में बैठा है। आज भी आया है।

कुलीगिन : क्या प्रिंसिपल साहिबा अभी नहीं आयीं?

इरीना : नहीं उन्हें बुलाने गये हैं। काश आपको पता होता कि ओल्या के बगैर मैं कितनी अकेली हो गयी हूँ...वह तो स्कूल में रहने लगी है। प्रिंसिपल है। दिन भर काम में लगी रहती है और मैं अकेली होती हूँ, मेरा दिल घबराता है। कुछ करने को तो है नहीं। मुझे यह कमरा जिसमें मैं रहती हूँ काटने को दौड़ता है। ...इसीलिए मैंने फ़ैसला किया है कि अगर क़िस्मत में मास्को जाना नहीं लिखा है तो नहीं जाऊँगी मेरी क़िस्मत। कुछ नहीं हो सकता...सब कुछ ऊपर वाले के हाथ में है...मुझे इसका यक़ीन है। निकोलाई लिवोविच मुझसे शादी करना चाहते हैं ...तो सोचा और फ़ैसला कर लिया। वह एक अच्छे इनसान हैं। मैं तो कहूँगी कि जरूरत से ज़्यादा नेक हैं।...मेरी आत्मा को तो मानो पंख लग गये। मेरी खुशी मानो लौट आयी। मन हल्का हो गया और फिर से काम करने को दिल चाहने लगा,

काम करने को...लेकिन कल कोई बात हुई है और एक तरह का भय मेरे मन पर हावी हो गया है...

चिबूत्किन : बकवास! बिलकुल बकवास।

नताशा : *(खिड़की से झाँककर)* प्रिंसिपल साहेबा आ गयीं।

कुलीगिन : आ गयीं प्रिंसिपल साहिबा। चलो चलें।

(ईरा के साथ घर में जाता है)

चिबूत्किन : **(अखबार पढ़ते हुए हल्के-हल्के गुनगुनाता है)**
ता-रा-रा-ट्रम-ट्रम।
पीता हूँ मैं ठन ठन।
(माशा आती है–स्टेज के पिछले हिस्से में आन्द्रेई बच्चे की गाड़ी धकेलते हुए गुजरता है)

माशा : बैठे हैं। यहाँ तो बस बैठे ही रहते हैं।

चिबूत्किन : तुम अपना मतलब बताओ।

माशा : *(बैठती है)* कुछ नहीं...
(ख़ामोशी)
आप मेरी माँ से प्यार करते थे?

चिबूत्किन : हाँ बहुत।

माशा : और वह?

चिबिूत्किन : *(कुछ सोचकर)* यह तो अब मुझे याद नहीं।

माशा : क्या मेरे 'वो' यहीं हैं? मुझे याद है हमारी नौकरानी मारफ़ा अपने सिपाही को 'मेरे वो' कहा करती थी। क्या 'मेरे वो' आ गये?

चिबूत्किन : अभी नहीं।

माशा : जब किसी को खुशी टुकड़े-टुकड़े करके, थम-थमकर मिलती है और फिर वह उसे खोने लगता है तो फिर धीरे-धीरे वह इनसान चिड़चिड़ा और गुस्सैल हो जाता है...जैसा कि मैं। *(अपनी तरफ़ इशारा करती है)* यहाँ मेरे सीने में आग लगी है...*(आन्द्रेई की तरफ़ देखती है जो गाड़ी ले जा रहा है)* देखो यह हमारा भाई है, सारी उम्मीदों पर पानी फेर दिया। बिलकुल उसी तरह जैसे हजारों लोग किसी घण्टे को ऊपर उठा रहे हों जिस पर बहुत मेहनत और पैसा लगाया गया हो और अचानक बिना किसी कारण के वह गिरे और टुकड़े-टुकड़े हो जाए। यही आन्द्रेई की कहानी है...।

आन्द्रेई : पता नहीं कब घर में शान्ति होगी इतना शोर है!

चिबूत्किन : बहुत जल्द *(घड़ी देखता है)* मेरी घड़ी पुराने ज़माने की है। घण्टे बजाती है...पहला दूसरा और पाँचवाँ दस्ता ठीक एक बजे रवाना हो जाएगा...।

(ख़ामोशी)

और मैं कल।

आन्द्रेई : हमेशा के लिए?

चिबूत्किन : कह नहीं सकता। हो सकता है कि एक साल के बाद फिर यहीं आ जाऊँ। हालाँकि कोई नहीं जानता है और इससे फ़र्क भी क्या पड़ता है...।

(दूर से वायलिन और आर्फ़ा बजाने की आवाज़ आती है)

आन्द्रेई : शहर वीरान हो जाएगा। मानो किसी ने उसपर ढक्कन लगा दिया हो। *(ख़ामोशी)* कल पता नहीं थियेटर के सामने क्या हुआ। सब इसके बारे में बातें कर रहे हैं, एक मैं ही कुछ नहीं जानता।

चिबूत्किन : कुछ नहीं। बेवक़ूफ़ी है। सल्योनी बैरन से उलझने लगा। बैरन को भी ग़ुस्सा आ गया। और उसे डाँट दिया। बात इतनी बढ़ गयी कि सल्योनी को डुएल के लिए ललकारना पड़ा। *(घड़ी देखता है)* मुझे चलना चाहिए वक़्त हो गया है। साढ़े बारह बजे, सामने उस जंगल में जो नदी पार नजर आ रहा है...वहीं होगी—ठाँय, ठाँय *(हँसता है)*

सल्योनी ख़ुद को लेरमन्तोफ़ समझता है। शायरी भी शुरू कर दी है जनाब ने। मज़ाक एक तरफ़, मगर है बड़ा अजीब आदमी। यह उसका तीसरा डुएल होगा।

माशा : किसका?

चिबूत्किन : सल्योनी का।

माशा : और बैरन का?

चिबूत्किन : बैरन का क्या?

(ख़ामोशी)

माशा : मेरे तो सिर में सब कुछ गडमड हो रहा है...मैं तो कहती हूँ कि उनको इस बेवक़ूफ़ी से रोकना चाहिए। वह बैरन को घायल भी कर सकता है या फिर जान भी ले सकता है।

चिबूत्किन : बैरन अच्छे आदमी हैं। लेकिन एक बैरन के होने न होने से कोई फ़र्क नहीं पड़ेगा। लड़ने दो। मुझे तो कोई फ़र्क़ नहीं पड़ता।

(बाग़ के पीछे से आवाज़)

हो! हो! हो! थोड़ी देर रुको। सब मालूम हो जाएगा। कोई स्कवरत्सोफ़ है उनका गवाह! वह नाव में बैठा है।

(ख़ामोशी)

आन्द्रेई : इस तरह की लड़ाई में हिस्सा लेना या वहाँ मौजूद होना चाहे एक डॉक्टर ही की हैसियत से क्यों न हो मेरे ख़याल में तो जुर्म है।

चिबूत्किन : सिर्फ़ लगता है तुम्हें...हम हैं ही कहाँ–दुनिया में कुछ भी तो नहीं। हम मौजूद थोड़े ही हैं सिर्फ़ हमें लगता है कि हम मौजूद हैं...और फिर फ़र्क़ ही क्या पड़ता है।

माशा : सारा दिन बातें और बातें *(जाते हुए)* ऐसे मौसम में रहते हैं जहाँ किसी वक्त भी बर्फ़ गिर सकती है और उस पर यह बातें... *(रुकते हुए)* मैं वहाँ नहीं जा सकती...जब विरशीनिन आएँ तो मुझ बता देना...*(टहलते हुए)* परदेस से आयी चिड़ियाँ वापस जा रही हैं...*(ऊपर देखती हैं)* बगुले हैं या हंस...मेरी प्यारी मेरी सुखी चिड़ियाँ।

(जाती है)

आन्द्रेई : हमारा घर खाली हुआ जा रहा है। फ़ौजी अफ़सर जाएँगे। आप भी चले जाएँगे। इरीना शादी कर रही है और घर में सिर्फ़ मैं अकेला रह जाऊँगा।

चिबूत्किन : और बीवी।

(फ़िरापोन्त हाथ में काग़ज़ात लिए अन्दर आता है)

आन्द्रेई : बीवी तो बीवी ही है। वह एक सच्ची, शरीफ़ और नेक औरत है लेकिन इन सबके साथ-साथ उसमें कुछ ऐसी बात है जो उसको जानवरों की लाइन में ला खड़ा करती है। वह भी छोटे, अन्धे और कमीने जानवरों की। उसको इनसान तो किसी हाल में कहा ही नहीं जा सकता। सिर्फ़ आपको अपना एक दोस्त समझ कर बता रहा हूँ। सिर्फ़ आप ही ऐसे हैं जिनसे मैं दिल का हाल कह सकता हूँ। यह झूठ नहीं है कि मैं नताशा से प्यार करता हूँ। लेकिन कभी-कभी वह इतनी नीच हरकतें करने लगती है कि मैं तंग आ जाता हूँ। फिर मुझे समझ में नहीं आता कि मैं उसे क्यों और किसलिए इतना चाहता हूँ या चाहता था...

चिबूत्किन : *(उठता है)* भाई मेरे! मैं कल जा रहा हूँ, हो सकता है हम फिर कभी न मिलें। मगर चलते-चलते तुमको एक सलाह देना चाहता हूँ। मेरा कहा मानो तो अभी इसी वक्त टोपी पहनो हाथ में

छड़ी लो और भाग निकलो...और बिना पीछे मुड़े भागते चले जाओ जितना दूर निकल जाओगे उतना ही बेहतर होगा।

(सल्योनी स्टेज के पिछले हिस्से से गुज़रता है साथ में दो फ़ौजी हैं। चिबूत्किन को देखकर उसकी तरफ़ मुड़ता है। फ़ौजी आगे चले जाते हैं)

सल्योनी : डॉक्टर चलो, साढ़े बारह बजने ही वाले हैं *(आन्द्रेई से हाथ मिलाता है)*

चिबूत्किन : बस अभी। तंग आ गया हूँ तुम सबसे *(आन्द्रेई से)* अगर कोई मुझे पूछे तो कह देना कि मैं अभी आता हूँ...*(ठण्डी साँस लेता है)* आह-आह-आह।

सल्योनी : "आह भी नहीं निकली थी मुँह से, कि भालू ने आ दबोचा उसे" *(उसके साथ चलते हुए)* बड़े मियाँ क्यों कराह रहे हो?

चिबूत्किन : यूँ ही।

सल्योनी : क्या हाल है?

चिबूत्किन : *(गफ़स्से से)* बुरा हाल है।

सल्योनी : बड़े मियाँ बेकार परेशान हो रहे हो। मैं कुछ नहीं करूँगा थोड़ा सा मज़ा चखाऊँगा उसे।

(इत्र की शीशी निकालकर हाथों पर लगाता है) आज पूरी शीशी उलट ली फिर भी हाथों में बदबू आ रही है जैसे कि मैंने कोई लाश उठाई हो।

(ख़ामोशी)

अरे जनाब...आपने वह कविता सुनी है कि...

"वह बाग़ी तूफ़ान की तलाश में है। मानों तूफ़ान में ही उसका सुख छिपा हो..."

चिबूत्किन : हाँ।

"आह भी नहीं निकली थी मुँह से कि भालू ने आ दबोचा उसे" *(सल्योनी के साथ जाता है)* *(चीख़ सुनाई देती है)* हो! हो! हो! आन्द्रेई और फ़िरापोन्त आते हैं।

फ़िरापोन्त : कुछ फ़ाइलें देखनी थीं...

आन्द्रेई : *(झुंझलाते हुए)* मेरा पीछा छोड़ो, चले जाओ। हाथ जोड़ता हूँ।

(गाड़ी के साथ चला जाता है)

(स्टेज के पिछले हिस्से में जाता है इरीना तुज़िन्बाख़ अन्दर आते हैं। तुज़िन्बाख़ तीली का बना हैट पहने है। कुलीगिन स्टेज पर से गुज़रता है, पुकारते हुए मा-शा-आं-माशा)

तुज़िन्बाख़ : सारे शहर में कुलीगिन ही एक ऐसा आदमी है जो फ़ौजियों के जाने से खुश हो रहा है।

इरीना : समझ में आने वाली बात है। *(ख़ामोशी)* हमारा शहर अब ख़ाली हो जाएगा।

तुज़िन्बाख़ : *(घड़ी देखते हुए)* डियर मैं अभी आता हूँ।

इरीना : किधर चले?

तुज़िन्बाख़ : ज़रा शहर तक जाना है फिर...कुछ दोस्तों को पहुँचाना है।

इरीना : कल थियेटर के सामने क्या हुआ था? *(ख़ामोशी)*

...निकोलाई तुम आज बहुत खोये-खोये से लग रहे हो क्या बात है?

तुज़िन्बाख़ : *(जल्दी से)* बस एक घण्टे में आता हूँ फिर बातें करेंगे *(उसके हाथ चूमता है)* तुम मेरी सबसे बड़ी दौलत हो...। *(उसका चेहरा ऊपर करके देखता है)* पाँच साल गुज़र चुके हैं तुमसे प्यार करते हुए फिर भी तुम्हारा आदी नहीं हो पाया। तुम हमेशा मुझे पहले से ज़्यादा सुन्दर लगती हो। कैसे प्यारे, सुन्दर बाल हैं। क्या आँखे हैं। कल मैं तुम्हें यहाँ से ले जाऊँगा। हम काम करेंगे। दौलत होगी और हमारे सारे सपने पूरे होंगे। तुम सुखी होगी। मगर एक बात है कि तुम मुझसे प्यार नहीं करती ना?

इरीना : यह मेरे बस से बाहर है। मैं तुम्हारी पत्नी रहूँगी—वफ़ादार और आज्ञाकारिणी। रह गयी मोहब्बत तो यह मेरे हाथ में कहाँ है *(रोती है)* मैंने ज़िन्दगी में कभी किसी से मोहब्बत नहीं की। हालाँकि हमेशा से दिन-रात यही ख़्वाब देखती आई हूँ कि मैं किसी को टूटकर चाहूँ। लेकिन मेरा दिल एक ऐसे पियानो की तरह है जिस पर ताला लगा हो और चाबी कहीं खो गयी हो। *(ख़ामोशी)*

तुम्हारी नजरें बड़ी बेचैन हैं।

तुज़िन्बाख़ : रात बिलकुल नींद नहीं आयी। मेरी ज़िन्दगी में कोई ऐसा खतरा नहीं है जो मुझे डरा सके। मगर यह खोई चाबी वाली बात मेरी आत्मा को छेड़ती है। मुझे सोने नहीं देती। कुछ तो कहो इरीना। **(ख़ामोशी)** कुछ तो कहो...

इरीना : क्या! क्या कहूँ? क्या?

तुज़िन्बाख़ : कुछ भी...

इरीना : बस! बस!

(ख़ामोशी)

तुज़िन्बाख़ : छोटी बातें! बेवक़ूफ़ी की बातें। कभी-कभी ज़िन्दगी में अचानक बिना किसी वजह के बहुत अहम हो जाती हैं। हालाँकि हमेशा उनपर हँसी आती है। उनको बेकार की बातें भी समझा जाता है। फिर भी चलते हुए महसूस होता है कि अपने अन्दर रोकने की ताक़त नहीं है। मगर आज इस बारे में बात नहीं करेंगे। मैं खुश हूँ। लगता है कि ज़िन्दगी में पहली बार मैं ये चिनार, सनोबर और बलूत के पेड़ देख रहा हूँ और वे सब भी मुझे जिज्ञासा से देख रहे हैं। और मानो किसी इन्तज़ार में हों। सचमुच बड़े ही ख़ूबसूरत पेड़ हैं और उनके बीच गुजारी गयी ज़िन्दगी भी बड़ी ख़ूबसूरत होगी।

(शोर-हा-हो-हो)

अच्छा अब मैं चलता हूँ। देर हो रही है। देखो यह पेड़ सूख गया है। मगर फिर भी हवा चलने पर दूसरे पेड़ों के साथ वह भी हिलता है। ऐसा ही मुझे भी महसूस होता है कि अगर मैं मर भी गया फिर भी किसी न किसी शक्ल में ज़िन्दा रहूँगा। अलविदा ईरा *(हाथ चूमता है)* तुम्हारे कागज़ात जो तुमने दिये थे मेरी मेज पर कैलण्डर के नीचे रखे हैं।

इरीना : मैं भी तुम्हारे साथ चलूँगी।

तुज़िन्बाख़ : *(घबराकर)* नहीं! नहीं! *(तेज़ी से चलता है सायादार रास्ते पर रुकता है)* इरीना।

इरीना : क्या है?

तुज़िन्बाख़ : *(नहीं जानता कि क्या कहे)* आज मैंने काफ़ी नहीं पी। किसी से कहो कि मेरे लिए काफ़ी बना दे... *(तेजी से निकल जाता है)*

(इरीना खोई खोई सी खड़ी है। फिर स्टेज के पिछले हिस्से की तरफ़ जाती है और झूले पर बैठ जाती है। आन्द्रेई बच्चे की गाड़ी चलाते हुए अन्दर आता है फ़िरापोन्त भी दिखाई देता है)

फ़िरापोन्त : आन्द्रेई सिरगेइविच, काग़ज़ात तो मेरे नहीं हैं सरकारी हैं। मैं अपनी तरफ़ से तो लाया नहीं हूँ।

आन्द्रेई : हाय। किधर गया? कहाँ है मेरा अतीत जब मैं जवान था, ज़िन्दादिल था, क़ाबिल था...जब मैं सपने देखा करता था। अच्छी बातें सोचता था जब मेरा आज और आने वाला कल उम्मीदों से

भरा हुआ था? हम लोग, जिन्होंने अभी-अभी ज़िन्दगी शुरू की है, क्यों इतने बोर, रूखे, ग़ैरदिलचस्प, काहिल, उदासीन, बेकार और अभागे हो जाते हैं क्यों? हमारा शहर 200 साल से भी ज़्यादा पुराना है और उसमें लाखों लोग रहते हैं लेकिन उनमें से एक भी ऐसा आदमी नहीं है जो दूसरों से अलग हो। एक भी सक्रिय आदमी न था और न है। एक भी विद्वान या कलाकार या ऐसा आदमी जो थोड़ी बहुत दिलचस्पी पैदा करे या जिससे ईर्ष्या की जा सके या जिसकी नक़ल करने की इच्छा जागे। बस खाते हैं, पीते हैं, सोते हैं और फिर मर जाते हैं, फिर दूसरे लोग पैदा होते हैं—वे भी खाते हैं, पीते हैं, सोते हैं और इस डर से कि कहीं बोरियत से मर न जाएँ बेकार की गप्पें लगाकर वोदका पीकर, ताश खेलकर, मुक़दमेबाजी करके अपने जीवन में हलचल मचाने की कोशिश करते हैं। पत्नियाँ शौहरों को धोखा देती हैं, पति झूठ बोलते हैं। ऐसा दिखाते हैं मानो न तो कुछ देख रहे हैं और न सुन रहे हैं। और बच्चों पर इसका बहुत बुरा असर होता है। क़ुदरत से मिली उनकी मासूमियत ख़त्म हो जाती है और वे भी इतने ही दयनीय, एक-दूसरे से मिलती-जुलती लाशों की तरह हो जाते हैं। बिलकुल अपने माता-पिता की तरह... *(फ़िरापोन्त से, चिढ़कर)* क्या चाहिए तुझे...

फ़िरापोन्त : क्या चाहिए? बस काग़ज़ात पर दस्तख़त कर दीजिए।

आन्द्रेई : तंग आ गया हूँ तुमसे।

फ़िरापोन्त : *(काग़ज़ात देते हुए)* अभी सरकारी भवन का दरबान बता रहा था कि...शायद कह रहा था कि इस साल पीटर्सबर्ग में तापमान माइनस दो सौ डिग्री था।

आन्द्रेई : हमारा आज बहुत घिनौना है। मगर जब मैं भविष्य के बारे में सोचता हूँ तो वह इतना अच्छा लगता है। और तब मैं बड़ा हल्का-फ़ुल्का, खुला-खुला महसूस करता हूँ और दूर से रोशनी चमकती नज़र आती है। आज़ादी दिखाई देती है। मैं देखता हूँ कि कैसे मैं और मेरे बच्चे आज़ाद हो गये हैं काहिली से। वे क्वास नहीं पीते, फ़ूलगोभी के साथ हंस का गोश्त नहीं खाते। लंच के बाद सोते नहीं। आज़ाद हो गये हैं ज़लील कामचोरी से।

फ़िरापोन्त : लगभग दो हज़ार लोग ठण्ड से मर गये। कहते हैं लोग बहुत डर गये हैं। या तो...पीटर्सबर्ग में...या तो मास्को में। ठीक से याद नहीं...

आन्द्रेई : *(एकदम से प्यार उमड़ आता है)* मेरी प्यारी बहनो। मेरी ख़ूबसूरत बहनो। *(आँसू भरकर)* माशा मेरी बहन...

नताशा : *(खिड़की से झाँककर)* यहाँ कौन इतनी ज़ोर से बातें कर रहा है। क्या यह तुम हो आन्द्रूशा। बेटी सोफ़िया जाग जाएगी *(दूसरों को प्रभावित करने के लिए फ्रेंच बोलती है मगर ठीक से न जानते हुए कुछ का कुछ बोल जाती है)* शोर मत करो सोफ़िया सो गयी है—तुम भालू—*(गुस्से में)* अगर बाते ही करना है तो गाड़ी किसी और को दे दो। फ़िरापोन्त बैरन से गाड़ी ले लो।

फ़िरापोन्त : जी अच्छा। *(गाड़ी ले लेता है)*

आन्द्रेई : *(सटपटाकर)* मैं तो धीरे बोल रहा हूँ।

नताशा : *(खिड़की के पीछे से बच्चे को दुलारते हुए)* बोबिक! शैतान बोबिक! बुद्धू बोबिक!

आन्द्रेई : *(काग़ज़ात देखते हुए)* ठीक है। मैं काग़ज़ात देख लूँगा और जिन पर दस्तख़त करना है कर दूँगा और तुम फिर उन्हें आफ़िस ले जाना...*(काग़ज़ात पढ़ते हुए घर के अन्दर जाता है। फ़िरापोन्त गाड़ी लेकर पीछे बाग़ में चला जाता है)*

नताशा : *(खिड़की के पीछे से)* बोबिक। तुम्हारी माँ का क्या नाम है? मेरे प्यारे बच्चे! और यह कौन है? यह आण्टी ओल्या है, आण्टी से कहो नमस्ते आण्टी!

(आवारा गवय्ये—एक मर्द और एक लड़की—वायलिन और एकतारा बजाते हैं। विरशीनिन, ओल्गा और अन्फ़ीसा घर से बाहर आते हैं। एक मिनट ख़ामोशी से गवय्यों को सुनते हैं। इरीना उनके पास आती है)

ओल्गा : हमारा बाग़ तो आम रास्ता हो गया है जिससे होकर लोग पैदल और सवारी से जाते हैं। आया इन गवय्यों को कुछ दे दो।

अन्फ़ीसा : *(गवय्यों को कुछ देती है)* जाओ, ख़ुदा के हवाले नेक बन्दो!

(गवय्ये झुककर अभिवादन करते हैं और चले जाते हैं)

दुखी लोग! खाते-पीतों से उनका मुक़ाबला नहीं किया जा सकता। *(इरीना से)* नमस्ते ईरा प्यारी *(उसे प्यार करती है)* ऑ ऑ बेटी। बस ज़िन्दा हूँ। ज़िन्दा हूँ बस! स्कूल में सरकारी क्वार्टर में, मेरी प्यारी, रह रही हूँ ओल्गा के साथ। इस बुढ़ापे में ख़ुदा ने यही लिखा था नसीब में। ज़िन्दगी भर मैं, पापिन इस तरह नहीं रही...

क्वार्टर बड़ा है, सरकारी है और मुझे पूरा का पूरा एक कमरा मिला हुआ है और एक चारपाई भी...सब सरकारी है—रात को कभी मेरी आँख खुलती है और उफ़ खुदा, पाक माँ, मुझे लगता है कि इस दुनिया में मुझसे ज़्यादा भाग्यवान कोई नहीं।

विरशीनिन : *(घड़ी देखते हुए)* अब चलते हैं ओल्गा सिरगेइवना, वक्त हो गया है।

(ख़ामोशी)

मेरी शुभकामनाएँ आपके साथ हैं...मारिया सिरगेइवना कहाँ है?...

इरीना : वह बाग़ में कहीं है...मैं जाती हूँ उसे ढूँढ़ने...

विरशीनिन : प्लीज़! मुझे जल्दी है।

अन्फ़ीसा : मैं भी जाती हूँ उसे ढूँढ़ने...*(चिल्लाकर)* माशिन्का...आ-ओ *(इरीना के साथ बाग़ के अन्दर जाती है)* आ...उ...आ...उ

विरशीनिन : हर चीज़ का अन्त होता है और अब हम भी बिछड़ रहे हैं *(घड़ी देखता है)* एक तरह से पूरे शहर ने हमें नाश्ता कराया—शैम्पेन पी गयी। शहर के अफ़सर ने तक़रीर की। हालाँकि मैं खा रहा था और सुन रहा था मगर दिल यहाँ था आपके पास...*(बाग़ पर नज़र डालते हुए)* आप लोगों की आदत सी हो गयी है मुझे...

ओल्गा : क्या कभी हम मिलेंगे?

विरशीनिन : शायद नहीं।

(ख़ामोशी)

मेरी पत्नी दोनों बेटियों के साथ अभी दो महीने यहाँ रहेगी... प्लीज़, अगर उन्हें कुछ हो जाए या फिर किसी चीज़ की ज़रूरत हो तो...

ओल्गा : हाँ...हाँ ज़रूर। आप इत्मिनान रखें। कल से शहर में एक भी फ़ौजी नहीं होगा केवल यादें रह जाएँगी। आपकी तो एक नयी ज़िन्दगी शुरू हो जाएगी...

(ख़ामोशी)

हर चीज़ हमारी इच्छा पर निर्भर नहीं करती। मैं डायरेक्टर बनना नहीं चाहती थी मगर बन गयी। ऐसा ही लगता है कि मास्को कभी नहीं जा सकूँगी...

विरशीनिन : ...ठीक है...आपका बहुत-बहुत शुक्रिया...अगर कोई ग़लती हो

गयी हो तो प्लीज़ माफ़ कीजिएगा...बहुत, सच में, बहुत बोलता हूँ मैं—इसके लिए माफ़ी माँगता हूँ मैं। मगर बुराई से मत याद कीजिएगा। मुझे...

ओल्गा : *(आँसू पोंछते हुए)*—माशा क्यों नहीं आ रही है?...

विरशीनिन : अब और क्या कहूँ विदा होते हुए। किस बारे में फ़लसफ़ा बघारूँ...*(हँसता है)* ज़िन्दगी कठिन है...हममें से बहुतों के लिए वह बेकार और बेमतलब होती है। लेकिन फिर भी, मानना पड़ेगा कि वह साफ़ और आसान हो जाएगी और लगता है कि वह दिन दूर नहीं जब वह बिलकुल चमकदार हो जाएगी *(घड़ी देखता है)* अब चलना चाहिए वक्त हो गया। पहले लोग लड़ाइयों में व्यस्त रहते थे। अपना पूरा अस्तित्व कूच करने में, विजयों में गँवा देते थे। अब यह पुरानी बातें हो चुकी हैं। मगर अपने पीछे बहुत बड़ी खाई छोड़ गयी हैं जिसको फ़िलहाल किसी तरह नहीं भरा जा सकता। लोग बेताबी से ढूँढ़ रहे हैं और यक़ीनन ढूँढ़ लेंगे। मगर काश जल्द ही...

(ख़ामोशी)

अगर, जानती हैं, मेहनत के साथ शिक्षा को जोड़ दें और शिक्षा को मेहनत के साथ *(घड़ी देखता है)* अब मैं चलता हूँ...

ओल्गा : लो वह आ गयी।

(माशा अन्दर आती है)

विरशीनिन : मैं विदा लेने आया हूँ।

(ओल्गा थोड़ी सी एक तरफ़ हो जाती है ताकि वे दोनों अच्छी तरह विदा हो लें)

माशा : *(उसके चेहरे को देखते हुए)* अलविदा...

(एक लम्बा चुम्बन)

ओल्गा : बस...बस...

माशा बिलख-बिलख कर रोती है।

विरशीनिन : लिखना मुझे...भूलना नहीं...छोड़ो मुझे...चलता हूँ...ओल्गा सिरगेइवना इसे सँभालिए...मुझे जाना है...देर हो गयी...*(उत्तेजित होकर ओल्गा का हाथ चूमता है। फिर माशा को एक बार और गले लगाता है और तेज़ी से चला जाता है)*

ओल्गा : बस करो। माशा, बस करो डियर।

(कुलीगिन अन्दर आता है)

कुलीगिन : *(सटपटाकर)* कोई बात नहीं रो लेने दो उसे...मेरी प्यारी माशा, मेरी नेक माशा...तुम मेरी बीवी हो...और ख़ुशनसीब हूँ मैं। चाहे जो भी हो...मैं शिकायत नहीं कर रहा...तुम्हें कभी भी इसका ताना नहीं दूँगा...ओल्गा तुम गवाह रहना...हम फिर से पहले की तरह रहना शुरू करेंगे और मैं तुम्हें कभी भी एक शब्द नहीं कहूँगा। इशारा भी नहीं करूँगा।

माशा : **(रोना रोकते हुए)** "समुद्र के टेढ़े किनारे पर बलूत का हरा पेड़ है। पेड़ के चारों तरफ़ सोने की ज़ंजीर है...बलूत के चारों तरफ़ सोने की ज़ंजीर है"...मैं पागल हो जाऊँगी...समुद्र के टेढ़े किनारे...पर बलूत का हरा पेड़ है।

ओल्गा : चुप हो जाओ माशा...चुप हो जाओ...इसे पानी पिलाओ...

माशा : मैं तो नहीं रो रही...

कुलीगिन : लो अब वह नहीं रो रही...वह नेक औरत है...

(कहीं दूर से गोली चलने की धीमी आवाज़)

माशा : "समुद्र के टेढ़े किनारे पर बलूत का हरा पेड़ है...पेड़ के चारों तरफ़ सोने की ज़ंजीर है...बिल्ला हरा है...बलूत हरा है... मैं गड़बड़ कर रही हूँ...*(पानी पीती है)* नाकामयाब ज़िन्दगी है मेरी...मुझे अब क्या फ़र्क़ पड़ता है...समुद्र का टेढ़ा किनारा—क्या मतलब है इसका...मेरे दिमाग़ में यह शब्द क्यों घूम रहा है? ख़यालात गडमड हो रहे हैं..."

(इरीना अन्दर आती है)

ओल्गा : चुप हो जाओ माशा। बस शाबाश...चलो अन्दर चलें...

माशा : *(ग़ुस्से से)* मैं वहाँ नहीं जाऊँगी। *(ज़ोर से रोती है मगर तुरन्त चुप हो जाती है)* मैं घर के अन्दर जाती ही नहीं और न जाऊँगी।

इरीना : चलो कुछ देर साथ बैठते हैं चाहे बात न करें। कल तो मैं जा ही रही हूँ।

कुलीगिन : कल तीसरे क्लास के एक बच्चे से मैंने ये मूँछें और दाढ़ी छीन लीं...*(मूँछें दाढ़ी लगाता है)* अब मैं जर्मन पढ़ाने वाले अध्यापक की तरह लग रहा हूँ *(हँसता है)* लगता हूँ ना?...जोकर हैं ये लड़के...

माशा : सच में, ईरा, तुम्हारे जर्मन जैसा लग रहा है...

ओल्गा : *(हँसती है)* सच में...

(माशा रोती है)

इरीना : बस भी करो, माशा।

कुलीगिन : ...हाँ, शक्ल बहुत मिलती है।

(नताशा अन्दर आती है)

नताशा : *(आया से)* क्या हुआ? सोफ़िया के पास प्रतापपोफ़ मीखाइल इवानिच बैठ जाएँगे और बोबिक को आन्द्रेई सिरगेविच घुमा लाएँगे। उफ़! कितने काम होते हैं बच्चों के... *(इरीना से)* इरीना तुम कल चली जाओगी। अफ़सोस हो रहा है। एक हफ्ता और रह लेतीं *(कुलीगिन को देखकर डर से चीख़ती है, वह हँसता है और दाढ़ी मूँछें हटा देता है)* आप भी कमाल करते हैं डरा दिया मुझे! *(इरीना से)* आदत पड़ गयी है मुझे तुम्हारी, और तुमसे बिछड़ना, तुम सोचती हो, क्या मुझे आसान होगा। तुम्हारे कमरे में मैं आन्द्रेई को भेज दूँगी। रहें अपने वायलिन के साथ और बजाएँ उसे। उसके कमरे में बेटी सोफ़िया को रखेंगे। आलीशान और लाजवाब बच्ची है वह! क्या लड़की है। आज उसने मेरी तरफ़ ऐसी नजरों से देखा और बोली "मामा"...

कुलीगिन : इसमें शक नहीं कि बड़ी प्यारी बच्ची है।

नताशा : इसका मतलब है कि कल यहाँ मैं अकेली हूँगी *(ठण्डी साँस भरती है)* सबसे पहले तो मैं यह 'फर' के पेड़ों वाली पगडण्डी काटने का हुक्म दूँगी फिर मेपल हटाऊँगी...शाम के वक्त यह इतना बुरा लगता है... *(इरीना से)* डियर...यह बेल्ट तो तुम्हें बिलकुल सूट नहीं कर रही...कितना ख़राब टेस्ट है तुम्हारा...कुछ हल्के रंग की होना चाहिए थी...फिर घर में हर जगह मैं फूल लगवाऊँगी फूल ही फूल। खुशबू होगी उनकी... *(सख़्ती से)* यह बेंच पर खाने का कांटा कैसे पड़ा है *(गुजरकर अन्दर घर में जाते हुए नौकरानी से)* मैं पूछती हूँ यह काँटा बेंच पर क्यों पड़ा है? *(चिल्लाती है)* सब चुप हैं।

कुलीगिन : चली गयी...

(पर्दे के पीछे से फ़ौजी धुन सुनाई देती है सब सुनते हैं)

माशा : हमारे जा रहे हैं...पर क्या करें...शुभ यात्रा... *(पति से)* घर चलना चाहिए। मेरी टोपी और कोट कहाँ हैं?

कुलीगिन : मैं अन्दर ले गया था...अभी लाता हूँ *(अन्दर जाता है)*

ओल्गा : हाँ, अब अपने-अपने घरों को जाया जा सकता है। वक़्त हो गया है।

चिबूत्किन : ओल्गा सिरगेइवना!

ओल्गा : क्या? *(ख़ामोशी)*
क्या है?

चिबूत्किन : कुछ नहीं...समझ में नहीं आता आपको कैसे बताऊँ...*(उसके कान में कुछ कहता है)*

ओल्गा : *(घबराकर)* नहीं ऐसा नहीं हो सकता...

चिबूत्किन : हाँ...मामला तो यही है...थक गया मैं...परेशान हो गया। अब और कुछ नहीं कहना चाहता...*(चिढ़कर)* वैसे फ़र्क़ क्या पड़ता है...

माशा : क्या हुआ?

ओल्गा : *(इरीना को गले लगाती है)* आज बड़ा मनहूस दिन है...समझ में नहीं आता तुम्हें कैसे बताऊँ, डियर...

इरीना : क्या हुआ? जल्दी बताओ—ख़ुदा के वास्ते *(रोती है)*

चिबूत्किन : अभी-अभी डुएल में बैरन मारे गये...

इरीना : *(धीमे-धीमे रोती है)* मुझे मालूम था...मुझे मालूम था...

चिबूत्किन : *(स्टेज के पिछले हिस्से में बेंच पर बैठता है)* थक गया हूँ... *(जेब से अख़बार निकालता है)* थोड़ा रो लेने दूँ उन्हें...*(धीमे से गाता है)*

त्रा-रा-रा-ट्रम-ट्रम
पीता हूँ मैं ठन-ठन
क्या फ़र्क़ पड़ता है?
(तीनों बहनें एक-दूसरे को पकड़े खड़ी हैं)

माशा : ओह...संगीत बज रहा है...वे हमसे दूर जा रहे हैं। एक तो बिलकुल दूर चला गया—बिलकुल—हमेशा के लिए...हम अकेले रह गये और हमें फिर से ज़िन्दगी शुरू करना चाहिए...जिन्दा रहना होगा...रहना होगा...

इरीना : *(अपना सिर ओल्गा के सीने पर रखती है)* एक वक्त आएगा तब सबको पता चल जाएगा। यह सब क्यों होता है? इतनी तकलीफ़ें किसलिए?...तब कोई भी बात छिपी नहीं रहेगी और अभी फ़िलहाल ज़िन्दा रहना है, काम करना है सिर्फ़ काम। कल मैं अकेली ही जाऊँगी। स्कूल में पढ़ाऊँगी और अपना पूरा जीवन उनको दे दूँगी जिनको, हो सकता है, इसकी ज़रूरत होगी—अभी पतझड़ है जल्द ही जाड़े शुरू हो जाएँगे। सब कुछ बर्फ़ से ढक जाएगा और मैं काम करूँगी—काम करूँगी मैं...

ओल्गा : **(दोनों बहनों को गले से लगाती है)** इतना अच्छा जोशीला और लुभावना संगीत बज रहा है कि ज़िन्दा रहने को दिल चाहता है–उफ़ खुदा। समय गुज़रेगा और फिर हम सब हमेशा के लिए चले जाएँगे–लोग हमें भुला देंगे–हमारे चेहरे भुला दिए जाएँगे। हमारी आवाजें और हम कितने थे सब कुछ भुला दिया जाएगा–लेकिन हमारे ये दुख हमारे बाद रहने वाले लोगों के लिए सुख में बदल जाएँगे–सौभाग्य और शान्ति होगी इस ज़मीन पर। और अच्छे शब्दों से याद किया जाएगा। आशीर्वाद होगा उन पर जो अब रह रहे हैं। प्यारी बहनो, अभी हमारे जीवन का अन्त नहीं हुआ है। हम ज़िन्दा रहेंगे। कितना अच्छा और सुहावना संगीत बज रहा है और ऐसा लगता है कि बस कुछ ही देर में हमें पता चल जाएगा कि हम किसलिए ज़िन्दा हैं और किसलिए उठा रहे हैं इतनी तकलीफ़ें! काश हम जान सकते...काश हम जान सकते...

(संगीत धीमा और धीमा होता है। कुलीगिन बहुत खुश है और मुस्कुराते हुए टोपी और कोट लिए बाहर आता है। आन्द्रेई बच्चे की गाड़ी जिसमें बोबिक बैठा है लिए गुजरता है)

चिबूत्किन : *(धीमे-धीमे गाता है)* त्रा...रा...

(अख़बार पढ़ता है) क्या फ़र्क़ पड़ता है। क्या फ़र्क़ पड़ता है...

ओल्गा : काश हम जान सकते! काश! हम जान सकते...

पर्दा गिरता है।

❑❑